会计信息系统

王晓东 高建立 主编

燕山大学出版社
·秦皇岛·

图书在版编目（CIP）数据

会计信息系统 / 王晓东，高建立主编．—秦皇岛：燕山大学出版社，2024.3
ISBN 978-7-5761-0634-3

Ⅰ．①会…　Ⅱ．①王…　②高…　Ⅲ．①会计信息—财务管理系统　Ⅳ．①F232

中国国家版本馆 CIP 数据核字（2024）第 027498 号

会计信息系统

KUAIJI XINXI XITONG

王晓东　高建立　主编

出 版 人： 陈　玉
责任编辑： 王　宁
责任印制： 吴　波　　**封面设计：** 刘馨泽
出版发行： 燕山大学出版社 YANSHAN UNIVERSITY PRESS　　**电　　话：** 0335-8387555
地　　址： 河北省秦皇岛市河北大街西段 438 号　　**邮政编码：** 066004
印　　刷： 涿州市般润文化传播有限公司　　**经　　销：** 全国新华书店

开　　本： 787 mm×1092 mm　1/16　　**印　　张：** 24.5
版　　次： 2024 年 3 月第 1 版　　**印　　次：** 2024 年 3 月第 1 次印刷
书　　号： ISBN 978-7-5761-0634-3　　**字　　数：** 454 千字
定　　价： 97.00 元

前　言

当前，信息技术日新月异，“大智移云物”的不断发展，给会计工作环境带来了巨大的改变，给会计工作人员也带来了巨大的挑战。在 ERP 思想、方法的指引下，财务业务协同发展成为会计发展和改革的方向。会计信息系统课程是会计专业的主干专业课，是会计专业学生形成完整的专业知识体系所必须掌握的重要内容之一。为了满足当前社会的现实需求，会计信息系统课程就必须不断优化课程体系，教学内容既要体现理论性，又要紧密结合企业实际，突出实践性。在习近平新时代中国特色社会主义思想和党的二十大精神，以及习近平总书记关于教育的重要论述的指引下，本书充分吸收最新的会计信息系统理论及研究成果，以企业财务业务协同发展为基础，以用友新道 $U8^+$ V15.0 软件为应用媒介，以达到普通高等院校本科会计和财务专业培养目标为目的。

全书共 12 章：第 1 章主要介绍了会计信息系统的基本内容，包括会计信息系统基础、会计软件配备方式及功能模块、信息化下会计核算流程、会计信息化的新技术、电子会计档案管理规定；第 2 ～ 12 章基于用友新道 $U8^+$ V15.0 软件，分别介绍了系统管理和基础设置、总账管理系统、报表管理系统、薪资管理系统、固定资产管理系统、应收款管理系统、供应链管理系统、采购管理系统、销售管理系统、库存管理系统和存货核算系统的基本功能，同时结合实践和案例，以实验的方式体现了财务业务协同发展的主导思想。为了方便学生学习，本书针对具体实验还编写了操作指导。

本书可用作高等院校会计、财务管理、审计、工商管理等相关专业教学使用，也可用作会计、财务人员及业务人员进行会计信息系统应用培训和业务培训的学习资料。

本书由河北科技师范学院财经学院王晓东、高建立主编。高建立负责第 1 ～ 12 章理论部分的编写，王晓东负责全书实验案例及第 7 ～ 12 章操作指导的编写，刘帅、陈梦竹负责第 2 ～ 3 章操作指导的编写，刘帅负责第 4 ～ 6 章操作指导的编写，王晓东、高建立共同负责拟定本书大纲、组织编写和审阅定稿。

本书属于河北科技师范学院省级一流本科专业校企合作专项项目，本书的出版得益于河北科技师范学院和新道科技股份有限公司河北分公司的精心组织和大力帮助。在本书的编写过程中，新道科技股份有限公司河北分公司副总经理秦黎刚、田高峰参与了本书结构和大纲的讨论，并提出了许多中肯的意见，在此特别感谢。

由于作者水平有限，书中难免存在不足之处，我们诚挚地希望读者给予批评指正。

目 录

第1章 绪　论

1.1 会计信息系统基础

1.1.1 会计信息化的定义

会计是旨在提高企业和各单位活动的经济效益、加强经济管理而建立的一个以提供财务信息为主的经济信息系统。过去，人们利用纸、笔、算盘等工具开展会计工作，称为手工会计阶段。随着社会化大生产的不断发展，企业之间竞争日益激烈，人们对会计信息的需求日趋迫切，开始探讨利用电子计算机等现代信息技术开展会计工作，由此会计工作进入信息化阶段。

会计信息化，是指企业利用计算机、网络通信等现代信息技术手段开展会计核算，以及利用上述技术手段将会计核算与其他经营管理活动有机结合的过程。

会计信息化不仅包括与会计核算相关的信息化，同时，考虑到企业其他经营管理职能与会计职能可能存在交叉重叠，其他信息系统可能是会计信息系统重要的数据来源的情况，所以将会计核算与其他经营管理活动结合的情况也纳入会计信息化范围。会计信息化的实施，有效地提高了会计工作效率，强化了数据来源的可溯性，有利于在源头遏制会计造假，铲除腐败滋生的土壤，防范腐败现象的发生。

1.1.2 我国会计信息化的产生与发展

1. 会计电算化阶段

会计电算化阶段是会计信息化发展的早期阶段。

会计电算化，是“电子计算机在会计中的应用”的简称。

1954年，美国通用电气公司运用计算机进行工资数据的计算处理，拉开了人类利用计算机进行会计数据处理的序幕。我国于1979年首次在长春第一汽车制造厂开展电子计算机在会计中的应用试点工作。“会计电算化”一词是在1981年8月财政部和中国会计学会在长春市召开的“财务、会计、成本应用电子计算机专题讨论会”上正式提出的，国内有人将“会计电算化”称为“电算化会计”“计算机会计”，国外有人将其称为“电算化会计信息系统”。

会计电算化的含义有狭义和广义之分。狭义的会计电算化是指以电子计算机为主体的电子信息技术在会计工作中的应用；广义的会计电算化是指与实现电算化有关的所有工作，包括会计软件的开发与应用、会计软件市场的培育与发展、会计电算化人才的培训、会计电算化的宏观规划和管理、会计电算化制度建设等。

与手工会计工作相比，会计电算化具有以下特征。

（1）人机结合

在会计电算化方式下，会计人员填制电子会计凭证并审核后，执行“记账”功能，计算机根据程序和指令，在极短的时间内自动完成会计数据的分类、汇总、计算、传递及报告等。

（2）会计核算自动化、集中化

在会计电算化方式下，试算平衡、登记账簿等以往需要依靠人工完成的工作都由计算机自动完成，大大减轻了会计人员的工作负担，提高了工作效率。网络在会计电算化中的广泛应用，使得企业能将分散的数据统一汇总到会计软件中进行集中处理，既提高了数据汇总的速度，又增强了企业集中管控的能力。

（3）数据处理及时准确

利用计算机处理会计数据，可以在较短的时间内完成会计数据的分类、汇总、计算、传递和报告等工作，使会计处理流程更为简便，核算结果更为精确。此外，在会计电算化方式下，会计软件运用适当的处理程序和逻辑控制，能够避免在手工处理方式下出现的一些错误。以记账处理为例，记账是计算机自动将记账凭证文件中的数据登记到总账、明细账、日记账等相关账户上，账户的数据都来源于记账凭证文件，数据来源是唯一的，记账只是“数据搬家”，记账过程中不会出现数据转抄错误，因此，会计电算化方式下不需要进行账证、账账核对。

（4）内部控制多样化

在会计电算化方式下，与会计工作相关的内部控制制度也将发生明显的变化，内部控制由过去纯粹的人工控制发展成为人工与计算机相结合的控制形式。内部控制的内容更加丰富、范围更加广泛、要求更加明确、实施更加有效。

2. 会计信息化阶段

随着计算机和网络通信等现代信息技术在会计领域的广泛应用，传统的会计电算化的概念已经不能完全涵盖现代信息技术环境下会计工作的内涵，人们开始用会计信息化代替会计电算化。1999 年 4 月，在深圳召开的“会计信息化理论专家座谈会”上，与会专家提出了从会计电算化到会计信息化的发展方向，首次提出了“会计信息化”的定义。国家重视会计信息化建设，2009 年 4 月 12 日，财政部以财会〔2009〕6 号文件的形式印发了《财政部关于全面推进我国会计信息化工作的指导意见》；2013 年 12 月 6 日，财政部以财会〔2013〕20 号文件的形式印发了《企业会计信息化工作规范》。相关文件提出了要促进会计信息化建设，并对企业开展会计信息化作出了具体规定。

会计电算化和会计信息化的主要区别如下。

（1）目标不同

会计电算化是实现会计核算业务的计算机处理；会计信息化是实现会计业务全面信息化，从而与企业管理各环节的业务流程及社会大系统的其他信息系统相互衔接，充分发挥会计工作在企业管理和决策中的核心作用。

（2）理论基础不同

会计电算化以传统会计理论和计算机技术为依托，会计信息化以信息技术、系统论和信息化会计思想为指导。

（3）技术手段不同

会计电算化以单机处理为主，会计信息化把网络、通信与数据库等先进技术用于信息的获取、加工、处理、传播、存储、应用。

（4）功能范围不同

会计电算化以实现业务核算为主；会计信息化包括财务事务处理、信息管理、决策支持和决策，不仅要进行会计业务核算，还要进行会计信息管理和决策分析，并根据信息原理和信息技术要求重新构建现代会计模型。

（5）信息输入输出方式不同

在信息输入方面：会计电算化强调由会计部门自己输入；而在会计信息化下，大量数据可以从企业内外其他系统中直接获取。在信息输出方面：会计电算化强调由会计部门自己打印输出后报送其他机构；而在会计信息化下，企业内外的各个机构、部门都可以根据授权从系统中或互联网上获取财务信息。

1.1.3 会计信息系统

1. 会计信息系统的定义（accounting information system，AIS）

系统（system）是由一些相互联系、相互作用的若干要素为实现某一目标而组成的具有一定功能的有机整体。系统根据其自动化程度分为人工系统（大部分工作由人工完成的系统，如手工会计系统）、自动系统（大部分工作是由机器自动完成的系统，如温控系统、数控机床系统）和基于计算机的系统（大部分工作是由计算机自动完成的系统，如管理信息系统）。会计信息系统属于基于计算机的系统。

《企业会计信息化工作规范》第二条规定："本规范所称会计信息系统，是指由会计软件及其运行所依赖的软硬件环境组成的集合体。"

2. 会计信息系统的构成

（1）会计软件

《企业会计信息化工作规范》第二条同时规定："本规范所称会计软件，是指企业使用的，专门用于会计核算、财务管理的计算机软件、软件系统或者其功能模块。会计软件具有以下功能：（一）为会计核算、财务管理直接采集数据；（二）生成会计凭证、账簿、报表等会计资料；（三）对会计资料进行转换、输出、分析、利用。"

对会计软件的理解，应把握好以下三点。

第一点，功能是界定会计软件的核心标准。一种软件是否属于会计软件，关键看其是否具有以上三项功能，具备三者之一的，就可以归为会计软件。

关于第一项采集数据的功能，应当注意"直接"二字。会计处于企业信息流的下游，不少业务系统采集的数据最终都会为会计所用，但不能因此而无限扩大会计软件范畴。只有那些直接为会计核算、财务管理采集数据的软件，才应归于会计软件范畴内。所谓直接，是指数据采集后的下一步处理即属于会计核算、财务管理的职能范围，而不再经过其他业务职能处理。

第二点，会计软件的表现形式可以是单独的软件（例如单机运行的软件）、软件系统（例如安装于服务器，通过网络系统部署使用的软件，包括云服务软件）或者软件系统中的某些功能模块。无论什么形式，只要具备上述功能，就可以归为《企业会计信息化工作规范》所称的会计软件。

第三点，会计软件具有专用性。软件应当是专为实现会计核算或者财务管理目的而设计的。企业开展会计核算或者财务管理工作，可能用到的软件很多，例如所有部门都使用的办公自动化系统，或者像Word、Excel这样的通用软件，尽管财务会计工作也会使用，但不是专门为财务会计工作设计的，因此不属于会计软件。

准确把握会计软件的界限，对于正确开展监管工作来说十分必要。例如，企业使用ERP（企业资源计划）系统开展经营管理活动，如果其会计核算功能依附于单独模块完成，则应当将该模块而不是整个ERP系统认定为会计软件。

随着信息化在企业的普及与深入，在实务中，会计信息化的内涵与外延都有所扩展，如在会计信息化中，加入预算管理、资金管理和内部控制等内容。

《企业会计信息化工作规范》第三十三条规定："处于财务管理信息化阶段的企业，应当结合自身情况，逐步实现财务分析、全面预算管理、风险控制、绩效考核等决策支持信息化。"

在实务中，很多企业集团利用集团会计软件中的总账管理系统进行事后的监控，利用预算管理系统进行战略管控，利用资金集中管理系统进行事中与事前的管控，以达到集团财务管控的目的，这些都属于会计信息化的范畴。

会计软件定义中的财务管理包括管理会计的一些内容，如预算管理、业绩评价等。

从软件功能上看，包括账务处理系统、报表系统、资产（固定资产）管理系统中的固定资产核算功能，人力资源管理系统中的工资核算功能，以及各前端业务系统形成会计原始凭证和输入原始凭证的功能。

从软件的使用范围上看，包括企业级和集团级。

（2）计算机硬件

计算机硬件，是指进行会计数据输入、处理、存储及输出的各种电子设备。如：输入设备有键盘、鼠标、光电扫描仪、条形码扫描仪、POS机（销售点情报管理系统）、语音输入设备、无线射频识别（radio frequency identi┬cation，RFID）系统、无线传感器等；处理设备有计算机主机；存储设备包括内存储器和外存储器，其中，内存储器包括随机存储器和只读存储器，外存储器包括硬盘、U盘、光盘等；输出设备有显示器、打印机等。网卡、网线、数据交换机，以及其他与会计信息系统运行相关的电子设备也属于计算机硬件。

（3）计算机软件

计算机软件，是指系统软件和应用软件。系统软件是用来控制计算机运行，管理计算机的各种资源，并为应用软件的运行提供支持和服务的软件。系统软件是计算机系统必备的软件，如 Windows 操作系统、数据库管理系统，是保证会计信息系统正常运行的基础软件。应用软件是在硬件和系统软件的支持下，为解决各类具体应用问题而编制的软件，如 Microsoft Office 软件、图像识别软件等。

1.1.4 企业资源计划

企业资源计划（enterprise resource planning，ERP），是指利用信息技术，将企业内部所有资源整合在一起，对开发设计、采购、生产、成本、库存、分销、运输、财务、人力资源、品质管理进行规划，同时将企业与外部的供应商、客户等市场要素有机结合，实现对企业的物质资源（物流）、人力资源（人流）、财务资源（财流）和信息资源（信息流）等资源进行一体化管理（即“四流一体化”或“四流合一”）的管理平台。其核心思想是供应链管理，强调对整个供应链的有效管理，提高企业配置和使用资源的效率。

ERP 由美国著名咨询管理公司 Gartner Group 公司于 1990 年提出，最初被定义为应用软件，迅速为全世界商业企业所接受，现已经发展成为现代企业管理理论之一。

在功能层次上，ERP 除了最核心的财务、分销和生产管理等功能外，还集成了人力资源、质量管理、决策支持等企业其他管理功能。会计信息系统已经成为 ERP 系统的一个重要的子系统。

1.2 会计软件配备方式及功能模块

1.2.1 会计软件配备方式

企业配备会计软件的方式主要有购买、定制开发、购买与开发相结合等方式。其中，定制开发包括企业自行开发、委托外部单位开发、企业与外部单位联合开发三种具体开发方式。随着大数据、云计算等技术的发展，在线租用云计算服务（云会计）也成为会计软件的配备方式之一。企业应根据自身特点和要求，经过审慎分析，选择对本企业发展最为有利的配备方式。

1. 购买通用会计软件

（1）通用会计软件的含义

通用会计软件，是指软件公司为会计工作而专门设计开发，并以产品形式投入市场的应用软件。企业作为用户，付款购买即可获得软件的使用、维护、升级以及人员培训等服务。

（2）购买通用会计软件这一方式的优缺点

采用这种方式的优点主要有：①企业投入少，见效快，实现信息化的过程简单；②软件性能稳定、质量可靠、运行效率高，能够满足企业的大部分需求；③软件的维护和升级由软件公司负责，企业在使用过程中遇到问题可以向软件公司求助，能够大大减轻维护软件的负担；④软件安全保密性强，用户只能执行软件功能，不能访问和修改源程序。

采用这种方式的缺点主要有：①软件的针对性不强，通常针对一般用户设计，难以适应企业特殊的业务或流程，不能一步到位地满足用户核算与管理的需要；②为保证通用性，软件功能设置往往过于复杂，常常设置了较多的业务处理方法和参数配置选项，业务流程简单的企业可能会感到通用会计软件过于复杂、不易操作，对会计人员的素质要求较高。

（3）购买通用会计软件应考虑的问题

作为企业配备会计软件的一种主要方式，企业在购买通用会计软件时，一定要对软件公司提供的会计软件进行相关分析，保证会计软件能够充分满足企业需要。

①软件功能分析，主要包括企业所在行业的需求分析、企业会计核算与管理的特殊需求分析、企业会计工作发展的需求分析三个方面。企业所属行业不同，核算内容和要求也各不相同，因此各会计软件也有不同的版本。各单位购买会计软件时，应首先考虑软件是否满足企业所在行业的核算需求。在满足行业需求的前提下，选择的会计软件功能要充分满足企业会计核算与管理的特殊需要。企业要考虑自身规模大小、会计业务需要处理的业务量多少、会计核算精确度高低，以及是否分级核算等个性化需求。不仅如此，企业还要从自身长远发展的需求出发，确保该软件能适应会计工作未来发展的需求。

②软件技术指标分析，主要包括环境支撑、软件是否安全可靠、操作是否简便三个方面。不同的会计软件所需要的硬件环境和软件环境是不同的。选择会计软件时，一定要考虑企业现有的硬件设备的配备情况，做到既能满足会计软件运行需要，又不造成既有资产的浪费；考虑会计软件对运行平台

的需求，如操作系统、数据库管理系统等都是要考虑的软件环境。软件的安全可靠性，是指会计软件防止会计信息被泄露和被破坏的能力，以及会计软件防错、查错、纠错的能力。操作是否简便是指操作程序、操作提示是否符合会计人员的习惯等。

③售后服务分析，主要包括日常维护、用户培训、版本升级三个方面。一般的软件在开发时备有系统自动维护功能，可供使用者进行简单的维护，如果使用者不能排除故障，可以求助于会计软件公司的专职维护人员，因此，会计软件公司的日常维护及时与否是企业是否选择该会计软件的重要因素之一。会计软件公司一般在一年内对用户进行免费培训，并发给用户完整、实用、详尽的操作手册，企业在选择时也要对这些因素进行考虑。此外，还要考虑会计软件公司能否根据行业发展的需要，对软件进行版本升级，或者在用户需要时能否协助用户进行二次开发，以及相关费用的高低等因素。

④软件性价比分析。软件功能不完全一致，报价也各不相同，只有性价比高的会计软件才是最经济、最受用户欢迎的。

2. 自行开发

（1）自行开发的含义

自行开发，是指企业自行组织人员进行会计软件的开发。

（2）自行开发方式的优缺点

采用这种方式的优点主要有：①企业能够在充分考虑自身生产经营特点和管理要求的基础上，设计最有针对性和适用性的会计软件，避免了通用软件在功能方面与企业需求不能完全匹配的不足；②由于企业内部员工对系统充分了解，当会计软件出现问题或需要改进时，企业能够及时高效地纠错和调整，保证系统使用的流畅性。

采用这种方式的缺点主要有：①系统开发要求高、周期长、成本高，系统开发完成后，还需要较长时间的试运行；②自行开发软件系统需要大量的计算机专业人才，普通企业难以组建一支稳定的高素质软件人才队伍。

3. 委托外部单位开发

（1）委托外部单位开发的含义

委托外部单位开发，是指企业通过委托外部单位进行会计软件的开发。

（2）委托外部单位开发方式的优缺点

采用这种方式的优点主要有：①软件的针对性较强，降低了用户的使用难度；②对企业自身技术力量的要求不高。

采用这种方式的缺点主要有：①委托开发费用较高；②由于开发人员大多是计算机专业技术人员，对会计业务不熟悉，需要花大量的时间了解业务流程和客户需求，开发时间较长；③所开发的系统实用性差，常常不适用于企业的业务处理流程；④外部单位的服务与维护承诺不易兑现，如果企业没有专业的维护人员很难持久使用。

4. 企业与外部单位联合开发

（1）企业与外部单位联合开发的含义

企业与外部单位联合开发，是指企业联合外部单位进行软件的开发，由本单位的财务部门和网络信息部门进行系统分析，外部单位负责系统设计和程序开发工作。开发完成后，系统的重大修改由网络信息部门负责，日常维护工作则由财务部门负责。

（2）企业与外部单位联合开发方式的优缺点

采用这种方式的优点主要有：①开发工作既考虑了企业的自身需求，又利用了外部单位的软件开发力量，开发的系统质量较高；②企业内部人员参与开发，对系统的结构和流程较熟悉，有利于企业日后进行系统维护和升级。

采用这种方式的缺点主要有：①软件开发工作需要外部技术人员与内部技术人员、会计人员充分沟通，系统开发的周期较长；②企业支付给外单位的开发费用相对较高。

5. 购买与开发相结合

（1）购买与开发相结合的含义

购买与开发相结合，是指企业为满足自身需求，在所购买的会计软件的基础上，对其进行二次开发所形成的会计软件。

（2）购买与开发相结合方式的优缺点

采用这种方式的优点主要有：①在所购买的软件的基础上进行二次开发，降低了开发难度，提升了工作效率；②企业内部会计人员、技术人员参与二次开发，开发的会计软件能够充分满足企业需求。

采用这种方式的缺点主要有：①会发生较高的软件购买费用；②二次开发可能存在研发风险。

1.2.2 会计软件功能模块

1. 会计软件的功能结构

会计软件功能强大，涵盖了会计核算、会计管理和会计决策等功能。会计软件功能结构图（图 1-1）列示了部分功能。

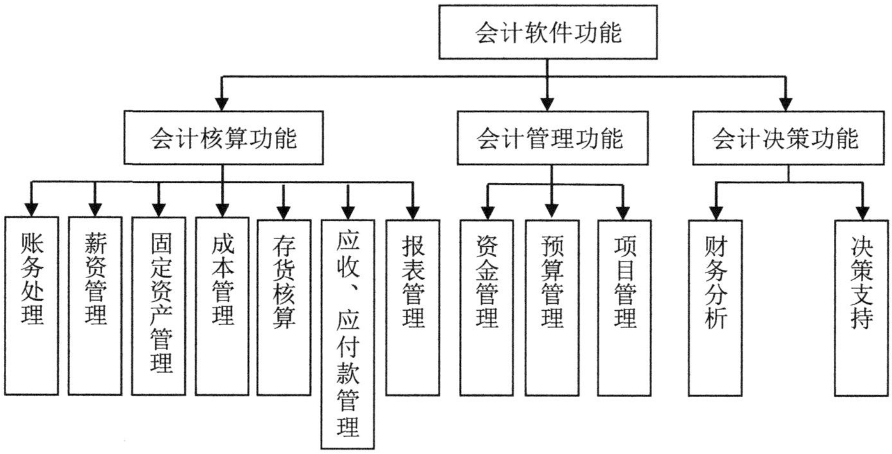

图 1-1　会计软件功能结构图

2. 会计软件功能模块

（1）会计核算功能模块

会计核算功能是目前会计软件最基本、最成熟的功能。由于使用单位的规模、行业特点、性质和管理水平各有不同，各单位对会计工作的要求也存在差异，因此，会计核算功能模块的划分不能一概而论。一般情况下，会计核算功能模块通常划分为账务处理、薪资管理、固定资产管理、成本管理、存货核算、应收款管理、应付款管理、报表管理等模块。在各功能模块中，账务处理模块是核心模块，该模块以记账凭证为接口与其他功能模块有机地联系在一起。

①账务处理模块

账务处理模块也叫总账管理模块。作为整个会计核算系统的核心，该模块以凭证为数据处理起点，通过凭证的输入和处理，完成记账、银行对账、结账、账簿查询及打印输出等工作。账务处理模块不仅能完成和其他业务模块之间的数据交换，还可以向报表管理模块提供数据。

②薪资管理模块

薪资管理模块是进行薪资核算和管理的模块。该模块以职工个人的原始薪资数据为依据，实现职工薪资的计算与发放、薪资的汇总和分摊、个人所得税计算，按照部门、项目、个人、时间等条件进行薪资分析、查询和打印输出，自动编制薪资费用分配凭证并传递到账务处理模块，以及该模块与其他模块的数据接口管理等功能。

③固定资产管理模块

固定资产管理模块主要以固定资产卡片和固定资产明细账为基础，实现固定资产的会计核算、计提折旧和分配、设备管理等功能。同时，该模块还提供固定资产按类别、使用情况、所属部门和价值结构等进行分析、统计和各种条件下的查询、打印功能，以及与其他模块的数据接口管理功能。

④成本管理模块

成本管理模块主要提供成本核算、成本分析、成本预测功能，以满足会计核算的事前预测、事后核算和分析的需要。此外，成本管理模块还具有与生产模块、供应链模块，以及账务处理、薪资管理、固定资产管理和存货核算等模块进行数据传递的功能。

⑤存货核算模块

存货核算模块以供应链模块产生的入库单、出库单、采购发票、销售发票等单据为依据，核算存货的出（入）库数量、成本，计算存货的库存余额，登记存货明细账，生成自动转账凭证并将相关凭证分别传递到成本管理和账务处理等模块。

⑥应收、应付款管理模块

应收、应付款管理模块以发票、费用单据、其他应收单据、其他应付单据等为依据，记录销售业务、采购业务所形成的往来款项，处理应收款、应付款的收回、支付和转账，进行账龄分析和坏账估计及冲销，并对往来业务中的票据、合同进行管理，同时，提供统计分析、打印和查询输出功能，并与销售管理、采购管理、账务处理等模块进行数据传递。

⑦报表管理模块

报表管理模块与其他模块相连，可以根据会计核算的数据生成各种内部报表、外部报表，并根据报表数据生成各种分析图等。在网络环境下，报表管理模块还同时提供了远程报表的汇总、数据传输、检索查询和分析处理等功能。

（2）会计管理功能模块

会计管理功能是利用会计核算系统提供的数据和企业其他相关资料，对资金、预算、项目等内容进行分析管理，以加强对生产经营活动的控制。

①资金管理模块

资金管理模块的主要功能是对企业生产经营活动所需的资金进行预测，编制资金计划，进行筹资、投资管理，进行资金盈缺分析及资金风险预警管理等。

②预算管理模块

预算管理模块的主要功能是编制预算方案，制定预算审批流程，明确预算编制内容，进行责任预算的编制、审核、审批，以便实现对各个责任中心的控制、分析和绩效考核。此外，还可以实现对各子公司预算的汇总、对集团公司及子公司预算的查询，以及根据实际数据和预算数据自动进行预算执行差异分析和预算执行进度分析等。

③项目管理模块

项目管理模块的主要功能是对企业的项目进行核算、控制与管理，包括项目立项、项目计划、项目跟踪与控制、终止业务的处理以及项目自身的成本核算等。该模块可以对项目中的各项任务进行资源预算分配，以实时掌握项目进度，及时反映项目执行情况及财务状况，并且与账务处理、应收（付）款管理、固定资产管理、采购管理、库存管理等模块集成，对项目收支进行综合管理，实现对项目物流、资金流、信息流的综合控制。

（3）会计决策功能模块

会计决策功能模块主要包括财务分析和一些决策支持模块。

①财务分析模块

财务分析模块的主要功能是从会计软件的数据库中提取数据，运用各种专门方法，完成对企业财务活动的分析，实现对财务数据的进一步加工，生成各种分析和评价企业财务状况、经营成果和现金流量的信息，为决策提供依据。

②决策支持模块

决策支持模块的主要功能是利用现代计算机技术、通信技术和决策分析方法，通过建立数据库和决策模型，向企业决策者提供及时、可靠的财务和业务决策辅助信息。

上述各模块既相互联系又相互独立，有着各自的目标和任务，共同构成会计软件的整体结构，实现会计软件的总目标。

1.2.3 会计软件各模块间数据传递

会计软件各模块之间相互作用、相互联系，通过数据传递联系在一起，如图 1-2 所示。

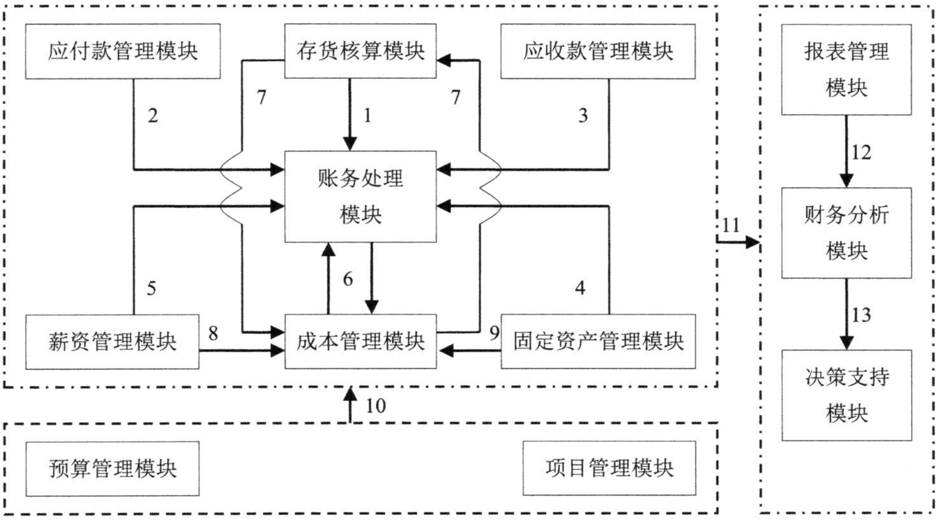

图 1-2　会计软件各模块间数据传递关系

（1）存货核算模块生成的各种存货入库、存货出库、盘点、组装拆卸等业务的记账凭证传递到账务处理模块，用户在账务处理模块登记存货账簿。

（2）应付款管理模块完成采购单据处理、供应商往来处理、票据处理、付款、退票等业务后，生成相应记账凭证，传递到账务处理模块，用户在账务处理模块登记赊购往来及相关账簿。

（3）应收款管理模块完成销售单据处理、客户往来处理、票据处理、收款、退票及坏账处理后，生成相应记账凭证，传递到账务处理模块，用户在账务处理模块登记赊销往来及相关账簿。

（4）固定资产管理模块生成固定资产增加、减少、盘点、固定资产变动、固定资产评估和折旧分配等业务的记账凭证，传递到账务处理模块，用户在账务处理模块登记固定资产的相关账簿。

（5）薪资管理模块进行薪资计算，生成分配薪资费用等业务的记账凭证，传递到账务处理模块，用户在账务处理模块登记应付职工薪酬及相关费用账簿。

（6）成本管理模块进行成本计算。如果计入生产成本的间接费用和其他费用定义为来源于账务处理模块，则成本管理模块在账务处理模块记账后，从账务处理模块中直接取得间接费用和其他费用的数据；如果不启用薪资管理、固定资产管理、存货核算模块，则成本管理模块还需要在账务处理模块记账后，自动从账务处理模块中取得人工费用、折旧费用和材料费用等数据。成本管理模块完成成本核算后，要将结转制造费用、结转辅助生产成本、结转完工产品成本等记账凭证传递到账务处理模块，用户在账务处理模块登记相关业务的账簿。

（7）存货核算模块为成本管理模块提供材料出库核算的成本资料，成本管理模块为存货核算模块提供半成品、产成品入库核算的成本资料。

（8）薪资管理模块为成本管理模块提供计算成本所需的人工费资料。

（9）固定资产管理模块为成本管理模块提供计算成本所需的折旧费资料。

（10）预算管理模块编制的预算经审核批准后，生成各种预算申请单，传递到账务处理模块、应收款管理模块、应付款管理模块、固定资产管理模块、薪资管理模块，进行责任控制。项目管理模块中发生和项目相关的收款业务时，可以在应收发票、收款单或者退款单上输入相应信息，并生成相应业务的记账凭证，传递到账务处理模块；发生和项目相关的采购活动时，其信息也可以在采购申请单、采购订单、应付款管理模块的采购发票上记录，生成相应业务的记账凭证，传递到账务处理模块；在固定资产管理模块引入项目数据，可以更详细地归集固定资产建设和管理的数据，相关信息通过记账凭证传递到账务处理模块；项目的领（退）料活动可以在存货核算模块进行处理，通过记账凭证传递到账务处理模块。

（11）报表管理模块可以从账务处理、应收款管理、应付款管理、存货核算、薪资管理和固定资产管理等模块提取数据，编制财务报表。

（12）财务分析模块从报表管理模块、账务处理模块等核算功能模块提取数据，进行相关指标的比率分析、结构分析、对比分析、趋势分析等。

（13）决策支持模块从报表管理模块、财务分析模块和账务处理模块等核算功能模块提取数据，并对数据作进一步的加工、整理、分析和研究，生成决策方案，帮助管理人员制定决策方案。

1.2.4 会计软件各模块间数据传递类型

通过图 1-2 可以看出，会计软件各模块间的数据传递关系表现为三种类型，分别是单向发送型、单向接收型和双向传递型。

1. 单向发送型

单向发送型，是指该模块只向其他模块传递数据，而不接收数据。例如，在会计核算功能模块中，薪资管理模块、固定资产管理模块只向账务处理模块传递数据，而不接收其他模块的数据。

2. 单向接收型

单向接收型，是指该模块只接收其他模块传递来的数据，而不向其他模块发送数据。例如，决策支持系统只接收其他模块传递来的数据，而不向其他模块传递数据。

3. 双向传递型

双向传递型，是指该模块既向其他模块传递数据，又接收其他模块发送的数据，如账务处理模块、成本管理模块、存货核算模块等。

1.3 信息化下会计核算流程

会计信息系统环境下，会计业务处理技术、处理方法和手工相比都有了革命性变化，应结合所使用的会计软件特点进行会计业务处理。下面是信息化环境下会计核算的基本流程。

1.3.1 系统初始化

系统初始化就是根据企业会计业务处理的需要，对会计软件环境进行初始设置，使之满足企业后续业务处理的需要。系统初始化包括如下内容。

1. 建立账套

在会计信息系统中，利用会计软件开展会计核算，首先要在软件系统中给企业建立一个账套。所谓账套，就是一组数据库文件，用来记录该企业的基本核算信息，包括该企业的名称、单位信息、核算类型、启用软件的会计期间、分类编码方案等。如果是专用会计软件，可以在开发软件时将账套建立完成；如果是通用会计软件，则在开始使用会计软件时，由企业自己建立账套。通用会计软件可以建立多个账套，满足多个会计主体的业务处理需要。每个会计主体建立一个账套，软件系统依据账套号区分不同的会计主体。

2. 定义基础参数

基础参数是通用财务软件为适应不同的用户需求而设计的一些功能开关。软件开发设计的思想是“最长流程软件设计，最佳选择组合应用”。不同的用户对这些软件的功能需求不一，有的要进行精细化的详细管理，有的要简化控制，这种选择可以通过定义基础参数实现。

3. 设置基础档案

基础档案设置就是在建立账套的基础上，全面构建会计主体的会计核算体系，将会计核算用到的基础信息录入软件系统，为后续开展会计核算奠定基础。基础档案的主要内容包括部门档案、人员档案、客商档案、会计科目、凭证类别、存货信息、固定资产类别等。不同会计主体，其基础档案设置的内容不同。企业可以根据实际情况，随时补充设置基础档案。

4. 录入期初余额

录入期初余额，就是将存在于手工会计系统的业务初始数据转入会计信息系统中，以此为起点继续未来业务的处理。期初余额包括会计科目的余额、固定资产的余额、应收及应付款的余额、存货余额等，将这些余额录入不同的会计软件模块中。录入期初余额是系统初始化的最后环节，录入完成后即可开始日常业务的处理，进入日常业务处理阶段。

系统初始化一般只在启用会计软件的第一个月进行，以后月份、年度进行会计业务处理时，不需要重复进行系统初始化。

1.3.2 日常业务处理

1. 凭证处理

在会计信息系统中，使用各功能模块录入原始凭证、填制记账凭证，对记账凭证进行出纳签字、审核、记账等处理。

2. 账簿查询

查询总账、明细账、日记账、辅助账等账簿信息。

3. 会计信息分析利用

对会计信息进行分析利用，进行往来管理、编制财务分析报告等。

1.3.3 期末处理

1. 期末结转

期末结转包括期末费用计提、分摊，结转期间损益，汇兑损益等。

2. 期末结账

期末结账分为月结和年结。期末结账由会计信息系统自动进行，无须人工干预。结账前，系统会自动检查是否符合结账条件，不符合结账条件时，系统禁止结账。

1.3.4 编制会计报表

在会计软件中，编制会计报表分为两个步骤：第一步是设置会计报表的格式，包括报表名称、行列项目、数据来源、公式等；第二步是生成报表数据，由会计软件系统根据设置的格式、公式等，生成会计报表的数据。会计报表的格式设置完成后可以长期使用，不用每个月都设置。

1.4 会计信息化的新技术

1.4.1 **大数据**（big data）

1. 大数据的定义

《大数据时代》（2012 年出版）是国外大数据研究的先河之作，该书的作者之一维克托·迈尔 - 舍恩伯格被誉为“大数据商业应用第一人”。研究机构加特纳集团给出了大数据的定义：大数据是指无法在一定时间范围内用常规软件工具捕捉、管理和处理的数据集合，是需要新处理模式才能具有更强的决策力、洞察发现力和流程优化能力来适应的海量、高增长率和多样化的信息资产。

2. 大数据的特征

2013 年，IBM 公司提出大数据的 5V 特征。

（1）数据量巨大（volume）

数据量从 TB 级别跃升到 PB 级别（1 TB=1 024 GB，1 PB=1 024 TB）。

（2）处理速度快（velocity）

能够高速及时有效地对数据进行挖掘分析，与传统的数据挖掘技术有着本质区别。

（3）数据种类多（variety）

有图片、视频、地理位置信息、网络日志等多种形式。

（4）价值密度低，商业价值高（value）

单一数据价值不大，但将相关数据聚集在一起，就会有很高的商业价值。

（5）数据真实有效（veracity）

大数据来源于用户原始数据，没有经过二次加工，保证了数据来源真实可靠。

3. 大数据对会计信息化的影响

大数据技术的战略意义不在于掌握庞大的数据信息，而在于对这些具有价值的数据进行专业化的处理。换言之，如果把大数据比作一种产业，那么这种产业实现盈利的关键在于对数据的加工处理能力，通过加工处理实现数据增值。

（1）拓宽了会计数据的定义和范围

传统会计主要是基于货币价值角度，通过记录、计算实现对经济业务的核算与管理。传统会计无法采集与企业生产经营活动有关的非货币价值数据，比如产品关注度，客户的年龄、性别、购物偏好等。利用大数据技术对这些海量的非货币价值数据进行处理，可以得到数据之间的潜在关系，进而能够通过已有的数据对未来数据的发展方向进行预测。基于这些预测数据，能够对企业的经济发展提供多维度的方向指引，从而对决策产生指导作用。

（2）产生新的会计方法

会计在保留货币精确核算的基础上，建立基于大数据的非精确核算模型，探索建立非货币数据的价值计量方法，使数据成为有价值的资产，从而依此进行企业经济活动分析、与企业相关的行业经济趋势分析、与企业相关的社会经济分析，实现非货币数据的价值化应用。

1.4.2 云计算（cloud computing）

1. 云计算的定义

2006 年 8 月，谷歌首席执行官埃里克·施密特在搜索引擎大会上首次提出“云计算”的概念。2009 年，美国国家标准与技术研究院（NIST）进一步丰富和完善了云计算的定义和内涵。NIST 认为，云计算是一种基于互联网的，只需最少管理和与服务提供商的交互，就能够便捷、按需地访问共享资源（包括网络、服务器、存储、应用和服务等）的计算模式。

2. 云计算的特征

根据 NIST 的定义，云计算具有五个特征。

（1）按需自助服务

用户不需要或很少需要云服务提供商的协助就可以单方面按需获取云端的计算资源。

（2）广泛网络接入

用户可以随时随地使用任何云端设备接入网络，并使用云端的计算资源。

（3）计算资源集中（即资源池化）

云端计算资源池化，以便通过多租户形式共享给多个用户，根据用户需求动态分配或者再分配各种物理的和虚拟的资源。消费者通常不知道自己正在使用的计算资源的确切位置，但在自助申请时允许指定大概的区域范围，比如在哪个国家、哪个省或者哪个数据中心。

（4）快速动态配置

用户能方便、快捷地按需获取和释放计算资源，也就是说，需要时能快速地获取资源，从而扩展计算能力，不需要时能够快速地释放资源，减少资源的使用费用。对于用户来说，云端的计算资源是无限的，可以随时申请并获取任何数量的计算资源。

（5）按使用量计费

用户使用云端资源是需要付费的。费用的计量方法有多种，例如，根据某种资源（如存储、CPU、内存、网络宽带等）的使用量和时间长短计费，根据使用次数计费等。

3. 云计算的服务形式

云计算的服务形式主要有三种。

（1）软件即服务（software as a service，SaaS）

SaaS 是一种通过互联网提供软件的模式。用户无须购买软件，而是向提供商租用基于网络的软件来管理企业的经营活动。这种服务模式的优势是由服务提供商维护和管理软件、提供软件运行的硬件设施，用户只需拥有能够接入互联网的终端，即可随时随地使用软件。用户不再像传统模式那样花费大量资金在硬件、软件、维护人员上，只需要支付一定的租赁服务费用，通过互联网就可以享受到相应的硬件、软件和维护服务，这是网络应用最具效益的营运模式。

（2）平台即服务（platform as a service，PaaS）

PaaS 是一种分布式平台服务。厂商提供开发环境、服务器平台、硬件资源等服务给用户，用户在其平台基础上定制开发自己的应用程序并通过其服务器和互联网传递给其他客户。PaaS 能够给企业或个人提供研发的中间件平台，提供应用程序开发、数据库、应用服务器、试验、托管及应用服务。

（3）基础设施即服务（infrastructure as a service，IaaS）

IaaS 将厂商的由多台服务器组成的“云端”基础设施作为计量服务提供给客户。它将内存、I/O 设备、存储和计算能力整合成一个虚拟的资源池，为整个业界提供所需要的存储资源和虚拟化服务器等。这是一种托管型硬件方式，用户付费使用厂商的硬件设施。IaaS 的优点是用户只需具备低成本的硬件，就能按需租用相应的计算能力和存储能力，大大降低了用户在硬件上的开销。

4. 云计算对会计信息化的影响

（1）会计软件部署云计算化

在云计算模式下，由软件开发商建立所有的网络基础设施，即软件、硬件运作平台，并负责所有前期的实施、后期的维护等一系列服务。企业无须购买软硬件、建设机房、招聘 IT 人员，即可通过互联网使用会计信息系统。企业根据实际需要，向服务商租赁软件服务，形成云会计模式的应用。企业的所有电子设备只需要连接互联网，就能够享用云计算服务商提供的云会计服务。

（2）实时更新会计处理方法

在传统的会计信息化模式下，由于受到软件功能的限制，会计信息系统无法迅速及时地更新会计处理方法。而在云会计应用模式下，软件服务商根据企业会计准则等国家统一的会计制度的变化，会及时更新会计软件功能，企业可以根据自己的需求选择相应的功能。

（3）业务处理更及时

会计软件部署在云端，企业可以不受地域限制通过移动设备随时随地登录会计软件进行业务处理、查询会计信息，实现了业务处理实时化，提高了工作效率和会计信息的利用率。

1.4.3 人工智能（artificial intelligence，AI）

1. 人工智能的定义

人工智能亦称智械、机器智能，指由人制造出来的机器所表现出来的智能。通常人工智能是指通过普通计算机程序来呈现人类智能的技术。

美国斯坦福大学人工智能研究中心尼尔逊教授对人工智能下了这样一个定义：人工智能是关于知识的学科——怎样表示知识以及怎样获得知识并使用知识的科学。美国麻省理工学院的温斯顿教授认为，人工智能就是研究如何使计算机去做过去只有人才能做的智能工作。这些说法反映了人工智能学科的基本思想和基本内容，即人工智能是研究人类智能活动的规律，构造具有一定智能的人工系统，研究如何让计算机去完成以往需要人的智力才能胜任的工作，也就是研究如何应用计算机的软硬件来模拟人类某些智能行为的基本理论、方法和技术。

2. 人工智能对会计信息化的影响

人工智能应用到会计领域后，可以把一些重复、简单的程序化工作交给人工智能系统处理，会计人员从烦琐重复的低端会计工作中解放出来，有更充足的时间和精力去完成资金预算、管理控制等具有更高价值的工作。同时，人工智能也会对会计人才培养产生重要影响。会计人才培养将向多元化、高端化发展，会计人员的核算职能将会弱化，监督职能会进一步强化，核算会计向管理会计转型显得尤为重要。

1.4.4 区块链（block chain）

1. 区块链的定义

区块链是比特币（bitcoin）的一个重要概念，它本质上是一个去中心化的数据库，同时作为比特币的底层技术，是一串使用密码学方法相关联产生的数据块，每一个数据块中包含了一批次比特币网络交易的信息，用于验证其信息的有效性（防伪）和生成下一个区块。

狭义来讲，区块链是一种按照时间顺序将数据区块以顺序相连的方式组合而成的一种链式数据结构，并以密码学方式保证不可篡改和不可伪造的分布式账本。

广义来讲，区块链技术是利用块链式数据结构来验证与存储数据、利用分布式节点共识算法来生成和更新数据、利用密码学的方式保证数据传输和访问的安全、利用由自动化脚本代码组成的智能合约来编程和操作数据的一种全新的分布式基础架构与计算方式。

区块链的主要作用是存储信息，任何需要保存的信息，都可以写入区块链，也可以从里面读取，所以它是数据库；任何人都可以架设服务器，加入区块链网络，成为庞大网络中的一个节点。

2. 区块链的特征

（1）去中心化

去中心化是区块链的最基本特征。区块链使用分布式核算和存储，不存在中心化的硬件或管理机构，任意节点的权利和义务都是均等的，系统中的数据块由整个系统中具有维护功能的节点来共同维护。

在生活中，比如网上购物，实际上你的钱是由支付宝这样的机构进行管理和存储，转账、消费时在你的账户余额上做减法，收款时在账户余额上做加法，你的个人信息也都在支付宝的数据库中，这些都是中心化的，都是围绕着第三方这个中心。如果支付宝的服务器损坏或被攻击会导致数据丢失，我们的记录就会被销毁，交易则无法查询。还有另一种常见问题，即个人信息泄露，这些都是中心化的缺点。

由区块链技术支撑的交易模式则不同，买家和卖家可以直接交易，无须通过任何第三方支付平台，也无须担心自己的其他信息会被泄露。去中心化的处理方式更为简单和便捷，并且排除了被中心化控制的风险。

（2）开放性

区块链系统是开放的，除了交易各方的私有信息被加密外，区块链的数据对所有人公开，任何人都可以通过公开的接口查询区块链数据和开发相关应用，因此整个系统信息高度透明。

（3）自治性

区块链采用基于协商一致的规范和协议（比如一套公开透明的算法），使得整个系统中的所有节点能够在去信任的环境中自由安全地交换数据，使得对“人”的信任改成了对机器的信任，任何人为的干预都不起作用。

（4）信息不可篡改

不可篡改是基于“区块 + 链”（block+chain）的独特账本而形成的：存有交易的区块按照时间顺序持续加到链的尾部。要修改一个区块中的数据，就需要重新生成它之后的所有区块。在区块链技术中，修改大量区块的成本极高，几乎是不可能的，因此区块链的数据稳定性和可靠性极高。

（5）匿名性

由于节点之间的交换遵循固定的算法，其数据交互是无须信任的（区块链中的程序规则会自行判断活动是否有效），因此交易对手无须通过公开身份的方式让对方对自己产生信任，对信用的累积非常有帮助。

3. 区块链的分类

按照参与方分类，区块链分为如下三类。

（1）公有区块链（public block chains）

公有区块链，是指世界上任何个体或者团体都可以发送交易，且交易能够获得该区块链的有效确认，任何人都可以参与其共识过程。公有区块链是最早的区块链，也是目前应用最广泛的区块链。各大比特币系列的虚拟数字货币均基于公有区块链，世界上有且仅有一条该币种对应的区块链。

（2）行业区块链（consortium block chains）

行业区块链的网络范围介于公有区块链和私有区块链之间，通常在多个成员角色的环境中使用，比如银行之间的支付结算、企业之间的物流等，这些场景下往往都有不同权限的成员参与。与私有区块链一样，行业区块链系统一般也具有身份认证和权限设置，而且节点的数量往往是确定的，适用于企业或者机构之间的事务处理。行业区块链不一定要完全掌控，比如政务系统，有些数据是可以对外公开的，以在更大范围内发挥数据的作用。

（3）私有区块链（private block chains）

仅仅使用区块链的总账技术进行记账，可以是一个公司，也可以是个人，独享该区块链的写入权限，私有区块链与其他分布式存储方案没有太大区别。

4. 区块链对会计信息化的影响

（1）影响会计数据的获取

会计数据的获取更全面、更快捷，原始凭证的来源通过数据链确保数据的真实性。

（2）实现会计信息化数据共享

区块链具有去中心化、分布式存储技术，具有开放性特征，除了交易各方的私有信息被加密外，任何人都可以通过公开的接口查询区块链数据和开发利用数据。

（3）提高会计数据的安全性

交易记账由分布在不同地方的多个节点共同完成，而且每一个节点记录的都是完整的账目，因此它们都可以参与监督交易的合法性，同时也可以共同为其作证。不同于传统的中心化记账方案，这一方式没有任何一个节点可以单独记录账目，从而避免了单一记账人被控制或者被贿赂而有记假账的可能性。另外，由于记账节点足够多，理论上讲，除非所有的节点都被破坏，否则账目就不会丢失，从而保证了账目数据的安全性。

1.4.5 **物联网**（internet of things，IoT）

1. 物联网的定义

“物联网”一词起源于 1999 年，美国麻省理工学院 Auto-ID 实验室最早明确提出物联网的概念，认为物联网就是将所有物品通过射频识别等信息传感设备与互联网连接起来，实现智能化识别和管理的网络。

通俗地讲，物联网就是“物物相连的互联网”，它包含两层含义：第一，物联网是互联网的延伸和扩展，其核心和基础仍然是互联网；第二，物联网的用户端不仅包括人，还包括物品，物联网实现了人与物品以及物品与物品之间信息的交换和通信。

2. 物联网对会计信息化的影响

物联网作为信息产业的革命性进步，以 RFID 技术等将现实的万物和虚拟的互联网整合在一起，势必会对企业的生产运行及经营管理产生巨大的影响，对紧密结合信息技术而发展的会计信息化产生影响。

（1）数据来源的变化

原材料从生产厂家开始就被嵌入RFID电子标签，从运输到入库、领用、在制品、产成品入库、销售等所有环节，可在多个管理节点采集数据，将所获得的数据传入数据仓库。在此过程中，数据的读取没有人工参与，只是传感器在与物品自动“交流”，使得获取业务数据更加容易，从而保证了数据的真实性。

在物联网环境下，会计信息系统采用实时处理方式。业务在发生时，相关数据即被收集和更新，数据处理前移，因此数据具有了及时性，可以被实时反映，增强了数据分析的价值。特别是标签数据存储量大，在物品流转的各个环节写入了所有相关的、较以前更多的信息，包含财务信息和非财务信息，从而保证了数据的充分性和完整性。

（2）降低企业生产成本

在物联网环境下，利用RFID系统实时追踪整个领料、生产、入库流程，在每个标签里及时更新成本信息，从而使生产成本计算变得及时、准确，会计人员可以实现对生产成本的动态核算和管理。利用物联网，可以实现远程控制和管理，会大大提高效率和降低费用。

（3）实时会计信息系统成为可能

在物联网环境下，当一项业务发生时，比如材料入库，通过RFID技术捕获入库信息，该业务信息进入系统后，根据凭证模板自动生成实时记账凭证，会计人员只需审核确认即可生成相关的账簿信息，从而实现实时会计信息系统。同时，由于实时记账凭证是由入库单等业务单据自动生成的，可以由会计记录追溯到业务行为，保证业务和会计系统的一致性和及时性，实现业务和财务的一体化。

1.5 电子会计档案管理规定

2015年12月11日，财政部和国家档案局联合印发了新修订的《会计档案管理办法》，规定自2016年1月1日起施行。新修订的《会计档案管理办法》共31条，与原《会计档案管理办法》相比，主要作了以下调整：一是完善了会计档案的定义和范围；二是增加并明确了电子会计档案的管理要求；三是完善了会计档案的销毁程序；四是明确了会计档案出境的管理要求；五是调整了会计档案的定期保管期限，并延长了会计档案向单位档案管理机构移交的期限。本书仅介绍电子会计档案管理的相关规定。

1.5.1 会计档案的定义和范围

第三条 本办法所称会计档案是指单位在进行会计核算等过程中接收或形成的，记录和反映单位经济业务事项的，具有保存价值的文字、图表等各种形式的会计资料，包括通过计算机等电子设备形成、传输和存储的电子会计档案。

《会计档案管理办法》明确规定会计档案包括通过计算机等电子设备形成、传输和存储的电子会计档案。

1.5.2 仅以电子形式保存的会计资料的规定

第八条 同时满足下列条件的，单位内部形成的属于归档范围的电子会计资料可仅以电子形式保存，形成电子会计档案：

（一）形成的电子会计资料来源真实有效，由计算机等电子设备形成和传输；

（二）使用的会计核算系统能够准确、完整、有效接收和读取电子会计资料，能够输出符合国家标准归档格式的会计凭证、会计账簿、财务会计报表等会计资料，设定了经办、审核、审批等必要的审签程序；

（三）使用的电子档案管理系统能够有效接收、管理、利用电子会计档案，符合电子档案的长期保管要求，并建立了电子会计档案与相关联的其他纸质会计档案的检索关系；

（四）采取有效措施，防止电子会计档案被篡改；

（五）建立电子会计档案备份制度，能够有效防范自然灾害、意外事故和人为破坏的影响；

（六）形成的电子会计资料不属于具有永久保存价值或者其他重要保存价值的会计档案。

第九条 满足本办法第八条规定条件，单位从外部接收的电子会计资料附有符合《中华人民共和国电子签名法》规定的电子签名的，可仅以电子形式归档保存，形成电子会计档案。

以上要求中，第八条第（一）项和第九条规定是确保电子会计档案的真实，第八条第（二）项、（三）项、（六）项规定是确保电子会计档案的准确、完整、可用，第八条第（四）项、（五）项规定是确保电子会计档案的安全。

单位内部形成的电子会计资料仅以电子形式归档保存必须同时满足第八条第（一）至第（六）项规定。单位从外部接收的电子会计资料仅以电子形式归档保存必须同时满足第八条和第九条的所有规定。

1.5.3 电子会计档案的移交

第十二条 单位会计管理机构在办理会计档案移交时，应当编制会计档案移交清册，并按照国家档案管理的有关规定办理移交手续。

纸质会计档案移交时应当保持原卷的封装。电子会计档案移交时应当将电子会计档案及其元数据一并移交，且文件格式应当符合国家档案管理的有关规定。特殊格式的电子会计档案应当与其读取平台一并移交。

单位档案管理机构接收电子会计档案时，应当对电子会计档案的准确性、完整性、可用性、安全性进行检测，符合要求的才能接收。

1.5.4 电子会计档案的销毁

第十八条 经鉴定可以销毁的会计档案，应当按照以下程序销毁：

（一）单位档案管理机构编制会计档案销毁清册，列明拟销毁会计档案的名称、卷号、册数、起止年度、档案编号、应保管期限、已保管期限和销毁时间等内容。

（二）单位负责人、档案管理机构负责人、会计管理机构负责人、档案管理机构经办人、会计管理机构经办人在会计档案销毁清册上签署意见。

（三）单位档案管理机构负责组织会计档案销毁工作，并与会计管理机构共同派员监销。监销人在会计档案销毁前，应当按照会计档案销毁清册所列内容进行清点核对；在会计档案销毁后，应当在会计档案销毁清册上签名或盖章。

电子会计档案的销毁还应当符合国家有关电子档案的规定，并由单位档案管理机构、会计管理机构和信息系统管理机构共同派员监销。

复习思考题

1. 和手工会计相比，会计电算化有哪些特征？
2. 企业有哪些会计软件的配备方式？不同方式的优缺点如何？
3. 企业购买通用会计软件时要注意哪些问题？
4. 会计软件和 ERP 软件有何关系？
5. 从会计信息系统构成要素的角度分析企业如何开展会计信息化。
6. 简述会计软件各功能模块的功能及数据传递关系。
7. 简述《会计档案管理办法》对电子会计档案的管理规定。

第2章 02 系统管理和基础设置

2.1 系统安装

2.1.1 用友新道 U8+ V15.0 系统介绍

用友 U8+ 是以企业信息化管理解决方案为核心，为成长型企业构建集精细管理、产业链协同、社交化运营于一体的企业互联网经营管理平台。用友 U8+ 全面转向互联网方向，支持移动微商、线上电商、移动销售、线下分销零售等多渠道营销平台，以全新的交互体验、移动体验提高应用交互效率，并通过软硬一体化、产业链协同的策略全面开放地在技术创新、商务创新、渠道创新方面为企业提供所需要的应用友持。

用友 U8+ 的全产业链 O2O 方案，助力企业实现从数字营销到交易分析一体化，完美协同线上、线下多端业务；统一多端的全渠道会员管理，精耕细作，精准定位；实现全产业链客户经营一体化、经销商管理交易运营一体化，以强大的 ERP 体系解决利益分配的难题，建立产业链协同。

用友新道 U8+ V15.0 系统为 2017 年 7 月上市的产品 U8+ V13.0 的升级版本，主要支持了用户注册模式，包括以下产品：企业门户、财务会计、管理会计、客户关系管理（CRM）、供应链管理、电商管理、连锁零售、生产制造、人力资源管理、决策支持、集团应用、企业应用集成、移动应用、iSD 用友绿色服务桌面。面对复杂的国际形势，国内软件厂商立足新发展阶段，贯彻新发展理念，构建新发展格局，推动高质量发展，用友新道 U8+ V15.0 系统以其强大的功能和稳定的性能，有效满足企业需求，促进经济快速发展。

平台基本功能如表 2-1 所示。

表 2-1　用友新道 U8$^+$ V15.0 管理平台功能

财务管理（FM）	供应链管理（SCM）	生产制造（PM）	客户关系管理（CRM）	人力资源（HR）	决策支持（DSS）	集团应用（GA）	零售管理（RM）	分销管理（DM）	系统管理集成应用	移动应用（MA）
总账管理	合同管理	设备管理	营销管理	绩效管理	商业分析运行平台	合并报表	寄存业务	通路管理	UU	易收款
出纳管理	质量管理	工程变更	服务管理	宿舍管理	营销分析主题	多组织协同	店内加工	供应商自助	内控审计	移动报表
应收管理	销售管理	车间管理		培训管理	零售分析主题		日结管理	客户商务端	UAP平台	U 资产
应付管理	采购管理	生产订单		人事合同	预算网报主题		寄存管理	综合管理	金税接口	移动财务
发票管理	委外管理	需求规划		保险福利	模型设计器		目标管理	业务记账	实施工具	移动审批
固定资产	库存管理	产能管理		经理查询	数据填报平台		店存管理	分销业务	EAI平台	移动报销
网上报销	库存条码	主生产计划		考勤管理	数据抽取平台		门店销售		系统管理	移动考勤
UFO报表	合同管理	物料清单		薪资管理	what-if分析		礼券管理			移动薪资
预算管理	售前分析	工序委外		计件工资	Live Of┬ce		储值卡			移动销售
成本管理	序列号	产品配置		招聘管理	移动分析		价格促销			移动营销
存货核算	采购询价	多工厂		人事信息			会员管理			移动UU
标准成本										工作流程
分项成本										
收入核算										
费用预算										

作为企业级管理软件，用友 U8$^+$ 通过各模块的集成使用实现企业财务业务一体化处理。各模块之间的数据传递关系如图 2-1 所示。

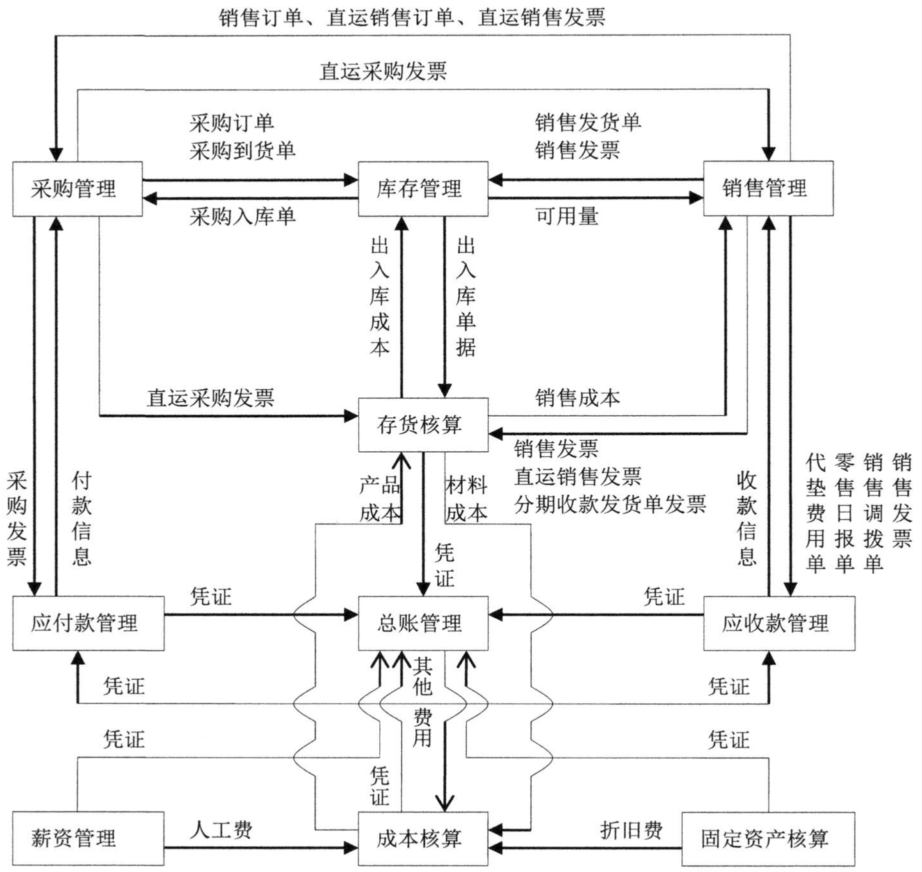

图 2-1　用友 U8+ 财务业务一体化数据流程

2.1.2　软件安装

1. 安装总体说明

（1）操作系统

① Windows 7（SP1 及更高版本补丁）

② Windows 8.1

③ Windows 10

至少配置 2G 以上内存。特别说明：Windows 家庭版安装后不能使用。

（2）数据库

① Microsoft SQL Server 2016（及更高版本补丁）（推荐）

② Microsoft SQL Server 2014（及更高版本补丁）（推荐）

③ Microsoft SQL Server 2012（及更高版本补丁）

④ Microsoft SQL Server 2008 R2（及更高版本补丁）（推荐）

⑤ Microsoft SQL Server 2008（SP1 或以上版本补丁）

⑥ Microsoft SQL Server 2005（SP2 及以上版本补丁）

根据操作系统的版本，分别对应选用 64 位的版本。

本书以 Windows 10 专业版（64 位）为例进行用友新道 U8⁺ V15.0 的安装，数据库系统为 SQL Server 2008 Express SP2（64 位）。

（3）注意事项

在单机上安装用友新道 U8⁺ V15.0 系统，操作系统使用 Windows 10 专业版，要注意以下问题。

①安装的权限。管理员最好是超级用户。

②用户权限控制设置为最低，即对安装不作限制。

③安全管理软件，即安全卫士、杀毒软件等在系统安装过程中必须停止运行，最好先卸载，待系统安装成功后再安装安全管理类软件。

注意：如果未安装安全卫士、杀毒软件，但系统启动了 Windows 自带的病毒和威胁防护，则也应关闭实时保护。方法：点击“Windows”（）键进入“开始”菜单，在所有应用菜单里选择“Windows 安全中心”，选择“病毒和威胁防护”—“病毒和威胁防护设置”—“管理设置”，把实时保护设置为“关”即可。或者单击屏幕下方任务栏上的“”，同样能够打开“Windows 安全中心”，进行上述设置。

④其他软件。可以安装 Of┬ce、输入法、浏览器、即时通信类软件，同一环境不能存在其他管理软件。

2. Windows 10 专业版安装环境

（1）安装 IIS

Internet Information Services（IIS，互联网信息服务），是由微软公司提供的基于运行 Windows 的互联网基本服务。IIS 的默认安装不完全，需要手动添加进行安装。

点击“Windows”（）键进入“开始”菜单，在所有应用菜单里选择“Windows 系统”里的“控制面板”，如图 2-2 所示。

图 2-2　选择“控制面板”

①进入控制面板后，选择“程序”（图 2-3）。

图 2-3　选择“程序”

②选择“程序和功能”中的“启用或关闭 Windows 功能”（图 2-4）。

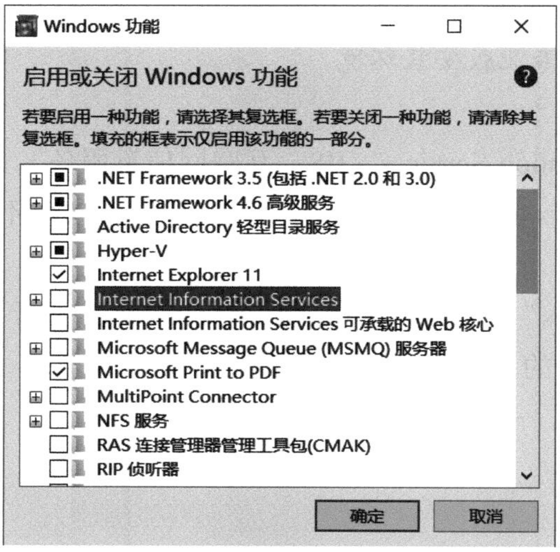

图 2-4　选择“启用或关闭 Windows 功能”

③选择 Internet Information Services 进行设置。

选择“Internet Information Services”，进入后，要把加号都点开，简单的做法是选取可选的全部项目，如图 2-5 所示。单击“确定”，系统会自动安装（需要联网）。

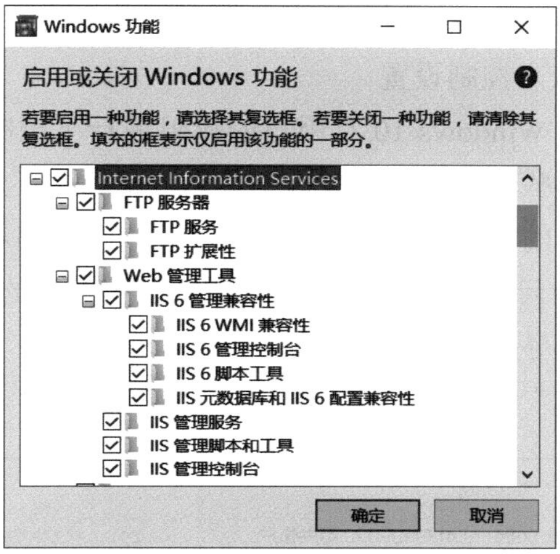

图 2-5　Internet 信息服务设置

④选择 Internet Information Services 可承载的 Web 核心。

进行相关设置后，单击“确定”，系统会自动完成 IIS 的安装（需要联网状态下下载有关更新程序），然后重新启动。

（2）安装 .NET Framework 3.5

选择“.NET Framework 3.5（包括 .NET2.0 和 3.0）”，如图 2-6 所示。

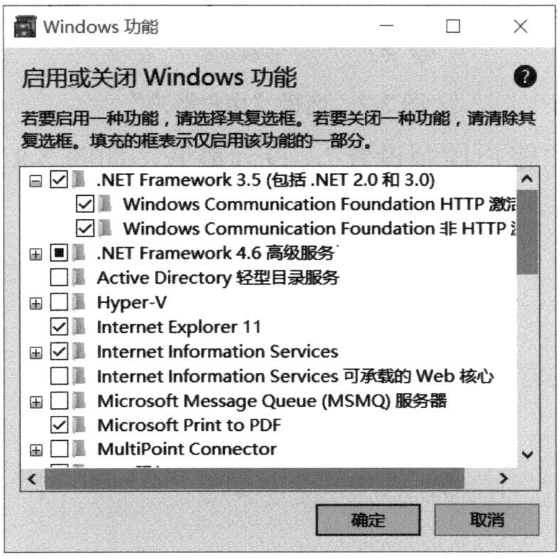

图 2-6　安装“ .NET Framework 3.5”

单击“确定”，系统会从网络上下载相关程序进行安装。

提示：有时配置 IIS 和 .NET Framework 3.5 不成功，不能更新配置，可以按“win+r”键，输入“services.msc”，单击“确定”，修改服务项，把“Windows Install ”设置为启动状态，就可以更新了。

3. 安装环境准备

（1）更改用户账户控制设置

为了安全起见，Windows 10 对用户的权限进行了控制，以防止非法软件被安装，但在安装一些软件时候，是需要最高权限的，不然表面上似乎安装完成，但由于安装人员的权限不够，在修改有关系统参数时不成功，从而导致安装后无法使用。这种问题是安装程序在安装过程中发生的，不一定进行提示，出现错误的时候很难寻找原因和解决办法。

选择“控制面板”—“用户账户”，如图 2-7 所示。

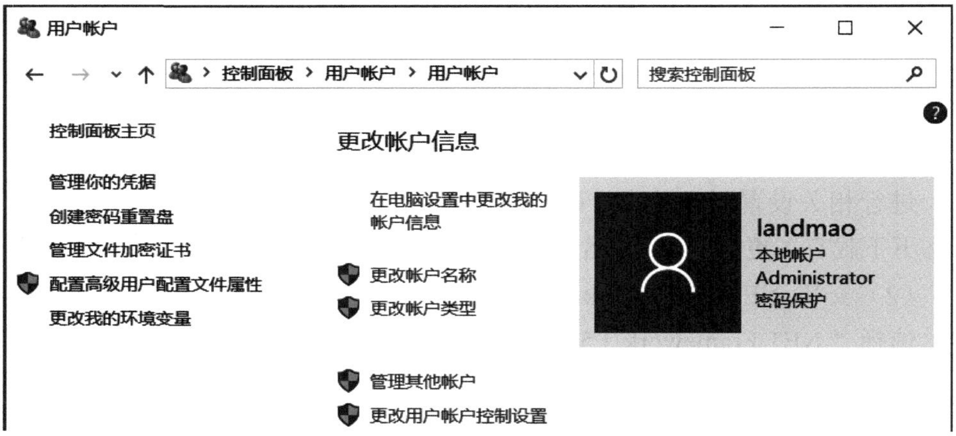

图 2-7　选择“用户账户”

单击“更改用户账户控制设置”，设为最低，如图 2-8 所示。

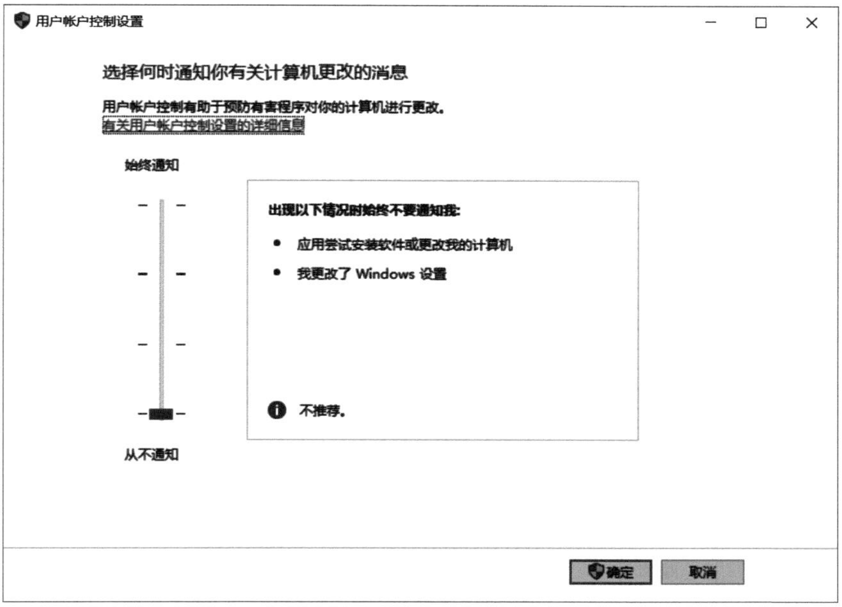

图 2-8　更改用户账户控制设置

（2）更改计算机名称

选择“控制面板”—“系统和安全”—“系统”，在用友 U8⁺ 系统中，计算机名不能使用“-”这种特殊字符，如需要更改，可选择计算机名的“更改设置”。如图 2-9 是将计算机名称改为“BIGATL”。

图 2-9　更改计算机名称

设定后需要重新启动。

（3）日期分隔符设置

用友 U8^{+} 系统中，要求日期分隔符号设置为“-”，设置的方法如下。

进入 Windows10“控制面板”，选择“时钟、语言和区域”，再选择“更改日期、时间或数字格式”，按照图 2-10 设置短日期的格式（设置为 yyyy-MM-dd）。

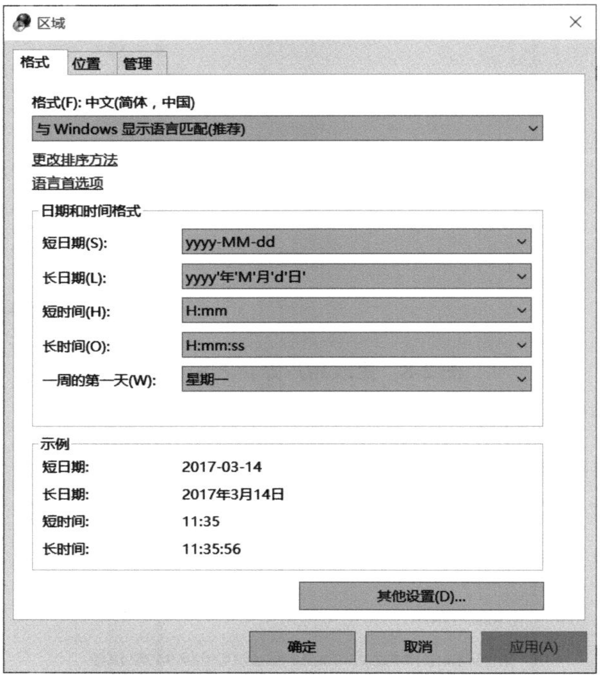

图 2-10　日期分隔符设置

先单击“应用”，然后单击“确定”完成。

4. 安装数据库

（1）下载 SQL Server 2008 Express SP2

用友 U8^{+} 系统使用微软的 SQL Server 数据库，这里使用 SQL server 2008 Express SP2 版本（免费版）。免费版由微软公司提供，可供教学使用。

可以在互联网上搜索“SQL Server 2008 Express SP2”，选择从微软网站下载，x64 位版本选择 SQLEXPR_x64_CHS.EXE。

（2）安装 SQL Server 2008 Express SP2

在安装之前，一定要停用杀毒软件、360 安全卫士之类的安全管理软件。

安装方法：选择“SQLEXPR_x64_CHS.EXE”，单击右键选择“以管理员身份运行”。进入后选择“安装”，如图 2-11 所示。

图 2-11　安装中心

选择“全新 SQL Server 独立安装或向现有安装添加功能”，首先进入“安装程序支持规则”，通过检测后，单击“确定”，输入“产品密钥”。这里按照默认进入下一步“许可条款”，选择“我接受许可条款”，然后进入下一步“安装程序支持文件”，如图 2-12 所示。

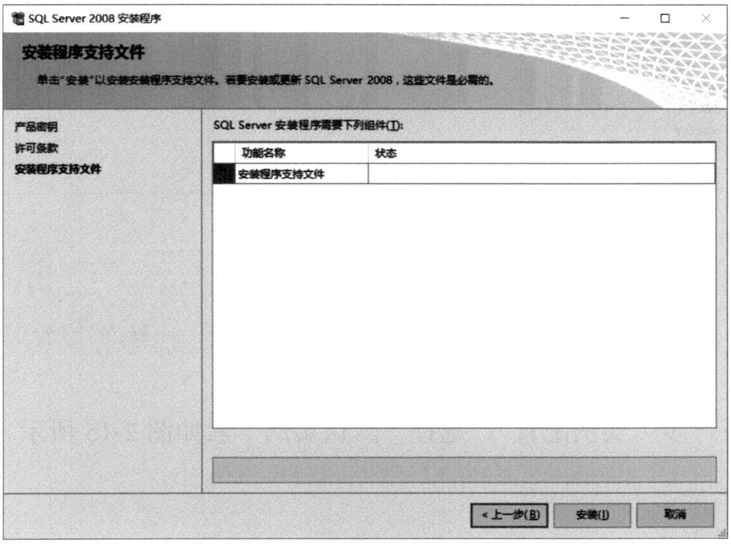

图 2-12　安装程序支持文件

单击“安装”，首先完成安装程序支持规则的检测，如图 2-13 所示。

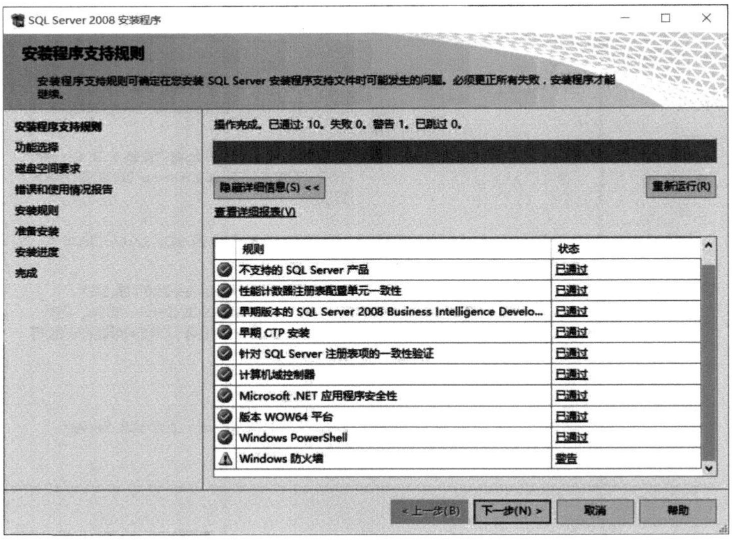

图 2-13　安装程序支持规则检测

进入下一步“功能选择”，单击“全选”后如图 2-14 所示。

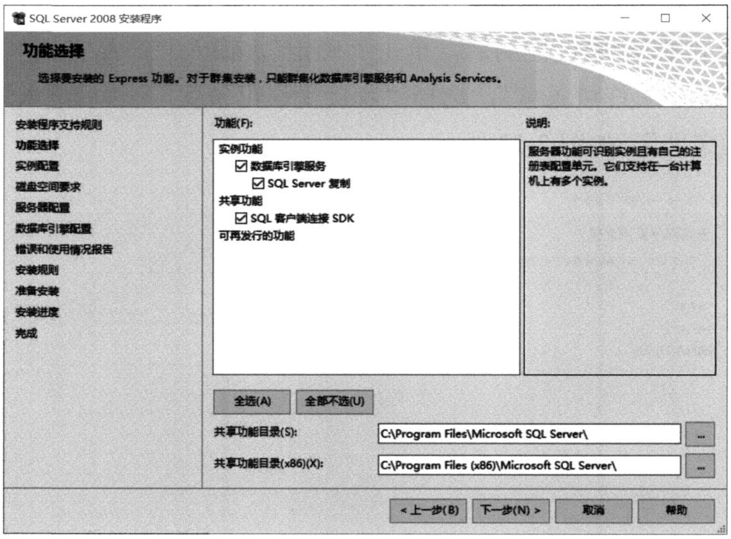

图 2-14　功能选择

进入下一步“实例配置”，选择“默认实例”后如图 2-15 所示。

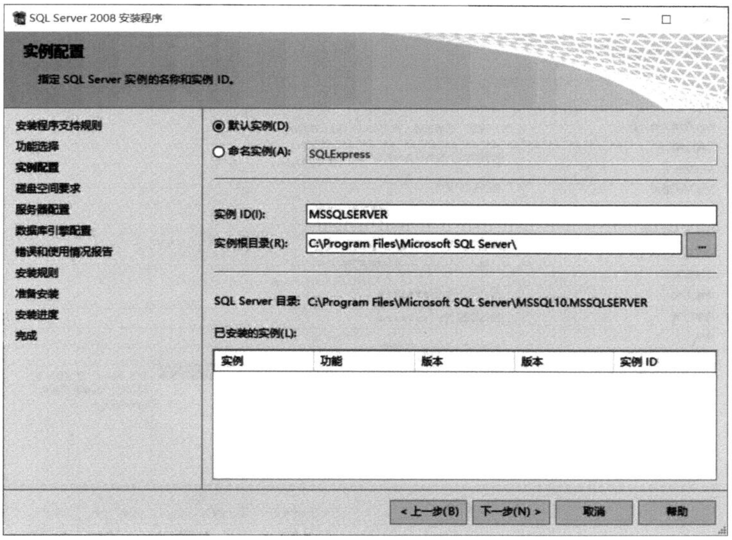

图 2-15　实例配置

进入下一步“磁盘空间要求”，显示安装程序对空间的需求量，进入下一步“服务器配置”，账户名选择“NT AUTHORITY \ LOCAL SERVICE”，密码为空（不输入），如图 2-16 所示。

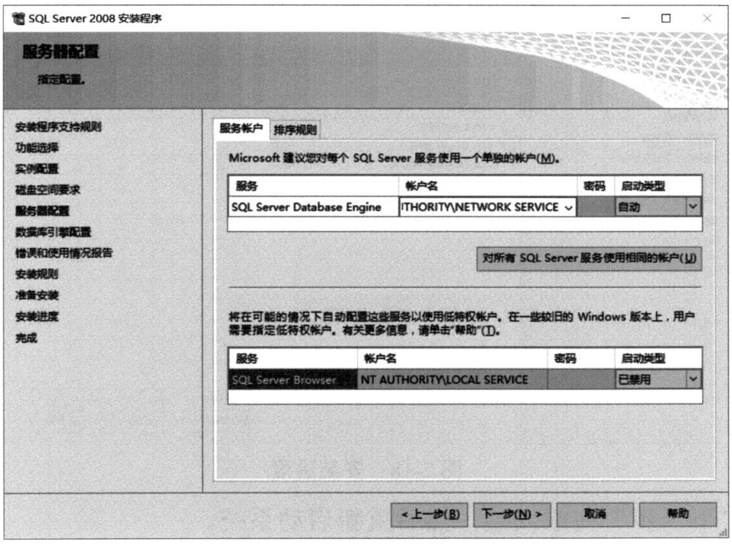

图 2-16　服务器配置

进入下一步“数据库引擎配置”，身份验证模式选择“混合模式”，密码设置为“bigdata”，指定 SQL Server 管理员，单击“添加当前用户”后如图 2-17 所示。

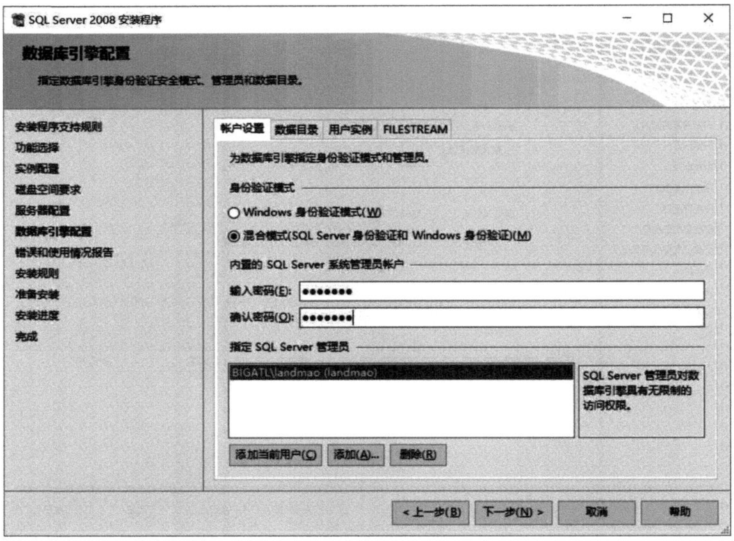

图 2-17　数据库引擎配置

进入后面的步骤进行安装，直至安装完成，如图 2-18 所示。

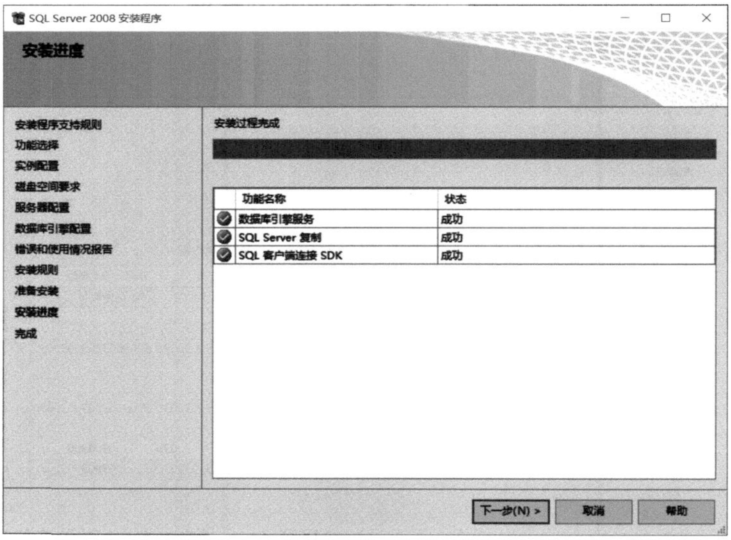

图 2-18　安装进度

单击“下一步”完成安装，然后重新启动系统。

重新启动后，选择“Microsoft SQL Server 2008”—“SQL Server 配置管理器”，如图 2-19 所示。

图 2-19　SQL Server 相关程序

在单击“SQL Server 配置管理器”后，可以看到该服务已运行，如图 2-20 所示。

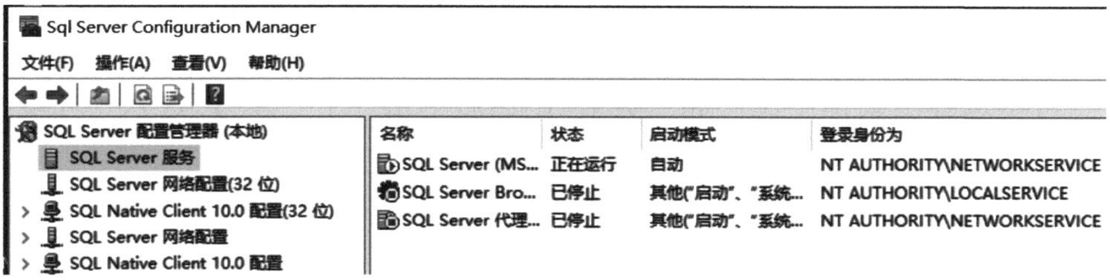

图 2-20　SQL Server 配置管理器

如果服务没有启动，可以单击右键，选择“启动”，就会启动 SQL Server。

5. 安装用友新道 $U8^+$ V15.0 系统

（1）安装环境检测

先进入“$U8^+$ V15.0”，选择 Setup.exe 安装程序，单击右键选择“以管理员方式运行”，然后单击“下一步”，在“许可证协议”窗口选择“接受协议”。单击“下一步”进入客户信息设置，输入公司名称，这里输入的公司名称对后面的实际应用没有影响，可自行输入。单击“下一步”后进入“选择目的地位置”，一般按照默认选择，也可以更改，本处设为“C：\U8SOFT”。单击“下一步”，在安装类型窗口选择“经典应用模式”，单击“下一步”继续选择细化安装选项“全产品”。“全产品”，就是全部组件在同一台机器上安装，如图 2-21 所示。

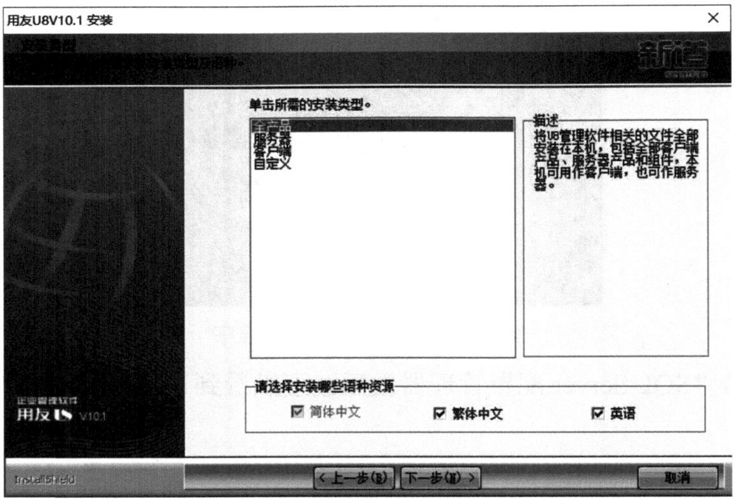

图 2-21　安装类型选择

可不选择“繁体中文”和“英语”，然后单击“下一步”，进入“环境检测”窗口，单击“检测”，如图 2-22 所示。

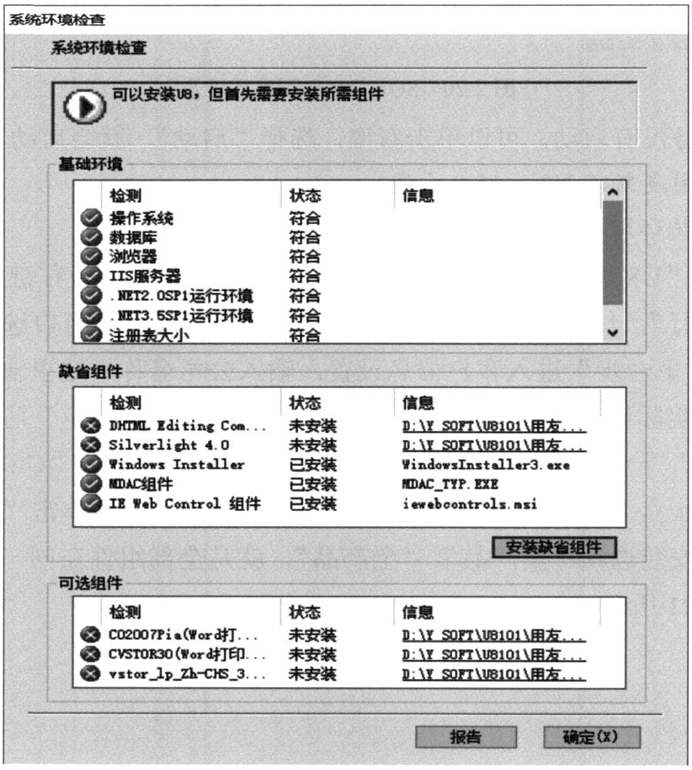

图 2-22　系统环境检查

单击“安装缺省组件”，系统自动完成相关缺省组件的安装。安装后如图2-23 所示。

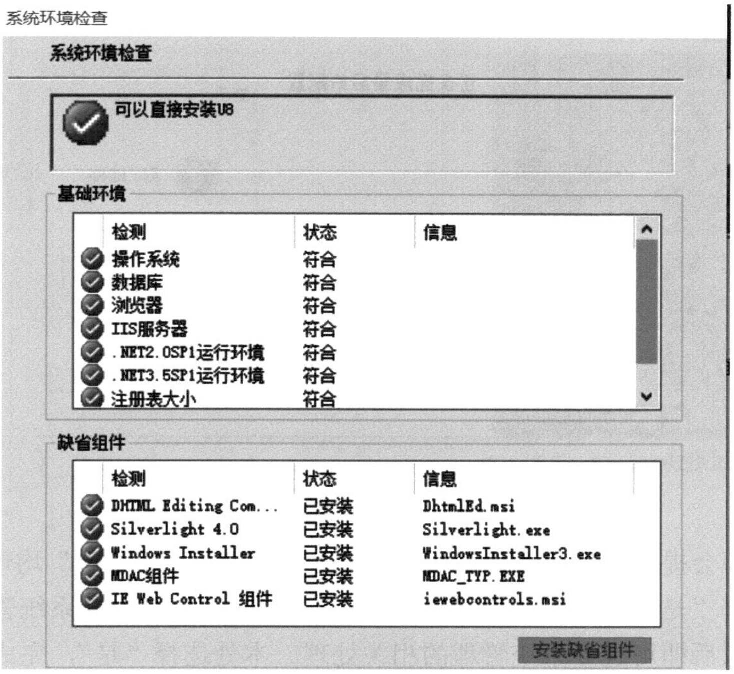

图 2-23　安装缺省组件

提示：安装 MDAC 组件不成功的解决办法如下。

运行“regedit”，进入“HKEY_LOCAL_MACHINE\SOFTWARE\wow6432node\Microsoft\Data Access”，将“FullInstallVer=6.3.9600.16384”和“Version=6.1.7600.16385”，修改为“FullInstallVer=2.82.3959.0”“Version=2.82.3959.0”。

修改后再安装 MDAC 就可以了。

（2）安装

系统环境检测通过后，单击“确定”，进入“可以安装程序了”窗口，选择“安装”进行具体的安装。

如果安装过程中出现程序兼容性助手提示“可能未正确安装此程序”，选择“使用兼容性设置安装”后继续执行安装过程。安装将持续较长时间，具体与所用机器的性能有关。

安装完毕，需要重新启动计算机。

重新启动后，系统提示进行数据源配置。在“数据库”处输入“bigatl”，在“SA 口令”处输入“bigdata”。数据库名就是本机机器名，SA 口令就是安装数据库时设置的，需要自己输入。单击“测试连接”，应显示“测试成功”，不然说明数据库没有连接上，注意检查数据库名和口令，如图 2-24 所示。

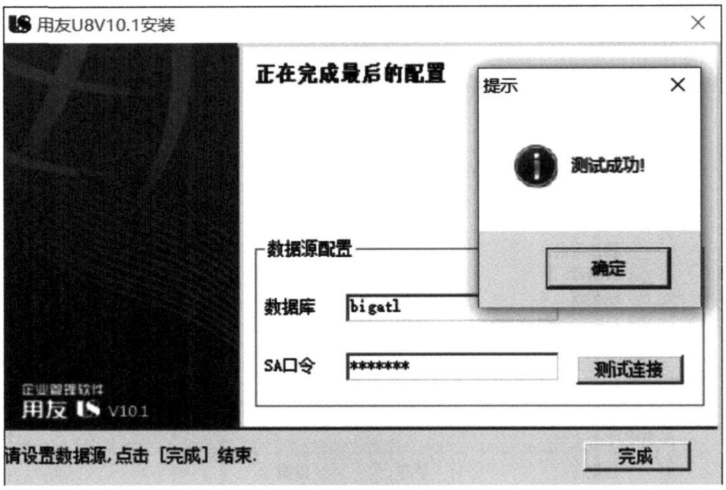

图 2-24　测试连接

之后还会提示是否初始化数据库，这里选择“是”或“否”均可。

如选择“是”，则在此时初始化数据库，完成后弹出登录系统管理模块的界面，登录后即可进行系统管理的相关处理。本处选择“是”，完成初始化数据库的处理。

如选择“否”，则不初始化数据库，等到登录系统管理模块时再初始化数据库。

2.2　系统管理

系统管理的主要功能是对用友 $U8^+$ 系统的公共任务进行统一管理，包括账套管理、账套库管理、用户及权限管理、系统运行管理等。

2.2.1　账套管理

1. 账套的概念

用友 $U8^+$ 软件属于通用型财务软件，软件中没有任何与使用单位相关的信息。企业要使用该软件进行业务处理，首先需要在软件系统中给该企业建立一个账套，以存放该企业的基本信息、核算方法、编码规则等，这个过程被称为“建账”，这里的“账”就是“账套”的概念。在用友 $U8^+$ 系统中，最多可以建立 999 个账套，各账套之间相互独立，互不影响。

2. 账套管理的功能

账套管理功能包括建立账套、修改账套、输出账套、引入账套和删除账套等。

（1）建立账套，是指在用友 U8+ 系统中建立企业的基本信息、核算方法、编码规则等，简称为建账。

（2）修改账套，是指对建账时出现的一些错误进行修改。部分信息无法修改，如账套号、账套语言、账套路径、启用会计期、本币代码、本币名称、企业类型等。

（3）输出账套，是指将所选的账套数据进行备份，存储到硬盘、光盘等外部存储元件上。输出账套对数据的安全性来说是非常必要的。如果企业由于不可预知的原因（如地震、火灾、计算机病毒、人为的误操作等）需要对数据进行恢复，此时备份数据就可以将企业的损失降到最小。对于异地管理的公司，此种方法还可以解决审计和数据汇总的问题。

账套输出时产生两个文件：UFDATA.BAK 是账套数据文件，Uferpact.lst 是账套信息文件。

（4）引入账套，是指将备份的账套数据引入用友 U8+ 系统中。该功能不仅方便企业恢复备份数据，而且有利于集团公司将子公司数据的账套数据定期地引入母公司系统中，以便进行有关账套数据的分析和合并。

（5）删除账套，是指将用友 U8+ 系统中已建立的账套删除。如果该账套里面的数据比较紊乱，或不再需要该账套，就可以删除该账套。

提示：建立、输出和引入账套由系统管理员（admin）操作，修改账套由账套主管操作。

2.2.2 账套库管理

1. 账套库的概念

每个账套里面存放了该企业所有年度的数据，不同年度的数据存放在不同的账套库里面。用友 U8+ 系统支持在一个账套库中保存连续多年的数据。理论上一个账套可以在一个账套库中一直使用下去，但是由于某些原因，比如需要调整重要基础档案、调整组织机构、调整部分业务等，或者一个账套库中数据过多影响业务处理性能，需要使用新的账套库并重置一些数据。

2. 账套和账套库的区别

账套是账套库的上一级，账套是由一个或多个账套库组成的，一个账套库含有一年或多年的数据。一个账套对应一个经营实体或核算单位，账套中的某个账套库对应这个经营实体的某年度区间内的业务数据。例如，某单位建立账套“001 正式账套”后在 2009 年使用，然后在 2010 年的期初建 2010 账套库后使用，则“001 正式账套”具有两个账套库，即“001 正式账套 2009 年”和“001 正式账套 2010 年”；如果希望连续使用也可以不建新库，直接录入 2010 年数据，则“001 正式账套”具有一个账套库，即“001 正式账套 2009—2010 年”。

账套和账套库两层结构的好处是：①便于企业管理，如进行账套上报，跨年度区间数据管理结构调整等；②方便数据备份输出和引入；③减少数据的负担，提高应用效率。

提示：账套库管理由账套主管操作。

3. 账套库管理的功能

账套库管理包括账套库的建立、引入、输出，账套库初始化、清空账套库数据、数据卸出等。

（1）建立账套库。账套库的建立是在已有账套库的基础上，通过新账套库的建立，自动将老账套库的基本档案信息结转到新账套库中。对于以前业务产品余额等信息需要在账套库初始化操作完成后，由老账套库自动转入新库的下年数据中。

（2）引入账套库。账套库操作中的引入与账套操作中的引入含义基本一致，所不同的是账套库操作中的引入不是针对某个账套，而是针对账套中的某年度区间的账套库进行的。账套库的引入操作与账套的引入操作基本一致，不同之处在于引入的是账套库数据备份文件（由系统输出的账套库的备份文件，前缀名统一为 UfErpYer）。

（3）输出账套库。账套库的输出与账套操作中的输出含义基本一致，所不同的是账套库操作中的输出不是针对某个账套，而是针对账套中的账套库进行的，输出的是账套库文件（由系统输出的账套库的文件，前缀名统一为 UfErpYer）。

（4）账套库初始化。账套库初始化功能将上一个账套库中相关模块的余额及其他信息结转到新账套库中。为了统计分析的规整性，每个账套库包含的数据都以年为单位，上一账套库的结束年加 1 就是新账套库的开始年。

（5）清空账套库数据。有时，用户会发现某账套库中错误太多，或不希望将上一账套库的余额或其他信息全部转到下一年度，这时候便可使用清空账套库数据的功能。“清空”并不是指将账套库的数据全部清空，而是还要保留一些信息，主要有基础信息、系统预置的科目报表等。保留这些信息主要是为了方便用户使用清空后的账套库重新做账。

（6）数据卸出。当一个账套库中包含过多年份数据，体积过于庞大而影响业务处理性能时，可以通过数据卸出功能将一些历史年度的数据卸出，减小本账套库的体积，提高运行效率。

数据卸出时，只能以会计年为单位进行处理，从本账套库的最小年度开始，到指定年度结束，卸出这个年度区间内所有业务产品的不常用数据。数据卸出后，系统将自动生成一个账套库保留这些卸出的数据。相对于当前使用的账套库来说，这个包含卸出数据的账套库可以称为“历史账套库”。

用户以账套主管的身份注册进入系统管理，选择“账套库”菜单中的“数据卸出”，则可使用数据卸出功能。

数据卸出的总体规则如下。

①只有账套中的最新账套库（所含年度最大）才能进行数据卸出。

②所有需要月结的产品都12月结账，才能进行数据卸出。

③可以卸出的年度，最小是本账套库的最小年度，最大是本账套库已启用产品中所处会计期间最小值所在年份减1，即当前期间不可卸出。

④在一次卸出操作中，必须同时卸出指定年度范围内所有已启用产品的数据，不可分次卸出。

⑤卸出前请一定作好数据备份，以免数据卸出后无法恢复。

2.2.3 用户及权限管理

企业运行用友U8$^+$系统时，应首先设置用户（即通常意义上的“操作员”），并根据内部牵制原则对操作员授权，然后由用户登录系统进行业务处理，避免无关人员对系统进行非法操作。

1. 角色管理

角色，是指在企业管理中拥有某一类职能的组织（或岗位），这个角色组织可以是实际的部门，也可以是由拥有同一类职能的人构成的虚拟组织。设置角色后就可以定义角色的权限。当用户归属于某一角色后，该用户就相应地拥有了该角色的权限。设置角色的好处是方便控制操作员权限，可以依据职能统一进行权限的划分。

角色管理包括角色的增加、删除、修改等。

2. 用户管理

用户就是有权登录系统并进行操作的人员。角色和用户的设置不分先后顺序，但对于自动传递权限来说，应首先设置角色并授权，然后再设置用户。当设置的用户归属于某一角色时，其自动就具有了该角色的权限。一个用户可以分属多个角色，一个角色也可以拥有多个用户。

用户管理包括用户的增加、修改和删除。

3. 权限管理

用户只有授权才能登录系统进行相关操作。权限设置就是对允许登录系统的用户规定操作权限。

（1）三级权限管理

为了适应企业精细化管理的需要，用友 U8$^+$ 系统提供了强大的权限管理功能，不仅可以设置用户对系统中某些功能模块相关业务的操作权限，还可以对特定业务对象的某些项目和某些记录进行查询和录入的权限控制，以及对特定业务对象进行金额的权限控制，即用友 U8$^+$ 系统可以实现三个层次的权限管理。

①功能级权限管理，是指设置用户对系统中某些功能模块相关业务的操作权限。例如，赋予用户“demo”具有操作“001 正式账套”固定资产模块、销售管理模块的全部权限，具有总账模块填制凭证的权限。

②数据级权限管理，是指设置用户对特定业务对象的某些记录和某些项目进行操作的权限。

数据级权限可以通过两个方面进行控制：一是记录级权限控制，二是字段级权限控制。

记录级权限控制，是指对具体业务对象进行权限分配。例如，赋予用户“demo”具有在“001 正式账套”中填制转账凭证的权限，而不具有填制收款凭证和付款凭证的权限。

字段级权限控制，是指对单据中包含的字段进行权限分配。例如，赋予用户“demo”可以查看“001 正式账套”中出库单上的商品名称、出库数量等信息，而不能查看价格等信息的权限。

③金额级权限管理，是指设置用户可使用的金额级别。该权限主要用于完善内部金额控制，对不同用户进行金额级别控制，限制他们制单时可以使用

的金额数量。不涉及内部系统控制的金额不在管理范围内。例如，银行存款科目的金额有三个金额级别：级别一是 100 000 元，级别二是 200 000 元，级别三是 300 000 元。对用户“demo”进行金额权限控制时，赋予其使用银行存款科目级别二的权限，则“demo”使用银行存款科目填制凭证时，银行存款科目的金额不能超过 200 000 元，否则凭证不能保存。

提示：

· 对用户先设置功能级权限，在此基础上设置数据级权限和金额级权限。例如，用户“demo”只有具有填制凭证的权限（功能级权限），才能在此基础上进一步设置其能填制哪一类别凭证（数据级权限），或填制凭证时如何控制金额（金额级权限）。

· 不必对用户同时进行三个层次的权限设置。如何选择权限控制层次取决于企业管理的需要。当企业不需要进行数据级权限和金额级权限控制时，则可以只进行功能级权限设置即可。

· 进行金额权限控制时，以下三种情况不受控制：一是调用常用凭证生成的凭证；二是期末转账结转生成的凭证；三是在外部系统生成的凭证，如果超出金额权限，保存凭证时不受限制。

（2）系统管理员（admin）和账套主管的权限区别

系统允许两个用户登录系统管理，一个是系统管理员，另一个是账套主管。二者的权限主要有以下不同。

系统管理员负责整个系统的总体控制和数据维护工作，可以管理用友 U8$^+$系统中所有的账套，包括账套的建立、输出、引入等；可以设置角色和用户；设置用户的密码和权限；设置账套主管等。系统管理员只能登录系统管理，不能登录企业应用平台进行业务操作。

账套主管负责所管辖账套的维护工作，包括对该账套进行修改；设置用户对该账套的操作权限；对账套库进行管理，如账套库的建立、初始化、清空、引入、输出、数据卸出等。账套主管既能登录系统管理，也能登录企业应用平台进行业务操作。

2.2.4 系统运行管理

系统运行管理的主要功能是监控系统的运行情况，清除软件系统运行过程中出现的异常问题，以及设置账套的自动备份计划、对 SQL Server 数据库进行升级等。

1. 系统运行监控

系统管理员或账套主管登录系统管理后，便可以查看系统的运行情况，如当前登录系统管理的用户、已经登录的子系统，以及操作员正在执行的子系统的功能、系统运行是否正常、注册登录时间、打开的账套等。

2. 清除系统运行异常

用户服务端超过异常限制时间未工作或由于不可预见的因素非法退出系统时，则视此为异常任务，在系统管理主界面显示“运行状态异常”，系统会在服务端失效时，自动清除异常任务。在等待时间内，用户也可选择“清除异常任务”菜单，自行删除异常任务。

3. 形成上机日志

为了保证系统的安全运行，系统随时对各个产品或模块的每个操作员的上下机时间、操作的具体功能等情况都进行登记，形成上机日志，以便使所有的操作都有记录。

4. 清除单据锁定

在系统使用过程中由于不可预见的因素可能会造成单据锁定，单据锁定后就不能对单据进行正常的操作。使用“清除单据锁定”功能，可以解除锁定，恢复正常使用单据功能。

5. 设置自动备份计划

设置备份计划的作用是自动定时对设置好的账套（或账套库）进行输出，实现定时、自动输出多个账套（或账套库），从而减轻系统管理员的工作量。

6. 升级数据库

随着开发思想、开发技术的进步和客户需求的变化，软件版本不断升级更新，通过升级数据库功能，可以将以前版本的数据进行升级，一次性地将数据升级到新产品。

2.3 基础设置

企业建立账套时，里面只包含有企业的基本信息、核算方法、编码方案等内容，而企业启用哪些模块，以及业务处理需要的一些基础档案信息，如人员档案、部门档案、客商信息、会计科目等内容，都需要通过基础设置功能进行设置。

基础设置属于系统初始化工作，设置是否科学合理，会直接影响到整个用友 U8$^+$ 系统能否协调一致，各个模块的功能能否最大限度地得到利用。基本信息和各模块共用的基础档案在基础设置模块中集中设置，各模块单独使用的基础档案在相关业务模块中分散设置。

2.3.1 基本信息

基本信息包括会计期间、系统启用、编码方案和数据精度。

1. 会计期间

企业的实际核算期间可能和正常的自然日期不一致，而用友 U8$^+$ 系统支持在一个账套库中保存连续多年的业务数据。为支持不同年度定义各自的会计月历，本系统提供了设置会计期间的功能。用户根据企业的实际情况，可调整尚未发生业务的会计期间的起止日期，也可以手工新增整年会计月历或删除整年尚未发生业务的会计月历。

2. 系统启用

用友 U8$^+$ 系统中已安装系统（或模块）启用，并记录启用日期和启用人。要使用一个系统（或模块），必须先启用这个系统（或模块）。

系统启用有两种方法：一种是在建立账套时由系统管理员（admin）启用；另一种是建立账套时没有启用，由账套主管登录企业应用平台，通过“业务导航”—“基础设置”—“基本信息”—“系统启用”进行启用。

3. 编码方案和数据精度

如果建立账套时设定的编码方案和数据精度不符合要求，在此处可以修改。

2.3.2 基础档案

1. 机构人员

（1）部门档案

部门档案主要用于设置本单位的部门（可以是实际部门，也可以是虚拟部门）的档案。

部门编码和部门名称必须输入（注：在用友 U8$^+$ 系统中，蓝色项目为必录项，黑色项目为可选项）。部门编码必须符合部门编码级次规则，部门名称可以重复。

信用信息，包括信用额度、信用等级、信用天数。设置该部门对负责的客户的信用额度、信用等级和最大信用天数，也可以不填。如果在“销售管理”—“选项”—“信用控制”页签中选择“控制部门信用”，则建议在这里输入部门信用状况。

启用 UU，选中后可以作为 UU 通信工具的组织使用。

适用零售，如果本系统同用友 U8+ 零售集成使用，选中后就可以下载到零售系统使用。

（2）人员类别

对企业的人员进行分类设置和管理。人员类别与分配人工费相关。设置人员类别的目的是为工资分摊生成转账凭证作准备。例如，在进行工资费用分摊时，生产人员工资记入“生产成本”账户，企业管理人员工资记入“管理费用”账户，如果没有设置“生产人员”和“企业管理人员”两个人员类别，就无法方便地区分哪些工资记入“生产成本”账户，哪些记入“管理费用”账户。

（3）人员档案

人员档案用于设置企业的全体员工。业务员在会计科目辅助核算和业务单据中可以被选到，而操作员不能被选到。业务员是在业务单据中会涉及的人员，如领料人等签字的人员。操作员一般只是操作用友 U8+ 系统的人员。

2. 客商信息

（1）地区分类

企业可以从自身管理要求出发对客户、供应商的所属地区进行相应的分类，建立地区分类体系，以便对业务数据作统计、分析。地区分类最多五级。

（2）客户分类

客户分类主要用于设置客户的分类体系，企业可以根据自身管理的需要对客户进行分类管理，建立客户分类体系。如果建立账套时选择了客户分类，则必须在设置完成客户分类档案后才能设置客户档案。

（3）客户档案

客户档案主要用于设置往来客户的档案信息，以便于对客户资料进行管理，对业务数据进行录入、统计、分析。

设置客户档案是用友 U8+ 系统的一个非常实用的功能。在传统手工方式下核算应收款项时，需要把客户设置成“应收账款”“预收账款”“其他应收款”等账户的明细账户。如果客户较多，就会出现明细账户级次和数量较多的问题，不便于对应收款项进行核算与管理。当把客户设置成客户档案后，结合会计科目的辅助核算功能，设置的账户层次和数量就会减少，更便于管理。

客户档案信息包括“基本”“联系”“信用”“其他”“附件”“照片”六个

选项卡。

①“基本”选项卡，主要记录客户的基本信息。客户名称和客户简称用法有所不同：客户名称是客户的规范名称，用于销售发票的打印及对外报送的正式资料；客户简称是客户的简要名称，用于业务单据和账表的屏幕显示和打印。例如，用于屏幕显示时，销售发货单客户栏目中的内容即为客户简称。

②“联系”选项卡，主要记录客户的各种联系方式，包括分管部门、专管业务员、地址、发运方式、发货仓库等。其中，“地址”是指该客户的联系地址。

客户“地址”字段和子档地址（相关收货地址）数据协同的说明：客户主档上填写“地址”信息，保存客户时自动添加到子档地址（相关收货地址）中。 客户主档“地址”信息更新后，同步更新相应的收货地址信息。 自动添加的收货地址信息更新后，同步更新客户主档“地址”信息。客户主档上“地址”增加参照功能，既可录入又可参照相关收货地址。

③“信用”选项卡，主要记录客户的信用信息。

应收余额指客户当前的应收账款的余额，由系统自动维护，用户不能手工修改该栏目的内容。点击客户档案列表上的“交易更新”按钮，会计算并显示应收款管理系统中客户当前的应收款余额；此外，打开客户查看页面也即时更新该字段信息。

如果在应收款管理中选用“根据单据自动报警”，在这里要输入相应的信用期限，信用期限作为计算客户超期应收款项的计算依据，度量单位为“天”。如果在应收款管理中启用“信用额度控制”，建议在这里输入信用额度的金额。

输入客户在一般情况下可以享受的购货折扣率，可用于销售单据中折扣的缺省取值。

最近订单时间。按已审核订单的单据日期，显示客户最近一笔订单日期。该日期为系统自动记录，用户不能手工修改。

最近发票时间。按已复核发票的单据日期，显示客户最近一笔发票日期。该日期为系统自动记录，用户不能手工修改。

最近发票金额。按已复核发票的单据日期，显示客户最近一日发票的价税合计之和。该金额为系统自动记录，用户不能手工修改。

最近收款时间。按已审核收款单的单据日期，显示客户最近一笔收款日期。该日期为系统自动记录，用户不能手工修改。

最近收款金额。按已审核收款单的单据日期，显示客户最近一日收款单的收款金额之和。该金额为系统自动记录，用户不能手工修改。

最近联络时间。所有“最近 ×× 时间”（最近机会 / 行动 / 报价单 / 订单 / 合同 / 发票 / 发货 / 出库 / 收款时间）中，最近的一个时间为最近联络时间。

④“其他”选项卡，主要记录该客户的发展日期、停用日期、建档人、变更人等信息。其中：“发展日期”，是指企业与该客户是何时建立供货关系的；“停用日期”，是指企业因客户信用等与该客户停止业务往来时，该客户被停止使用的日期。

客户被停止使用后，不能再向该客户开具业务单据，但可进行查询。如果要使被停用的客户不再停用，将停用日期栏的内容清空即可。

⑤“附件”选项卡，记录与当前客户有关的附件信息。

⑥“照片”选项卡，记录与当前客户有关的照片。

设置客户档案时，一些常用的工具按钮的作用如下。

“银行”按钮：设置客户的开户银行。

“地址”按钮：设置该客户的收货地址。当客户的基本信息编辑完成并保存后，方可使用地址编辑功能编辑此客户的地址。

“联系”按钮：设置联系人的信息。

“开票”按钮：设置向该客户开具发票时的开票单位名称。默认开票单位名称和客户名称相同，当开票单位名称和客户名称不一致时，可在此处设置开票单位名称。

（4）供应商分类

供应商分类主要用于设置供应商的分类体系。企业可以根据自身管理的需要对供应商进行分类管理，建立供应商分类体系。如果建立账套时选择了供应商分类，则必须在完成供应商分类档案设置后才能设置供应商档案。

（5）供应商档案

供应商档案主要用于设置往来供应商的档案信息，以便对供应商资料进行管理和业务数据的录入、统计、分析。

供应商档案的内容和客户档案基本相同，可参阅客户档案部分。

3. 财务信息

（1）会计科目

会计科目是填制会计凭证、登记会计账簿、编制会计报表的基础。会计科目设置的完整性影响着会计核算过程的顺利实施，会计科目设置的层次深度直接影响会计核算的详细、准确程度。建立账套时，用友 U8⁺ 系统提供了预制会计科目的功能，用户可以根据业务需要增加、修改、删除会计科目。

①增加会计科目。此功能主要用来增加各级会计科目。企业应结合会计信息化工作方案设置会计科目体系。

科目编码：一级科目编码要符合会计制度的统一要求，明细科目编码要按照参数对科目编码级次和级长进行设置。科目编码必须唯一，必须按其级次的先后次序建立。

科目名称：科目名称的设置要规范准确。科目中文名称不能为空，最多可输入 20 个汉字，科目英文名称最多可输入 100 个英文字母。

科目类型：科目类型分为六大类，即资产、负债、共同、权益、成本、损益。

账页格式：定义该科目在账簿打印时的默认打印格式。系统提供了金额式、外币金额式、数量金额式、数量外币式四种格式。一般情况下，有外币核算的科目可设为外币金额式，有数量核算的科目可设为数量金额式，既有外币核算又有数量核算的科目可设为数量外币式，既无外币核算又无数量核算的科目可设为金额式。

币种核算：该科目核算外币计量的业务时，则需要先勾选“币种核算”，然后再选择币种。一个科目只能对应一个币种。

数量核算：用于设定该科目是否有数量核算，以及数量计量单位。计量单位可以是任何汉字或字符，如千克、件 、吨等。

汇总打印：在同一张凭证中，当某科目或有同一上级科目的末级科目有多笔相同方向的分录时，如果希望将这些多笔分录按科目汇总成一笔打印，则需要将该科目设置为“汇总打印”，将汇总到的科目设置成该科目的本身或上级科目。

科目性质，即余额方向。系统按科目类型自动选择余额方向。科目类型为资产类、共同类、成本类时，余额方向默认为借方；科目类型为负债类、权益类、损益类时，余额方向默认为贷方。用户可以根据实际情况选择余额方向。只能在设置一级会计科目时设置余额方向，下级科目的余额方向与上级科目的余额方向相同。已有数据的会计科目不能改变余额方向。

辅助核算：用于说明本科目是否有其他核算要求。系统除完成一般的总账、明细账核算外，还提供以下几种专项核算功能供用户选用，包括部门核算、个人往来核算、客户往来核算、供应商往来核算、项目核算。一个科目可同时设置三种专项核算。辅助核算属性可以组合设置，例如，可以进行部门＋客户＋项目、部门＋供应商＋项目的组合设置，但部门和个人不能组合设置，客户与供应商核算也不能一同设置。在会计科目已有数据的情况下，对科目的辅助核算进行修改，很可能会造成总账与辅助账对账不平。

封存：被封存的科目在制单时不可以使用。此选项只能在科目修改时进行设置。

受控系统：为了加强各系统间的相互联系与控制，在定义会计科目时引入受控系统概念，即设置某科目为受控科目，受控于某一系统，受控科目只能在受控系统制单，不能在其他系统制单。例如，“应收账款”是应收系统的受控科目，则“应收账款”科目只能在应收系统制单，不能在总账等其他系统制单。

②修改会计科目。如果需要对已经建立的某些会计科目属性进行修改，可以通过“修改”功能实现。

③删除会计科目。对于系统中一些不需要的会计科目，可以通过“删除”功能删除会计科目。

提示：

· 会计科目一经使用，其科目编码和科目性质便不能修改。

· 会计科目已录入余额或填制记账凭证后，则不能删除。

· 删除会计科目时要遵循自下而上的原则，但已使用的科目不能删除。

· 会计科目使用后再增加明细科目的，系统会自动将该科目的余额转到第一个明细科目上。

④指定会计科目。指定会计科目是指定出纳的专管科目，指定类型有现金科目、银行科目、现金流量科目三个类型。只有指定“现金科目”或“银行科目”，才能进行出纳签字，才能查看现金日记账和银行存款日记账。指定“现金流量科目”后，用友 $U8^{+}$ 系统才能自动编制现金流量表。

（2）凭证类别

如果是第一次进行凭证类别设置，可以按以下几种常用分类方式进行定义。

第一种分类方式：记账凭证；

第二种分类方式：收款、付款、转账凭证；

第三种分类方式：现金、银行、转账凭证；

第四种分类方式：现金收款、现金付款、银行收款、银行付款、转账凭证；

第五种分类方式：自定义凭证类别。

选择了分类方式后，则进入凭证类别设置，系统将按照所选的分类方式对凭证类别进行预置。

为了避免在填制凭证时将凭证类别选错，可以对某些类别的凭证设置限制类型和限制科目。系统有七种限制类型供选择。

①无限制：制单时，此类凭证可使用所有合法的科目。限制科目由用户输入，可以是任意级次的科目，科目之间用逗号分隔，数量不限，也可参照输入，但不能重复录入。

②借方必有：制单时，此类凭证借方至少有一个限制科目有发生额。

③贷方必有：制单时，此类凭证贷方至少有一个限制科目有发生额。

④凭证必有：制单时，此类凭证无论借方还是贷方至少有一个限制科目有发生额。

⑤凭证必无：制单时，此类凭证无论借方还是贷方不能有一个限制科目有发生额。

⑥借方必无：金额发生在借方的科目必须不包含借方必无科目，可在凭证保存时检查。

⑦贷方必无：金额发生在贷方的科目必须不包含贷方必无科目，可在凭证保存时检查。

提示：

· 已使用的凭证类别不能删除，也不能修改类别字。

· 若选有科目限制（即限制类型不是无限制），则至少要输入一个限制科目；若限制类型选无限制，则不能输入限制科目。

· 若限制科目为非末级科目，则在制单时，其所有下级科目都将受到同样的限制。

（3）外币设置

如果企业有外币业务，就要提前对外币及汇率进行设置，这样在制单时就可以调用提前设置好的汇率，以便减少录入汇率的次数和差错。在进行外币设置时要定义如下栏目。

①币符及币名：所定义的外币的符号及其名称，如美元，其币符可以定义为USD，名称定义为美元，币符为必输项。

②汇率小数位：定义外币的汇率小数位数，系统默认为五位。

③折算方式：分为直接汇率与间接汇率两种，用户可以根据外币的使用情况选定汇率的折算方式。

④固定汇率与浮动汇率：选“固定汇率”即可录入各月的月初汇率，选“浮动汇率”即可录入所选月份的各日汇率。

⑤记账汇率：在平时制单时，系统自动显示此汇率，如果用户使用固定汇率（月初汇率），则记账汇率必须输入，否则制单时汇率为0。

⑥调整汇率：月末汇率，在期末计算汇兑损益时用，平时可不输，等期末可输入期末时汇率，用于计算汇兑损益。本汇率不作其他用途。

提示：此处仅供用户录入固定汇率与浮动汇率，并不决定在制单时使用固定汇率还是浮动汇率。在选项中汇率方式的设置决定制单使用固定汇率还是浮动汇率。

（4）项目管理

企业在实际业务处理中会对多种类型的项目进行核算和管理，如在建工程、对外投资、技术改造项目等。可以将具有相同特性的一类项目定义成一个项目大类。一个项目大类可以包含多个项目，为了便于管理，还可以对这些项目进行分类管理。例如，某企业生产甲、乙、丙、丁四种产品，其中甲、乙产品属于电子类产品，丙、丁产品属于电器类产品。这时，企业便可设立一个产品大类，下设电子类产品和电器类产品两个分类，甲、乙、丙、丁四个具体项目。项目大类要和项目分类、项目目录结合使用。

①项目大类。项目大类包括定义项目大类和指定核算科目两项内容。

定义项目大类包括定义项目大类名称、定义项目级次、定义项目栏目三部分工作。项目级次是确定该项目大类下所管理的项目的级次及每级位数。项目栏目是针对项目属性的描述，一个项目除了项目名称外，有时还应加一些其他备注说明，比如课题核算除了课题名以外，还有如课题性质、课题承担单位、课题负责人等备注说明，这些备注说明均可以设置为项目栏目。

指定核算科目，其作用是指定通过哪些科目对该项目大类的内容进行核算。例如，指定生产成本及其下级科目来核算企业生产产品时所耗费的“生产成本”项目大类。此处指定的核算科目必须是在建立会计科目时有“项目核算”辅助项的科目。

②项目分类。项目分类是对项目大类的进一步分类，如把“产品”大类划分为“电子类”和“电器类”两个分类。

③项目目录，其功能是列出所选项目大类下的所有项目。

4. 收付结算

（1）结算方式

该功能用来建立和管理用户在经营活动中所涉及的结算方式，如现金结算、支票结算等。结算方式一旦被引用，便不能进行修改和删除的操作。

结算方式编码：用以标识某结算方式。按照结算方式编码级次的先后顺序来进行录入，录入值必须唯一。

结算方式名称：用户根据企业的实际情况，必须录入所用结算方式的名称，录入值必须唯一。

票据管理标志：用户可根据实际情况，通过单击复选框来选择该结算方式下的票据是否要进行票据管理。选择进行票据管理时，用户可以通过登记支票登记簿来完成对支票的领用管理。

（2）付款条件

付款条件也叫现金折扣，是指企业为了鼓励客户偿还贷款而允诺在一定期限内给予规定的折扣优待，用于设置企业在生产经营过程中与往来单位协议规定的收、付款折扣优惠方法。付款条件主要在采购订单、销售订单、采购结算、销售结算、客户目录、供应商目录中引用。系统最多同时支持四个时间段的折扣优待。

（3）银行档案

设置本单位给职工发放薪资时用到的银行，在设置人员档案时用到。

（4）本单位开户银行

设置本单位的开户银行。支持设置多个开户银行和账号信息。

2.3.3 单据设置

1. 单据格式设置

该功能主要是根据系统预置的单据模板，定义本企业所需要的单据格式。通过单据属性、表头、表体、栏目等的配置，设置系统使用单据的显示格式和打印格式。

2. 单据编号设置

（1）完全手工编号

完全手工编号，是指用户新增单据、档案时，不自动带入用户设置的单据、档案号，单据、档案号为空，用户可以直接输入单据、档案号，此种方式主要适用于企业的某种单据、档案号之间无关联或不连续的情况，如采购发票等。

（2）手工改动，重号时自动重取

在用户选择“完全手工编号”功能的情况下，有推式生单功能的单据，由于生成的单据和单据号都为空，应将这些单据显示给用户，以便输入单据号后进行保存；如果批量生单和自动生单不能显示生成的单据并填入单据号，则无法保存单据，此种情况下建议用户不使用“完全手工编号”，而使用“手工改动，重号时自动重取”功能。

（3）按收发标志流水

按收发标志流水，是指对入库、出库单按照流水方式编号。

复习思考题

1. 简述系统管理的主要功能。
2. 简述系统管理员和账套主管在权限上的区别。
3. 简述账套和账套库的含义。
4. 简述用友 U8^{+} 系统三级权限管理的含义。
5. 简述建立会计科目时辅助核算的作用。
6. 简述指定会计科目的作用。
7. 简述收款、付款、转账三种类型的凭证如何选择限制类型和限制科目。
8. 简述设置项目档案的基本步骤。
9. 简述银行档案和本单位开户银行功能的区别。

实验一　系统管理

一、实验目的

（1）掌握用友 ERP-U8^{+} 管理软件中系统管理的相关内容。
（2）理解系统管理在整个系统中的作用。

二、实验内容

（1）增加操作员（用户）。
（2）建立单位账套。
（3）设置用户权限。
（4）引入和输出账套。
（5）修改账套。

三、实验资料

（一）建立单位账套

1. 账套信息
账套号：006
账套名称：光明电脑科技有限公司
账套路径：采用默认启用会计期 2022 年 1 月
存储路径：默认（也可自己选择存储路径）
2. 单位信息
单位名称：北京光明电脑科技有限公司
单位简称：光明电脑
单位地址：北京市海淀区复兴路 118 号
法人代表：韩明
邮政编码：100088
联系电话及传真：010-66699999
税号：110108200711556

3. 核算类型

记账本位币：人民币（RMB）

企业类型：工业

行业性质：2007 年新会计制度，按行业性质预置科目

账套主管：102 赵科

4. 基础信息

该企业有外币核算，进行经济业务处理时，需要对存货、客户、供应商进行分类。

5. 分类编码方案

该企业的分类编码方案如下。

科目编码级次：4222

客户及供应商分类编码级次：122

存货分类编码级次：1223

收发类别编码级次：122

部门编码级次：122

结算方式编码级次：12

地区分类编码级次：223

6. 数据精度

该单位的存货数量、单价小数位为 2。

7. 账套启用

启用总账管理系统，启用日期为 2022 年 1 月 1 日。也可不在此处启用，以后在企业应用平台中启用。

（二）财务分工

角色权限如表 1 所示。

表 1　用户列表

角色代码	角色名称	模块	所属角色
DATA-MANAGER	账套主管	全部模块	账套主管
01	会计	财务会计	总账；应收款管理；应付款管理；固定资产；出纳管理
		供应链	销售管理；采购管理；库存管理
		人力资源	薪资管理；计件工资管理
02	出纳	财务会计	总账－凭证－出纳签字；总账－出纳；网上银行；出纳管理
03	采购业务	基本信息	公共单据；公共目录
		财务会计	总账－账表－供应商往来辅助账；应付款管理
		供应链	采购管理；库存管理；存货核算
04	销售业务	基本信息	公共单据；公共目录
		财务会计	总账－账表－客户往来辅助账；应收款管理
		供应链	售前分析；销售管理；库存管理；存货核算
05	仓库业务	供应链	库存管理

根据业务变化需要，日常应用中可对角色权限进行调整。

财务分工如表 2 所示，初始密码均设置为“1”。

表 2　财务分工

编号	姓名	角色	主要业务权限	所属部门
102	赵科	账套主管	负责日常管理和业务处理工作	财务部
103	王涵	会计	负责日常业务处理工作	
104	李兰	出纳	负责现金、银行账的管理工作	
201	白虹	销售业务	主要负责销售业务处理工作	销售部
202	冯元	采购业务	主要负责采购业务处理工作	采购部
401	张萌	仓库业务	主要负责仓库管理工作	1 号仓库

在实验中，主要由赵科（学生实验时，要改成自己的名字）来完成各项业务处理，需要出纳签字的由李兰完成，审核、记账主要由王涵完成。实际工作中则按照岗位具体要求完成相关业务的处理工作。

四、实验要求

以系统管理员“admin”的身份创建账套，具体如下。

（1）以系统管理员“admin”的身份登录，进行增加用户、建立账套、设置用户权限、引入和输出账套操作。

（2）以账套主管“102 赵科”的身份进行账套的修改操作。

五、操作指导

（一）启动系统管理

执行 Windows 应用的“新道 U8⁺”—“系统管理”命令，启动新道 U8⁺系统管理。

（二）以系统管理员身份登录系统管理

（1）选择“系统”—“注册”，打开“登录”对话框，如图 1 所示。

图 1　系统管理登录

（2）系统中预先设定了一个系统操作员“admin”，密码为空，账套选择系统默认账套（default），单击“确定”按钮，以系统管理员的身份进入系统管理。

温馨提示：为了保证系统的安全性，在“登录”系统管理对话框中，可以设置或更改系统管理员的密码。例如，设置系统管理员密码为“0000”的操作步骤如下：1. 选中“改密码”复选框和系统默认账套（default），单击“确定”按钮；2. 打开“设置操作员密码”对话框，在“新密码”和“确认”后面的输入框中均输入“0000”；3. 单击“确定”按钮，返回系统管理。

一定要牢记设置的系统管理员密码，否则无法以系统管理员的身份进入系统管理，也就不能执行账套数据的引入和输出。

考虑实际教学环境，建议不要设置系统管理员密码。

（三）创建账套

（1）执行“账套”—“建立”命令，打开“建账方式”对话框，选择“新建空白账套”，单击“下一步”按钮，创建新的账套，输入账套信息，如图 2 所示。

图 2　账套信息设置

温馨提示：1. 已存账套：系统中已存在的账套在下拉列表框中显示，用户只能查看，不能输入或修改。2. 账套号：一般是 000 ～ 999 之间的三位数字，必须输入。3. 账套名称：是指能够标识该账套的信息，必须输入。本例输入“光明电脑科技有限公司”。4. 账套路径：用来存放账套的位置，一般采用系统默认的路径即可，用户可以自行确定。5. 启用会计期：必须输入，系统默认为计算机的系统日期，更改为“2022 年 1 月”。

（2）输入完成后，单击“下一步”按钮，进行单位信息的设置，如图 3 所示。

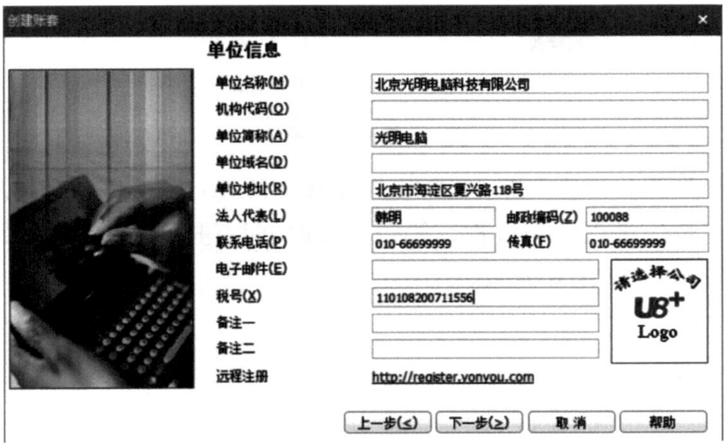

图 3　单位信息设置

（3）输入完成后，单击“下一步”按钮，进行核算类型的设置，如图 4 所示。

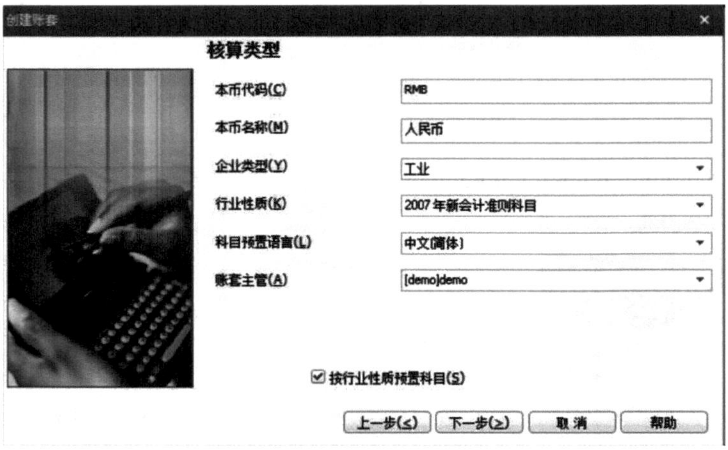

图 4　核算类型设置

（4）输入完成后，单击“下一步”按钮，设置基础信息，如图 5 所示。

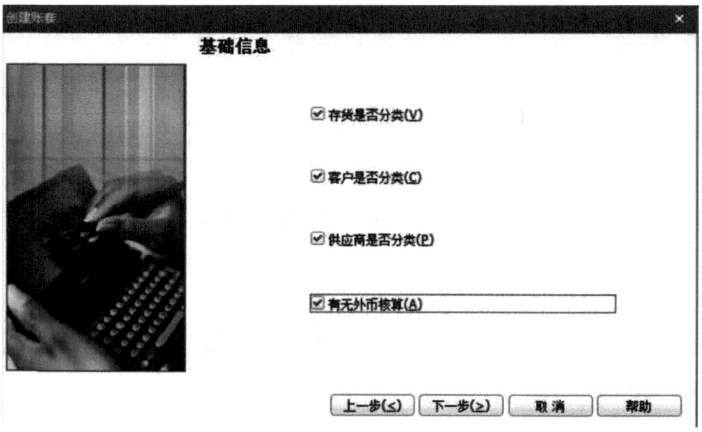

图 5　基础信息设置

（5）进入“下一步”后，单击“完成”按钮，提示“可以创建账套了吗”，选择“是”进入建账过程，等待一段时间后进入编码方案设置，按照实验资料进行修改，如图 6 所示。

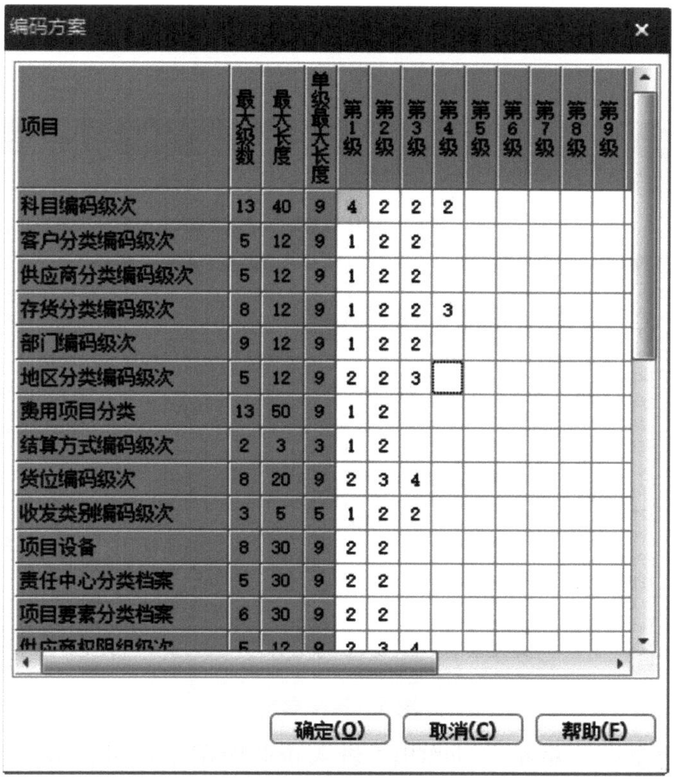

项目	最大级数	最大长度	单级最大长度	第1级	第2级	第3级	第4级	第5级	第6级	第7级	第8级	第9级
科目编码级次	13	40	9	4	2	2	2					
客户分类编码级次	5	12	9	1	2	2						
供应商分类编码级次	5	12	9	1	2	2						
存货分类编码级次	8	12	9	1	2	2	3					
部门编码级次	9	12	9	1	2	2						
地区分类编码级次	5	12	9	2	2	3						
费用项目分类	13	50	9	1	2							
结算方式编码级次	2	3	3	1	2							
货位编码级次	8	20	9	2	3	4						
收发类别编码级次	3	5	5	1	2	2						
项目设备	8	30	9	2	2							
责任中心分类档案	5	30	9	2	2							
项目要素分类档案	6	30	9	2	2							

图 6　编码方案设置

（6）单击“确定”按钮，然后关闭窗口（不关闭窗口，会一直停留在此处）。设置数据精度，各项目均设置为“2”。单击“确定”按钮，系统会自动弹出“建账成功”提示对话框，如图 7 所示，表明建账完成。

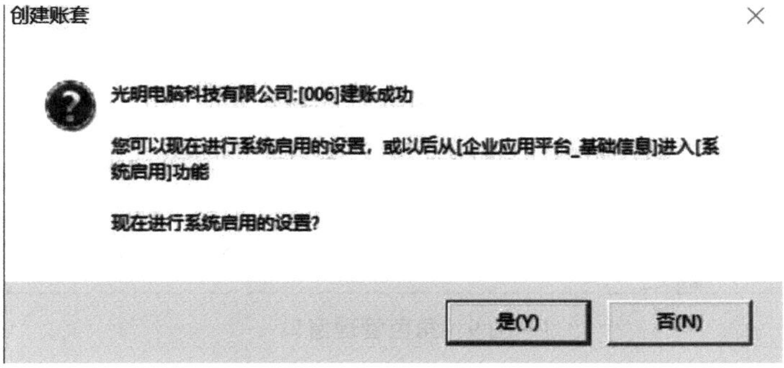

图 7　创建账套完成

（7）单击“是”按钮，进入系统启用设置，单击“GL 总账”复选框，打开“日历”对话框，设置总账启用日期为“2022-01-01”，如图 8 所示。单击

“确定”按钮，系统会弹出“确实要启用当前系统吗？”信息提示框，单击“是”按钮。

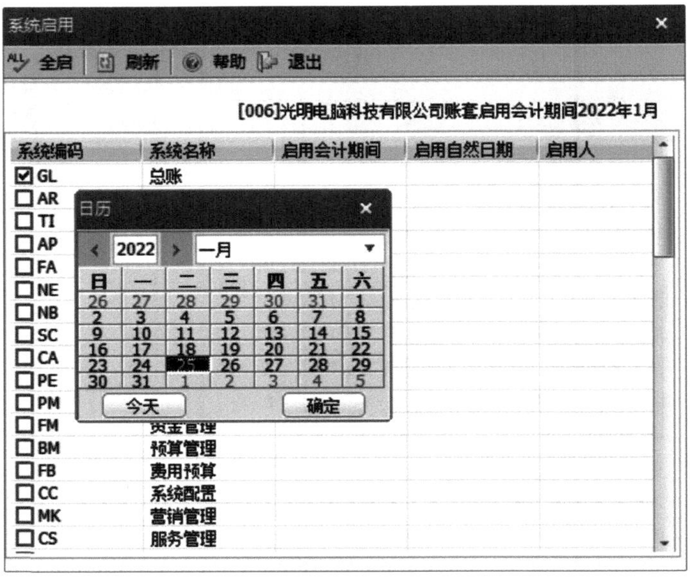

图 8　系统启用

（8）关闭窗口，系统自动弹出“进入企业应用平台进行业务操作”提示对话框，单击“确定”按钮，再单击“退出”按钮，返回系统管理。

温馨提示：编码方案、数据精度、系统启用项目可以由账套主管在“企业应用平台”—“基础设置”—“基本信息”中进行修改。

（四）财务分工

1. 角色设置

（1）选择“权限”—“角色”，进入“角色管理”窗口，如图 9 所示。

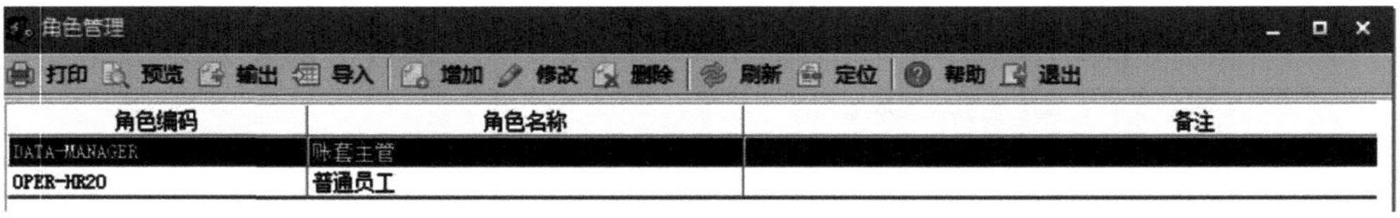

图 9　角色管理窗口

（2）角色编码可以自定，如果先设置了各操作员，在这里设置的时候，可同时将某角色赋予具体的某个操作员。账套主管角色系统已经设置，可保留使用。已经存在的角色，可以进行修改。单击“增加”按钮，增加新的角色，所有角色添加完成，如图 10 所示。

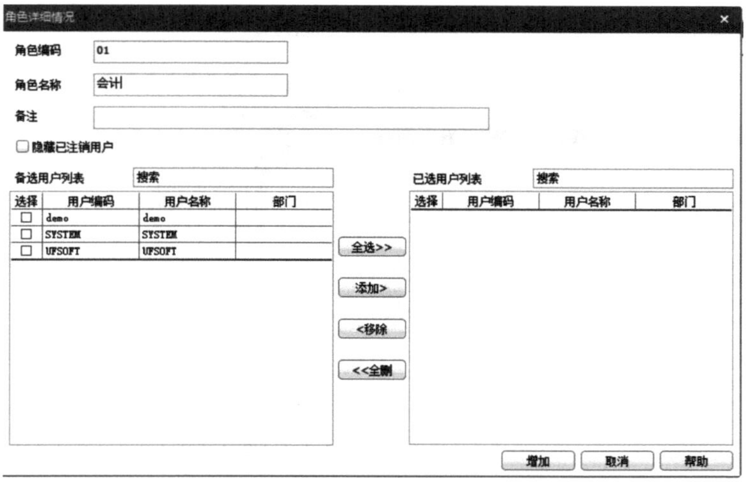

图 10　增加角色

（3）输入角色编码和角色名称后，单击“增加”按钮完成输入。继续输入其他角色，完成后如图 11 所示。

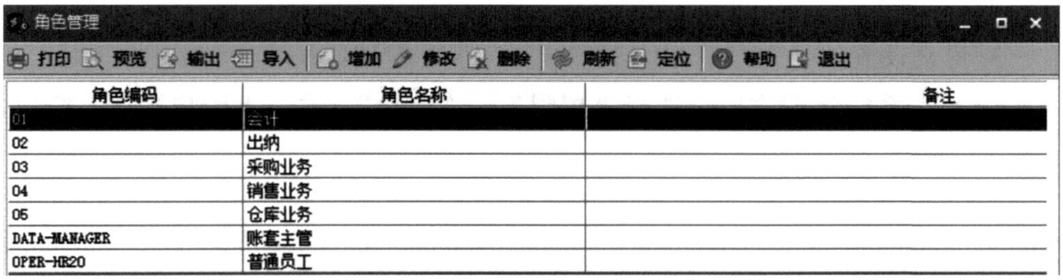

图 11　角色管理完成

2. 角色权限设置

（1）在系统管理窗口，选择“权限”功能下的“权限”子功能，进入“操作员权限”窗口，选择角色（如“出纳”），再单击“修改”按钮，按照角色的功能权限进行设置，如图 12 所示。

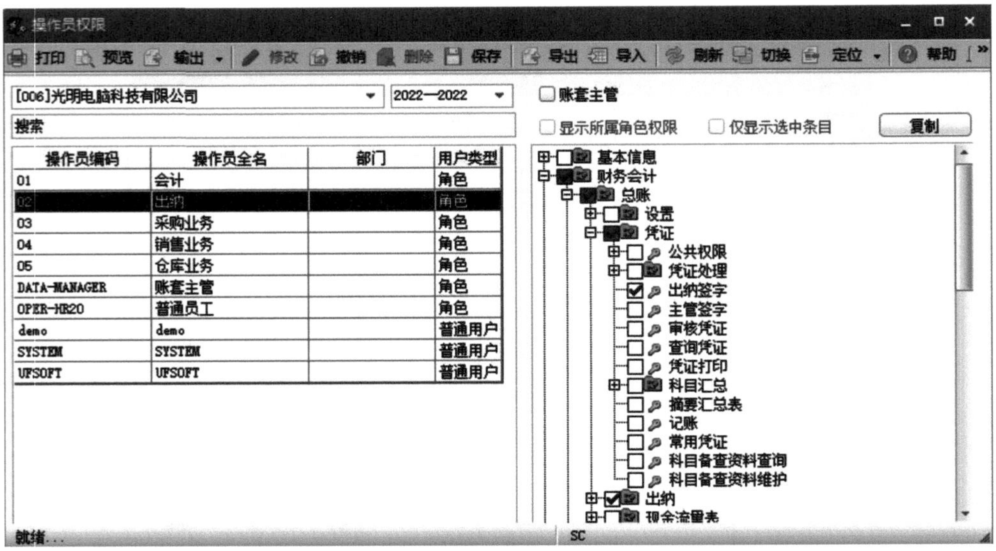

图 12　出纳角色权限设置

（2）按照所给资料选择该角色拥有的功能权限，单击“保存”按钮。其他角色按照同样的方法设置。在实际业务操作过程中，可根据需要随时调整。

3. 用户设置

（1）在系统管理窗口，选择“权限”—“用户”，进入“用户管理”窗口，如图 13 所示。

图 13　用户管理窗口

（2）单击“增加”按钮，输入操作员具体信息，不选择“不允许修改登录日期”“UU 用户”“呼叫中心坐席”，密码设置为“1”，如图 14 所示。

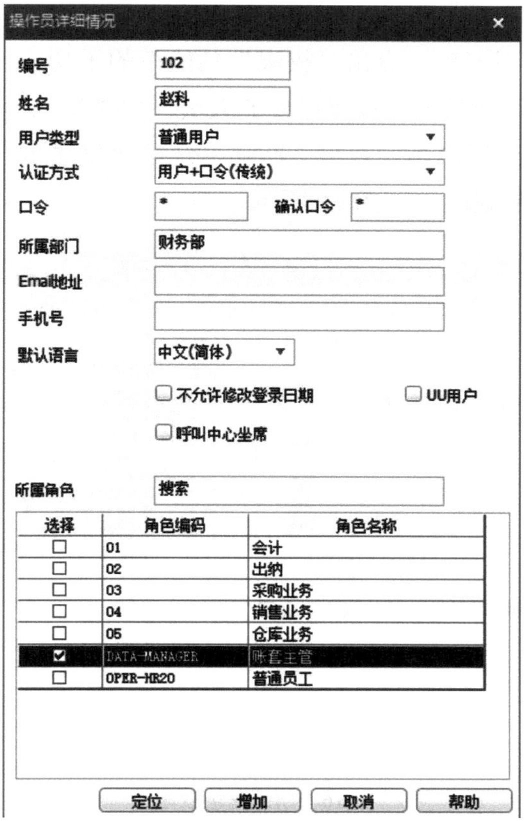

图 14　操作员设置

（3）选择该操作原所属的角色，单击“增加”按钮继续设置其他操作员，用户设置完成后如图 15 所示。

温馨提示：角色和用户编号不能重复。

用户管理

打印 预览 输出 增加 批量 修改 删除 转授 刷新 定位 帮

搜索　隐藏已注销用户　打印/输出所属角色

用户编码	用户全名	部门	Email地址	手机号	用户类型	认证方式	状态
102	赵科	财务部			普通用户	用户+口令(传统)	启用
103	王涵	财务部			普通用户	用户+口令(传统)	启用
104	李兰	财务部			普通用户	用户+口令(传统)	启用
201	白虹	销售部			普通用户	用户+口令(传统)	启用
202	冯元	采购部			普通用户	用户+口令(传统)	启用
401	张萌	1号仓库			普通用户	用户+口令(传统)	启用
admin	admin				管理员用户	用户+口令(传统)	启用
demo	demo				普通用户	用户+口令(传统)	启用
SYSTEM	SYSTEM				普通用户	用户+口令(传统)	启用
UFSOFT	UFSOFT				普通用户	用户+口令(传统)	启用

图 15　用户管理完成

4. 操作员权限设置

（1）在系统管理窗口，点击“权限”功能下的子功能“权限”，进入“操作员权限”窗口，选择具体要设置操作的人员（如“李兰”）。

（2）单击“显示所属角色权限”按钮，选中“仅显示选中条目”，则会显示该角色已经分配的权限，如图16所示。

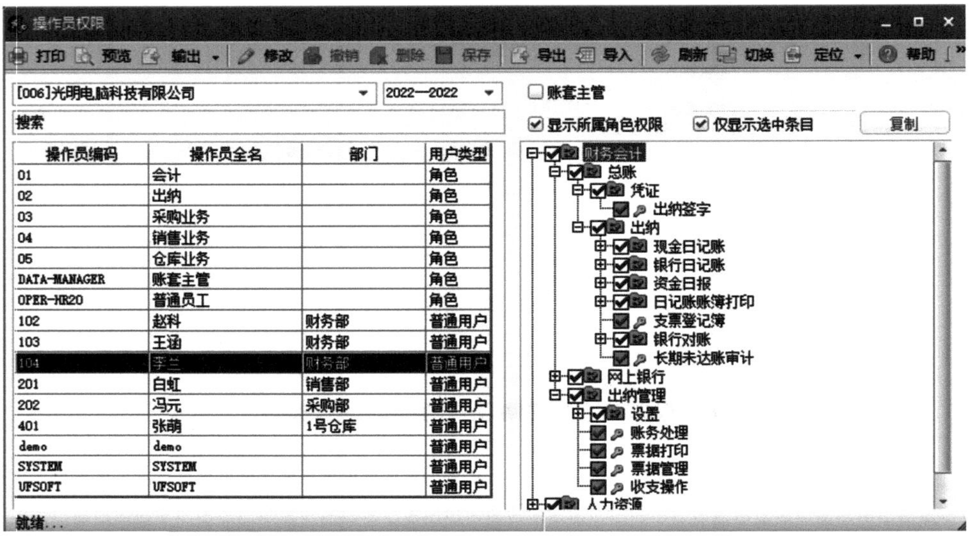

图16 所属角色权限

（3）单击“修改”按钮，根据资料选择需要增加或删除的权限，最后单击“保存”按钮完成设置。

温馨提示：角色和用户的关系是这个用户属于哪个角色，那么这个角色所拥有的功能权限用户就同样拥有。这个用户除了已经拥有的该角色的功能权限外，还可以增加新的功能权限。一个用户可以属于多个角色，当然也就能拥有多个角色的功能权限。

（五）引入和输出账套

1. 引入账套

（1）以系统管理员的身份进入系统管理，选择“账套”—“引入”，打开“选择备份文件”，选择要恢复的账套文件 UfErpAct.Lst，具体目录自己选择。

（2）单击“确定”按钮后，根据提示选择账套引入的目录，可采用系统默认路径。

（3）单击“确认”按钮，待账套引入完成，系统提示引入成功。

2. 输出账套

在输出账套前，可先在本地磁盘中建立存放账套数据的文件夹，如在“E：”盘建立“账套备份”文件夹。

（1）选择“新道 U8+”—“系统管理”，单击“系统”—“注册”，以系统管理员“admin”的身份注册系统管理。

（2）选择“账套”—“输出”，在“账套输出”窗口选择需要备份的账套号，单击“选择”按钮，系统自动弹出“账套备份路径选择”窗口。

（3）选择具体保存备份账套（选择 E：账套备份）的目录，单击“确认”按钮。如果备份后源账套需要删除，则选中“删除当前输出账套”，备份完成后，系统中将不存在当前账套数据（此功能谨慎使用）。

（六）修改账套

（1）在系统管理窗口中，执行“系统”—“注册”命令，打开“登录”对话框，以账套主管“102 赵科”的身份登录系统管理。操作员选择“102”，密码为“1”，账套选择“光明电脑科技有限公司”，日期选择“2022-01-01”，单击“确定”按钮后进入系统管理。

（2）执行“账套”—“修改”命令，进入账套信息修改窗口，按要求进行账套信息的修改（有些部分已经锁定，不能修改，其中可修改的账套信息以白色显示，不可修改的账套信息以灰色显示）。

（3）修改完成后，单击“完成”按钮，系统提示“确认修改账套了吗？”信息提示对话框，单击“是”按钮，确定“编码方案”和“数据精度”，单击“确认”按钮，系统自动弹出“修改账套成功！”信息提示对话框。

（4）单击“确认”按钮，返回系统管理。

温馨提示：账套中的很多参数不能修改，若这些参数错误，则只能删除此账套，再重新建立。因此，建立账套时，参数设置一定要小心。

实验二　基础档案设置

一、实验目的

（1）理解基础设置在整个系统中的作用。

（2）掌握用友 ERP-U8$^+$ 管理软件中基础设置的相关内容。

二、实验内容

（1）基础档案设置。

（2）数据权限设置。

三、实验准备

引入“实验一”的账套数据。

四、实验资料

（一）基础档案设置

（1）部门档案，如表 1 所示。

表 1　部门档案

部门编码	部门名称	部门属性
1	管理中心	行政管理
101	总经理办公室	综合管理
102	财务部	财务管理
2	供销中心	供销管理
201	销售部	销售管理
202	采购部	采购管理
3	制造中心	生产管理
301	一车间	生产制造
302	二车间	生产制造
4	仓储部	仓储管理
401	1 号仓库	仓储

（2）人员类别，如表 2 所示。

表 2　人员类别

分类编码	分类名称
1001	企业管理人员
1002	经营人员
1003	车间管理人员
1004	生产人员

（3）人员档案，如表 3 所示。

表 3　人员档案

编号	姓名	性别	部门	人员类别	是否业务员	是否操作员
101	韩明	男	总经理办公室	企业管理人员	是	否
102	赵科	男	财务部	企业管理人员	是	是
103	王涵	女	财务部	企业管理人员	是	是
104	李兰	女	财务部	企业管理人员	是	是
201	白虹	女	销售部	经营人员	是	是
202	冯元	男	采购部	经营人员	是	是
301	张帆	男	一车间	车间管理人员	是	是
302	陈方	男	一车间	生产人员	是	是
401	张萌	女	1 号仓库	企业管理人员	是	是

（4）客户类别，如表 4 所示。

表 4　客户类别

分类编码	分类名称
1	批发
2	零售
3	代销

（5）供应商类别，如表 5 所示。

表 5　供应商类别

分类编码	分类名称
1	原材料供应商
2	成品供应商

（6）客户档案，如表 6 所示。

表 6　客户档案

编号	客户名称	所属分类	开户银行	银行账号	税号	地址
001	精元公司	1	工行复兴支行	5623786	1592585633	北京市复兴路 11 号
002	新科公司	1	建行南岭支行	8576125	7585266563	天津市南岭街 25 号
003	华新公司	2	中行新苑支行	2356156	2568655696	上海市新苑路 67 号
004	安澜公司	3	工行河西支行	5623852	8926574661	南京市河西路 55 号

（7）供应商档案，如表 7 所示。

表 7　供应商档案

编号	客户名称	所属分类	开户银行	银行账号	税号	地址
001	晨星公司	1	建行温岭支行	5623786	1592585633	北京市东兴路 11 号
002	科隆公司	1	工行南岭支行	8576125	7585266563	天津市南岭街 25 号
003	星宇公司	2	中行新苑支行	2356156	2568655696	上海市新苑路 67 号
004	利通公司	2	工行凯旋支行	5623852	8926574661	温州市凯旋街 55 号

（8）结算方式，如表 8 所示。

表 8　结算方式

编码	结算方式名称	是否票据管理
1	现金结算	否
2	支票结算	是
201	现金支票	是
202	转账支票	是
3	商业汇票	是
301	银行承兑汇票	是
302	商业承兑汇票	是

（9）计量单位组，如表 9 所示。

表 9　计量单位组

编号	计量单位组名称	计量单位组类别
01	无换算关系	无换算率

（10）计量单位，如表 10 所示。

表 10　计量单位

编号	计量单位名称	计量单位组
01	块	无换算关系
02	条	无换算关系
03	台	无换算关系
04	千米	无换算关系
05	包	无换算关系

（11）外币及汇率。

币符：USD；币名：美元；固定汇率 1：6.30（此汇率只供演示使用）。

（12）会计科目，如表 11 所示。

表 11　会计科目

科目名称	辅助核算	方向	备注
库存现金（1001）	日记账	借	修改设置
银行存款（1002）	日记账、银行账	借	修改设置
工行存款（100201）	日记账、银行账	借	新增
中行存款（100202）	账页：外币金额式；币种核算：美元；日记账、银行账	借	新增
应收票据（1121）	客户往来 / 受控：应收系统	借	修改设置
应收账款（1122）	客户往来 / 受控：应收系统	借	修改设置
其他应收款（1221）	个人往来	借	修改
应收个人款（122101）	个人往来	借	新增
原材料（1403）		借	
内存条（140301）	账页：数量金额式；数量核算（块）	借	新增
CPU（140302）	账页：数量金额式；数量核算（块）	借	新增
主板（140303）	账页：数量金额式；数量核算（块）	借	新增
硬盘（140304）	账页：数量金额式；数量核算（块）	借	新增
液晶显示器（140305）	账页：数量金额式；数量核算（台）	借	新增
其他（140306）		借	新增
库存商品（1405）	账页：数量金额式；项目核算；数量核算（台）	借	修改设置
待处理财产损益（1901）		借	
待处理固定资产损益（190101）		借	新增
待处理流动资产损益（190102）		借	新增
应付账款（2202）	供应商往来 / 受控：应付系统	贷	修改设置
预收账款（2203）	客户往来 / 受控：应收系统	贷	修改设置
应付职工薪酬（2211）		贷	
应付工资（221101）		贷	新增
应付福利费（221102）		贷	新增
工会经费（221103）		贷	新增
职工教育经费（221104）		贷	新增
社会保险金（221105）		贷	新增
应交税费（2221）		贷	
应交增值税（222101）		贷	新增
进项税额（22210101）		贷	新增
销项税额（22210102）		贷	新增
转出未交增值税（22210103）		贷	新增
未交增值税（222102）		贷	新增

（续表）

科目名称	辅助核算	方向	备注
利润分配（4104）		贷	
未分配利润（410406）		贷	新增
生产成本（5001）		借	
直接材料（500101）	项目核算	借	新增
直接人工（500102）	项目核算	借	新增
制造费用（500103）	项目核算	借	新增
制造费用（5101）		借	
工资（510101）		借	新增
折旧费（510102）		借	新增
主营业务收入（6001）	账页：数量金额式；项目核算；数量核算（台）	贷	修改设置
主营业务成本（6401）	账页：数量金额式；项目核算：数量核算（台）	借	修改设置
管理费用（6602）		借	
薪资（660201）	部门核算	借	新增
福利费（660202）	部门核算	借	新增
办公费（660203）	部门核算	借	新增
差旅费（660204）	部门核算	借	新增
招待费（660205）	部门核算	借	新增
折旧费（660206）	部门核算	借	新增
工会经费（660207）	部门核算	借	新增
职工教育经费（660208）	部门核算	借	新增
其他（660209）	部门核算	借	新增
财务费用（6603）			
利息支出（660301）			新增
汇兑损益（660302）			新增

（13）项目目录，如表 12 所示。

表 12　项目目录

项目设置步骤	设置内容
项目大类	产品类
核算科目	库存商品（1405）
	直接材料（500101）
	直接人工（500102）
	制造费用（500103）
	主营业务收入（6001）
	主营业务成本（6401）
项目分类	2 外购
	1 自制

（续表）

项目设置步骤	设置内容
项目名称	101 家用电脑　　分类码 1
	102 商用电脑　　分类码 1
	201 打印机　　分类码 2
	202 打印纸　　分类码 2

五、实验要求

以账套主管的身份登录企业应用平台进行基础设置。

六、操作指导

（一）登录企业应用平台

选择“新道 U8⁺”—“U8⁺ 企业应用平台”，以账套主管的身份登录，输入操作员“102”，密码为“1”，选择“账套 006 光明电脑科技有限公司”，输入操作日期“2022-01-01”，单击“登录”按钮，如图 1 所示。

图 1　以账套主管的身份登录企业应用平台

业务导航中有多种模式：经典树形、全景式菜单、企业流程图、业务场景，本实验以经典树形为例进行讲解。

（二）设置部门档案

（1）执行“基础设置”—“基础档案”—“机构人员”—“机构”—“部门档案”命令，进入“部门档案”窗口。

（2）单击工具栏上的“增加”按钮，分别录入部门编码、部门名称等信息（本实验中均不启用 UU），如图 2 所示。

图 2　部门档案设置

（3）单击工具栏上的“保存”按钮，保存当前录入的部门信息，然后单击“增加”按钮继续输入其他部门信息。

温馨提示：1. 部门信息录入错误的，应先在窗口左边栏中选中需要修改的部门，然后单击“修改”按钮，在右边栏中进行修改，改正后单击“保存”按钮。2. 部门编码不能修改，只能删除该部门后重新添加。3. 部门档案窗口下方显示“* ** **”，表示在编码方案中设定部门编码为 3 级，第 1 级 1 位，第二级、三级 2 位。输入部门编码时需要遵守该规定。4. 如果实际编码与系统编码规则不符，可以选择“基础设置”—“基本信息”—“编码方案”，对编码规则重新进行设置。

（三）设置人员类别

（1）“在 U8$^+$ 企业应用平台”，执行“基础设置”—“基础档案”—“机构人员”—“人员”—“人员类别”命令，进入“人员类别”窗口。

（2）先删除系统预置的人员类别，然后单击“增加”按钮，录入档案编码、档案名称等信息，如图 3 所示。

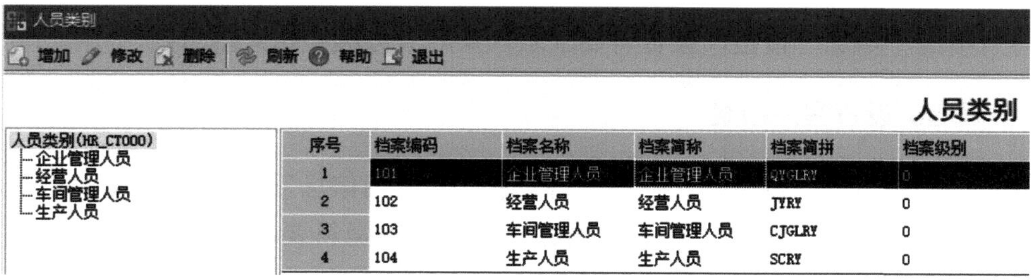

图 3　人员类别设置

（四）设置人员档案

（1）执行“基础设置”—“基础档案”—“机构人员”—“人员档案”命令，然后单击“增加”按钮，录入人员的相关信息，如图 4 所示。

图 4　人员档案设置

（2）人员信息输入完毕后，单击“保存”按钮，系统自动弹出“人员信息已改，是否同步修改操作员的相关信息？”提示对话框，单点“是”即可。

（五）设置客户分类

执行“基础设置”—“基础档案”—“客商信息”—“客户分类”命令，进入“客户分类”窗口，单击“增加”按钮，按资料要求录入客户分类的相关信息。

（六）设置供应商分类

执行“基础设置”—“基础档案”—“客商信息”—“供应商分类”命令，然后单击“增加”按钮，按资料要求录入供应商分类的相关信息。

（七）设置客户档案

（1）执行“基础设置”—“基础档案”—“客商信息”—“客户档案”命令，进入“客户档案”窗口，单击“增加”按钮，按资料要求录入客户的相关信息，如图 5 所示。

图 5　客户档案（基本）设置

（2）单击工具栏上的“银行”按钮，输入客户银行信息。

（3）在“联系”页输入其他信息。

（4）单击工具栏上的“保存并新增”按钮，重复上述操作，将客户全部添加完毕。

（八）设置供应商档案

操作步骤参见（七）客户档案。

（九）设置结算方式

执行“业务导航”—“基础设置”—“基础档案”—“收付结算”—“结算方式”

命令，单击“增加”按钮，按资料要求分别输入结算方式，如图 6 所示。

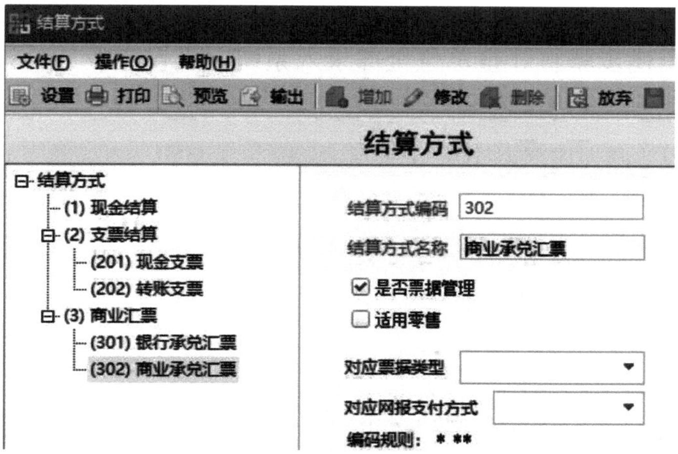

图 6　结算方式设置

（十）设置计量单位组和计量单位

1. 设置计量单位组

（1）执行“业务导航”—“基础设置”—“基础档案”—“存货”—“计量单位”命令，进入“计量单位”窗口，单击“分组”（即增加分组），进入计量单位组窗口。

（2）单击“增加”，输入计量单位组信息，如图 7 所示，单击“保存”按钮，然后单击“退出”按钮。

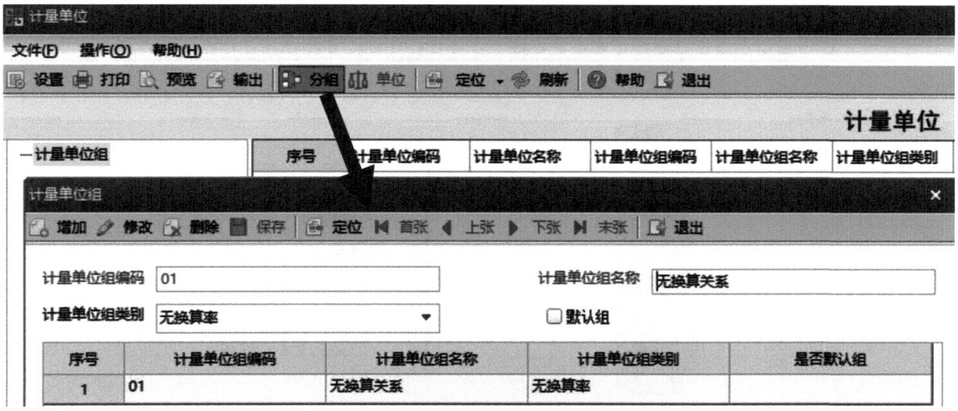

图 7　计量单位组设置

2. 设置计量单位

（1）在计量单位窗口，选择计量单位组，然后单击“单位”按钮，进入

“计量单位”窗口。单击“增加”按钮，输入计量单位信息，完成后单击“保存”按钮。

（2）按上述步骤将计量单位全部录入系统，设置完成后，计量单位信息如图 8 所示。

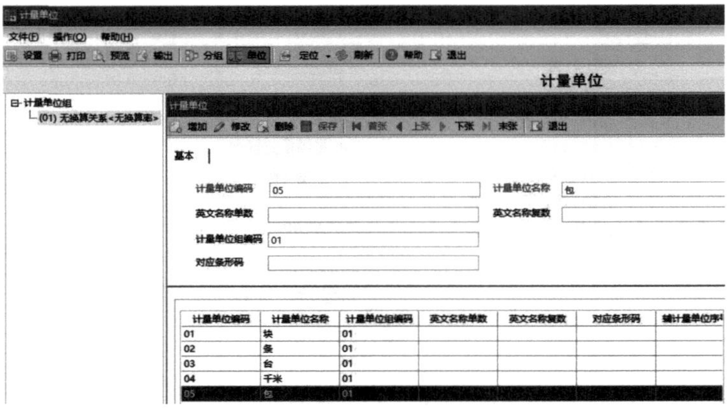

计量单位编码	计量单位名称	计量单位组编码	英文名称单数	英文名称复数	对应条形码	辅计量单位序号
01	块	01				
02	条	01				
03	台	01				
04	千米	01				
05	包	01				

图 8　计量单位设置

（十一）设置外币及汇率

（1）执行“业务导航”—“基础设置”—“基础档案”—“财务”—“外币设置”命令，进入“外币设置”窗口，录入币符“USD”，币名“美元”。

（2）单击“确认”按钮，选择币种“美元”，选择“固定汇率”，在“记账汇率”列输入期初汇率“6.30”，如图 9 所示，然后单击“退出”按钮。

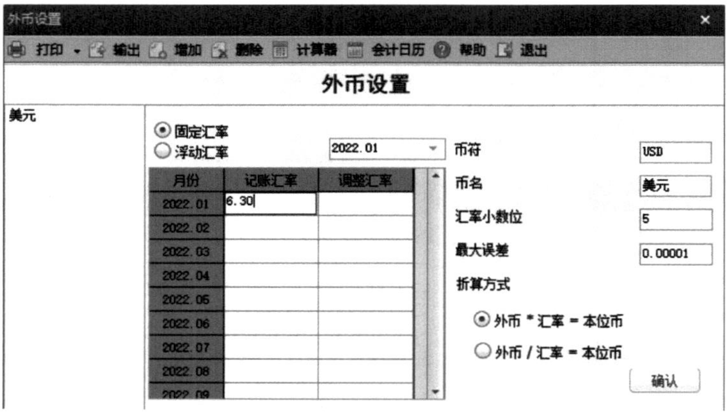

月份	记账汇率	调整汇率
2022.01	6.30	
2022.02		
2022.03		
2022.04		
2022.05		
2022.06		
2022.07		
2022.08		
2022.09		

图 9　外币及汇率设置

（十二）设置会计科目

1. 增加科目

（1）执行“业务导航”—“基础设置”—“基础档案”—“财务”—“会计科目”命令，进入“会计科目”窗口。

（2）单击“增加”按钮，进入“新增会计科目”窗口，输入实验资料中备注栏为“新增”的明细科目。例如，增加 100202 科目，输入编码“100202”，科目名称为“中行存款”，选中“币种核算”复选框，币种选择“美元 USD”，选中“日记账”“银行账”复选框，如图 10 所示，单击“确定”按钮。

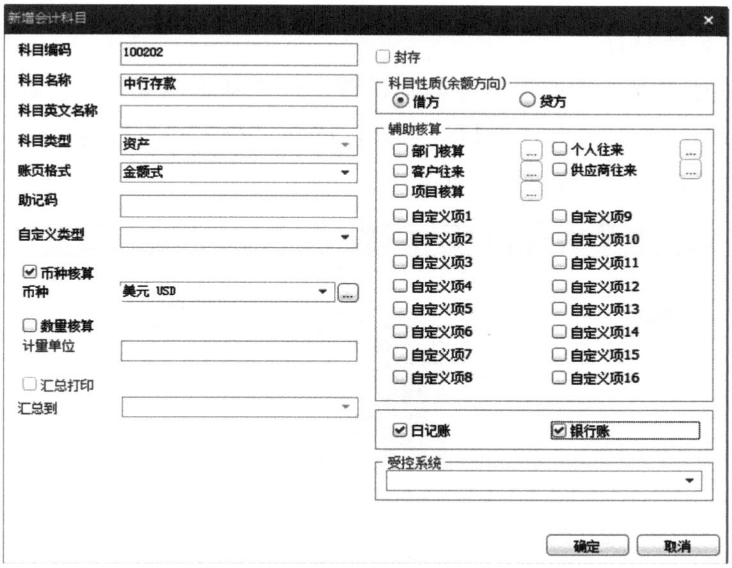

图 10　新增会计科目

（3）继续单击“增加”按钮，输入实验资料中其他明细科目的相关内容。

（4）全部输入完成后，单击“关闭”按钮。

2. 修改科目

系统在建账时预置了科目，在实际工作中要根据会计准则的要求，如果科目有变动就需要修改为新的科目。下面以修改 1001 库存现金为例进行说明。

（1）在“会计科目”窗口，双击要修改的会计科目 1001，进入“会计科目”—“修改”窗口。

（2）单击“修改”按钮，选中“日记账”复选框，单击“确定”按钮。

根据实验资料内容修改其他科目的辅助核算属性，修改完成后，单击“返回”按钮。

温馨提示：1. 已有数据的科目不能修改科目性质；2. 被封存的科目在制单时不可以使用；3. 只有处于修改状态时才能设置汇总打印和封存。

3. 删除科目

在“会计科目”窗口，选择要删除的会计科目，单击“删除”按钮，系统自动弹出“记录删除后不能恢复！真的删除此记录吗？”信息提示对话框，单击“确定”按钮，即可删除该科目。

温馨提示：1. 如果科目已录入期初余额或已制单，则不能删除。2. 非末级会计科目不能删除。3. 被指定为“现金科目”“银行科目”的会计科目不能删除；若想删除，必须先取消指定。

4. 指定会计科目

（1）执行“业务导航”—“基础设置”—“基础档案”—“财务”—“会计科目”命令，打开“会计科目”窗口，选择“指定科目”，指定“库存现金”科目为现金总账科目，如图 11 所示。

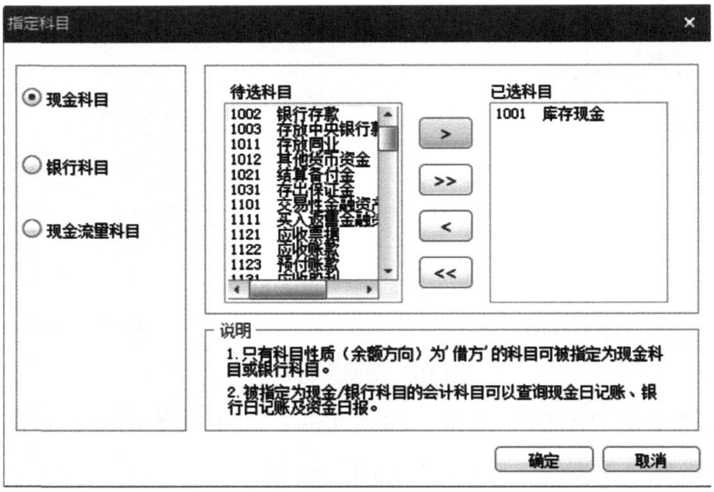

图 11　现金总账科目设置

（2）选择“银行存款”科目为银行总账科目。

（3）选择“库存现金 1001”“工行存款 100201”“中行存款 100202”科目为现金流量科目。

（十三）设置项目目录

1. 定义项目大类

设置项目大类的流程是：选择新增项目类别，定义项目级次，定义项目栏目。

（1）执行“基础设置”—“基础档案”—“财务”—“项目大类”命令，打开“项目大类定义”窗口，单击“增加”按钮，输入新项目大类名称“产品类”，如图 12 所示。

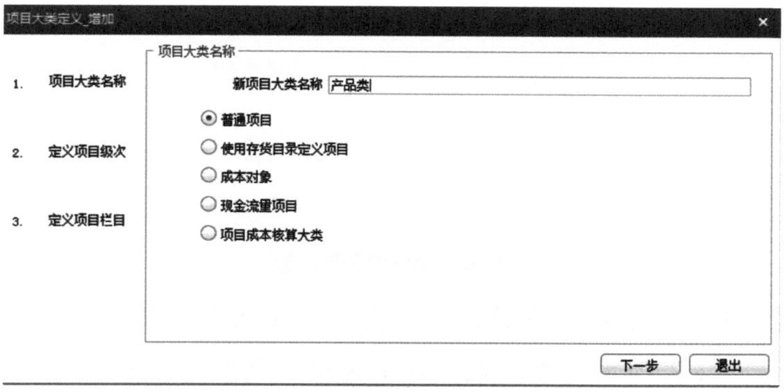

图 12　增加项目大类

（2）单击“下一步”按钮，定义项目级次，本处采用默认值，即只有 1 级。

（3）单击“下一步”按钮，定义项目栏目，本处采用默认设置，单击“完成”按钮。

2. 指定核算科目

执行“基础设置”—“基础档案”—“财务”—“项目大类”命令，打开“项目大类”窗口，选择项目大类为“产成品”，单击“核算科目”按钮，将“待选科目”选入“已选科目”，单击“保存”按钮，如图 13 所示。

图 13　指定项目大类的核算科目

温馨提示：一个项目大类可指定多个科目，一个科目只能指定一个项目大类。

3. 定义项目分类

执行“基础设置”—“基础档案”—“财务”—“项目分类”命令，打开“项目分类”窗口，选择项目大类“产品类”，单击“增加”按钮，输入分类编码“1”，输入分类名称“自制”，单击“保存”按钮。同理，定义“2 外购”项目分类，如图 14 所示。

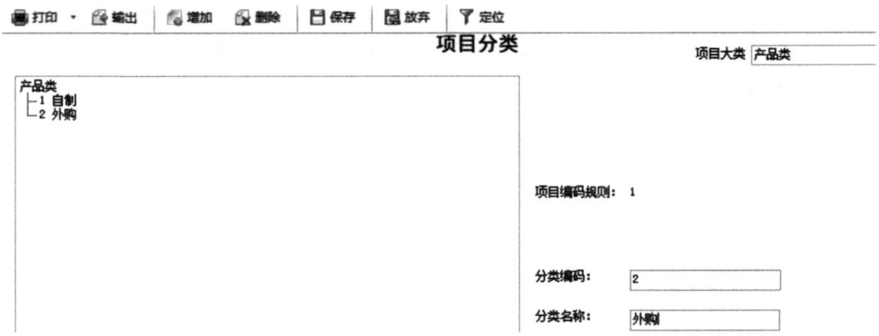

图 14　增加项目分类

温馨提示：1. 为了便于统计，可对同一项目大类下的项目作进一步划分，即定义项目分类；2. 若无分类，也必须定义项目分类为无分类。

4. 定义项目目录

（1）执行“基础设置”—“基础档案”—“财务”—“项目目录”命令，打开“项目目录”窗口，选择项目大类“产品类”（点击项目大类后的 ）。

（2）单击“确定”按钮，进入项目档案设置。单击“增加”按钮，逐一输入项目信息，如图 15 所示。设置完成后，退出“项目目录”窗口。

图 15　项目目录设置

第3章 总账管理系统

3.1 总账管理系统概述

总账管理系统也叫账务处理系统，是会计信息系统的核心子系统，是以凭证为原始数据，通过对凭证的输入和处理，完成记账、结账、银行对账、账证表的查询与打印等工作。

3.1.1 总账管理系统的功能

总账管理系统的主要功能包括总账管理系统初始设置、凭证管理、出纳管理、账簿管理及月末处理等。

1. 初始设置

初始设置是企业根据自身需求建立财务应用环境，将通用的账务处理系统变成适合本单位实际需要的专用系统的过程。

2. 凭证管理

凭证管理是总账管理系统的核心功能，主要包括凭证录入、凭证审核、记账、查询、打印凭证等功能。

3. 出纳管理

出纳管理为出纳人员提供了一个集成办公环境，加强了对现金及银行存款的管理。出纳管理可完成现金日记账、银行存款日记账的查询和打印，随时输出最新的资金日报表、余额调节表，以及银行对账。

4. 账簿管理

通过账簿管理功能可以方便查询总账、明细账、日记账、余额表等各种科目账，以及个人往来、客户往来、供应商往来、项目、部门等各种辅助账簿；在各种科目账、辅助账的查询过程中，可以实现与总账、明细账、凭证的联查；可查询、打印发生余额表、多栏账、序时账等；可以查询已记账凭证的数据，也可以查询未记账凭证的数据等。

5. 月末处理

利用自定义转账功能，自动完成月末分摊、计提、对应转账以及销售成本、汇兑损益、期间损益的结转，并可进行试算平衡、对账、结账等操作。

3.1.2 总账管理系统与其他系统的关系

总账管理系统在会计信息系统中处于中枢地位，可以总括地反映企业供产销等所有经济业务的综合信息。总账管理系统与其他系统之间的数据传递关系如图 3-1 所示。

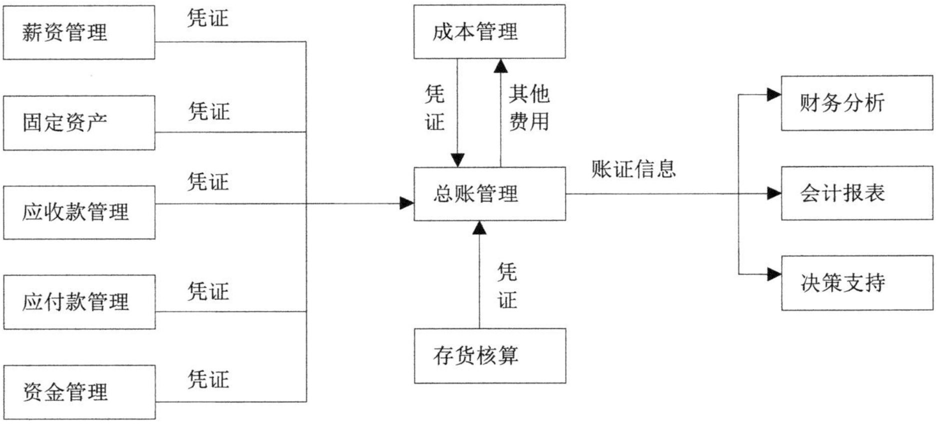

图 3-1 总账管理系统与其他系统之间的数据传递关系

总账管理系统接收薪资管理、固定资产、应收应付、资金管理、成本核算、存货核算等系统生成的凭证，并提供各种账证以及余额表等财务数据，为财务分析、财务报表、决策支持提供帮助。

3.1.3 总账管理系统的业务处理流程

总账管理系统的业务处理流程如图 3-2 所示。

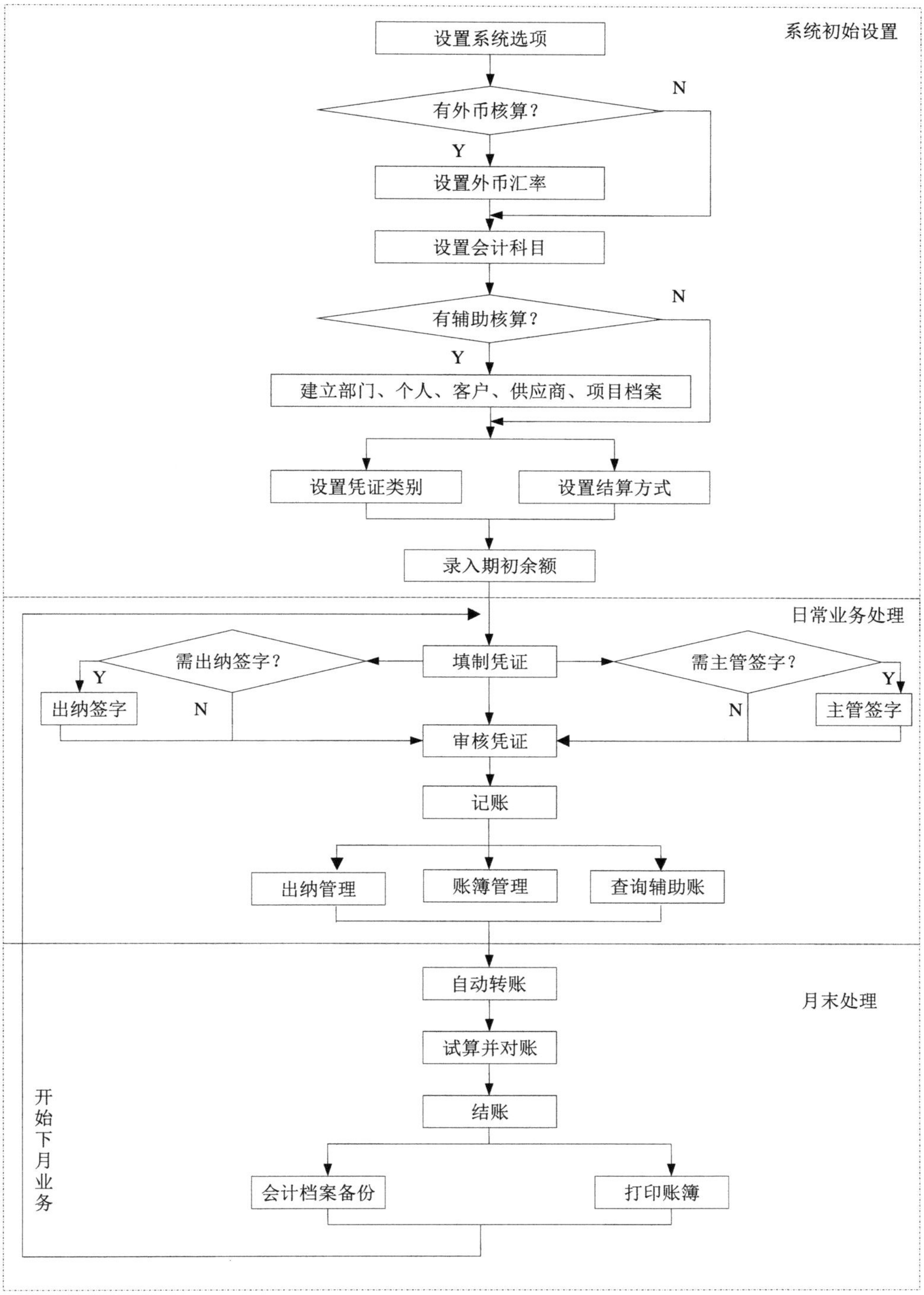

图 3-2　总账管理系统业务处理流程图

3.2 总账管理系统初始设置

3.2.1 选项设置

企业根据自身的实际情况对各项功能进行选择，为总账管理系统配置相应的功能或进行相应的控制。选项设置也称为系统参数设置。系统参数是一个系统的灵魂，它影响整个系统的使用效果，有些选项在系统使用后不能修改，所以在选择时要结合本单位实际情况事先进行慎重选择。总账管理系统选项设置包括凭证、账簿、凭证打印、预算控制、权限、其他、自定义项核算。

1. 凭证选项

（1）制单控制

①制单序时控制。此项和“系统编号”选项联用，制单时凭证编号必须按日期顺序排列。例如，10 月 25 日编制到第 125 号记账凭证，则 10 月 26 日编制的记账凭证编号为第 126 号，即序时制单，如果有特殊需要可以将其改为不序时制单。

②支票控制。若选择此项，在使用银行科目编制凭证时，系统针对票据管理的结算方式进行登记。如果录入的支票号在支票登记簿中已存，系统则提供登记支票报销的功能；否则，系统则提供登记支票登记簿的功能。

③赤字控制。若选择了此项，在制单时，当“资金及往来科目”或“全部科目”的最新余额出现负数时，系统将予以控制。控制方式有“提示”“严格”两种：“提示”，是指仅予以负数提示，凭证仍可以保存；“控制”，是指对负数凭证拒绝保存。

④可以使用应收受控科目。若科目为应收系统的受控科目，为了防止重复制单，只允许在应收系统中使用此科目制单，在总账管理系统中不能使用此科目制单。如果用户希望在总账管理系统中也能使用这些受控科目填制凭证，则应选择此项。

科目为应付款管理系统的受控科目及存货核算系统的受控科目时，解释同上。

注意：总账管理系统和应收款、应付款、存货核算等业务系统同时使用受控科目制单，会引起应收、应付、存货核算等系统和总账管理系统对账不平。

（2）凭证控制

①现金流量科目必录现金流量项目。选中此项，在录入凭证时，如果使

用现金流量科目，则必须输入现金流量项目及金额。

②同步删除外部系统凭证。选中此项，则外部系统（业务系统）删除凭证时，相应的将总账管理系统的凭证同步删除，否则，将总账管理系统的凭证作废，不予删除。

③自动填补凭证断号。如果选择凭证编号方式为系统编号，则在新增凭证时，系统按凭证类别自动查询本月的第一个断号，默认为本次新增凭证的凭证号。如无断号则为新号，与原编号规则一致。

④批量审核凭证进行合法性校验。批量审核凭证时，针对凭证进行二次审核，提高凭证输入的正确率。合法性校验与保存凭证时的合法性校验相同。

⑤银行科目结算方式必录。选中该选项，填制凭证时结算方式必须录入。录入的结算方式如果勾选“是否票据管理”，则票据号也控制为必录；录入的结算方式如果不勾选“是否票据管理”，则票据号不控制为必录。不选中该选项，则结算方式和票据号都不控制为必录。

⑥往来科目票据号必录。选中该选项，在填制凭证时，往来科目必须录入票据号。

（3）凭证编号方式

系统提供系统编号和手工编号两种方式。系统编号，是指填制凭证时系统按照设置的凭证类别按月自动编号；手工编号，是指在制单时手工录入凭证编号。

（4）现金流量参照科目

现金流量参照科目用来设置现金流量录入界面的参照内容和方式。选中“现金流量科目”选项时，系统只参照凭证中的现金流量科目；选中“对方科目”选项时，系统只显示凭证中的非现金流量科目；选中“自动显示”选项时，系统依据前两个选项将现金流量科目或对方科目自动显示在指定的现金流量项目界面中，否则需要手工参照选择。

2. 账簿选项

账簿选项用来设置账簿各栏目的打印位数和打印方式。一般默认设置即可满足用户使用。

3. 凭证打印选项

凭证打印选项用来设置凭证的显示和打印要求。

①合并凭证显示打印。选择此项，则在填制凭证、查询凭证、出纳签字和凭证审核时，以系统选项中的设置显示；在显示或打印科目明细账时，凭证

按照“按科目、币种、摘要相同方式合并”或“按科目、币种相同方式合并”显示，并在明细账显示界面提供是否“合并显示”的选项。

②打印凭证页脚姓名。此项为在打印凭证时，是否自动打印制单人、出纳、审核人、记账人的姓名。

③打印包含科目编码。此项为在打印凭证时，是否自动打印科目编码。

4. 预算控制选项

当该选项被选中时，显示预算管理系统启用总账预算控制。

5. 权限选项

科学合理地设置岗位权限是会计工作有序运行的基础，实现把权力装进制度的笼子。未经授权，任何人都无法操作系统，任何操作系统的人都会留下操作记录，便于追溯业务的来龙去脉。

用友 $U8^+$ 系统提供了三级权限管理功能，分别是功能级权限、数据级权限和金额级权限。功能级权限在系统管理模块中设置。数据级权限和金额级权限的设置分两步进行：首先在此处选项中选择相应的权限控制项目，然后在企业应用平台，通过“业务导航”—“系统服务”—“权限”，选择“数据权限分配”或“金额权限分配”，进行具体设置。

①制单权限控制到科目。首先在系统管理模块“权限”功能中设置填制凭证的权限，然后再选择此项，权限设置有效。选择此项，则在制单时，操作员只能使用具有相应制单权限的科目制单。

②制单权限控制到凭证类别。首先在系统管理模块的“权限”功能中设置填制凭证的权限，然后再选择此项，权限设置有效。选择此项，则在制单时，只显示此操作员有权限的凭证类别，同时在凭证类别参照中，按人员的权限过滤出有权限的凭证类别。

③操作员进行金额权限控制。选择此项，可以对不同级别的人员进行金额大小的控制。例如，设置财务主管可以对 10 万元以上的经济业务制单，一般财务人员只能对 10 万元以下的经济业务制单，这样可以减少由于不必要的责任事故带来的经济损失。

下列情况不受金额权限控制：

· 结转凭证不受金额权限控制。

· 在调用常用凭证时，如果不修改直接保存凭证，此时由被调用的常用凭证生成的凭证不受任何权限的控制，包括金额权限控制、辅助核算及辅助项内容的限制等。

·外部系统凭证是已生成的凭证，得到系统的认可，所以除非进行更改，否则不作金额等权限控制。

④凭证审核控制到操作员。如果只允许某操作员审核某些制单人填制的凭证，则应选择此选项。

⑤出纳凭证必须经由出纳签字。出纳凭证，是指凭证上包含经过指定科目功能指定的现金科目和银行科目的凭证。若此类凭证必须由出纳人员核对签字后才能记账，则选择此选项。

⑥凭证必须经由主管会计签字。如要求所有凭证必须由主管会计签字后才能记账，则选择此项。

⑦允许修改、作废他人填制的凭证。若选择此项，在制单时可修改或作废别人填制的凭证，否则不能修改或作废。

⑧可查询他人凭证。如允许操作员查询他人凭证，则选择此选项。

⑨制单、辅助账查询控制到辅助核算。若选择此项，制单时才能使用有辅助核算属性的科目录入分录，辅助账查询时只能查询有权限的辅助项内容。

⑩明细账查询权限控制到科目。如果想设置某操作员只能查询部分明细账，则选择此选项。

6. 其他选项

（1）外币核算汇率方式

①固定汇率，即在制单时，一个月只按一个固定的汇率折算本位币金额。

②浮动汇率，即在制单时，按当日汇率折算本位币金额。

（2）显示名称

设置在凭证、账表显示和打印时客户、供应商的名称，可以选择简称或全称。

7. 自定义项核算选项

当系统提供的个人、部门、项目、供应商、客户等辅助核算项不够时，可在此处将某些自定义项设置为辅助核算。针对设置为辅助核算的自定义项，提供期初录入、凭证录入的必录控制，提供自定义转账、汇兑损益、期间损益、销售成本等结转按自定义项结转，提供对账及多辅助账查询。其余没有设置为辅助核算的自定义项，只在凭证中作为备注信息录入，查询多辅助账时只能作为栏目项显示，不提供小计。

3.2.2 期初余额录入

1. 录入期初余额

若企业在年初建账，则上年年末的余额作为新一年的年初数，年初数就是期初余额；若企业是年中某月启用总账管理系统，则应将各账户上月的期末余额作为启用期的期初余额，并且还要录入自本年度年初到启用期的各账户累计借方发生额、累计贷方发生额，系统将自动计算年初余额。

录入期初余额时，应注意以下几点。

①末级科目的余额可以直接输入。

②非末级科目的余额不能直接输入，其余额由系统根据末级科目的余额自动汇总形成。

③科目有辅助核算时，不能直接输入科目余额，应该先输入各辅助项目的期初余额。

④科目余额由辅助账余额自动汇总形成。

⑤科目有数量、外币核算时，必须先输入本币金额，然后再输入数量、外币余额。

⑥若余额方向与科目余额方向相反，则在输入余额时输入负数。

2. 进行试算平衡

期初数据输入完毕应进行试算平衡。若期初余额试算不平衡，系统将不能记账，但仍可以填制凭证。

凭证一经记账，则不能再录入、修改期初余额。

3.3 总账管理系统日常业务处理

总账管理系统日常业务处理主要包括凭证管理、出纳管理、账簿管理等内容。

3.3.1 凭证管理

记账凭证是登记账簿的依据，也是总账管理系统的唯一数据来源，账簿数据的准确与完整完全依赖于记账凭证。凭证管理的主要内容包括填制凭证、作废和删除凭证、凭证复核、凭证查询、凭证汇总、记账、冲销凭证等。

1. 填制凭证

填制凭证是总账管理系统日常业务处理的起点。以编制来源为依据，记账凭证可分为两大类：手工填制凭证和机制凭证。手工填制凭证，是指由操作员通过键盘输入总账管理系统中的凭证；机制凭证，是指软件系统自动生成的凭证。手工填制凭证分为两种：一种是操作员在总账管理系统中直接根据审核无误的原始凭证填制的记账凭证；另一种是先填制好纸质记账凭证，然后再将纸质记账凭证输入总账管理系统中。机制凭证包括利用总账管理系统的自动转账功能自动生成的凭证和在其他系统中生成的传递到总账管理系统中的凭证。本节主要介绍手工填制凭证，机制凭证在后续章节中介绍。

（1）凭证类别

填制凭证时可以直接选择所需的凭证类别，也可以输入初始化时已定义的凭证类别代码。

（2）凭证编号

如果在选项设置时选择“系统编号”方式，则计算机自动按凭证类别按月对凭证进行顺序编号，每种类型的凭证都从“0001”开始顺序编号，不会出现重号、断号的情况，例如收字 0001、收字 0002 等。系统规定每页凭证有五条记录，当某号凭证不止一页时，系统自动在凭证号后标上分单号，例如，转字 0005 号凭证有两张分单，则编号分别为“转字 0005-0001/0002”“转字 0005-0002/0002”。如选择“手工编号”方式，则手工输入凭证号。

（3）凭证日期

系统自动选取进入账务系统时输入的业务日期为凭证日期。如果日期不对，可以修改，但修改后的凭证日期应大于等于该类凭证最后一张凭证日期，但不能超过进入账务系统时输入的业务日期。

（4）附单据数

附单据数指本张凭证所附原始单据数。

（5）摘要

摘要是对本凭证所反映的经济业务内容的说明，必须输入。可以将一些常用的摘要预先设定好，以后在凭证输入过程中直接调用，可以提高录入摘要的速度。常用的摘要可以进行修改和删除，以前输入的摘要内容不受影响。

（6）会计科目

必须输入末级科目，可以直接输入科目编码或者中文名称。如果输入的科目有辅助核算，则应输入相关的辅助信息。

（7）金额

金额是正数为黑色，负数为红色，但不能为零。凭证金额应符合“有借必有贷，借贷必相等”原则，否则将无法保存。

关于填制凭证功能，应注意以下几点。

①采用序时控制时，凭证日期应大于等于启用日期，不能超过业务日期。

②当前新增分录完成后，按回车键，系统自动将摘要复制到下一行分录。

③录入红字金额时，用负数的形式录入。

④填制完记账凭证后，如果发现凭证错误，可以直接进行修改。

⑤在系统自动编号方式下，凭证一旦保存，其凭证类别、凭证编号便不能修改；在系统手工编号方式下，凭证保存后，其类别不能修改，但编号能够修改。

2. 作废和删除凭证

凭证填制完成后，在审核记账之前，如果某张凭证不想要了，或错误较多不便修改时，可以将其作废。

作废凭证的方法：打开填制凭证，找到要作废的凭证，执行“制单”—“作废 / 恢复”命令，凭证上显示“作废”字样，表示该凭证已作废。作废的凭证仍然保存在凭证文件中，不需要审核即可参与凭证记账。已作废的凭证还可以通过“作废 / 恢复”命令取消作废标志，将其恢复为有效凭证。

如果不想让作废凭证保存在凭证文件中，可以通过执行“制单”—“整理凭证”命令将作废凭证删除。

3. 凭证复核

为了保证记账凭证填制正确，需要对记账凭证进行复核。复核是会计信息真实性的重要保障，是会计机构内部对自身会计工作进行的自我检查、自我监督，可以有效实现正风肃纪，遏制特权思想和特权现象，整治不正之风和腐败问题，有效防范会计舞弊行为。复核人员要从思想上固本培元，提高思想觉悟，增强拒腐防变能力，涵养富贵不能淫、贫贱不能移、威武不能屈的浩然正气。

凭证复核主要包括出纳签字、主管签字、审核凭证三方面工作。

（1）出纳签字

出纳凭证，是指凭证上包含经过指定科目功能指定的现金科目和银行科目的凭证。当在总账选项功能中选择“出纳凭证必须经由出纳签字”时，此处可由出纳人员进行审核，核对出纳凭证的出纳科目金额是否正确。经审查有错误或有异议的凭证，应交予填制人员修改后再核对。核对无误后，出纳人员可以单击“签字”按钮进行签字确认，若想对已签字的凭证取消签字，单击“取消”按钮取消签字。

关于出纳签字功能，应注意以下两点。

①使用出纳签字的前提是在总账选项中选择“出纳凭证必须经由出纳签字”。

②凭证一经签字，就不能修改、删除，只有取消签字后才能修改、删除。取消签字只能由出纳人自己操作。

（2）主管签字

在许多企业，为加强对会计人员制单的管理，常采用经主管会计签字后的凭证才有效的管理模式。本系统提供“主管签字”的核算方式，即其他会计人员制作的凭证必须经主管签字才能记账。

使用主管签字的前提是在总账选项中选择“凭证必须经主管签字”。其他控制功能同出纳签字。

（3）审核凭证

审核凭证是审核员按照财会制度，对制单员填制的记账凭证进行检查核对，主要审核记账凭证是否与原始凭证相符、会计分录是否正确等。经审查有错误或有异议的凭证，应打上出错标记，同时可写入出错原因并交予填制人员修改后再审核。凭证审核需先重新注册更换操作员，由具有审核权限的操作员来进行操作。凭证可逐张审核，也可成批审核。

关于审核凭证功能，应注意以下几点。

①审核人和制单人不能是同一个人。

②凭证一经审核，就不能被修改、删除，只有取消审核签字后才可以进行修改或删除。取消审核签字只能由审核人自己进行操作。

③作废的凭证不能被审核，也不能被标错。

④已标错的凭证不能被审核，若想审核，需先取消标错后才能审核。已审核的凭证不能标错。

4. 凭证查询

凭证查询可以按查询条件查询任何年月的任何类型的凭证。查询条件可以是凭证类别、凭证号范围、凭证日期范围、金额范围、会计科目范围、制单人、是否复核、是否记账等。

5. 凭证汇总

凭证汇总是按一定条件对记账凭证进行汇总并生成凭证汇总表，以便财务人员随时查询凭证汇总信息，及时了解企业的经营状况及其他财务信息。进行凭证汇总的凭证可以是已记账凭证，也可以是未记账凭证。

6. 记账

记账凭证经审核签字后，即可用来登记总账和明细账、日记账、部门账、往来账、项目账以及备查账等。用友 ERP-U8+ 管理系统记账采用向导方式，记账过程更加明确。记账是由计算机自动进行的，记账过程中一旦断电或因其他原因造成中断，系统自动调用记账前数据，再重新选择记账。

关于记账功能，应注意以下几点。

①若期初余额试算不平衡，则不能记账。

②记账时可以对全部符合条件的凭证记账，也可以选择记账范围。选择记账范围时可以输入数字、“–”、“，”。

③作废凭证不需要审核即可记账。

④若上月未结账，则本月不能记账。

⑤已记账的错误凭证不能直接修改，可以用“红字更正法”或“补充登记法”进行更正。

7. 冲销凭证

已经记账的凭证发现有错误时，不能直接修改，可以通过冲销凭证的方式生成一张红字冲销凭证，把错误凭证冲销，然后再手工填制一张正确的蓝字凭证。

3.3.2 出纳管理

出纳管理是总账管理系统为出纳人员提供的一套管理工具，包括出纳签字、现金和银行存款日记账及资金日报的查询、支票登记簿、银行对账。

1. 出纳签字

出纳签字在“凭证管理”中已作过介绍，在此不再赘述。

2. 现金和银行存款日记账及资金日报的查询

（1）现金日记账

查询现金日记账时，现金科目必须在“会计科目”—“指定科目”中预先指定。执行“设置”—“会计科目”—“指定科目”命令，即可指定现金科目。

（2）银行存款日记账

同现金日记账一样，查询银行存款日记账时，银行科目也必须在“会计科目”—“指定科目”中预先指定。

（3）资金日报

资金日报可以反映现金和银行存款日发生额和余额情况。现金日报可以由总账管理系统根据记账凭证自动生成，及时提供当日借贷金额合计、余额以及当日业务量等信息。资金日报可以根据已记账凭证、未记账凭证生成。

3. 支票登记簿

在手工记账时，银行出纳通常建立支票领用登记簿，用来登记支票领用情况。本系统为出纳员提供了“支票登记簿”功能，以供其详细登记支票领用人、领用日期、支票用途、是否报销等情况。当应收、应付系统或资金系统有支票领用时，自动填写。只有在“会计科目”中被设置为银行账的科目才能使用支票登记簿。

关于支票登记簿的功能，应注意以下几点。

①当需要使用支票登记簿功能时，必须在结算方式设置中对需使用支票登记簿的结算方式在“是否票据管理”前打“√”。

②只有在会计科目中设置了银行账辅助核算的科目才能使用支票登记簿。

③领用支票时，银行出纳必须据实填写领用日期、领用部门、领用人、支票号、用途、预计金额、备注等信息。

④经办人持原始单据报销支票时，会计人员据此填制记账凭证。在录入该凭证时，系统要求录入结算方式和支票号。填制完凭证后，在采取支票控制的方式下，系统自动在支票登记簿中将该支票填上报销日期，表示该支票已报销，否则，出纳员需要自己填写报销日期。

⑤已报销的支票不能修改，可以取消报销标志，再行修改。

4. 银行对账

（1）录入银行对账期初数据

为了保证银行对账的正确性，在开始对账的月初应先将日记账、银行对账单未达账项输入系统中。银行对账期初功能用于第一次使用银行对账模块前输入日记账及对账单未达项，在开始使用银行对账之后，一般不再使用。使用账务处理系统处理日常业务后，系统将自动形成银行日记账的未达账项。

（2）录入银行对账单

对账前，必须将银行开出的银行对账单录入系统中，以便将其与企业银行日记账进行核对。还可以使用银行对账单导入功能，这样更简便。

（3）银行对账

银行对账采用自动对账与手工对账相结合的方式。自动对账是计算机根据对账依据自动进行核对、勾销。对于已核对上的银行业务，系统将自动在企业银行对账文件和银行对账单文件上标出两清符号，并视为已达账项；对于未标出两清符号的记录，系统则视其为未达账项。手工对账是对自动对账的补充。自动对账后，可能还有一些特殊的已达账项没有核对出来，而被视为未达账项，为了保证对账更彻底、更正确，可用手工对账来进行调整。

下面四种情况中，只有第一种情况可以采用自动对账的方式进行对账，其余三种方式只能采用手工对账方式进行对账。

①对账单文件中的一条记录和企业银行对账文件中的一条记录完全相同。

②对账单文件中的一条记录和企业银行对账文件中的多条记录完全相同。

③对账单文件中的多条记录和企业银行对账文件中的一条记录完全相同。

④对账单文件中的多条记录和企业银行对账文件中的多条记录完全相同。

（4）查询余额调节表

在对银行账进行两清勾对后，可调用此功能查询打印银行存款余额调节表，以检查对账是否正确。执行此项操作，将显示所有银行科目的账面余额及调整余额。

如要查看某科目的调节表，则将光标移到该科目上，然后用鼠标单击“查看”按钮或双击该行，则可查看该银行账户的银行存款余额调节表。

（5）查询对账勾对情况

对账结果查询是对企业银行对账文件和银行对账单的对账结果进行查询。它是对余额调节表的补充，可进一步了解对账后对账单上的具体情况（包括已达账项和未达账项），从而进一步查询对账结果。检查无误后，可通过对照银行账单来核销已达账项。

（6）核销已达账项

银行对账不平时，不能使用核销功能。如果核销错误，可以进行反核销。

3.3.3 账簿查询

企业发生的经济业务，经过填制凭证、审核、记账后，其数据就转移到了会计账簿上，通过账簿查询功能可以查询各种账簿数据，包括前面介绍的现金日记账和银行存款日记账，以及基本科目账簿的查询、各种辅助账的查询。

1. 科目账簿查询

（1）总账查询

总账查询不但可以查询各总账科目的年初余额、各月发生额合计和月末余额，而且还可查询明细科目的年初余额、各月发生额合计和月末余额。既可以查询已记账凭证的数据，还可以查询未记账凭证的数据，即可以通过模拟记账的形式查询未记账凭证的数据。

（2）余额表查询

余额表查询用于查询统计各级科目的本期发生额、累计发生额和余额等。传统的总账查询是以总账科目分页设账，而余额表则可输出某月或某几个月所有总账科目或明细科目的期初余额、本期发生额、累计发生额、期末余额。在实行计算机记账后，可以用余额表代替总账。

（3）明细账查询

明细账查询用于平时查询各账户的明细发生情况，及按任意条件组合查询明细账。

（4）序时账查询

序时账查询以流水账的形式根据记账凭证反映单位的经济业务，包括日期、凭证号、摘要、借方发生额、贷方发生额以及余额。

（5）多栏账查询

多栏账查询是总账管理系统中一个很重要的功能，用户可以使用此功能设计企业需要的多栏明细账，按明细科目保存为不同的多栏账。在以后的查询中，只需要选择多栏明细账直接查询即可，并且可按明细科目自由设置不同样式的多栏账，方便快捷，自由灵活。

2. 辅助账查询

辅助账查询包括客户往来辅助账、供应商往来辅助账、个人往来辅助账、部门辅助账、项目辅助账以及综合辅助账的查询。需要注意的是，当供应商往来和客户往来采用总账管理系统核算时，其账簿的管理在总账管理系统中进行操作，否则，在应收款、应付款管理系统中进行操作。

3.4 总账管理系统期末处理

期末处理，是指在月末或年末将本会计期间发生的经济业务全部登记入账后所要做的工作，主要包括银行对账、自动转账、对账以及结账。

3.4.1 银行对账

银行对账在上节出纳管理中已作过介绍，在此不再赘述。

3.4.2 自动转账

转账分为外部转账和内部转账。外部转账，是指将其他专项核算系统生成的凭证转入总账管理系统，如固定资产系统生成的有关固定资产增减变动的凭证传递到总账管理系统中。内部转账，是指在总账管理系统内部把某些会计科目中的余额或本期发生额结转到一个或多个会计科目中，如提取借款利息、结转期间损益等。此处的“自动转账”是指内部转账。由于这些业务处理具有较强的规律性，因此可以通过自动转账的方式由计算机自动完成这些业务的结转处理，从而减轻会计人员的工作量，提高工作效率。

自动转账包括转账定义和转账生成两个步骤。

1. 转账定义

转账定义的含义就是设置自动转账凭证的模板，在该模板中定义自动转账业务涉及的摘要、会计科目、借贷方向、金额来源等要素内容。转账定义完成后，各月只需调用“转账生成”功能，就能自动生成转账凭证，而不需要每月都进行转账定义。根据结转业务的内容不同，转账定义包括自定义转账、对应结转、销售成本结转、汇兑损益结转、期间损益结转、费用摊销和预提结转等类型。除自定义转账类型外，其他类型的结转业务都有对应的模板，降低了转账定义的难度。

（1）自定义转账

自定义转账适用于系统无法预先设置转账定义模板的结转业务，如费用分配（如工资分配）、费用分摊（如制造费用分配）、税金结转（如结转未交增值税）、提取各项费用（如提取借款利息）等。

（2）对应结转

当两个或多个上级科目的下级科目及辅助项有一一对应关系时，可将其余额按一定比例进行对应结转，可一对一结转，也可一对多结转。需要注意的是，对应结转只结转期末余额。

（3）销售成本结转

销售成本结转主要是用来辅助没有启用供应链管理系统的企业完成销售成本的计算和结转，有两种方法：全月平均法和计划价法。

（4）汇兑损益结转

汇兑损益结转，是指期末自动计算外币的汇兑损益，并在转账生成中自动生成汇兑损益转账凭证。汇兑损益只处理外汇存款账户、外币现金账户、外币结算的各项债权债务账户，所有者权益类账户、成本类账户和损益类账户不能用汇兑损益结转处理。

关于汇兑损益功能，应注意以下几点。

①应先将本月所有未记账凭证记账，然后再结转汇兑损益，否则损益计算结果可能不正确。

②汇兑损益入账科目不能是有数量外币核算的科目或辅助账科目。

③如果已经启用了应收款、应付款管理系统，则计算汇兑损益的外币科目不能是有客户或供应商往来核算的科目。

（5）期间损益结转

会计期间终了，将损益类科目的余额结转到本年利润科目中，从而及时反映企业经营的盈亏情况。期间损益结转主要是管理费用、销售费用、财务费用、销售收入、营业外收支等科目向本年利润的结转。

关于结转期间损益功能，应注意以下几点。

①本年利润科目若有辅助账，则必须与损益科目的辅助账类一致。

②结转凭证不受金额权限控制，不受辅助核算及辅助项内容的限制。

③只有在选项中选择了自定义项作为辅助核算，期间损益才能按自定义项结转。

（6）费用摊销和预提结转

费用摊销和预提结转可以分期等额摊销待摊费用和计提预提费用。费用摊销可针对已经计入待摊费用的金额进行分期摊销，按一定的结转比例或金额转入费用类科目。费用预提可按一定的结转比例或金额计提预提费用。可一对一结转，也可一对多结转。

2. 转账生成

完成转账定义后，选择生成结转方式、结转月份及需要结转的结转凭证，系统就会进行结转计算，并显示将要生成的凭证，确认无误后，生成的凭证会追加到未记账凭证中，通过审核、记账就能真正完成结转工作。

提示：

· 月末转账前，需将所有凭证全部记账，否则生成的转账凭证中的数据可能不准确。

· 如果启用了应收款、应付款管理系统，那么在总账管理系统中不能按客户、供应商进行结转。

· 每月只能结转一次，结转月份为当前月。在生成结转凭证时，为确保所有凭证都能结转，建议在月末进行。

3.4.3 对账

对账是对账簿数据进行核对，目的是检查记账是否正确，是否账账相符。对账包括总账与明细账、总账与辅助账、辅助账与明细账、总账与多辅助账、辅助账与多辅助账、多辅助账与明细账等账簿的核对。

从会计信息系统环境下记账的原理和数据处理流程来看，所有账簿的数据都来源于记账凭证文件，“记账”只是一个数据搬家的过程，只要保证填制凭证时准确无误，就不会出现总账与明细账、总账与辅助账等账簿不平衡的情况，因此对账就没有意义。但由于非法操作、计算机病毒或其他原因，有时可能会造成某些数据被破坏，因而引起账账不符。为了保证账证相符、账账相符，用户应经常使用本功能进行对账，至少一个月一次，一般可在月末结账前进行。

结账时，系统也会自动进行对账和试算平衡。

3.4.4 结账

结账由计算机自动完成，结出各种账簿的本期发生额和月末余额，并将余额转入下一会计期间，作为下一期间的期初余额。

如果需要反结账，则在结账向导中选择要取消结账的月份，按“Ctrl+Shift+F6”组合键即可进行反结账。

关于结账功能，应注意以下几点。

①已结账月份不能再填制非调整凭证。

②还有未记账凭证的月份不能结账。

③每月对账正确后才能结账。

④年底结账时，先进行数据备份后再结账。

⑤结账只能由有结账权的人操作。

⑥反结账操作只能由账套主管执行。

复习思考题

1. 总账管理系统包括哪些主要功能？
2. 总账管理系统与其他系统之间的关系是怎样的？
3. 总账管理系统的业务处理流程是怎样的？
4. 为什么要进行总账选项的设置？
5. 录入期初余额有怎样的规定？
6. 填制凭证时系统会自动进行哪些检查？
7. 为什么要审核凭证？凭证审核具有哪些控制功能？
8. 如何修改错误的记账凭证？
9. 什么叫出纳凭证？为什么要进行出纳签字？
10. 何谓自动转账？如何进行自动转账？
11. 结账前系统会自动进行哪些检查？

实验三　总账管理系统的初始设置

一、实验目的

（1）掌握用友 ERP-U8+ 管理软件中总账管理系统初始设置的相关内容。
（2）理解初始设置在总账管理系统中的作用。
（3）掌握总账管理系统初始设置的操作方法。

二、实验内容

（1）设置总账管理系统参数。
（2）设置凭证类别。
（3）录入期初余额。
（4）设置数据权限。

三、实验准备

引入“实验二”的账套数据。

四、实验资料

（一）总账管理系统参数

总账管理系统参数如表 1 所示。

表 1　总账控制参数

选项	参数设置
凭证	制单序时控制
	支票控制
	赤字控制：资金及往来科目
	可以使用应收、应付、存货受控科目
	选中“现金流量必录现金流量项目”
	凭证采用系统编号
权限	出纳凭证必须经由出纳签字
	允许修改、作废他人填制的凭证
	可以查询他人凭证
其他	外币核算采用固定汇率

注：未特别说明的选项可以采用系统默认。

（二）凭证类别

凭证类别如表 2 所示。

表 2　凭证类别

凭证类别	限制类型	限制科目
收款凭证	借方必有	1001，100201，100202
付款凭证	贷方必有	1001，100201，100202
转账凭证	凭证必无	1001，100201，100202

（三）期初余额

1. 总账期初余额

总账期初余额表如表 3 所示。

表 3　总账期初余额表

科目名称	辅助核算	方向	期初余额	币别 / 数量
库存现金（1001）	日记账	借	89 200	
银行存款（1002）	日记账、银行账	借	660 000	
工行存款（100201）	日记账、银行账	借	565 500	
中行存款（100202）	日记账、银行账	借	94 500	美元：15 000
应收票据（1121）	客户往来	借	300 000	
应收账款（1122）	客户往来	借	440 700	
其他应收款（1221）	个人往来	借	6 500	
应收个人款（122101）	个人往来	借	6 500	
坏账准备（1231）		贷	3 250	
原材料（1403）		借	684 000	
内存条（140301）	数量核算	借	70 000	块：350
CPU（140302）	数量核算	借	200 000	块：200
主板（140303）	数量核算	借	78 000	块：260
硬盘（140304）	数量核算	借	120 000	块：300
液晶显示器（140305）	数量核算	借	216 000	台：180
其他（140306）		借		
库存商品（1405）	项目核算	借	1 020 000	
固定资产（1601）		借	1 063 200	
累计折旧（1602）		贷	243 600	
无形资产（1701）		借	120 000	
短期借款（2001）		贷	1 400 000	
应付账款（2202）	供应商往来	贷	139 000	
预收账款（2203）	客户往来	贷		
应付职工薪酬（2211）		贷		

（续表）

科目名称	辅助核算	方向	期初余额	币别 / 数量
应付工资（221101）				
应付福利费（221102）				
工会经费（221103）				
职工教育经费（221104）				
社会保险金（221105）				
应交税费（2221）		贷	26 000	
应交增值税（222101）		贷		
进项税额（22210101）		贷		
销项税额（22210102）		贷		
转出未交增值税（22210103）		贷		
未交增值税（222102）		贷	26 000	
实收资本（4001）		贷	2 350 000	
资本公积（4002）		贷	550 000	
盈余公积（4101）		贷	153 150	
利润分配（4104）		贷	188 600	
未分配利润（410406）		贷	188 600	
生产成本（5001）	项目核算	借	670 000	
直接材料（500101）	项目核算	借	400 000	
直接人工（500102）	项目核算	借	150 000	
制造费用（500103）	项目核算	借	120 000	
制造费用（5101）		借		
工资（510101）		借		
折旧费（510102）		借		
销售费用（6601）		借		
管理费用（6602）	部门核算	借		
薪资（660201）	部门核算	借		
福利费（660202）	部门核算	借		
办公费（660203）	部门核算	借		
差旅费（660204）	部门核算	借		
招待费（660205）	部门核算	借		
折旧费（660206）	部门核算	借		
工会经费（660207）	部门核算	借		
职工教育经费（660208）	部门核算	借		
其他（660209）	部门核算	借		

说明：把“库存现金（1001）”指定为现金总账科目，把“银行存款（1002）”指定为银行总账科目，把“库存现金（1001）、工行存款（100201）、中行存款（100202）”指定为现金流量科目。

2. 辅助账期初余额

辅助账期初余额表如表4—表9所示。

表4 应收账款期初余额表

日期	凭证号	客户	摘要	方向	金额	票号	业务员
2021-11-20	转-98	精元公司	销售商品	借	282 500	S120	白虹
2021-12-18	转-56	新科公司	销售商品	借	158 200	T91	白虹

表5 应收票据期初余额表

日期	凭证号	客户	摘要	方向	金额	票号	业务员
2021-10-15	转-52	新科公司	销售电脑	借	180 000	P21	白虹
2021-11-28	转-132	精元公司	销售电脑	借	120 000	A19	白虹

注：以上票据均为商业承兑汇票。

表6 其他应收款期初余额表

日期	凭证号	部门	姓名	摘要	方向	金额
2021-11-23	付-75	总经理办公室	韩明	出差	借	4 000
2021-12-17	付-67	销售部	白虹	出差	借	2 500

表7 库存商品期初余额表

项目编码	项目名称	数量	金额
001	家用电脑	160台	480 000
002	商用电脑	90台	540 000

表8 应付账款期初余额表

日期	凭证号	供应商	摘要	方向	金额	票号	业务员
2021-11-10	转-28	晨星公司	购买材料	贷	39 000	S120	冯元
2021-12-18	转-96	科隆公司	购买材料	贷	100 000	T91	冯元

表9 生产成本期初余额表

科目名称	家用电脑	商用电脑	合计
直接材料（500101）	180 000	220 000	4 00 000
直接人工（500102）	70 000	80 000	150 000
制造费用（500103）	50 000	70 000	120 000
合计	300 000	370 000	670 000

（四）数据权限分配

操作员“白虹”具有查询应收账款、应收票据、预收账款科目明细账的权限，操作员“冯元”具有查询应付账款、应付票据、预付账款科目明细账的权限，操作员“王涵”具有所有部门的查询和录入权限。

五、实验要求

以账套主管的身份进行总账管理系统的初始设置。

六、操作指导

（一）登录总账

（1）选择“新道 U8^{+}”—“U8^{+} 企业应用平台”，以账套主管的身份登录，输入操作员“102”，密码为“1”，选择账套“006 光明电脑科技有限公司”，输入操作日期“2022-01-01”，单击“登录”按钮。

（2）执行“业务导航”—“财务会计”—“总账”命令，展开总账下级菜单。

（二）设置总账控制参数

（1）在总账管理系统中，执行“设置”—“选项”命令，打开“选项”对话框，单击“编辑”，进入编辑状态，根据实验资料在“凭证”选项卡中进行相应设置，如图 1 所示。

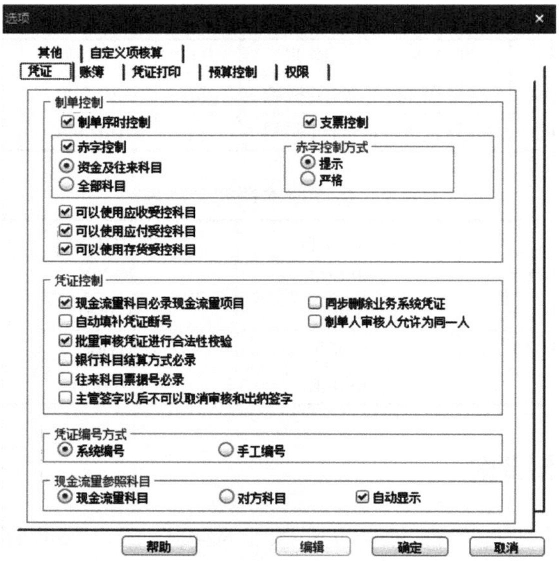

图 1　总账控制参数设置

（2）分别选择“权限”“其他”选项卡，根据实验资料进行设置。

（3）设置完成后，单击“确定”按钮。

（三）设置凭证类别

（1）执行“业务导航”—“基础设置”—“基础档案”—“财务”—“凭证类别”命令，进入“凭证类别”窗口。

（2）选择“收款凭证、付款凭证、转账凭证”预置模式，单击“确定”按钮，然后双击“修改”按钮，进行限制类型和限制科目的设置，如图2所示。

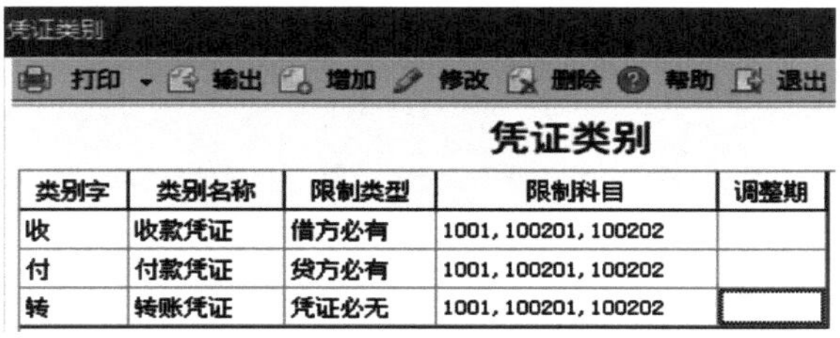

类别字	类别名称	限制类型	限制科目	调整期
收	收款凭证	借方必有	1001, 100201, 100202	
付	付款凭证	贷方必有	1001, 100201, 100202	
转	转账凭证	凭证必无	1001, 100201, 100202	

图2　凭证类别设置

（四）输入期初余额

1. 输入总账期初余额

（1）执行“财务会计”—“总账”—“期初”—“期初余额”命令，进入“期初余额录入”窗口。

（2）直接输入末级科目（底色为白色）的期初余额，如库存现金、工行存款、固定资产等。灰色单元格表示有下级科目，其余额由下级科目自动汇总计算。

（3）中行存款科目涉及人民币和美元，在输入时分别输入人民币和美元，如图3所示。

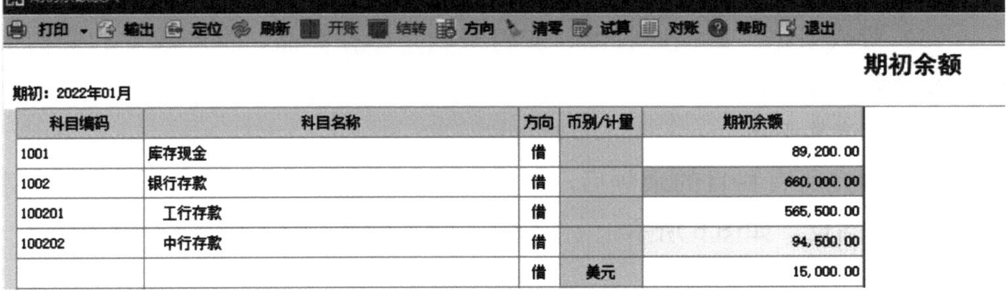

科目编码	科目名称	方向	币别/计量	期初余额
1001	库存现金	借		89,200.00
1002	银行存款	借		660,000.00
100201	工行存款	借		565,500.00
100202	中行存款	借		94,500.00
		借	美元	15,000.00

图3　总账期初余额录入

（4）如果科目为数量核算科目，如原材料下的主板、硬盘等，在输入时分别输入人民币和数量期初余额。

2. 输入应收账款期初余额

（1）双击“应收账款”“期初余额”，进入“辅助期初余额”窗口。

（2）单击“往来明细”按钮，进入“期初往来明细”窗口。单击“增行”按钮，根据实验资料输入每笔业务金额，如图 4 所示。

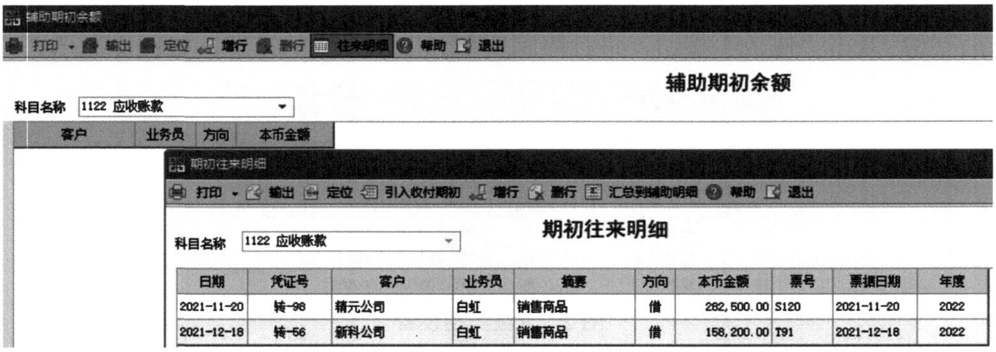

日期	凭证号	客户	业务员	摘要	方向	本币金额	票号	票据日期	年度
2021-11-20	转-98	精元公司	白虹	销售商品	借	282,500.00	S120	2021-11-20	2022
2021-12-18	转-56	新科公司	白虹	销售商品	借	158,200.00	T91	2021-12-18	2022

图 4　期初往来明细录入

（3）输入完成后，单击“汇总到辅助明细”按钮，系统将按照单位进行汇总，并把汇总数据填入辅助期初余额，单击“退出”后返回到“辅助期初余额”窗口，如图 5 所示。

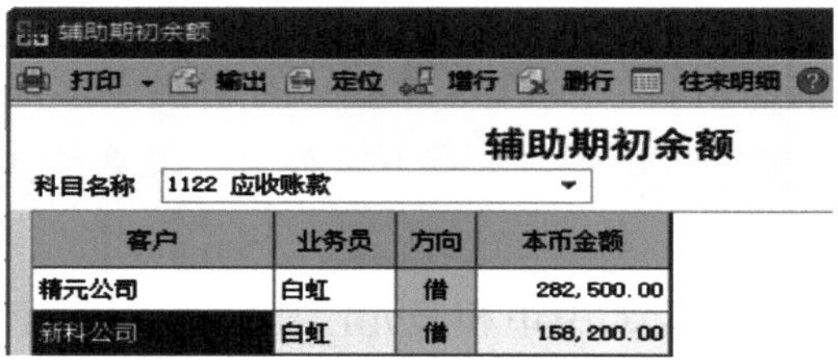

客户	业务员	方向	本币金额
精元公司	白虹	借	282,500.00
新科公司	白虹	借	158,200.00

图 5　辅助期初余额

（4）单击“退出”按钮，辅助账余额自动带回到总账。

（5）应收票据、其他应收款、应付账款、库存商品、生产成本的期初余额输入参考应收账款。

3. 进行试算平衡

（1）输完所有科目的余额后，单击“试算”按钮，打开“期初余额试算平衡表”对话框，如图 6 所示。

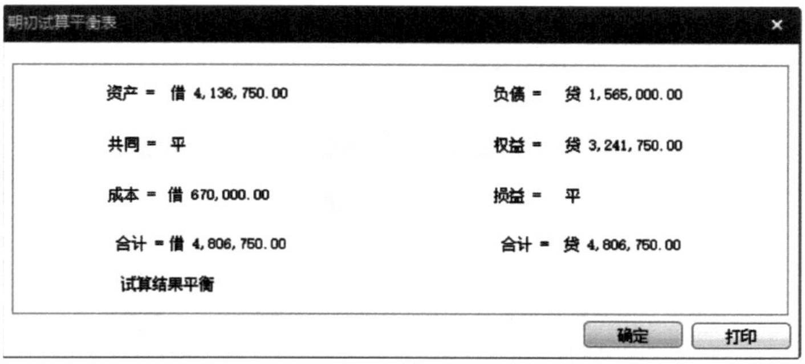

图 6　期初试算平衡表

（2）若期初余额试算不平衡，则修改期初余额；若期初余额试算平衡，则单击“退出”按钮。

温馨提示：1. 期初余额试算不平衡，将不能记账，但可以填制凭证；2. 已经记过账，则不能再输入、修改期初余额，也不能执行“结转上年余额”命令。

（五）数据权限设置

（1）执行“业务导航”—“系统服务”—“权限”—“数据权限控制设置”命令，打开“数据权限控制设置”对话框。

（2）打开“记录级”选项卡，选中“部门”“科目”等复选框，如图 7 所示。单击“确定”按钮返回。

图 7　数据权限控制设置

（3）执行“业务导航”—“系统服务”—“权限”—“数据权限控制分配”命令，打开“权限浏览”窗口。

（4）从“业务对象”下拉列表中选择“科目”选项，从“用户及角色”列表框中选择“201 白虹”，单击工具栏上的“授权”按钮，打开“记录权限设置”对话框，将“应收账款、应收票据、预收账款”科目从“禁用”列表框选入“可用”列表框中，如图8所示。

图8　操作员白虹数据权限授权

（5）103王涵的数据权限分配在上述步骤的基础上，在“业务对象”下拉列表中应选择“部门”选项，并将所有部门从“禁用”列表框选入“可用”列表框中，如图9所示。

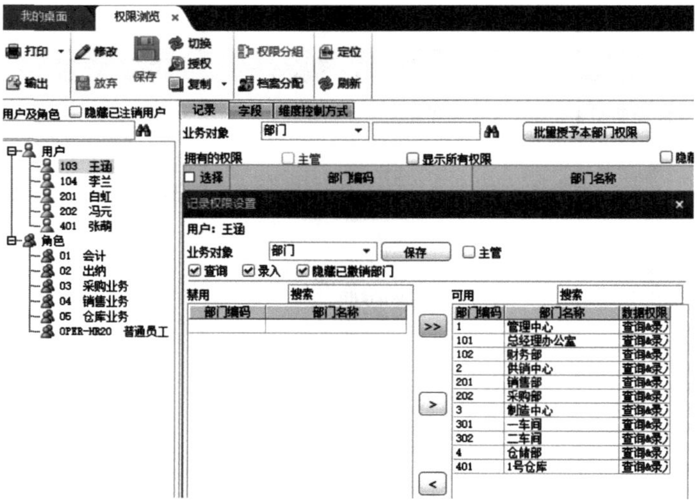

图9　操作员王涵数据权限授权

（六）数据备份

上述业务处理完之后，进行账套数据备份。

实验四　总账管理系统的日常业务处理

一、实验目的

（1）掌握用友ERP-U8⁺管理软件中总账管理系统日常业务处理的相关内容。
（2）掌握总账管理系统日常业务处理的操作方法。
（3）掌握凭证管理、出纳管理、账簿管理的具体内容和操作方法。

二、实验内容

（1）凭证管理方法。
（2）出纳管理的操作方法。
（3）账簿管理的操作方法。

三、实验准备

引入“实验三”的账套数据。

四、实验资料

（一）凭证管理

1. 填制凭证

2022年1月企业发生的经济业务如下。

（1）1月1日，财务部赵科购买办公用品，支付现金320元。附单据1张。

借：管理费用——办公费　　320
　　贷：库存现金　　320

（2）1月3日，采购部冯元从晨星公司购买主板200块，单价300元，价款60 000元，增值税额7 800元。货款暂欠，材料已验收入库。附单据3张。

借：原材料——主板　　60 000
　　应交税费——应交增值税（进项税额）　　7 800
　　贷：应付账款　　67 800

（3）1 月 6 日，财务部李兰从工行提取现金 15 000 元，现金支票号 Z123。附单据 2 张。

借：库存现金　　　　　　　　　　15 000

　　贷：银行存款——工行存款　　　　15 000

（4）1 月 10 日，收到新科公司转账支票一张，归还前欠货款 142 000 元，转账支票号 Z157。附单据 3 张。

借：银行存款——工行存款　　　　142 000

　　贷：应收账款　　　　　　　　　142 000

（5）1 月 10 日，票号为 P21 的商业承兑汇票到期，票面金额 180 000 元，去银行办理承兑，所得款项存入银行。

借：银行存款——工行存款　　　　180 000

　　贷：应收票据　　　　　　　　　180 000

（6）1 月 12 日，向华新公司销售商用电脑 30 台，单价 7 000 元，价款 210 000 元，增值税额 27 300 元。收到期限为 3 个月的无息商业承兑汇票一张，金额 237 300 元（票号：J00621）。附单据 4 张。

借：应收票据　　　　　　　　　　　　　237 300

　　贷：主营业务收入　　　　　　　　　　210 000

　　　　应交税费——应交增值税（销项税额）　27 300

（7）1 月 13 日，总经理办公室韩明出差归来，报销差旅费 6 300 元，向韩明补付现金 2 300 元。附单据 5 张。

借：管理费用——差旅费　　　　6 300

　　贷：其他应收款——韩明　　　　4 000

　　　　库存现金　　　　　　　　　2 300

（8）1 月 20 日，接受国外公益组织捐赠 10 000 美元，转账支票号 DS008。附单据 2 张。

借：银行存款——中行存款　　　63 000

　　贷：营业外收入　　　　　　　63 000

（9）1 月 21 日，生产车间领用 CPU100 块，单价 1 000 元，主板 150 块，单价 300 元，用于生产商用电脑。附单据 3 张。

借：生产成本——直接材料　　　145 000

　　贷：原材料——主板　　　　　45 000

　　　　　　　——CPU　　　　　100 000

（10）1 月 22 日，销售部白虹支付展览费 5 000 元，转账支票号 AF023。附单据 2 张。

借：销售费用　　　　　　　　　　5 000

　　贷：银行存款——工行存款　　　　5 000

（11）1 月 25 日，销售部白虹预付星宇公司购买材料款 52 000 元，转账支票号 P13。附单据 2 张。

借：预付账款　　　　　　　　　　52 000

　　贷：银行存款——工行存款　　　　52 000

2. 修改凭证

经查，1 月 12 日，向华新公司销售的不是商用电脑 30 台，而是家用电脑 40 台，单价 4 000 元，增值税税率为 13%，修改后的分录如下。

借：应收票据　　　　　　　　　　　　　180 800

　　贷：主营业务收入　　　　　　　　　　　160 000

　　　　应交税费——应交增值税（销项税额）　20 800

3. 删除凭证

将 1 月 22 日支付展览费凭证删除。

4. 红字冲销（选做内容）

请对以上凭证进行出纳签字、审核签字、记账、查询等处理。

（二）出纳管理

（1）查询现金日记账和银行存款日记账。

（2）查询资金日报表。

（3）登记支票登记簿。

1 月 25 日，采购部冯元借转账支票一张，支票号 325，金额 20 000 元，用于采购材料。

（三）账簿管理

（1）查询基本会计核算账簿。

（2）查询辅助账簿（以部门辅助账为例）。

五、实验要求

（1）以会计“王涵”的身份填制凭证，进行凭证查询操作。

（2）以出纳“李兰”的身份进行出纳签字，进行现金、银行存款日记账及资金日报表的查询以及支票登记的操作。

（3）以账套主管“赵科”的身份进行凭证审核、记账、账簿查询操作。

六、操作指导

（一）凭证管理

以“103 王涵”的身份登录“U8+ 企业应用平台”。

1. 填制凭证

在凭证填制过程中，若某科目为“银行科目”“外币科目”“数量核算”“辅助核算科目”“现金流量科目”，输完科目名称后，须继续输入该科目的辅助核算信息。

（1）业务 1：辅助核算——部门核算、现金流量

①在“U8+ 企业应用平台”，执行“财务会计”—“总账”—“凭证”—“填制凭证”命令，进入“填制凭证”窗口。

②单击“增加”按钮（或者按 F5 功能键），进入凭证输入状态。选择凭证类别“付款凭证”，输入制单日期“2022-01-01”，输入附单据数“1”。

③输入摘要“购买办公用品”，输入科目名称“660203”，或者点击后面的“…”选择录入科目，点击借方金额或者按 Enter 键，系统自动弹出“辅助项”信息提示对话框，选择部门为“财务部”，如图 1 所示，单击“确定”按钮。

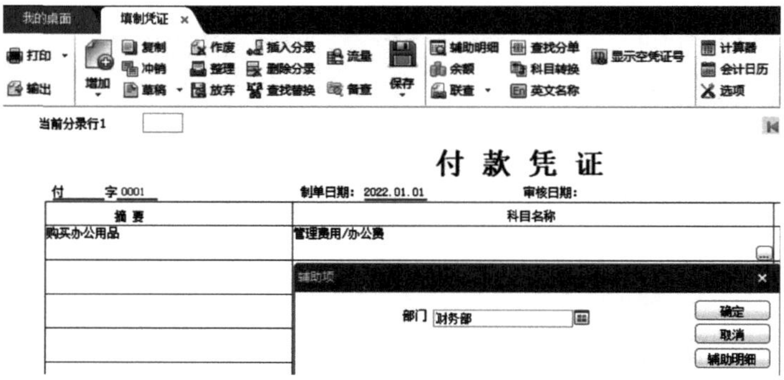

图 1　增加凭证——部门辅助核算

④借方金额录入“320”，按 Enter 键，摘要自动带到下一行，输入科目名称“1001”、贷方金额“320”。

⑤单击“保存”按钮，打开“现金流量录入修改”对话框。在“项目编码”一栏中选择“经营活动 / 现金流出 / 支付的与其他经营活动有关的现金”，如图 2 所示。

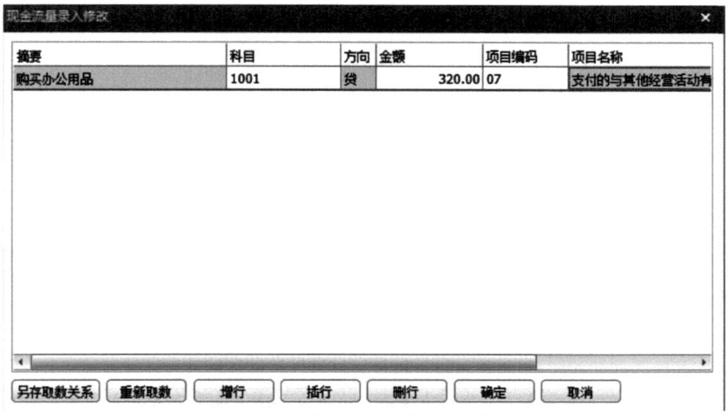

图 2　现金流量录入修改

⑥单击“确定”按钮，返回凭证界面。单击“保存”按钮，系统弹出“凭证已保存成功！”信息提示对话框，单击“确定”按钮。

温馨提示：1. 采用序时控制时，凭证填制必须按时间顺序，新增加的凭证日期不能小于系统中已有凭证的制单日期，而且凭证日期应大于等于启用日期，不能超过业务日期；2. 凭证一旦保存，其类别、编号不能修改；3. 正文中不同行的摘要可以相同也可以不同，但不能为空，每行摘要将随相应的会计科目在明细账、日记账中出现；4. 科目编码必须是末级的科目编码；5. 金额不能为“零”，红字金额以“-”号表示；6. 在录入金额时，可按“=”（等号键），将当前的凭证借贷方金额的差额填入光标所在的借方或者贷方位置；7. 在填制凭证时即确认现金流量项目是为日后生成现金流量表作准备。

（2）业务 2：辅助核算——数量核算、供应商往来

①在填制凭证的过程中，输入完数量科目“140303”，点击借方金额或者按 Enter 键，弹出“辅助项”对话框，输入数量、单价，如图 3 所示，单击“确定”按钮返回。

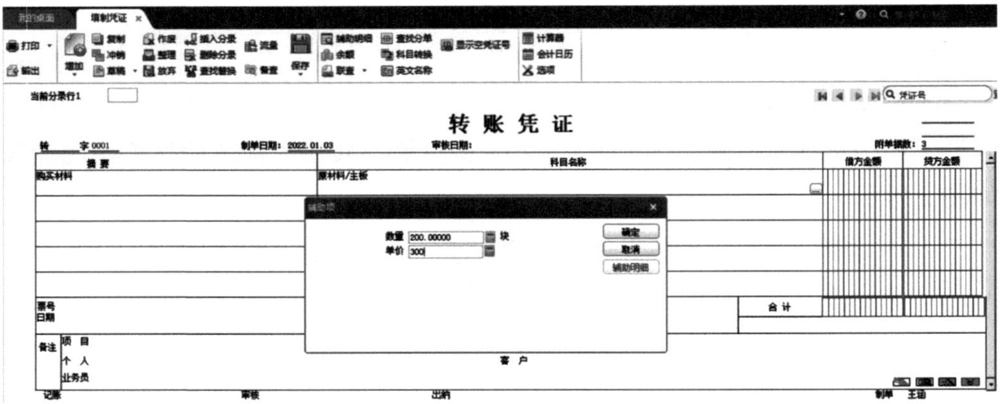

图 3　增加凭证——数量核算

②输入完供应商往来科目“2202”，点击借方金额或者按 Enter 键，弹出“辅助项”对话框，选择供应商“晨星公司”，发生日期“2022-01-03”，如图 4 所示，单击“确定”按钮。

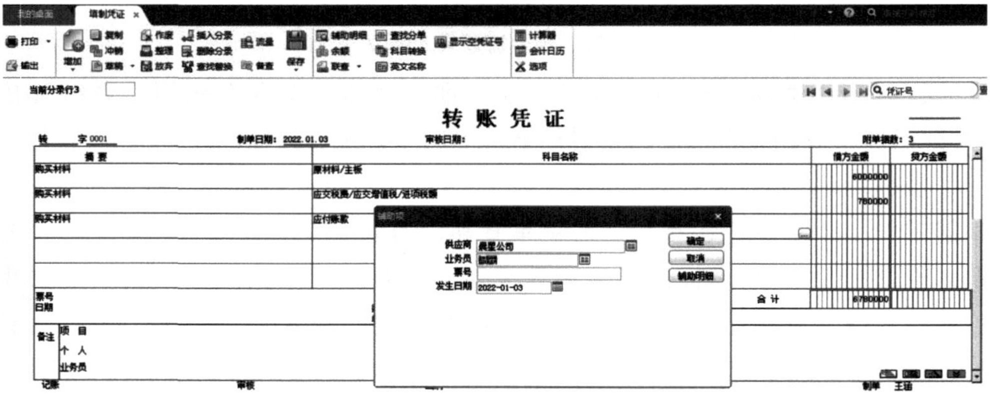

图 4　增加凭证——供应商往来辅助核算

（3）业务 3：辅助核算——银行科目

①在填制凭证的过程中，输入完银行科目“100201”，弹出“辅助项”对话框。输入结算方式“201”、票号“Z123”、发生日期“2022-01-06”，如图 5 所示，单击“确定”按钮。

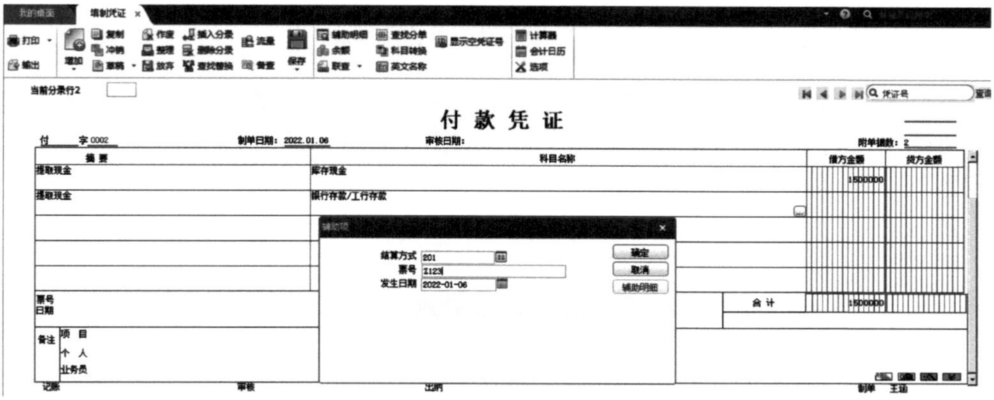

图 5 增加凭证——银行账辅助核算

②凭证输入完成后，单击“保存”按钮，若此张支票未登记，则系统弹出“此支票尚未登记，是否登记？”信息提示对话框。

③单击“是”按钮，弹出“票号登记”信息提示对话框。

④输入领用日期“2022-01-06”、领用部门“财务部”、姓名“李兰”、限额“15 000”、用途“备用金”，如图 6 所示，单击“确定”按钮。

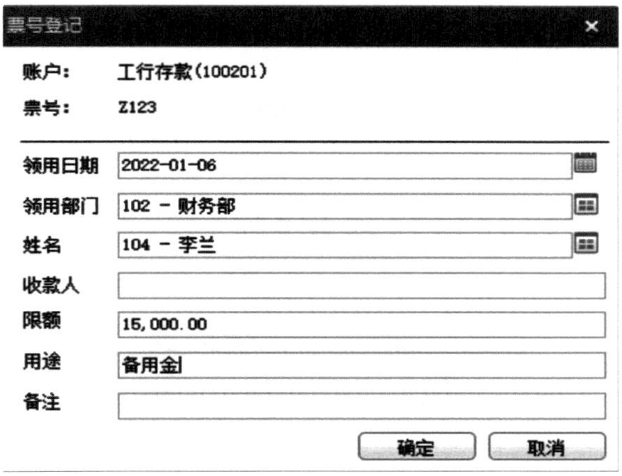

图 6 票号登记

温馨提示：1. 选择支票控制，即该结算方式设为支票管理，银行账辅助信息不能为空，而且该方式的票号应在支票登记簿中有记录；2. 此业务现金流入和现金流出同时发生，不影响现金流量表，因此不用填写流量。

（4）业务 4：辅助核算——客户往来

①在填制凭证的过程中，输入完客户往来科目“1122”，弹出“辅助项”对话框。

②输入客户“新科公司”、票号“Z157”、发生日期“2022-01-10”，如图7所示，单击“确定”按钮。

图7　增加凭证——客户往来辅助核算

温馨提示：本业务现金流量选择“01 销售商品、提供劳务收到的现金”。

（5）业务5：辅助核算——银行科目、客户往来

①在填制凭证的过程中，输入完银行科目“100201”，弹出“辅助项”对话框。输入结算方式“301”、票号“P21”、发生日期“2022-01-10”，如图8所示，单击“确定”按钮。

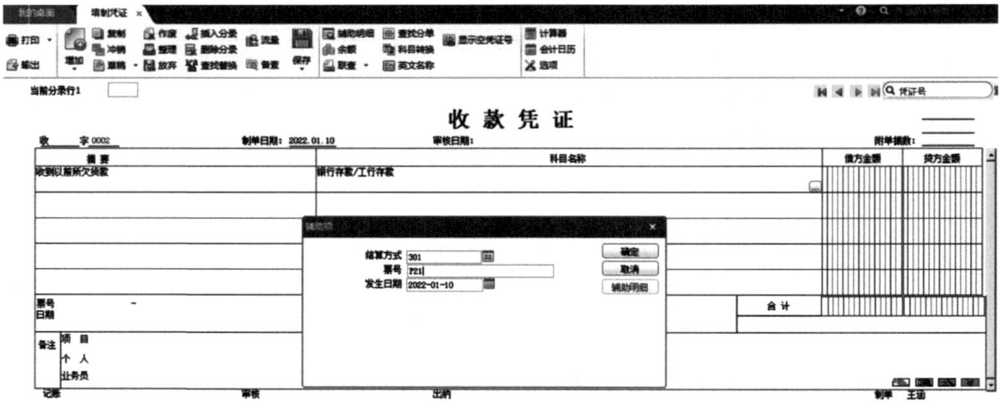

图8　增加凭证——银行账辅助核算

②在填制凭证的过程中，输入完客户往来科目“1121”，弹出“辅助项”对话框。输入客户“新科公司”、业务员“白虹”、票号“P21”、发生日期“2022-01-10”，如图9所示，单击“确定”按钮。

图 9　增加凭证——客户往来辅助核算

温馨提示：本业务现金流量选择“01 销售商品、提供劳务收到的现金”。

（6）业务 6：辅助核算——项目核算

①在填制凭证的过程中，输入完项目核算科目“6001”，弹出“辅助项”对话框。

②输入数量“30”、单价“7 000”、项目名称“商用电脑”，如图 10 所示，单击“确定”按钮。

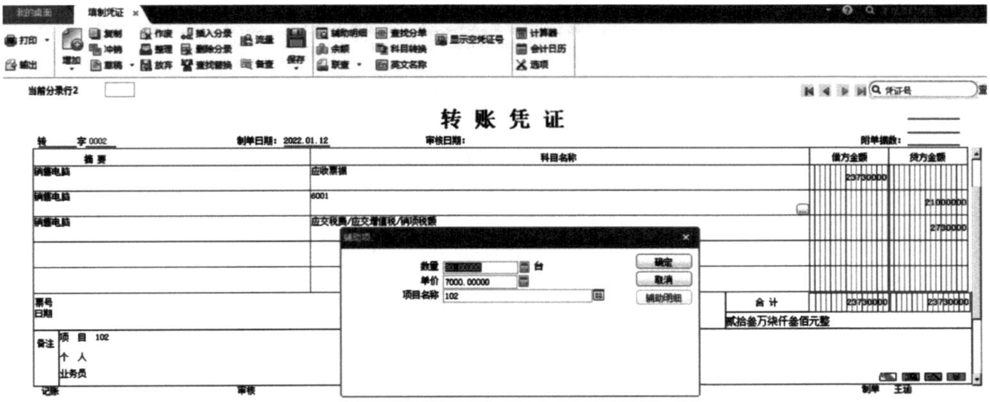

图 10　辅助核算——项目辅助核算

（7）业务 7：辅助核算——个人往来

①在填制凭证的过程中，输入完个人往来科目“122101”，弹出“辅助项”对话框。

②输入部门“总经理办公室”、个人“韩明”、发生日期“2022-01-13”，如图 11 所示，单击“确定”按钮。

图 11　增加凭证——个人往来辅助核算

温馨提示：本业务现金流量选择“03 收到的其他与经营活动有关的现金”。

（8）业务 8：辅助核算——外币科目

①在填制凭证的过程中，输入完外币科目“100202”，弹出“辅助项”对话框。输入结算方式“202”、票号“DS008”，单击“确定”按钮。

②输入原币金额“10 000”，根据自动显示的外币汇率 6.30，自动算出并显示本币金额“63 000”，如图 12 所示。

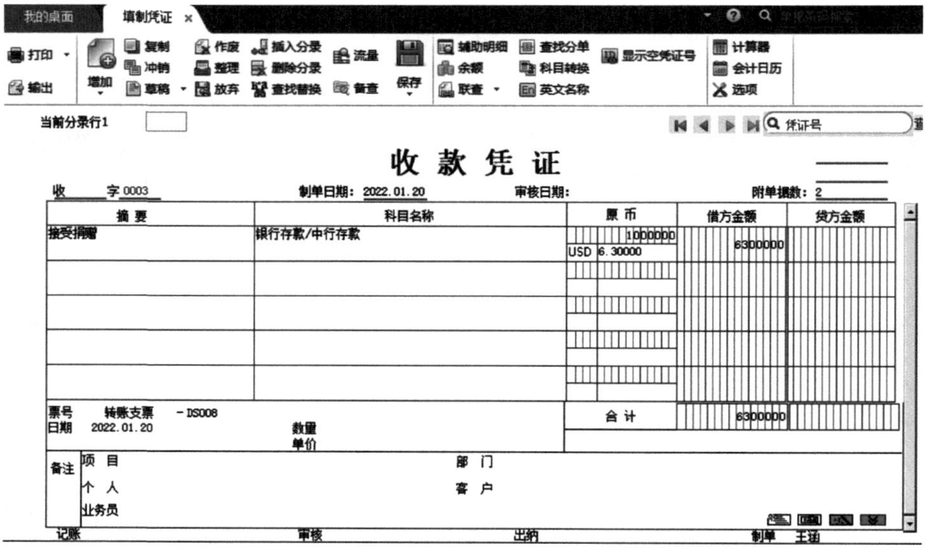

图 12　增加凭证——外币辅助核算

温馨提示：本业务现金流量选择“03 收到的其他与经营活动有关的现金”。

2. 修改凭证

（1）执行“财务会计”—“总账”—“凭证”—“填制凭证”命令，进入“填制凭证”窗口。

（2）选择“⏮ ◀ ▶ ⏭”按钮，找到要修改的凭证。

（3）将光标置于“主营业务收入”行，然后将光标置于备注栏“商用电脑”辅助项，待光标图形变为“✎”笔形时双击，弹出“辅助项”对话框，删除“商用电脑”，重新选择“家用电脑”。

（4）修改借贷金额。单击“保存”按钮，保存相关信息。

温馨提示：1. 未经审核的错误凭证可通过“填制凭证”功能直接修改；已审核的凭证应先取消审核后，再进行修改。2. 若已采用制单序时控制，则在修改制单日期时，不能在上一张凭证的制单日期之前，若选择“不允许修改或作废他人填制的凭证”权限控制，则不能修改或作废他人填制的凭证。3. 如果涉及银行科目的分录已录入支票信息，并对该支票作过报销处理，修改操作将不影响“支票登记簿”中的内容。4. 外部系统传过来的凭证不能在总账管理系统中进行修改，只能在生成该凭证的系统中进行修改。

3. 删除凭证

（1）作废凭证

①执行“财务会计”—“总账”—“凭证”—“填制凭证”命令，进入“填制凭证”窗口。

②选择“⏮ ◀ ▶ ⏭”按钮，找到要删除的凭证，执行“作废”功能。作废凭证左上角出现“作废”红字签章，表示该凭证已经作废。

温馨提示：1. 作废凭证仍保留凭证内容及编号，只显示“作废”字样；2. 作废凭证不能修改，不能审核；3. 在记账时，已作废的凭证应参与记账，否则月末无法结账，但不对作废凭证作数据处理，相当于一张空凭证；4. 账簿查询时，查不到作废凭证的数据；5. 若当前凭证已作废，可执行“恢复”命令，取消作废标志，并将当前凭证恢复为有效凭证。

（2）整理凭证

①在“填制凭证”窗口中，执行“整理凭证”命令，打开“凭证期间选择”对话框。

②选择要整理的月份，单击“确定”按钮，打开“作废凭证表”对话框。

③选择真正要删除的作废凭证，如图13所示。

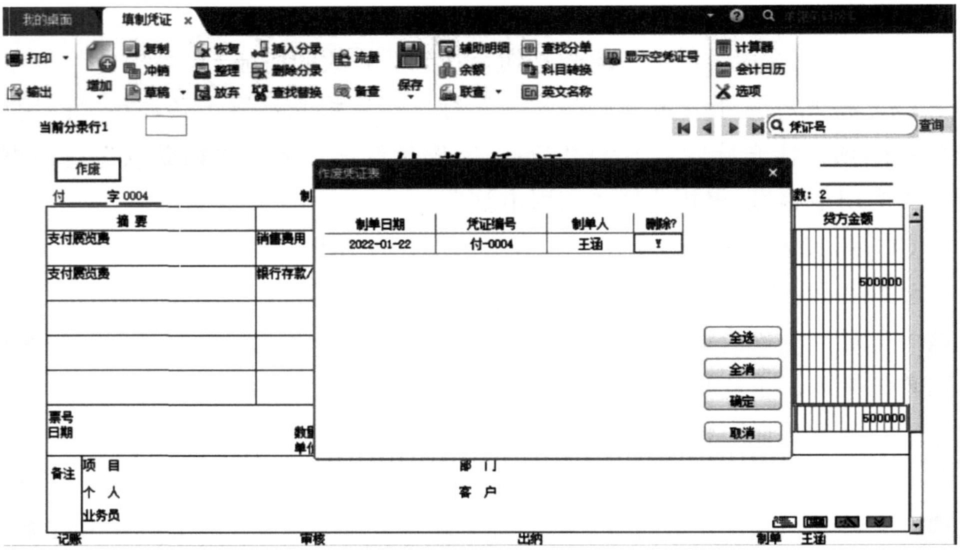

图 13　整理凭证

④单击“确定”按钮，系统弹出“是否还需整理凭证断号”信息提示对话框。

⑤单击“是”按钮，将该凭证从数据库中删除并对剩下的凭证重新排号。

温馨提示：1. 作废凭证不想保留时，可以通过“整理凭证”功能将其彻底删除，并对未记账凭证重新编号；2. 只能对未记账凭证作凭证整理；3. 若要对已记账凭证作凭证整理，应先恢复本月月初的记账前状态，再作凭证整理；4. 删除凭证并不能删除已登记的支票登记簿的相关记录，需执行“出纳管理”—“支票登记簿”命令，删除与该业务有关的记录。

（3）冲销凭证（选做内容）

①在“填制凭证”窗口中，执行“冲销”命令，打开“冲销凭证”对话框。

②输入条件：选择月份、凭证类别，输入凭证号等信息。

③单击“确定”按钮，系统自动生成一张红字冲销凭证。

温馨提示：1. 通过红字冲销法增加的凭证，应视同正常凭证进行保存和管理；2. 红字冲销只能针对已记账凭证进行操作。

4. 出纳签字

（1）更换操作员

①在“U8⁺企业应用平台”窗口中，选择左下角“注销”，打开“登录”对话框。

②以“104 李兰”的身份登录“U8$^+$企业应用平台”，再进入总账管理系统。

温馨提示：1. 凭证填制人和出纳签字人可以为不同的人，也可以为同一个人；2. 按照会计制度规定，凭证的填制与审核不能是同一个人；3. 在进行出纳签字和审核之前，通常需先更换操作员。

（2）进行出纳签字

①执行“财务会计”—“总账”—“凭证”—“出纳签字”命令，系统弹出“出纳签字”条件设置窗口。

②在此窗口中，设置需要签字的凭证查询条件（本案例的条件是日期截至“2022-01-31”）。

③条件设置完成后单击“确定”按钮，系统将符合查询条件、需要出纳签字的凭证列示。

④双击某一要签字的凭证，进入“出纳签字”窗口，系统调出要签字的凭证。

⑤单击工具栏上的“签字”按钮，凭证底部的“出纳”处自动签上出纳员姓名。

⑥单击“下张凭证”（显示为 ▶ ）按钮，对其他凭证签字。或者执行“签字”—“成批出纳签字”命令，对所有凭证进行签字，最后返回到出纳签字列表，这时签字人栏目下会显示每个已经签字的凭证。

温馨提示：1. 出纳签字不是审核凭证的必需步骤，如果控制参数不选择“出纳凭证必须经由出纳签字”，则可以不执行出纳签字功能；2. 凭证一经签字就不能修改、删除，只有取消签字后才能进行修改、删除操作；3. 只有涉及现金、银行科目的凭证才需要出纳签字。

5. 审核凭证

（1）以“102 赵科”的身份登录“U8$^+$企业应用平台”。

（2）执行“财务会计”—“总账”—“凭证”—“审核凭证”命令，系统弹出凭证审核条件设置窗口。

（3）设置好查询条件后，单击“确定”按钮，系统显示符合条件的凭证列表。

（4）双击要进行审核的凭证，进入“审核凭证”窗口。检查要审核的凭证，确认无误后，单击工具栏上的“审核”按钮，凭证底部的“审核”处自动签上审核员姓名。

（5）单击“下张”按钮（显示为 ▶ ），对其他凭证进行审核，或者选择“审核”“成批审核凭证”，完成所有凭证的审核工作。凭证审核成功界面如图 14 所示。

	制单日期	凭证编号	摘要	借方金额合计	贷方金额合计	制单人	审核人
□	2022-01-10	收 - 0001	收到以前所欠货款	142,000.00	142,000.00	王涵	赵科
□	2022-01-10	收 - 0002	收到以前所欠货款	180,000.00	180,000.00	王涵	赵科
□	2022-01-20	收 - 0003	接受捐赠	63,000.00	63,000.00	王涵	赵科
□	2022-01-01	付 - 0001	购买办公用品	320.00	320.00	王涵	赵科
□	2022-01-06	付 - 0002	提取现金	15,000.00	15,000.00	王涵	赵科
□	2022-01-13	付 - 0003	报销差旅费	6,300.00	6,300.00	王涵	赵科
□	2022-01-25	付 - 0004	预付材料款	52,000.00	52,000.00	王涵	赵科
□	2022-01-03	转 - 0001	购买材料	67,800.00	67,800.00	王涵	赵科
□	2022-01-12	转 - 0002	销售电脑	180,800.00	180,800.00	王涵	赵科
□	2022-01-21	转 - 0003	生产领料	145,000.00	145,000.00	王涵	赵科
合计				852,220.00	852,220.00		

图 14　凭证审核成功界面

温馨提示：1. 若凭证有错，可以单击“标错”按钮，凭证上显示“有错”红字签章；错误修改后，再单击“标错”，将消除“有错”的红字签章。2. 凭证一经审核，就不能修改、删除，只有取消审核后才可以修改或删除。3. 作废凭证不能被审核，也不能被标错。4. 制单人不能审核自己制作的凭证。

6. 凭证记账

（1）执行“财务会计”—“总账”—“凭证”—“记账”命令，进入“记账”窗口。选择要进行记账的凭证范围，如图 15 所示。

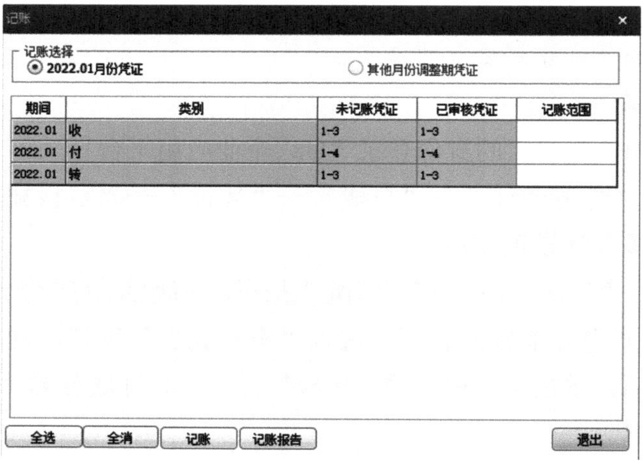

图 15　选择进行记账的凭证范围

（2）可以在“记账范围”栏中自行决定要进行记账的凭证范围，也可以单击“全选”按钮（对所有凭证进行记账），然后执行“记账”命令进行记账。

（3）记账完成后，系统弹出“期初试算平衡表”窗口，点击“确定”后系统开始登记总账、明细账、辅助账。

温馨提示：1. 首次使用总账管理系统进行记账时，如果期初余额不平衡，则不能记账；2. 上月未结账，本月不能记账；3. 如果所选范围内的凭证中有不平衡凭证，系统将列出错误凭证，并重选记账范围。

7. 查询凭证

（1）执行“财务会计”—“总账”—“凭证”—“查询凭证”命令，打开“凭证查询”对话框。

（2）输入查询条件，单击“辅助查询”按钮。

（3）单击“确定”按钮，进入查询凭证窗口，如图16所示。

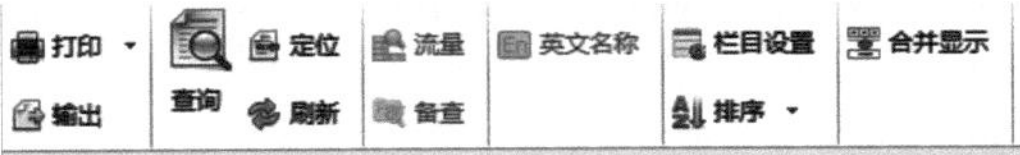

查询凭证列表

制单日期	凭证编号	摘要	借方金额合计	贷方金额合计	制单人	审核人	审核日期	记账人	出纳签字人
2022-01-10	收 - 0001	收到以前所欠货款	142,000.00	142,000.00	王涵	赵科	2022-01-31	赵科	李兰
2022-01-10	收 - 0002	收到以前所欠货款	180,000.00	180,000.00	王涵	赵科	2022-01-31	赵科	李兰
2022-01-20	收 - 0003	接受捐赠	63,000.00	63,000.00	王涵	赵科	2022-01-31	赵科	李兰
2022-01-01	付 - 0001	购买办公用品	320.00	320.00	王涵	赵科	2022-01-31	赵科	李兰
2022-01-06	付 - 0002	提取现金	15,000.00	15,000.00	王涵	赵科	2022-01-31	赵科	李兰
2022-01-13	付 - 0003	报销差旅费	6,300.00	6,300.00	王涵	赵科	2022-01-31	赵科	李兰
2022-01-25	付 - 0004	预付材料款	52,000.00	52,000.00	王涵	赵科	2022-01-31	赵科	李兰
2022-01-03	转 - 0001	购买材料	67,800.00	67,800.00	王涵	赵科	2022-01-31	赵科	
2022-01-12	转 - 0002	销售电脑	180,800.00	180,800.00	王涵	赵科	2022-01-31	赵科	
2022-01-21	转 - 0003	生产领料	145,000.00	145,000.00	王涵	赵科	2022-01-31	赵科	
合计			852,220.00	852,220.00					

图16　查询凭证列表

（4）双击某一凭证行，则屏幕可显示此张凭证。

（二）出纳管理

以“104 李兰”的身份登录“U8^{+}企业应用平台”。

1. 查询现金日记账

（1）执行“财务会计”—“总账”—“出纳”—“现金日记账”命令，打开“现金日记账查询条件”对话框。选择科目“库存现金（1001）”，默认月份“2022-01”，单击“确定”按钮，进入“现金日记账”窗口。

（2）双击某行或将光标置于某行再单击“凭证”按钮，可查看相应的凭证。

（3）单击“总账”按钮，可查看此科目的三栏式总账，单击“退出”按钮。

2. 查询银行存款日记账

银行存款日记账查询与现金日记账查询操作基本相同，具体操作步骤在此不再赘述。所不同的是，银行存款日记账设置了结算号栏，主要是对账时用。

3. 查询资金日报

（1）执行“财务会计”—“总账”—“出纳”—“资金日报”命令，打开“资金日报表查询条件”对话框。

（2）输入查询日期“2022-01-01”，选中“有余额无发生也显示”复选框。单击“确定”按钮，进入“资金日报表”窗口，单击“退出”按钮。

4. 登记支票登记簿

（1）执行“财务会计”—“总账”—“出纳”—“支票登记簿”，打开“银行科目选择”对话框。

（2）选择科目“工行存款（10201）”，单击“确定”按钮，进入支票登记窗口。

（3）单击“增加”按钮，输入领用日期“2022-01-25”、领用部门“采购部”、领用人“冯元”、支票号“155”、预计金额“5 000”、用途“购材料”，关闭窗口即可。

温馨提示：1. 只有在结算方式设置中选择“票据管理”功能才能在此选择登记；2. 领用日期和支票号必须输入，其他内容可输可不输；3. 报销日期不能在领用日期之前；4. 已报销的支票可成批删除。

（三）账簿管理

以“102 赵科”的身份登录“U8+ 企业应用平台”。辅助账的查询只介绍部门账，其他账簿查询同此。

1. 查询基本会计核算账簿

（1）执行“财务会计”—“总账”—“账表”—“科目账”—“总账”命令，可以查询总账。

（2）执行“账表”—“科目账”—“余额表”命令，可以查询发生额及余额表，如图 17 所示。

（3）执行“账表”—“科目账”—“明细账”命令，可以查询月份综合明细。

发生额及余额表

科目		期初余额		本期发生		期末余额	
编码	名称	借方	贷方	借方	贷方	借方	贷方
1001	库存现金	89,200.00		15,000.00	2,620.00	101,580.00	
1002	银行存款	660,000.00		385,000.00	67,000.00	978,000.00	
1121	应收票据	300,000.00		180,800.00	180,000.00	300,800.00	
1122	应收账款	440,700.00			142,000.00	298,700.00	
1123	预付账款			52,000.00		52,000.00	
1221	其他应收款	6,500.00			4,000.00	2,500.00	
1231	坏账准备		3,250.00				3,250.00
1403	原材料	684,000.00		60,000.00	145,000.00	599,000.00	
1405	库存商品	1,020,000.00				1,020,000.00	
1601	固定资产	1,063,200.00				1,063,200.00	
1602	累计折旧		243,600.00				243,600.00
1701	无形资产	120,000.00				120,000.00	
资产小计		4,383,600.00	246,850.00	692,800.00	540,620.00	4,535,780.00	246,850.00
2001	短期借款		1,400,000.00				1,400,000.00
2202	应付账款		139,000.00		67,800.00		206,800.00
2221	应交税费		26,000.00	7,800.00	20,800.00		39,000.00
负债小计			1,565,000.00	7,800.00	88,600.00		1,645,800.00
4001	实收资本		2,350,000.00				2,350,000.00
4002	资本公积		550,000.00				550,000.00
4101	盈余公积		153,150.00				153,150.00
4104	利润分配		188,600.00				188,600.00
权益小计			3,241,750.00				3,241,750.00
5001	生产成本	670,000.00		145,000.00		815,000.00	
成本小计		670,000.00		145,000.00		815,000.00	
6001	主营业务收入				160,000.00		160,000.00
6301	营业外收入				63,000.00		63,000.00
6602	管理费用			6,620.00		6,620.00	
[illegible]				[illegible]	[illegible]	[illegible]	[illegible]

图 17　发生额及余额表

2. 查询部门辅助账

（1）部门总账

①执行“账表”—“部门辅助账”—“部门三栏总账”命令，进入“部门三栏总账条件”窗口。

②输入查询条件：科目“差旅费（660204）”、部门“总经理办公室”。

③单击“确定”按钮，显示查询结果，将光标置于总账的某笔业务上，单击“明细”按钮，可以联查部门明细账。

（2）部门明细账

①执行“账表”—“部门辅助账”—“部门多栏明细账”命令，进入“部门多栏式明细账条件”窗口。

②选择科目“6602”、部门“总经理办公室”、月份范围“2022-01—2022-

01”、分析方式“金额分析”，单击“确定”按钮，显示查询结果。

③将光标置于多栏账的某笔业务上，单击“凭证”按钮，可以联查该笔业务的凭证。

（3）部门收支分析

①执行“账表”—“部门辅助账”—“部门收支分析”命令，进入“部门收支分析条件”窗口。

②选择分析科目：选择所有的部门核算科目，单击“下一步”按钮。

③选择分析部门：选择所有的部门，单击“下一步”按钮。

④选择分析月份：起止月份“2022-01—2022-01”，单击“完成”按钮，显示查询结果。

实验五　总账管理系统的期末处理

一、实验目的

（1）了解用友 ERP-U8+ 管理软件中总账管理系统期末处理的相关内容。

（2）掌握银行对账、转账设置、转账生成、对账和结账的操作方法。

二、实验内容

（1）银行对账。

（2）自动转账。

（3）对账。

（4）结账。

三、实验准备

引入“实验四”的账套数据。

四、实验资料

（一）银行对账

1. 银行对账期初

公司银行账启用日期为 2022 年 1 月 1 日，工行人民币户企业日记账调整前余额为 565 500 元，银行对账单调整前余额为 550 000 元，未达账项一笔，系银行已付但企业未付款 15 500 元。

2. 银行对账单

1 月份银行对账单如表 1 所示。

表 1　1 月份银行对账单

日期	结算方式	票号	借方金额 / 元	贷方金额 / 元
2022-01-06	201	Z123		15 000
2022-01-10	202	Z157	142 000	
2022-01-18				30 000
2022-01-25	202	P13		52 000

（二）自动转账

1. 自定义结转

按照当期短期借款期末余额的 0.3% 计提短期借款利息。

借：财务费用 / 利息支出　　　　QM（2001，月）*0.003

　　贷：应付利息　　　　　　　JG()

2. 销售成本的结转

结转销售家用电脑的成本，数量 40 台，成本价 3 000 元 / 台。

3. 汇兑损益结转

2022 年 1 月 31 日，美元对人民币汇率为 6.0。

4. 期间损益的结转

将损益类账户发生额转入本年利润。

五、实验要求

（1）以出纳“李兰”的身份进行银行对账。

（2）以会计“王涵”的身份进行转账处理。

（3）以账套主管“赵科”的身份进行期末对账、结账。

六、操作指导

（一）银行对账

以“李兰”的身份进行银行对账。

1. 输入银行对账期初数据

（1）执行“财务会计”—“总账”—“出纳”—“银行对账”—“银行对账期初录入”命令，进入“银行科目选择”窗口。

（2）选择科目“工行存款（100201）”，单击“确定”按钮，进入“银行对账期初”窗口。

（3）确定启用日期为“2022-01-01”，输入单位日记账的调整前余额“565 500”，输入银行对账单的调整前余额“550 000”。单击“对账单期初未达项”按钮，进入“银行方期初”窗口，单击“增加”按钮，输入日期“2021-12-31”、贷方金额“15 500”。

（4）单击工具栏上的“退出”按钮，返回“银行对账期初”窗口，如图1所示。

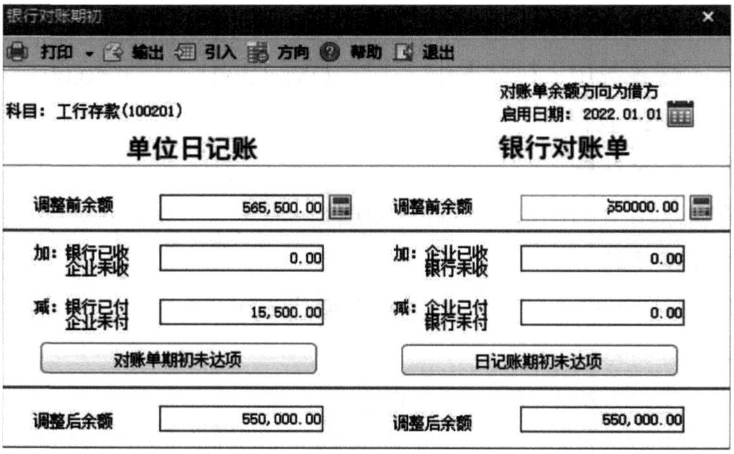

图1　输入银行对账期初数据

温馨提示：第一次使用银行对账功能前，系统要求录入日记账及对账单未达账项，在开始使用银行对账之后不再要求。

2. 录入银行对账单

（1）执行“总账”—“出纳”—“银行对账”—“银行对账单”命令，打开“银行科目选择”对话框。

（2）选择科目“工行存款（100201）”、月份“2022-01—2022-01”，单击“确定”按钮，进入“银行对账单”窗口。

（3）单击“增加”按钮，输入银行对账单数据，单击“保存”按钮，如图2所示。

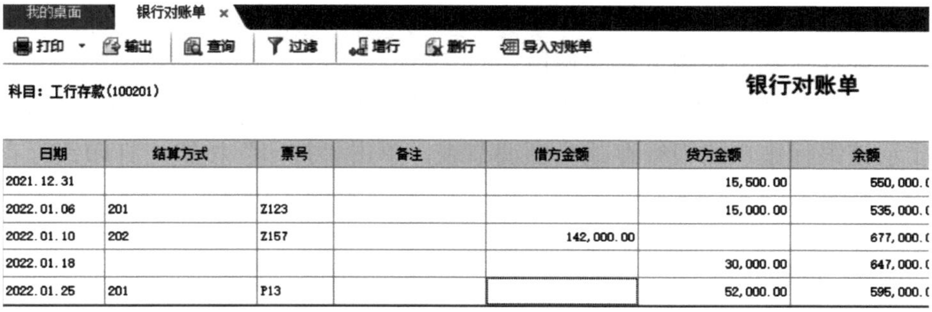

科目：工行存款(100201)

银行对账单

日期	结算方式	票号	备注	借方金额	贷方金额	余额
2021.12.31					15,500.00	550,000.(
2022.01.06	201	Z123			15,000.00	535,000.(
2022.01.10	202	Z157		142,000.00		677,000.(
2022.01.18					30,000.00	647,000.(
2022.01.25	201	P13			52,000.00	595,000.(

图2　录入银行对账单

3. 银行对账

（1）自动对账

①执行“总账”—“出纳”—“银行对账”—“银行对账”命令，打开“银行科目选择”对话框。选择科目“工行存款（100201）”、月份“2022-01—2022-01”，单击“确定”按钮，进入“银行对账”窗口。

②单击“对账”按钮，打开“自动对账”条件对话框，输入截止日期“2022-01-31”，取消“结算方式相同”复选框，默认系统提供的其他对账条件，单击“确定”按钮，显示自动对账结果，如图3所示。

科目：100201(工行存款)

单位日记账

票据日期	结算方式	票号	方向	金额	两清	凭证号数	摘要	对账序号
2022.01.10	202	Z157	借	142,000.00	○	收-0001	收到以前所欠货款	2022013100002
2022.01.10	301	P21	借	180,000.00		收-0002	收到以前所欠货款	
2022.01.06	201	Z123	贷	15,000.00	○	付-0002	提取现金	2022013100001
2022.01.25	202	P13	贷	52,000.00	○	付-0004	预付材料款	2022013100003

银行对账单

日期	结算方式	票号	备注	方向	金额	两清	对账序号
2022.01.06	201	Z123		贷	15,000.00	○	2022013100001
2022.01.10	202	Z157		借	142,000.00	○	2022013100002
2022.01.18				贷	30,000.00		
2022.01.25	202	P13		贷	52,000.00	○	2022013100003

图3　自动对账

温馨提示：1. 对账条件中的方向、金额相同是必选条件，对账截止日期可以不输入；2. 对于已达账项，系统自动在银行存款日记账和银行对账单双方的“两清”栏标出圆圈标志。

（2）手工对账

①在银行对账窗口中，对于一些应勾对而未勾对上的账项，可分别双击“两清”栏，直接进行手工调整。手工对账的标志为“Y”，以区别于自动对账标志。

②对账完毕，单击“检查”按钮，检查结果平衡，单击“确定”按钮。

温馨提示：在自动对账不能完全对上的情况下，可采用手工对账。

4. 输出余额调节表

（1）执行“总账”—“出纳”—“银行对账”—“余额调节表查询”命令，进入“银行存款余额调节表”窗口。

（2）选择科目“工行存款（100201）”，单击“详细”按钮或双击该行，即显示该银行账户的银行存款余额调节表，单击“打印”按钮，打印银行存款余额调节表。

（二）自动转账

以“103 王涵”的身份登录“U8$^+$ 企业应用平台”。

1. 转账定义

（1）自定义结转设置

①执行“总账”—“期末”—“转账定义”—“自定义转账”命令，进入“自定义转账设置”窗口。

②单击“增加”按钮，打开“转账目录”设置对话框，输入转账序号“001”及转账说明“计提短期借款利息”，选择凭证类别“转账凭证”，单击“确定”按钮，继续定义转账凭证分录信息。

③单击“增行”按钮，选择科目编码“660301”，方向为“借”。双击金额公式栏，单击“参照”按钮，打开“公式向导”对话框，选择“期末余额”函数。单击“下一步”按钮，继续公式定义。

④选择科目“2001”，其他默认，单击“完成”按钮，金额公式带回“自定义转账设置”窗口。将光标移至末尾，输入“*0.003”，按 Enter 键确认。

⑤单击“增行”按钮，确定分录的贷方信息，选择科目编码“2231”，方向为“贷”，输入或参照选择金额公式 JG()，单击“保存”按钮，如图 4 所示。

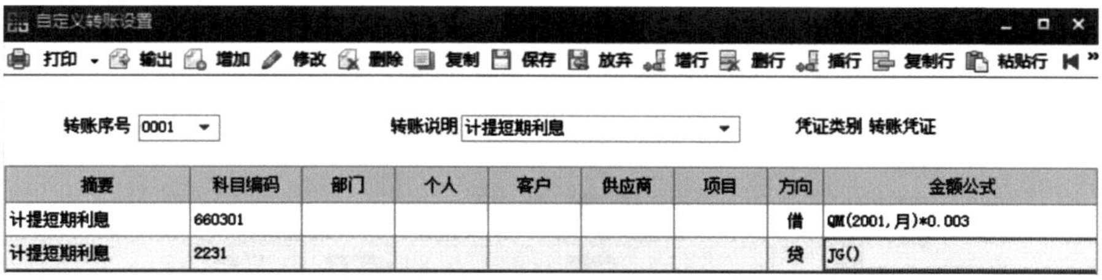

图 4　自定义转账设置

温馨提示：1. 转账科目可以为非末级科目，部门可为空，表示所有部门。2. 如果使用应收款、应付款管理系统，则在总账管理系统中，不能按客户、供应商辅助项进行结转，只能按科目总数进行结转。3. 输入转账计算公式有两种方法：一是直接输入计算公式；二是通过引导方式录入公式。4.JG() 含义为“取对方科目计算结果”，其中的 () 必须为英文符号，否则系统提示“金额公式不合法：未知函数名”。

（2）销售成本结转设置

①执行“总账”—“期末”—“转账定义”—“销售成本结转”命令，进入“销售成本结转设置”窗口。

②选择凭证类别“转账凭证”、库存商品科目“1405”、商品销售收入科目“6001”、商品销售成本科目“6401”，单击“确定”按钮。

（3）汇兑损益结转设置

①执行“总账”—“期末”—“转账定义”—“汇兑损益”命令，进入“汇兑损益结转设置”窗口。

②选择凭证类别“付款凭证”、汇兑损益入账科目“660302”，双击选中“是否计算汇兑损益”，然后单击“确定”按钮。

（4）期间损益结转设置

①执行“总账”—“期末”—“转账定义”—“期间损益”命令，进入“期间损益结转设置”窗口。

②选择凭证类别“转账凭证”，选择本年利润科目“4103”，单击“确定”按钮。

2. 转账生成

（1）自定义转账生成

①执行“总账”—“期末”—“转账生成”命令，进入“转账生成”窗口，选择“自定义转账”，单击“全选”按钮。

②单击“确定”按钮，生成转账凭证，单击“保存”按钮，凭证左上角显

示“已生成”字样，系统自动将当前凭证追加到未记账凭证中，如图 5 所示。

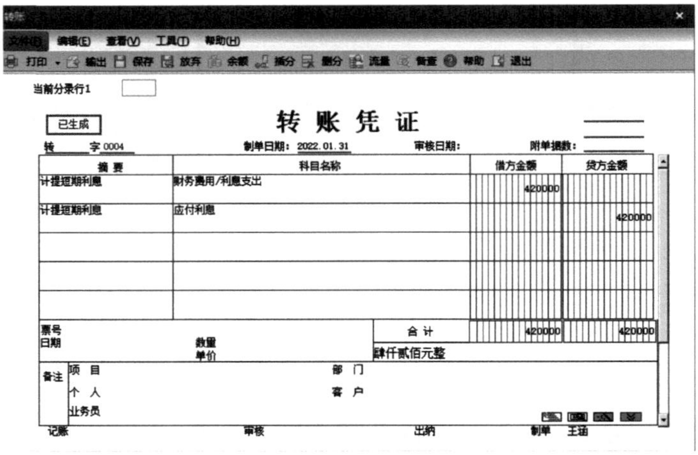

图 5　生成自定义转账凭证

温馨提示：1. 转账生成之前，转账月份为当前会计月份；2. 进行转账生成之前，先将相关经济业务的记账凭证登记入账；3. 转账凭证每月只生成一次；4. 若使用应收款、应付款管理系统，则在总账管理系统中，不能按客户、供应商进行结转；5. 生成的转账凭证，仍需审核才能记账。

（2）销售成本转账生成

①在转账生成界面，选择“销售成本结转”，单击“确定”按钮，系统弹出“2022.01 月或之前月有未记账凭证，是否继续结转？”信息提示框，单击“是”按钮，进入“销售成本结转一览表”窗口。

②单击“确定”按钮，生成转账凭证，如图 6 所示。

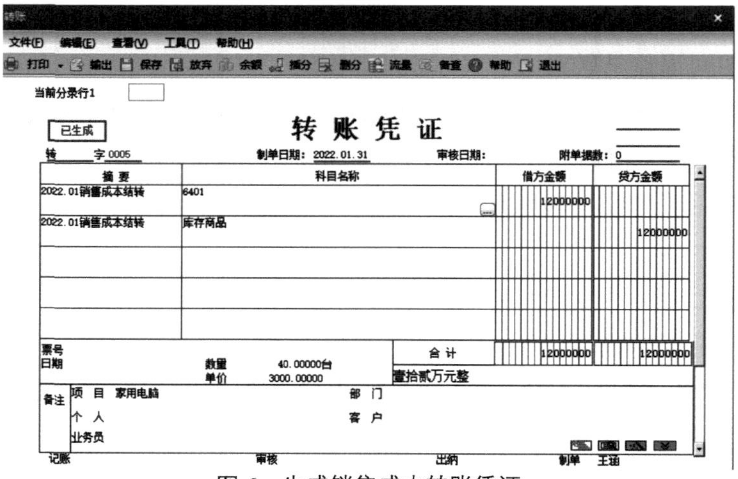

图 6　生成销售成本转账凭证

（3）汇兑损益结转生成

①以“102 赵科”的身份进入“U8⁺企业应用平台”，执行“基础设置”—“基础档案”—“财务”—“外币设置”命令。打开“外币设置”对话框，在“2022.01”调整汇率处输入“6.0”。

②以“103 王涵”的身份进入“U8⁺企业应用平台”，执行“总账”—“期末”—“转账生成”命令，进入“转账生成”窗口。单击“汇兑损益结转”按钮，单击“全选”按钮，再单击“确定”按钮，系统弹出“2022.01 月或之前月有未记账凭证，是否继续结转？”信息提示对话框。

③单击“是”按钮，打开“汇兑损益计算表”信息提示对话框。单击“确定”按钮，进入“转账”窗口。单击“保存”按钮，现金流量选择“07 支付的与其他经营活动有关的现金”，单击“保存”按钮，生成凭证，如图 7 所示。

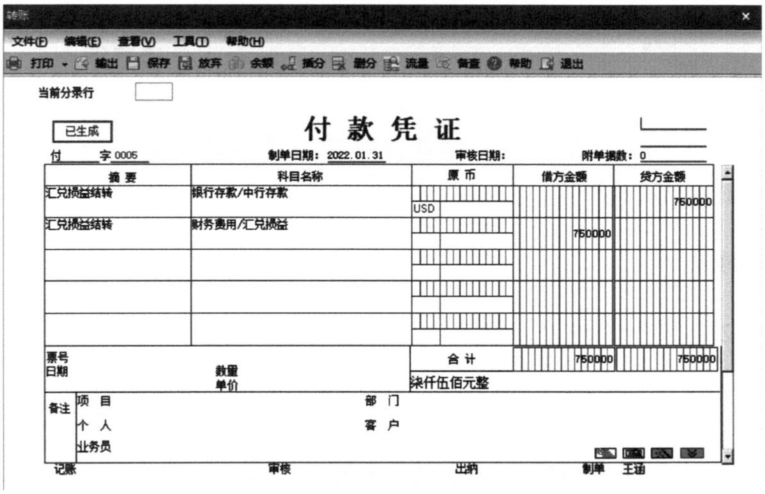

图 7　汇总损益结转凭证

温馨提示：1. 该凭证生成之前，只有计提短期借款利息自定义转账凭证还没有审核记账，但此凭证与本业务无关，是否记账并不影响本业务结果。2. 特别需要温馨提示，现在需要由出纳对上述付款凭证进行出纳签字，再由账套主管对以上三张凭证进行审核、记账。此操作若不进行，后面的期间损益结转数据将会出错。

（4）期间损益结转生成

①以“103 王涵”的身份登录“U8⁺企业应用平台”，执行“总账”—“期末”—“转账生成”命令，进入“转账生成”窗口。

②单击“期间损益结转”按钮，单击“全选”按钮，再单击“确定”按

钮，生成转账凭证。

③单击“保存”按钮，系统自动将当前凭证追加到未记账凭证中，如图 8 所示。

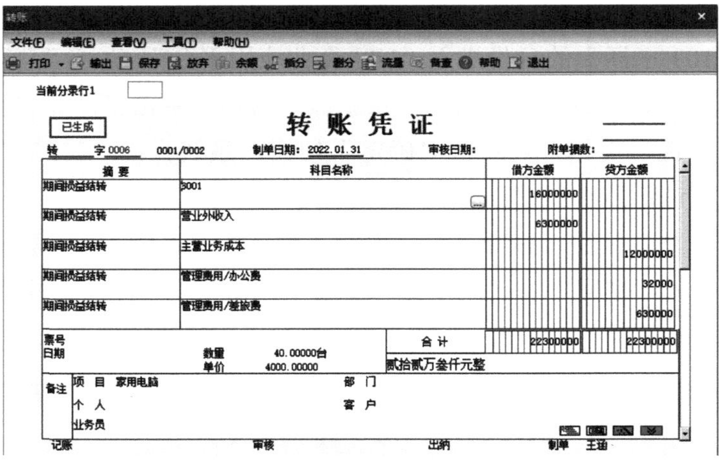

图 8 生成期间损益结转凭证

温馨提示：以“102 赵科”的身份对期间损益结转凭证进行审核、记账，否则将无法进行后续操作。

（三）对账

以“102 赵科”的身份登录“U8⁺ 企业应用平台”。

（1）执行“总账”—“期末”—“对账”命令，进入“对账”窗口。

（2）将光标置于要进行对账的月份“2022-01”，单击“选择”按钮。

（3）单击“对账”按钮，开始自动对账，并显示对账结果，如图 9 所示。

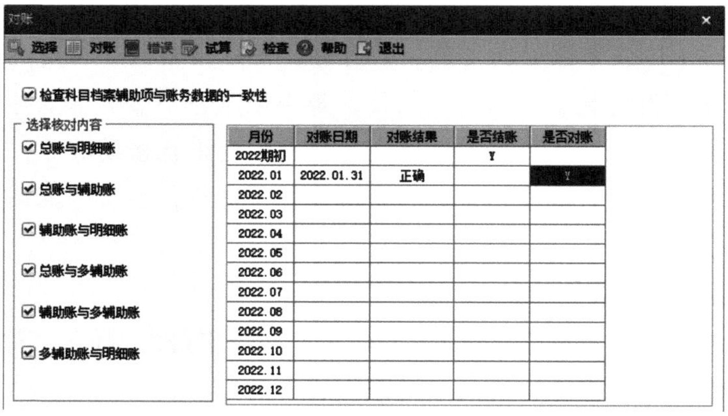

图 9 对账

（4）单击“试算”按钮，可以对各科目类别余额进行试算平衡。

（四）结账

1. 进行结账

（1）执行“总账”—“期末”—“结账”命令，进入“结账”窗口。

（2）单击选择要结账的月份“2022-01”，单击“下一步”按钮，再单击“对账”按钮，系统对要结账的月份进行账账核对。

（3）单击“下一步”按钮，系统显示“2022 年 01 月工作报告”，如图 10 所示。

图 10　结账——月度工作报告

温馨提示：1. 结账只能由有结账权限的人进行操作；2. 若本月还有未记账凭证，则本月不能结账；3. 结账必须按月连续进行，上月未结账，则本月不能结账；4. 若总账与明细账对账不符，则不能结账；5. 如果与其他系统联合使用，其他子系统未全部结账，则本月不能结账；6. 结账前，要进行数据备份。

2. 取消结账

（1）执行“总账”—“期末”—“结账”命令，进入“结账”窗口。

（2）选择要取消结账的月份“2022-01”，按 Ctrl+Shift+F6 键，激活“取消结账”功能。

（3）输入口令“1”，单击“确认”按钮，取消结账标志。

温馨提示：在结完账后，非法操作或计算机病毒抑或其他原因可能会造成数据被破坏，这时可以在此使用“取消结账”功能。

第4章

报表管理系统

4.1 报表管理系统概述

在用友 U8⁺ 环境下，报表管理系统又称为 UFO 报表管理系统。UFO 取自 user friendly office 三个英文单词的首字母。UFO 报表管理系统是进行报表事务处理的有效工具，利用 UFO 报表管理系统既可以编制财务报表，又可以编制其他办公事务报表。利用 UFO 报表管理系统能够设计报表格式和编辑公式，从总账管理系统或其他业务处理系统中取得有关数据，自动编制各种财务报表，对报表进行审核、汇总、舍位处理，生成各种分析图，并按各种格式输出各种会计报表。

4.1.1 报表管理系统主要功能

报表管理系统的主要功能是围绕编制三维报表开发的，具有非常强大的财务报表编制功能。

1. 文件管理

报表管理系统提供了创建新文件、打开已有文件、保存文件等一般文件管理功能，能够进行不同文件格式的转换。UFO 报表的文件可以转换为 Access 文件、MS Excel 文件、Lotus1-2-3 文件、文本文件、XML 格式文件、HTML 格式文件。上述格式的文件也可转换为 UFO 报表文件，UFO 报表文件也可以转换为 PDF 文件。此外，该系统还提供标准财务数据的导入、导出功能，能够和其他流行财务软件进行数据交换。

2. 格式管理

报表管理系统提供了格式管理功能，如设计报表尺寸、定义组合单元、设置字体字号及颜色、画表格线、调整行高列宽、设置显示比例等，内置了

11 种套用格式和 21 个行业的报表模板。

3. 数据处理

报表管理系统具有强大的数据处理功能：以固定的格式管理大量不同的表页，能将多达 99 999 张具有相同格式的报表资料统一在一个报表文件中管理，并且在每张表页之间建立有机联系；提供了表页计算、整表重算、汇总、舍位平衡、审核功能；提供了绝对单元公式和相对单元公式的编辑功能；提供了丰富的函数，可以从账务、应收（付）、薪资、固定资产、采购、销售、库存等系统提取数据，生成财务报表。

4. 联查明细账

报表管理系统提供在报表上联查明细账的功能，用户可以通过此功能查询与报表数据相关账务系统中的明细账。

5. 图形分析

报表管理系统提供了图形分析功能，可以方便地进行图形数据组织，制作包括直方图、立体图、圆饼图、折线图 等 10 种图式的分析图。

6. 打印

报表管理系统提供了打印功能，屏幕显示内容和位置与实际打印效果一致还可以通过打印预览功能查看打印效果，可以对表头、表尾进行设置，可全表打印、缩放打印、横向或纵向打印等。

4.1.2 报表管理系统的相关概念

1. 报表结构

一张财务报表一般由标题、表头、表体、表尾四部分组成。如图 4-1 所示。

（1）标题

标题是用来描述报表的名称。标题可能不止一行，有时会有副标题等内容。

（2）表头

表头是描述报表整体性质的部分，位于每张表的前端，一般填列报表编号、编制单位、编制日期、计量单位、各栏目名称等。

（3）表体

表体是报表的核心和主体，是数据的主要表现区域。

（4）表尾

表尾是表体以下辅助说明的部分，包括编制人、审核人等内容。

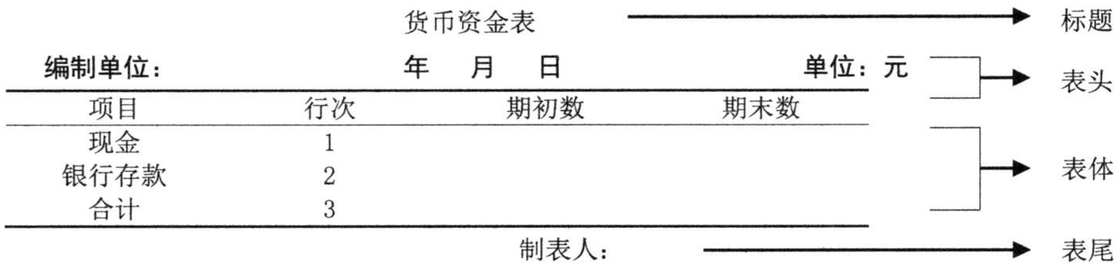

图 4-1　货币资金表结构示意图

2. 格式状态和数据状态

（1）格式状态

格式状态即设置报表格式及公式时的状态。在格式状态下设计报表的格式，如表尺寸、行高、列宽、单元属性、单元风格、组合单元、关键字、可变区等。报表的三类公式：单元公式（计算公式）、审核公式、舍位平衡公式，也在格式状态下定义。

在格式状态下所做的操作对本报表所有的表页都起到作用。在格式状态下不能进行数据的录入、计算等操作。在格式状态下，只能看到报表的格式，报表的数据全部被隐藏了。

（2）数据状态

数据状态即处理报表数据时的状态。在数据状态下管理报表的数据，如输入数据、增加或删除表页、审核、舍位平衡、插入图表、汇总、合并报表等。在数据状态下不能修改报表的格式。在数据状态下看到的是报表的全部内容，包括格式和数据。该状态下所做的操作只对本表页有效。

3. 单元

单元是组成报表的最小单位，单元名称由所在行、列标识。行号用数字1～9 999表示，列标用字母A—IU表示。例如，A21表示第1列第21行的单元。单元类型有数值单元、字符单元、表样单元三种。

数值单元：报表的数据，其内容必须是数字。在数据状态下可直接输入，也可以由单元中存放的公式运算生成。建立一个新表时，所有单元的类型都默认为数值型。

字符单元：报表的数据，其内容可以是汉字、字母、数字及由各种键盘可输入的符号组成的一串字符。一个单元中最多可输入 255 个字符。在数据状态下可直接输入，也可以由单元中存放的公式运算生成。

表样单元：报表的格式，是定义一个没有数据的空表所需的所有文字、符号或数字。一旦单元被定义为表样单元，那么在其中输入的内容对所有表页都有效。表样单元在格式状态下输入和修改，在数据状态下不允许修改。

4. 组合单元

组合单元由相邻的两个或更多的单元组成，UFO 在处理报表时将组合单元视为一个单元。组合单元的名称可以用区域的名称或区域中单元的名称来表示。例如，将 B2—B3 定义为一个组合单元，这个组合单元可以用“B2”“B3”或“B2：B3”表示。

5. 区域

区域由一张表页上的一组单元组成，自起点单元至终点单元是一个完整的长方形矩阵。在 UFO 中，区域是二维的，最大的区域是一个二维表的所有单元（整个表页），最小的区域是一个单元。例如，A3—D5 的长方形区域表示为“A3：D5”，起点单元与终点单元之间用“：”连接。

6. 表页

在 UFO 报表管理系统中编制的报表是三维表，包括表页、行、列三个维度。一个报表文件最多可产生 99 999 张表页，所有表页都具有相同的格式，但其中的数据不同。表页在报表中的序号在表页的下方以标签的形式出现，称为页标。例如，当前表的第 1 页，可以表示为“@1”。

7. 二维表和三维表

确定某一数据位置的要素称为维。在一张有方格的纸上填写一个数，这个数的位置可通过行和列（二维）来描述。

如果将一张有方格的纸称为表，那么这个表就是二维表，通过行（*X* 轴）和列（*Y* 轴）可以找到这个二维表中任何位置的数据。

如果将多个相同的二维表叠在一起，找到某一个数据需增加一个要素，即表页号（*Z* 轴），这一叠表称为三维表。

如果将多个不同的三维表放在一起，要从这多个三维表中找到一个数据，又需要增加一个要素，即表名。三维表中的表间操作称为 四维运算。

8. 固定区和可变区

固定区是指组成一个区域的行数和列数是固定的，一旦设定好，在固定的区域内，其单元总数是不变的。只有固定区的报表才可称为固定表。

可变区，屏幕显示一个区域的行数或列数是不固定的。可变区的最大行数或最大列数在格式设计中设定。一个报表只能设置一个可变区，或是行可变区或是列可变区。行可变区，是指可变区中的行数是可变的；列可变区，是指可变区中的列数是可变的。

设置可变区后，屏幕只显示可变区的第一行或第一列，其他可变行列隐藏在表体内。在以后的数据操作中，可变行列数可根据用户的需要而增减。

有可变区的报表称为可变表，没有可变区的表称为固定表。

9. 关键字

在 UFO 报表管理系统中编制的报表是三维表，一个结构相同的报表文件可以管理若干张表页。要在多张表页中准确定位某张表页，就必须对每张表页设立一个定位标志，该定位标志就是关键字。

关键字的作用就是唯一地标识一个表页，它是游离于单元之外的特殊数据单元。UFO 报表提供了六个关键字：单位名称、单位编号、年、季、月、日。除此之外，UFO 还增加了一个自定义关键字，可以用于业务函数中。

关键字的显示位置在格式状态下设置，关键字的值在数据状态下录入。每个报表文件可以定义多个关键字。

4.1.3 制作报表的流程

制作报表的一般流程：第一步，启动 UFO，建立新表；第二步，设置报表格式；第三步，定义报表公式；第四步，报表数据处理；第五步，报表图形处理；第六步，打印报表；第七步，退出报表系统。

4.2 报表格式及公式设置

4.2.1 报表格式设置

报表格式设置主要包括设置表尺寸、设置行高和列宽、定义组合单元、画表格线、录入表内文字、设置单元属性、设置关键字及调整关键字的位置、设置显示风格等内容，对于可变表，还包括设置可变区。

报表格式设置在格式状态下进行，设置的格式对本报表所有的表页都有效。

1. 设置表尺寸

设置表尺寸，是指设置报表的行数和列数。报表包括标题、表头、表体和表尾四部分。设置表尺寸时，选择的行数和列数要包括整个报表。如图 4-1 所示的货币资金表，其表尺寸是 7 行 4 列。如果设置表尺寸有误，可以通过编辑菜单下的插入、追加、删除等命令进行增减调整。

2. 设置行高和列宽

报表的行高和列宽一般在格式状态下进行设置，也可以在数据状态下进行设置。

格式状态下，可以通过两种方法设置行高和列宽：第一种方法是先选中相应的行或列，然后运行格式菜单的行高或列宽命令进行设置；第二种方法是用鼠标直接拖动行标或列标进行调整。

数据状态下，只能通过鼠标拖动行标或列标的方式设置行高或列宽。

3. 定义组合单元

组合单元是由相邻的两个或多个单元组成的。组合以后的单元视同一个单元使用。单元组合后更便于设置报表的整体格式。如图 4-1 所示的货币资金表，报表标题“货币资金表”所在行的几个列单元组合后，更便于标题的居中操作。

4. 画表格线

表格线可以清楚地区分报表各栏目之间的位置。画表格线时，先选中画线区域，然后在区域画线对话框中选择线型和样式即可。如果想删除区域中的表格线，只需要在对话框中选择空线即可。

5. 录入表内文字

表内文字包括报表的标题、表头、表体、表尾等相关内容。

提示：报表日期是报表从账务系统及其他系统中取数的时间依据，不能作为表内文字直接录入，应该设置为关键字。

6. 设置单元属性

设置单元属性包括单元类型、字体图案、对齐、边框设置四部分内容。

（1）单元类型

单元类型有三种，分别是数值型、字符型和表样型。

建立一个新表时，所有单元的类型都默认为数值型。数值单元是报表的数据，在数据状态下使用，既可以输入数据，也可以根据单元公式产生数据。数值单元可以设置数据的格式，如加逗号、百分号、小数位等。

字符单元也是报表的数据，在数据状态下使用，可以输入汉字、字母、数字及由各种键盘可输入的符号组成的一串字符，也可以由单元公式生成。

表样单元是报表的格式，在格式状态下使用，是定义一个没有数据的空表所需的所有文字、符号或数字。一旦单元被定义为表样，那么在其中输入的内容对所有表页都有效。

（2）字体图案

设置报表中某个单元值的字体、字号、字形，以及各单元的前景色、背景色、图案等。系统默认为宋体、12 号字、普通字形，前景色是黑色、无背景色、无图案。

（3）对齐

设置各单元值的对齐方式，有水平方向对齐和垂直方向对齐两种对齐方式。还可以设置文字在单元内是否折行显示。系统默认对齐方式均为自动对齐。

（4）边框设置

设置报表的边框及线型样式。

7. 设置关键字及调整关键字的位置

关键字包括单位名称、单位编号、年、季、月、日，还可以自定义一个关键字，如旬、周等。关键字在格式状态下设置，在数据状态下录入关键字的值。一个关键字在一个报表文件中只能定义一次，不能重复定义。

关键字的位置，是指关键字在单元或组合单元中所处的位置。设置完关键字后，关键字可能重合在一起，可以通过设置关键字偏移的方式进行位置调整。关键字只能左右移动，不能上下移动。关键字向左偏移写负数，向右偏移写正数，偏移的单位为像素。

8. 设置显示风格

设置显示风格，是指设置报表是否显示行标、列标，以及各单元类型的显示颜色、网格显示颜色等。通过设置显示风格，可以突出报表特色、增加美感。

4.2.2 报表公式定义

定义报表公式在格式状态下进行。公式包括单元公式、审核公示、舍位公式。

1. 单元公式

单元公式即报表的取数公式，其作用是从总账、薪资等其他系统的数据库文件中，或者其他报表、本表其他表页、本表不同单元中采集数据，填入本表相应的单元中。UFO 报表系统内置了一整套从各种数据文件中调取数据的函数，通过这些函数可以方便地生成报表数据。

通过单元公式生成报表数据，有利于追溯报表数据来源，从技术上震慑贪污腐败、违法犯罪行为的发生，有利于形成不敢腐、不能腐、不想腐的良好社会风气。

企业常用的财务报表数据一般来源于总账管理系统或报表系统本身，取自报表的数据又可以分为从本表取数和从其他报表的表页取数。

（1）自总账取数的函数

总账管理系统也称为账务处理子系统，因此自总账取数的函数又称为账务函数。

账务函数的基本格式如下。

函数名 (“科目编码”, 会计期间 , [“方向”], [账套号], [会计年度], [编码 1], [编码 2])

账务取数函数主要有以下几种。

函数名称	金额式	数量式	外币式
期初函数	QC()	SQC()	WQC()
期末函数	QM()	SQM()	WQM()
发生额函数	FS()	SFS()	WFS()
累计发生额函数	LFS()	SLFS()	WLFS()
条件发生额函数	TFS()	STFS()	WTFS()
对方科目发生额函数	DFS()	SDFS()	WDFS()
净额函数	JE()	SJE()	WJE()
汇率函数	HL()		

（2）自本表本页取数函数

数据合计	PTOTAL()
平均值	PAVG()
最大值	PMAX()
最小值	PMIN()
方差	PVAR()

（3）自本表其他表页取数函数

自本表其他表页取数可以利用某个关键字作为表页定位的依据，或者直接以页标号作为定位依据，指定取某张表页的数据。

利用关键字作为表页定位依据时，使用的函数是 SELECT()。

例如，D1 单元的数据是取自上个月 D2 单元的数据。函数为：D1=SELECT(D2, 月@ = 月 +1)

利用页标作为定位依据时，直接定位到指定表页上。数据公式格式如下。

目标区域 = 数据源区域@页号

例如，D1 单元的数据是取自第 2 张表页 D2 单元的数据。函数为：D1=D2 @ 2

（4）自其他报表取数的函数

报表间取数时，不仅需要考虑数据来自哪一张报表中的哪个单元，还要考虑来自哪一页。取自其他报表的数据公式格式如下。

目标区域 =“他表表名”-> 数据源区域@页号

例如，D1 单元的数据是取自 D 盘 report1.rep 文件中第 2 张表页 D2 单元的数据。函数为：D1=“D:\report”->D2 @ 2

2. 审核公式

审核公式用于审核报表内或报表之间的钩稽关系是否正确。设置审核公式的时候，除了写单元之间的钩稽关系等式外，还要写出错误提示。当钩稽关系不成立时，系统会提示错误；当钩稽关系成立时，系统会提示审核正确。

例如，假设某报表文件中 A48 是资产合计，E48 是负债及所有者权益合计，按钩稽关系，A48 应等于 E48。则编辑的审核公式为：

A48=E48 MESS“资产合计不等于负债及所有者权益合计！”

在数据状态下执行审核命令时，如果报表中 A48 的值等于 E48，则系统提示“审核正确”，否则提示“资产合计不等于负债及所有者权益合计！”。

3. 舍位公式

舍位公式又叫舍位平衡公式，用于报表数据进行进位或小数取整时调整数据，避免破坏原数据平衡。例如，将以“元”为单位的报表数据变成以“百元”为单位的报表数据时，由于涉及报表数据本身的四舍五入，可能原本平衡的表内数据之间出现不平衡的情况，这时通过舍位公式就能保持表内数据之间的平衡。这种用于对报表数据舍位及重新调整报表平衡关系的公式就称为舍位公式，也叫舍位平衡公式。

报表进行舍位转换时，原报表仍然保存，系统会产生一个新的舍位表。

定义舍位公式时，需要输入舍位表名、舍位范围、舍位位数、平衡公式。

设置平衡公式时，每个平衡公式占一行，公式之间用逗号隔开。

平衡公式中只能使用“=”“+”“-”，不能使用其他运算符号及函数。

等号左边既可以是一个单元，也可以是多个单元。如 C6=C4+C5，也可以是 C4+C5=C6。

4.2.3 报表模板

用友 U8^{+} 系统提供了 33 个行业的财务报表模板，每个行业里面涉及资产负债表、利润表、现金流量表等通用外部报表模板。系统还提供了自定义报表模板功能，用户可以将一些经常使用的报表定义为模板，以便日后直接调用，提高报表处理效率。

4.3 报表数据处理

数据处理包括报表编制、表页管理、图表处理、报表数据管理等。数据处理在数据状态下进行。

4.3.1 报表编制

报表编制的主要任务是对已设置好报表格式及公式的报表进行数据计算，生成报表数据，基本步骤如下。

1. 打开报表文件

报表文件的扩展名为“.REP”，必须在 UFO 报表系统中打开，不能通过鼠标双击的方式打开。

2. 输入关键字

输入关键字的作用是命令 UFO 报表系统按关键字的值从总账等其他子系统中取数。只有输入关键字，取得的数据才正确。

3. 输入基本数据

编制报表时，有些数据不能通过定义单元公式的方式取得，如资产负债表中“一年内到期的长期负债”项目，每个月的值都不确定，需要由编制人员根据负债到期情况判断填写。对于这样一些数据，需要在编制报表时直接输入。一些需要直接输入的表尾内容，此时也要手动输入。

4. 生成报表

输入关键字和基本数据后，系统会生成报表数据。生成报表数据时，系统提供了表页重算和整表重算功能。表页重算，是指仅对当前表页的数据进行计算，不计算其他表页数据。整表重算，是指对整个报表文件的所有表页的数据都重新计算。

如果定义了审核公式和舍位公式，可以进行审核和舍位平衡操作，此处不赘述。

4.3.2 表页管理

表页管理包括插入表页、追加表页、删除表页、表页排序等内容。插入表页，是指在当前表页的前面增加一个表页。追加表页，是指在当前表页的后面增加一个表页。删除表页，是指删除多余不用的表页。表页排序，是指按照表页关键字的值或报表中任意一个单元的值重新排列表页顺序，以便于用户查询管理报表。

4.3.3 图表处理

利用图表可以对报表数据进行直观分析，便于用户从整体上把握报表数据。UFO 报表管理系统提供了多种图表格式，图表生成以后可以进一步编辑调整及打印输出。

4.3.4 报表数据管理

报表数据管理，是指对报表数据的进一步加工利用，主要包括报表透视、数据汇总、报表输出等。

1. 报表透视

报表数据存放在不同的表页上，正常情况下每次只能看到当前表页的内容。如果想同时查看不同表页的内容，就可以利用透视功能进行查看。“透视”的作用是同时把不同表页的内容都显示在一个平面上，便于用户比对分析。

2. 数据汇总

数据汇总的含义是把同一报表文件不同表页的数据进行相加汇总，产生一个汇总表。通过数据汇总功能可以实现将同一报表文件不同时期的数据相加汇总，形成一个汇总表页，也可以将同一单位不同部门的同一张报表数据进行汇总，得到整个单位的汇总数据。

进行数据汇总时，可以按表页汇总，如果有可变区则也可以按可变区汇总。数据汇总时，汇总表可以放在本表最后一张表页，也可以产生一个新报表。可以设置汇总条件，即可以按关键字的值汇总，也可以按单元格的值汇总，汇总条件可以组合。

3. 报表输出

报表输出一般包括打印输出、屏幕查询、网络传输、磁盘输出等形式。

打印输出时，可以利用“强制分页”功能进行分页设置，利用“页面设置”功能进行报表页边距、页首、页尾、缩放比例设置，利用“打印设置”功能进行纸张大小选择、打印方向设置、打印预览等。

屏幕查询可以对当前正在编辑的报表进行浏览查看。

网络传输，是指通过计算机网络将报表传输到另外的工作站。

磁盘输出，是指将报表文件输出到磁盘上，以备存档或报送给其他部门。

复习思考题

1. 报表管理系统包括哪些主要功能？
2. 报表管理系统与其他系统之间的关系是怎样的？
3. 报表格式设置包括哪些内容？报表数据处理包括哪些内容？
4. 报表公式有哪些类型？什么情况下使用这些公式？
5. 报表的数据来源有哪些？如何定义这些来源的单元公式？
6. 如何理解关键字？如何设置关键字和录入关键字的值？
7. 数值单元、字符单元和表样单元的区别是什么？

实验六　UFO 报表管理

一、实验目的

（1）理解用友 ERP-U8+ 管理软件中报表管理系统的处理流程。
（2）掌握报表格式定义及数据定义的基本内容。
（3）掌握如何自定义一张报表。
（4）掌握如何利用报表模板生成报表。

二、实验内容

（1）自定义一张货币资金表。
（2）利用报表模板生成资产负债表、利润表和现金流量表。

三、实验准备

引入“实验五”的账套数据。

四、实验资料

（一）货币资金表

1. 报表格式

货币资金表如表 1 所示。

表 1　货币资金表

编制单位：　　　　　　　　　　　　　年　月　日　　　　单位：元

项目	行次	期初数	期末数
库存现金	1		
银行存款	2		
合计	3		

制表人：

说明：

（1）表头：①标题设置为黑体、16 号、居中。②单位名称、年、月、日设置为关键字。

（2）表体：表体中文字设置为楷体、12 号、居中。

（3）表尾：制表人设置为宋体、10 号，左对齐第四栏。

2. 报表公式

（1）库存现金期初数：C4=QC（ " 1001 " ，月）

（2）库存现金期末数：D4=QM（ " 1001 " ，月）

（3）银行存款期初数：C5=QC（ " 1002 " ，月）

（4）库存现金期末数：D5=QM（ " 1002 " ，月）

（二）资产负债表、利润表和现金流量表

利用报表模板生成资产负债表、利润表和现金流量表。

五、实验要求

以账套主管“赵科”的身份进行报表处理。

六、操作指导

（一）启用 UFO 报表管理系统

（1）以“102 赵科”的身份登录“$U8^+$ 企业应用平台”，执行“业务导航”—“财务会计”—“UFO 报表”命令，进入报表管理系统。

（2）执行“文件”—“新建”命令，建立一张空白报表，报表名默认为“reportl”。

（二）自定义一张货币资金表

1. 报表定义

查看空白报表底部左下角的“格式 / 数据”按钮，使当前状态为格式状态。

2. 报表格式定义

（1）设置报表尺寸

执行“格式”—“表尺寸”命令，打开“表尺寸”对话框，输入行数“7”、列数“4”，单击“确认”按钮。

（2）定义组合单元

①选择需合并的单元区域 A1：D1，执行“格式”—“组合单元”命令，打开“组合单元”对话框，选择组合方式为“整体组合”或“按行组合”，该单元即合并成一个单元格。

②同理，定义 A2：D2 单元为组合单元。

（3）画表格线

选中报表需要画线的单元区域 A3:D6，执行“格式”—“区域画线”命令。打开“区域画线”对话框，单击“网线”按钮，单击“确认”按钮，将所选区域画上表格线。

（4）输入报表项目

选中需要输入内容的单元或组合单元，在该单元或组合单元中输入相关文字内容。例如，在 A1 组合单元中输入“货币资金表”字样，在 A2 组合单元中输入“编制单位：光明公司”。

温馨提示：1. 报表项目，是指报表的文字内容，主要包括表头内容、表体项目、表尾项目等，不包括关键字；2. 日期一般不作为文字内容输入，而需要设置为关键字。

（5）定义报表行高和列宽

①选中需要调整的单元所在行 A1，执行“格式”—“行高”命令，打开“行高”对话框，输入行高“7”，单击“确定”按钮。

②选中需要调整的单元所在列，执行“格式”—“列宽”命令，可设置该列的宽度。

温馨提示：行高、列宽的单位为毫米。

（6）设置单元风格

①选中标题所在组合单元 A1，执行“格式”—“单元属性”命令，打开“单元格属性”对话框，打开“字体图案”选项卡，设置字体为“黑体”、字号为“14”。

②打开“对齐”选项卡，设置对齐方式为“居中”，单击“确定”按钮。

（7）定义单元属性

①选定单元 D7，执行“格式”—“单元属性”命令，打开“单元格属性”对话框。

②打开“单元类型”选项卡，选择“字符”选项，单击“确定”按钮。

温馨提示：1. 格式状态下，输入内容的单元均默认为表样单元，未输入内容的单元均默认为数值单元，在数据状态下可输入数值。若希望在数据状态下输入字符，应将其定义为字符单元。2. 字符单元和数值单元输入后只对本表页有效，表样单元输入后对所有表页有效。

（8）设置关键字

①选中需要输入关键字的组合单元 A2，执行“数据”—“关键字”—“设置”命令，打开“设置关键字”对话框。

②单击“年”按钮，单击“确定”按钮，同理，设置“月”“日”关键字。

温馨提示：1. 每个报表可以同时定义多个关键字；2. 如果要取消关键字，须执行“数据”—“关键字”—“取消”命令。

（9）调整关键字位置

①执行“数据”—“关键字”—“偏移”命令，打开“定义关键字偏移”对话框。

②在需要调整位置的关键字后面输入偏移量，年“-120”、月“-90”、日“-60”，单击“确定”按钮。

温馨提示：1. 关键字的位置可以用偏移量来表示，负数值表示向左移，正数值表示向右移。在调整时，可以通过输入正或负的数值来调整。2. 关键字偏移量单位为像素。

（10）报表公式定义

第一，定义单元公式——直接输入公式。

①选定需要定义公式的单元 C4，即“库存现金”的期初数，执行“数据”—“编辑公式”—“单元公式”命令，打开“定义公式”对话框。

②在“定义公式”对话框中，直接输入总账期初函数公式：QC("1001",月)，单击“确认”按钮。

温馨提示：1. 单元公式中涉及的符号均为英文半角；2. 单击“fx”按钮或双击某公式单元抑或按“=”键，都可以打开“定义公式”对话框。

第二，定义单元公式——引导输入公式。

①选定被定义单元 D5，即“银行存款”期末数，单击“fx”按钮，打开“定义公式”对话框，单击“函数向导”按钮，打开“函数向导”对话框。

②在“函数分类”列表框中选择“用友账务函数”，在右侧的“函数名”列表框中选择“期末（QM）”，单击“下一步”按钮，打开“用友账务函数”对话框。

③单击“参照”按钮，打开“账务函数”对话框，选择科目“1002”，其余

各项均采用系统默认值，单击“确定”按钮，返回“用友账务函数”对话框。

④单击“确定”按钮，返回“定义公式”对话框，单击“确认”按钮，输入其他单元公式。

温馨提示：如果未进行账套初始化，那么账套号和会计年度需要直接输入。

3. 定义审核公式

审核公式用于审核报表内或报表之间钩稽关系是否正确。例如，“资产负债表”中的“资产合计 = 负债合计 + 所有者权益合计”。本实验的“货币资金表”中不存在这种钩稽关系。若要定义审核公式，则执行“数据”—“编辑公式”—“审核公式”命令即可。

4. 定义舍位平衡公式

执行“数据”—“编辑公式”—“舍位公式”命令，打开“舍位平衡公式”对话框。确定信息：舍位表名 SW1，舍位范围 C4：D6，舍位位数 3，平衡公式“C6=C4+C5，D6=D4+D5”，单击“完成”按钮。

温馨提示：1. 舍位平衡公式，是指用来重新调整报表数据进位后的小数位平衡关系的公式；2. 每个公式一行，各公式之间用逗号“,”（半角）隔开，最后一条公式不用写逗号，否则公式无法执行；3. 等号左边只能为一个单元（不带页号和表名）；4. 舍位公式中只能使用“+”“-”符号，不能使用其他运算符及函数。

5. 保存报表格式

执行“文件”—“保存”命令，如果是第一次保存，则打开“另存为”对话框，选择保存文件夹的目录，输入报表文件名“货币资金表”，选择保存类型“*.REP”，单击“保存”按钮。

温馨提示：1. 报表格式设置完以后，切记要及时将这张报表格式保存下来，以便以后随时调用；2. 如果没有保存就退出，系统会提示“是否保存报表？”信息，以防止误操作；3. “.REP”为用友报表文件专用扩展名。

6. 报表数据处理

（1）打开报表

启动 UFO 系统，执行“文件”—“打开”命令，选择存放报表格式的文件夹中的报表文件“货币资金表 .REP”，单击“打开”按钮。单击空白报表底部左下角的“格式 / 数据”按钮，使当前状态为“数据”状态。

温馨提示：报表数据处理必须在数据状态下进行。

（2）增加表页

执行“编辑”—“追加”—“表页”命令，打开“追加表页”对话框，输入需要增加的表页数“2”，单击“确认”按钮。

温馨提示：1. 追加表页是在最后一张表页后追加 *n* 张空表页，插入表页是在当前表页后面插入一张空表页；2. 一张报表最多只能管理 99 999 张表页，演示版软件系统最多只能管理 4 张表页。

（3）输入关键字值

执行“数据”—“关键字”—“录入”命令，打开“录入关键字”对话框，输入年“2022”、月“1”、日“31”，单击“确认”按钮，系统弹出“是否重算第 1 页？”信息提示对话框。单击“是”按钮，系统会自动根据单元公式计算 1 月份数据；单击“否”按钮，系统不计算 1 月份数据，以后可利用“表页重算”功能生成 1 月份数据。

温馨提示：1. 每一张表页均对应不同的关键字值，输出时随同单元一起显示；2. 日期关键字可以确认报表数据取数的时间范围，即确定数据生成的具体日期。

（4）生成报表

执行“数据”—“表页重算”命令，系统弹出“是否重算第 1 页？”信息提示对话框。单击“是”按钮，系统会自动在初始的账套和会计年度范围内根据单元公式计算生成数据。

温馨提示：可将生成的数据报表保存到指定位置。

（5）报表舍位操作

执行“数据”—“舍位平衡”命令，系统会自动根据前面定义的舍位公式进行舍位操作，并将舍位后的报表保存在 SW1.REP 文件中。

温馨提示：1. 舍位操作以后，可以将 SWI.REP 文件打开查阅一下；2. 如果舍位公式有误，系统状态栏会提示“无效命令或错误参数！”信息。

7. 表页管理

（1）表页排序

①执行“数据”—“排序”—“表页”命令，打开“表页排序”对话框。

②确定信息：选择第一关键字“年”，排序方向“递增”；第二关键字“月”，排序方向“递增”。

③单击“确认”按钮，系统将自动把表页按年份递增顺序重新排序，如果年份相同，则按月份递增顺序排序。

（2）表页查找

执行“编辑”—“查找”命令，打开“查找”对话框。确定查找内容为“表页”，确定查找条件“月 =1”，单击“查找”按钮，将查找到的符合条件的表页作为当前表页。

8. 图表功能

（1）追加图表显示区域

在格式状态下，执行“编辑”—“追加”—“行”命令，打开“追加行”对话框，输入追加行数“10”，单击“确定”按钮。

温馨提示：追加行或列须在格式状态下进行。

（2）插入图表对象

①在数据状态下，选取数据区域 A3：D5，执行“工具”—“插入图表对象”命令，打开“区域作图”对话框。确定信息：数据组为“行”，操作范围为“当前表页”。输入图表名称“资金分析图”、图表标题“资金对比”、*X* 轴标题“期间”、*Y* 轴标题“金额”。

②选择图表格式“成组直方图”，单击“确认”按钮，将图表中的对象调整到合适的位置。

温馨提示：1. 插入的图表对象实际上也属于报表的数据，因此有关图表对象的操作必须在数据状态下进行；2. 选择图表对象显示区域时，区域不能少于 2 行 ×2 列，否则会提示出现错误。

9. 编辑图表对象

（1）编辑图表主标题

双击图表对象的任意位置，选中图表，执行“编辑”—“主标题”命令，打开“编辑标题”对话框，输入主标题“资金对比分析”，单击“确认”按钮。

（2）编辑图表主标题字样

①单击选中的主标题“资金对比分析”，执行“编辑”—“标题字体”命令，打开“标题字体”对话框。

②选择字体“微软雅黑”、字形“粗体”、字号“12”、效果“加下划线”，单击“确认”按钮。

温馨提示：1. 将生成图表的报表保存到原位置；2. 在调用报表模板生成货币资金表之前，应将货币资金表关闭。

（三）调用报表模板生成资产负债表

1. 调用资产负债表模板

（1）在格式状态下，执行“格式”—“报表模板”命令，打开“报表模板”对话框，选择所在的行业为“2007 年新会计制度科目”，财务报表为“资产负债表”。

（2）单击“确认”按钮，系统弹出“模板格式将覆盖本表格式！是否继续？”信息提示对话框，单击“确定”按钮，即可打开“资产负债表”模板。

2. 调整报表模板

单击“数据 / 格式”按钮，“资产负债表”处于格式状态，根据本单位的实际情况，调整报表格式，修改报表公式，保存调整后的报表模板。

3. 生成资产负债表数据

（1）在数据状态下，执行“数据”—“关键字”—“录入”命令，打开“录入关键字”对话框，输入关键字：年“2018”、月“01”、日“31”。

（2）单击“确认”按钮，系统弹出“是否重算第1页？”信息提示对话框。单击“是”按钮，系统会自动根据单元公式计算 1 月份数据；单击“否”按钮，系统不计算 1 月份数据，以后可利用“表页重算”功能生成 1 月份数据。

（3）单击工具栏上的“保存”按钮，保存生成的报表数据。

温馨提示：1. 资产负债表不平的原因在于总账日常业务不是一个单位完整的会计核算，仅仅是为了帮助大家熟悉用友 $U8^{+}$ 总账功能而设计的不同类型的业务；2. 用同样方法，生成 2018 年 1 月利润表。

（四）利用总账的项目核算生成现金流量表

系统提供了两种生成现金流量表的方法：一是利用现金流量表模块，二是利用总账的项目管理功能和 UFO 报表。本实验主要介绍第二种方法。

生成现金流量表之前，在总账管理系统中需要做如下工作。

1. 指定流量科目

在设置会计科目界面指定现金流量科目，如图 1 所示。系统在项目目录里已经预置了“现金流量项目”这一项目大类。

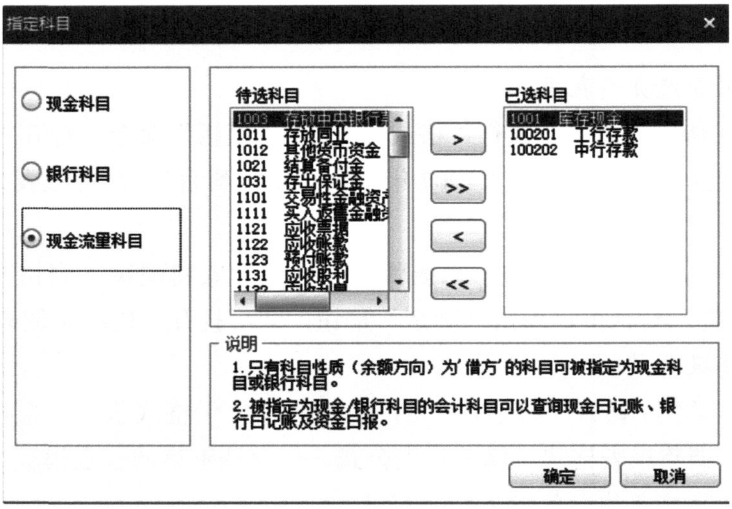

图 1　指定现金流量科目

2. 指定现金流量所属项目

在填制凭证时，如果涉及现金流量科目，需要打开“现金流量表”对话框，指定发生的该笔现金流量的所属项目。如果在填制凭证时未指定现金流量项目，也可以执行“现金流量表”—“现金流量凭证查询”命令，进入“现金流量查询及修改”窗口，针对每一张现金流量凭证，单击“修改”按钮补充录入现金流量项目，如图 2 所示。

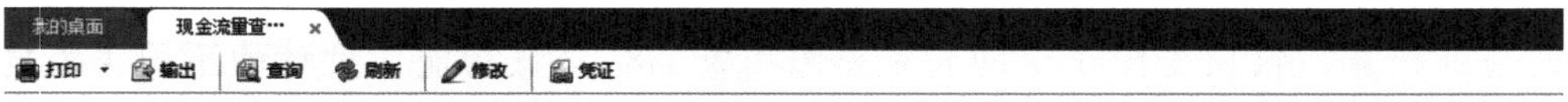

凭证号	制单日期	摘要	现金流量科目
收-0001	2022-01-10	收到以前所欠货款	工行存款(100201)
收-0002	2022-01-10	收到以前所欠货款	工行存款(100201)
收-0003	2022-01-20	接受捐赠	中行存款(100202)
付-0001	2022-01-01	购买办公用品	库存现金(1001)
付-0003	2022-01-13	报销差旅费	库存现金(1001)
付-0004	2022-01-25	预付材料款	工行存款(100201)
付-0005	2022-01-31	汇兑损益结转	中行存款(100202)

摘要	科目编码	科目名称	项目编号	项目名称	方向	金额
收到以前所欠货款	100201	工行存款	01	销售商品、提供劳务收到	借	142,000.00

图 2　现金流量凭证查询及修改

3. 调用现金流量表模板，在 UFO 报表系统中生成现金流量表

（1）在“格式”状态下，执行“格式”—“报表模板”命令，打开“报表模板”对话框，选择所在行业为“2007 新会计制度科目”，财务报表为“现金流量表”。

（2）单击“确认”按钮，弹出“模板格式将覆盖本表格式！是否继续？”信息提示对话框，单击“确定”按钮，即可打开“现金流量表”模板。

4. 调整报表模板

（1）单击“数据格式”按钮，“现金流量表”处于格式状态。

（2）单击选择C6单元格，单击“fx”按钮，打开“定义公式”对话框。单击“函数向导”按钮，打开“函数向导”对话框，在函数分类列表框中选择“用友账务函数”。在右边的函数名列表中选中“现金流量项目金额（XJLL）”。单击“下一步”按钮，打开“用友账务函数”对话框。

（3）单击“参照”按钮，打开“账务函数”对话框。单击“现金流量项目编码”右边的“参照”按钮，打开“现金流量项目”对话框。双击选择与C6单元格左边相对应的项目，单击“确定”按钮，返回“用友账务函数”对话框，如图3所示。单击“确定”按钮，返回“定义公式”对话框，单击“确认”按钮。

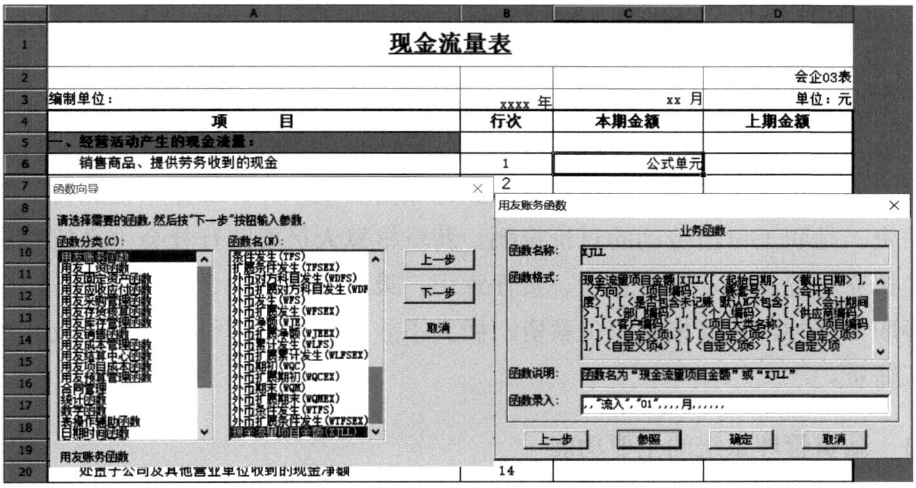

图3　定义现金流量表公式

（4）重复步骤（2）（3），输入其他单元公式。

（5）单击工具栏中的“保存”按钮，输入文件名“现金流量表”，保存调整后的报表模板。

5. 生成现金流量表主表数据

（1）在数据状态下，执行“数据”—“关键字”—“录入”命令，打开“录入关键字”对话框，输入关键字：年“2022”、月“01”。

（2）单击“确认”按钮，系统弹出“是否重算第1页？”信息提示对话框。单击“是”按钮，系统会自动根据单元公式计算1月份数据；单击“否”按钮，系统不计算1月份数据，以后可利用“表页重算”功能生成1月份数据。

（3）执行“文件”—“另存为”命令，输入文件名“2022年1月现金流量表”，单击“另存为”按钮，保存生成的报表数据。

第5章 薪资管理系统

5.1 薪资管理系统概述

加强薪资核算与管理是企业的一项重要工作，利用薪资管理系统可以准确地计算职工薪资，及时提供各种职工薪资信息，同时通过转账凭证，将薪资信息传递至总账和成本子系统，完成登记账簿和成本计算工作。企业付给职工的薪资，是职工付出劳动的对价报酬。薪资核算人员要践行社会主义核心价值观，树立质量意识、服务意识、责任意识，秉承爱岗敬业、诚实守信、精益求精等职业精神，认真核算职工薪资，做到不差一分、不错一毛，准确及时核算职工薪资。

5.1.1 薪资管理系统的主要功能

用友 U8⁺ 薪资管理系统适用于企业、行政、事业和科研单位，具备薪资核算和发放功能，具有比较强大的薪资分析和管理功能，能充分满足用户的需要。

1. *初始设置*

根据单位需要设置工资类别，设置工资项目及计算公式，设置人员档案，设置代发工资的银行，设置工资费用计提和分摊类型等内容。

系统提供了多工资类别管理功能。当单位按周或一月多次发放工资，或者单位中有多种不同类别（部门）的人员，其工资发放项目不同，工资项目的计算公式也不同，但需要进行统一核算管理时，应选择建立多个工资类别。如果单位中所有人员的工资统一核算管理，这些人员的工资项目、工资项目计算公式都完全相同，这时只需要建立单个工资类别即可。

2. *工资数据管理*

系统会根据计算公式自动计算工资项目金额，能够批量调整工资数据，核算计件工资，自动计算个人所得税，自动计算和汇总工资数据，通过银行代发工资，根据工资分摊设置自动完成工资分摊、计提和转账业务，自动进行月末处理。

3. 工资报表管理

系统提供了多角度查询工资数据的功能，能够按个人、部门、工资类别等多角度查询工资表和工资分析表，便于管理人员多角度了解职工薪资构成及变动情况。

5.1.2 薪资管理系统与其他系统的关系

薪资管理系统和基础设置、总账管理系统、成本系统、报表系统存在数据传递关系。

薪资管理系统与基础设置模块共享数据，在基础设置中设置的职员档案信息可以传递到薪资管理系统；薪资管理系统将工资及各项费用分配的记账凭证传递到总账管理系统中，并且两个系统可以互相查询凭证；报表系统也可以从薪资管理系统中提取数据，生成财务报表；薪资管理系统生成的凭证能够传递到成本核算系统，为成本核算提供数据。

5.1.3 薪资管理系统的业务处理流程

采用多工资类别核算的用户，第一次启用系统时业务处理流程如图 5-1 所示。

提示：当用户采用单工资类别时，处理流程中去掉带“*”标志的步骤。

5.2 薪资管理系统初始设置

初始设置的作用在于建立薪资核算需要的基础环境。通过初始设置，能够建立工资核算账套，设置相应的参数，将核算薪资涉及的部门、人员、工资项目、计算公式、计件工资标准等内容设置完成，在此基础上进行薪资核算和管理。

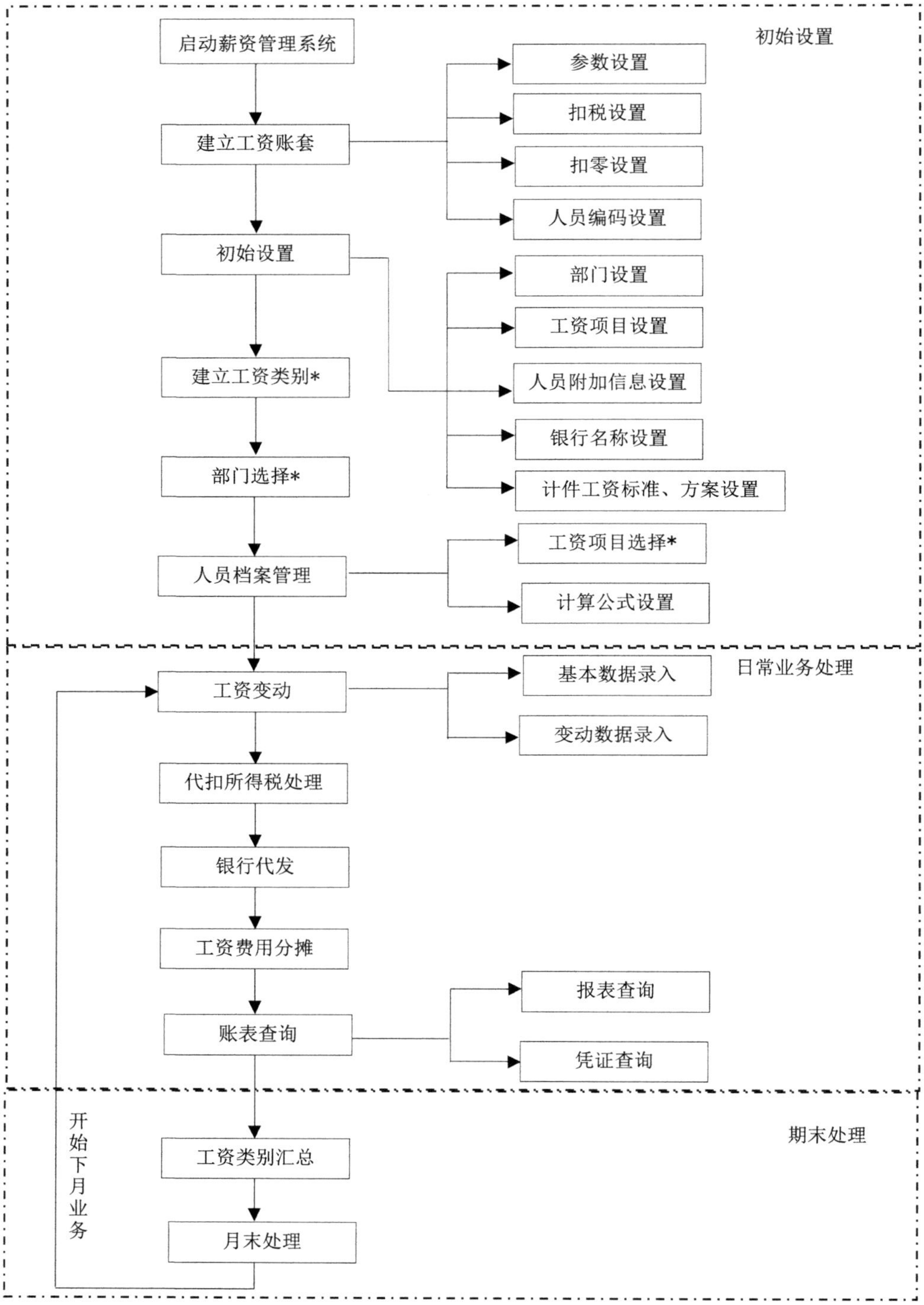

图 5-1　薪资管理系统多工资类别业务处理流程图

5.2.1 建立工资账套

工资账套和系统管理中的账套是两个不同的概念。系统管理中的账套是针对整个会计信息系统而言的，是用户的总账套；而工资账套则是仅仅针对薪资管理系统而言的，是用户使用薪资管理系统的前提。用户必须先建立账套，在此基础上才能建立工资账套。

用户第一次启用薪资管理系统时，执行“新建工资类别”命令，系统打开建立工资账套窗口，并出现建账向导。建立工资账套包括参数设置、扣税设置、扣零设置、人员编码等内容。

1. 参数设置

参数设置提示用户选择工资类别个数是单个还是多个，以及工资核算币种、是否核算计件工资等。如果用户要核算职工的计件工资，此处必须选择“核算计件工资”，否则系统无法进行计件工资的处理。

2. 扣税设置

扣税设置提示用户是否代扣代缴个人所得税。如果实行代扣代缴职工个人所得税，则此处要选择“从工资中代扣个人所得税”。选中后，系统在进行工资变动处理时，会自动计算个人所得税。

3. 扣零设置

所谓扣零设置，是指每次发放工资时把零头扣下，积累取整，并于下次发工资时补上。扣零类型有扣零至元、扣零至角、扣零至分等。扣零至分，是指发放工资时把分扣下，只发放到角位，下次积累至角时再补发。其他扣零类型道理相似。扣零处理通常在以现金形式发放工资时使用，如果采用银行代发的形式发放工资，则不用进行扣零设置。

4. 人员编码

人员编码设置的作用是设置人员档案的编码长度，不含所属部门编码。人员编码在系统管理与企业应用平台的人员档案设置中已进行了设置，此处按默认设置即可。

建立工资账套后，如果出现错误，可以通过执行“薪资管理”—“设置”—“选项”命令进行修改。

有些参数在建立工资账套后进行补充设置，如扣税基数、扣税依据。

5.2.2 基础设置

基础设置包括部门设置、人员类别设置、人员档案设置、人员附加信息设置、工资项目设置、计算公式设置、代发银行设置、分摊类型设置、工资类别管理等。如果实行多工资类别管理，则还包括建立不同工资类别、选择部门；如果核算计件工资，则还包括计件工资标准设置等。

1. 部门设置

设置部门便于按部门核算各类人员工资，提供不同部门的工资信息。人员类别、人员档案、部门档案都是企业的共享数据，在初始设置时已经设置好的相关档案信息，在此处直接调用。

2. 人员类别设置

设置人员类别便于对职员进行分类管理，便于进行工资费用的汇总、分配、分摊，费用的计提等各项处理，为企业提供不同类别人员的工资信息。

3. 人员档案设置

人员档案用于登记工资发放人员的姓名、职工编号、所在部门、人员类别等信息。

4. 人员附加信息设置

人员附加信息是除了姓名、性别等基本信息外，为了管理需要增设的一些辅助信息，如婚否、民族、政治面貌等。辅助信息不是必录的内容，录入这些信息可以便于单位管理使用。

5. 工资项目设置

设置工资项目的目的在于区分职工工资构成，便于进行工资核算及费用分配。工资项目设置包括定义工资项目名称、类型、宽度、小数位数、增减项等内容。

若将工资项目设置为“增项”，则计算工资时，该项目的数据自动计入“应发合计”工资项目。如将基本工资、薪级工资等项目设置为“增项”。

若将工资项目设置为“减项”，则计算工资时，该项目的数据自动计入“扣款合计”工资项目。如将请假扣款、养老保险等项目设置为“减项”。

若将工资项目设置为“其他”，则计算工资时，该项目数据不会自动计入“应发合计”或“扣款合计”，而是作为一个中间项目参与工资计算，如请假天数、加班天数等项目。“请假天数”这个工资项目，其对应的增减项应为“其他”，该工资项目是计算“请假扣款”的依据，而不能把请假的天数直接计入

“应发合计”或“扣款合计”工资项目中。

系统预先增加了一些必用的工资项目，如“应发合计”“扣款合计”“实发合计”等，这些工资项目在系统中有特定的用途，因此不能删除，也不能重命名。用户根据实际情况可自行增加一些工资项目。

采用单工资类别时，通过工资项目设置功能即可完成工资项目的设置。

采用多工资类别时，除了要进行工资项目的设置外，还要打开工资类别，然后选择核算该类别工资需要的工资项目。

6. 计算公式设置

计算公式设置这一功能在于确定某些工资项目的计算公式。对于固定的工资项目而言，一般在初始设置的时候直接录入该工资项目的金额，如基本工资；对于有规律变动的工资项目而言，一般采用设置计算公式的方式，由系统根据计算公式自动计算该工资项目的金额，如应发合计、实发合计、扣款合计等；对于无规律变动的工资项目而言，一般每月在计算工资时录入其数据，如加班天数、请假天数等。

设置工资项目的计算公式时，要注意工资项目计算公式的计算顺序，应发合计、扣款合计、实发合计应是公式定义框中最后的三个公式，实发合计公式在应发合计公式和扣款合计公式之后。

如采用多工资类别，应针对不同的工资类别分别进行公式设置。

7. 代发银行设置

如果单位采用银行代发工资，则需要设置代发银行的档案。档案包括代发银行的编码、名称、账号长度等内容。设置代发银行档案之后，再进行代发银行格式的设置。

设置代发银行的步骤如下。

第一步，选择代发银行，进行银行文件格式设置；

第二步，根据代发银行的要求，设置传递给银行的文件格式。

可设置多个发放工资的银行，以适应不同的需要。例如，同一工资类别中人员由于在不同的工作地点，需在不同的银行代发工资，或者不同的工资类别需由不同的银行代发。

8. 分摊类型设置

分摊类型设置即设置企业支付工资的分摊规则，如将支付车间工人的工资分摊到生产成本，将支付职能部门的工资分摊到管理费用。设置分摊类型后，通过“工资分摊”命令自动生成记账凭证。

9. 工资类别管理

建立工资账套时，如果选择工资类别个数为多个，则应建立不同的工资类别，针对不同类别分别进行工资初始设置和日常核算。

5.3 薪资管理系统日常业务处理

5.3.1 输入基本工资数据

对于一些基本不变的工资项目，如基本工资、岗位工资、薪级工资等，可以在初始设置工作完成之后，直接输入每个职员对应的工资项目中。输入基本工资数据时，可以通过“过滤器”功能把用到的工资项目过滤出来，把不用的工资项目暂时屏蔽掉，以提高输入速度；也可以通过“编辑”的形式，对选定的个人进行快速输入。如果某些人员的工资项目金额相同，则可以通过“替换”方式成批输入金额。其他方式此处不再赘述。

5.3.2 人员调入、人员调出、停发工资、内部调动

1. 人员调入

人员调入时，应该先通过执行“企业应用平台”—“业务导航”—“基础设置”—“基础档案”—“机构人员”—“人员档案”命令，把该职员信息输入单位人员档案文件中，然后再通过执行“薪资管理”—“设置”—“人员档案”命令，把该职员增加到对应的工资类别中。

2. 人员调出、停发工资

人员调出，是指人员从本单位调出。停发工资，是指人员没有调出本单位但停发工资，如停薪留职。发生上述情况时，应在人员档案中选中“调出”或“停发工资”复选框。

调出的人员，其档案信息不可修改。当年调出人员不可删除，年末进行处理后，新的一年开始时，可将此人信息删除。

停发工资的人员，其档案信息保留，不能删除，但不再参与工资变动处理。取消“停发工资”选择后，可恢复工资发放。

3. 内部调动

内部调动包含两方面含义：其一是指人员在同一个工资类别不同部门之间的调动，其二是指人员在不同工资类别之间的调动。人员在同一个工资类别

不同部门之间调动时，直接修改人员档案所属部门即可；当人员在不同工资类别之间调动时，需要通过“人员调动”命令进行调动。

5.3.3 工资变动处理

通过工资变动功能可以录入工资项目的数据。有些工资项目设置了计算公式，录入原始工资项目数据后，通过“计算”按钮可以由系统根据计算公式自动计算工资数据；通过“汇总”按钮可以自动进行工资数据汇总。

在修改了某些数据、重新设置了计算公式、进行了数据替换或在个人所得税中执行了自动扣税等操作时，应对工资数据重新计算和汇总，以保证数据正确。

5.3.4 计件工资核算

核算计件工资需在薪资管理系统建立工资账套时选中“是否核算计件工资”，然后通过“计件工资”模块进行核算。核算计件工资的基本步骤如下。

第一步，计件要素设置，即设置按照什么要素计件。比如按照工序计件，则把“工序”设置为计件要素。

第二步，计件标准设置，即把计件要素细化，进一步设置计件的标准。比如把工序分解为“组装”和“检验”两个工序，则计件标准分别是“组装工序”和“检验工序”。

第三步，计件工价设置，即设置每个计件标准的工价。比如“组装工序”每工时 30 元，“检验工序”每工时 40 元。

第四步，计件工资录入。分别录入每个职工按照不同计件标准完成的计件数量，系统按照计件工价，计算职工的计件工资。

第五步，计件工资汇总。通过计件工作汇总，系统汇总出职工的计件工资总额，并将计件工资传递到薪资管理系统。在薪资管理系统工资变动窗口进行“计算”，计算出职工的应发合计、实发合计等工资项目，通过“汇总”按照人员类别、部门等进行汇总。

5.3.5 工资分摊

人工费用是单位的一项重要费用，按照企业会计准则的规定，月末要进行薪资费用的分配，计入生产成本或相关费用中。

工资分摊包括工资总额的分配和以工资总额为基数计提的各项费用的分配。

工资分摊包括两个步骤，首先设置工资分摊类型，然后根据工资分摊类型生成转账凭证。

5.3.6 汇总工资类别

当企业实行多工资类别核算时，每个工资类别都完成日常业务处理后，可以进行工资类别汇总。通过工资类别汇总，系统自动生成一个汇总工资类别，汇总工资类别包含了该单位所有职工的薪资数据。

5.3.7 工资数据查询

系统提供了强大的数据查询功能，可以查询各种工资表、工资分析表，还可以查询工资分摊时生成的各种记账凭证。如果发现记账凭证有误，可以对错误的记账凭证作修改、删除、冲销等处理。当记账凭证未在总账管理系统记账时，可以删除记账凭证；如果记账凭证已在总账管理系统记账，则可以通过“冲销”命令生成一张红字记账凭证，冲销该错误凭证。

5.4 薪资管理系统月末处理

月末处理即月末结转，是将当月数据经过处理后结转至下月。每月工资数据处理完毕后，均可进行月末结转。在工资项目中，有的项目是变动的，即每月的数据均不相同，因此在每月月末处理时，需将其数据清零，而后输入当月的数据，此类项目即为清零项目。若不进行清零操作，则下月项目将完全继承当前月数据。

如当前工资类别启用审核控制，则所有数据都审核后，才允许进行月末处理。

月末处理后，将本月工资明细表设置为不可修改状态，自动生成下月工资明细表。新增或删除人员不会对本月数据产生影响，不影响系统其他功能的实现。

若本月工资数据未汇总，系统将不允许进行月末处理。期末处理后，当月数据将不能再变动。

薪资管理系统处理多个工资类别时，可以在关闭工资类别的情况下成批进行月末处理，也可以在打开工资类别的情况下单独进行月末处理。

在薪资管理系统结账后，若发现还有一些业务或其他事项需要在已结账月进行账务处理，此时可以使用“反结账”功能取消已结账标志，使系统恢复到未期末处理状态，继续进行业务处理。

进行反结账时，需由账套主管或工资类别主管在结账的当月登录薪资管理系统，使用“反结账”功能。如果总账管理系统已经结账，则薪资管理系统不允许反结账。

复习思考题

1. 薪资管理系统包括哪些主要功能？
2. 薪资管理系统与其他系统之间的关系是怎样的？
3. 薪资管理系统的业务处理流程是怎样的？
4. 在什么情况下进行多工资类别管理？
5. 设置工资项目计算公式时，为什么要注意公式的排列顺序？
6. 薪资管理系统生成的凭证出现错误时，应如何进行修改？

实验七　薪资管理

一、实验目的

（1）掌握用友 ERP-U8$^+$ 管理软件中薪资管理系统的基本内容。
（2）掌握薪资管理系统的基本操作。
（3）掌握计件工资的基本处理。

二、实验内容

（1）薪资管理系统的初始设置。
（2）薪资管理系统的日常处理。
（3）薪资管理系统的工资分摊及月末处理 。
（4）薪资管理系统账表的查询。

三、实验准备

引入“实验三”的账套数据。

四、实验资料

（一）建立工资账套

工资类别个数：多个；核算计件工资；核算币种：人民币；要求代扣个人所得税；不进行扣零处理；人员编码长度：3 位；启用日期：2022 年 1 月。

（二）工资项目设置

工资项目设置如表 1 所示。

表 1　工资项目设置表

项目名称	类型	长度	小数位数	增减项
基本工资	数字型	8	2	增项
岗位工资	数字型	8	2	增项
绩效工资	数字型	8	2	增项

（续表）

项目名称	类型	长度	小数位数	增减项
交通补贴	数字型	8	2	增项
事假扣款	数字型	8	2	减项
社会保险扣款	数字型	8	2	减项
住房公积金扣款	数字型	8	2	减项
代扣税	数字型	10	2	减项
应发合计	数字型	10	2	增项
扣款合计	数字型	10	2	减项
实发合计	数字型	10	2	增项
日工资	数字型	8	2	其他
请假天数	数字型	8	2	其他

（三）开户银行设置

银行编码：01001；银行名称：中国工商银行北京复兴路支行；个人账户规则：定长、账号长度11位、自动带出账号长度7位。

（四）工资类别

工资类别为正式人员和临时人员两类。

1. 正式人员工资类别

（1）基本信息

工资类别名称：正式人员。

部门选择：所有部门。

（2）人员档案

正式人员档案如表2所示。

表2 正式人员档案表

人员编号	人员姓名	部门名称	人员类别	账号	中方人员	是否计税	是否核算计件工资
101	韩明	总经理办公室	企业管理人员	20220010001	是	是	否
111	赵科	财务部	企业管理人员	20220010002	是	是	否
112	王涵	财务部	企业管理人员	20220010003	是	是	否
113	李兰	财务部	企业管理人员	20220010004	是	是	否
201	白虹	销售部	经营人员	20220010005	是	是	否
202	冯元	采购部	经营人员	20220010006	是	是	否
211	孙静	销售部	经营人员	20220010007	是	是	否
212	李萍	采购部	经营人员	20220010008	是	是	否

（续表）

人员编号	人员姓名	部门名称	人员类别	账号	中方人员	是否计税	是否核算计件工资
301	张帆	制造中心一车间	车间管理人员	20220010009	是	是	否
302	陈方	制造中心一车间	生产人员	20220010010	是	是	否
401	张萌	仓储部 1 号仓库	企业管理人员	20220010011	是	是	否
402	田源	仓储部 1 号仓库	企业管理人员	20220010012	是	是	否

注：以上人员工资发放代发银行均为中国工商银行北京复兴路支行。

（3）工资项目

正式人员工资项目包括基本工资、岗位工资、绩效工资、交通补贴、事假扣款、社会保险扣款、住房公积金扣款、代扣税、扣款合计、应发合计、实发合计、日工资、请假天数。

（4）计算公式

工资项目计算公式如表 3 所示。

表 3　工资项目计算公式表

工资项目	定义公式
日工资	基本工资 /22
事假扣款	请假天数 * 日工资
交通补贴	Iff(人员类别 =“ 企业管理人员 ” OR 人员类别 =“ 车间管理人员 ”, 1 000, 600)
绩效工资	基本工资 *10%
社会保险扣款	（基本工资 + 岗位工资 + 绩效工资 + 交通补贴）*8%
住房公积金扣款	（基本工资 + 岗位工资 + 绩效工资 + 交通补贴）*8%

（5）个人所得税税率表

个人所得税税率按照国家现行规定，实施累计预扣预缴个人所得税的计算方法，个人所得税免征额即扣税基数为 5 000 元。个人所得税税率如表 4 所示。

表 4　个人所得税税率表

（居民个人工资、薪金所得预扣预缴适用）

级数	基本工资	税率 / %	速算扣除数 / 元
1	不超过 36 000 元	3	0
2	超过 36 000 元至 144 000 元	10	2 520
3	超过 144 000 元至 300 000 元	20	16 920
4	超过 300 000 元至 420 000 元	25	31 920
5	超过 420 000 元至 660 000 元	30	52 920
6	超过 660 000 元至 960 000 元	35	85 920
7	超过 960 000 元	45	181 920

（6）工资数据

正式人员工资情况如表 5 所示。

表 5　正式人员工资情况表

姓名	基本工资 / 元	岗位工资 / 元
韩明	15 000	1 000
赵科	10 000	800
王涵	6 000	600
李兰	5 500	500
白虹	7 000	600
孙静	5 000	500
冯元	6 000	700
李萍	5 000	400
张帆	6 500	800
陈方	4 000	400
张萌	4 500	450
田源	4 000	400

（7）1 月份工资变动情况

考勤情况：白虹请事假 2 天，李萍请事假 1 天。

孙静、陈方因岗位发生变动，岗位工资各增加 200 元。

（8）工资分摊

应付工资总额等于工资项目“应发合计”，工会经费、职工教育经费、社会保险金也以此为计提基数。

工资费用分配的转账分录，如表 6 和表 7 所示。

表 6　工资费用分配转账分录（附 1）

<table>
<tr><th colspan="2" rowspan="2">部门</th><th colspan="2">应付工资</th><th colspan="2">工会经费（2%）</th></tr>
<tr><th>借方科目</th><th>贷方科目</th><th>借方科目</th><th>贷方科目</th></tr>
<tr><td>总经理办公室、财务部、采购部、1 号仓库</td><td>企业管理人员</td><td>66 0201</td><td>221 101</td><td rowspan="4">660 207</td><td>221 103</td></tr>
<tr><td>销售部</td><td>销售人员</td><td>6 601</td><td>221 101</td><td>221 103</td></tr>
<tr><td rowspan="2">一车间、二车间</td><td>车间管理人员</td><td>510 101</td><td>221 101</td><td>221 103</td></tr>
<tr><td>生产人员</td><td>500 102</td><td>221 101</td><td>221 103</td></tr>
</table>

表 7　工资费用分配转账分录（附 2）

<table>
<tr><th colspan="2" rowspan="2">部门</th><th colspan="2">应付工资</th><th colspan="2">工会经费（2%）</th></tr>
<tr><th>借方科目</th><th>贷方科目</th><th>借方科目</th><th>贷方科目</th></tr>
<tr><td>总经理办公室、财务部、采购部、1 号仓库</td><td>企业管理人员</td><td rowspan="2">660 208</td><td>221 104</td><td rowspan="2">660 209</td><td>221 105</td></tr>
<tr><td>销售部</td><td>销售人员</td><td>221 104</td><td>221 105</td></tr>
</table>

（续表）

部门		应付工资		工会经费（2%）	
		借方科目	贷方科目	借方科目	贷方科目
制造中心	车间管理人员	660 208	221 104	660 209	221 105
	生产人员		221 104		221 105

注：生产人员工资系生产家用电脑。

2. 临时人员工资类别

（1）基本信息

工资类别名称：临时人员。

部门选择：一车间、二车间。

（2）人员档案

临时人员档案如表 8 所示。

表 8　临时人员档案表

人员编号	人员姓名	部门名称	人员类别	账号	中方人员	是否计税	是否核算计件工资
311	余江	一车间	生产人员	20220010031	是	是	是
321	刘飞	二车间	生产人员	20220010032	是	是	是

（3）工资项目

临时人员工资项目包括计件工资、应发合计、代扣税、扣款合计、实发合计。

（4）个人所得税税率

和正式人员一样，临时人员的个人所得税税率按照国家现行规定，实施累计预扣预缴个人所得税的计算方法，个人所得税免征额即扣税基数为 5 000 元。

（5）计件工资标准

临时人员计件工资标准为按工序计件。

工序档案包括两项：01 组装，02 检验。

计件工资工价如表 9 所示。

表 9　计件工资工价表

部门	方案编号	方案名称	工时	计件单价 / 元
一车间	01	组装工时	组装	30
二车间	02	检验工时	检验	20

（6）临时人员计件工资统计

临时人员计件工资统计如表 10 所示。

表 10 临时人员计件工资统计表

人员姓名	日期	组装工时	检验工时
余江	2022-01-31	200	
刘飞	2022-01-31		260

（7）计件工资汇总

工资分摊不作要求。

（五）汇总工资类别

将正式人员和临时人员工资类别进行汇总。

（六）月末处理

将正式人员和临时人员工资类别分别进行月末处理。

五、实验要求

以账套主管“102 赵科”的身份进行工资业务处理。

六、操作指导

（一）在 U8$^+$ 企业应用平台启用薪资管理系统

（1）执行“新道 U8$^+$”—“U8$^+$ 企业应用平台”命令，打开“登录”对话框，以账套主管“102 赵科”的身份登录。

（2）执行“业务导航”—“基础设置”—“基本信息”—“系统启用”，打开“系统启用”对话框。选中“WA 薪资管理”复选框，弹出“日历”对话框，选择薪资管理系统启用日期“2022 年 1 月 1 日”。单击“确定”按钮，系统弹出“确实要启用当前系统吗？”信息提示对话框，单击“是”按钮返回。

（3）同理，启用“PR 计件工资管理”模块。单击“退出”按钮。

（4）进入“U8$^+$ 企业应用平台”，打开“业务工作”选项卡，选择“人力资源”中的“薪资管理”选项，打开“建立工资套”对话框。

（二）建立工资账套

（1）在建账第一步“参数设置”中，选择本账套所需处理的工资类别个数为“多个”，默认货币名称为“人民币”，选中“是否核算计件工资”复选框，如图 1 所示。单击“下一步”按钮。

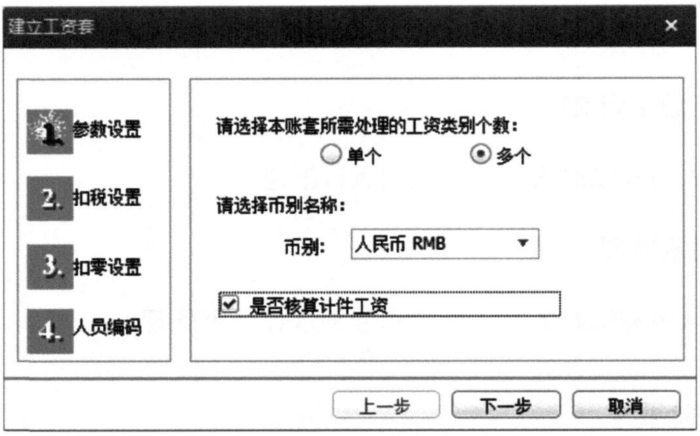

图 1　建立工资账套——参数设置

温馨提示：1. 本例中，对正式人员和临时人员分别进行核算，所以工资类别应选择多个。2. 计件工资是按计件单价支付劳动报酬的一种形式。由于对计时工资和计件工资的核算方法不同，因此在薪资管理系统中，对于企业是否存在计件工资特别设置了确认选项。选中该项，系统自动在工资项目设置中显示“计件工资”项目，在人员档案中“核算计件工资”项目可选。

（2）在建账第二步“扣税设置”中，选中“是否从工资中代扣个人所得税”复选框，单击“下一步”按钮。

温馨提示：选择代扣个人所得税后，系统将自动生成工资项目“代扣税”，并自动进行代扣税金的计算。

（3）在建账第三步“扣零设置”中，不作选择，直接单击“下一步”按钮。

温馨提示：用户一旦选择了“扣零设置”，系统则自动在固定工资项目中增加“本月扣零”和“上月扣零”两个项目。扣零的计算公式将由系统自动定义，无须设置。

（4）在建账第四步“人员编码”中，系统要求和公共平台中的人员编码保持一致，单击“完成”按钮。

温馨提示：建账完成后，部分建账参数可以在“设置”—“选项”中进行修改。

（三）工资项目设置

（1）在薪资管理系统中，执行“设置”—“工资项目设置”命令，打开“工资项目设置”对话框。

（2）单击“增加”按钮，工资项目列表中增加一空行。单击“名称参照”下拉列表框，从下拉列表中选择“基本工资”选项。

（3）双击“类型”栏，单击下拉列表框，从下拉列表中选择“数字”选项。

（4）“长度”采用系统默认值“8”，双击“小数”栏，单击微调框的上三角按钮，将小数设置为“2”。

（5）双击“增减项”栏，单击下拉列表框，从下拉列表中选择“增项”选项。单击“增加”按钮，增加其他工资项目。

（6）单击“确认”按钮，系统弹出“工资项目已经改变，请确认各工资类别的公式是否正确，否则计算结果可能不正确”信息提示对话框，单击“确定”按钮。

温馨提示：1. 系统提供若干常用工资项目供参考，可选择输入。对于参照中未提供的工资项目，可以双击“工资项目名称”一栏直接输入，或先从“名称参照”中选择一个项目，然后单击“重命名”按钮修改为需要的项目。2. 这里设置的工资项目是不同工资类别之间共享的，在建立不同工资类别的工资项目时，只能从这里设置的项目中选择，这里设置的项目就是公共项目。项目相同，便于对不同类别的工资数据进行汇总和分析。

（四）银行设置

执行“业务导航”—“基础设置”—“基础档案”—“收付结算”—“银行档案”命令，打开“银行档案”对话框。单击“增加”按钮，增加“01001 中国工商银行北京复兴路支行”，默认个人账号为“定长”、账号长度为“11”，自动带出个人账号长度“7”，单击“返回”按钮。

（五）正式人员工资类别工资处理

1. 建立正式人员工资类别

（1）在薪资管理系统中，执行“工资类别”—“新建工资类别”命令，打开“新建工资类别”对话框，在文本框中输入第一个工资类别“正式人员”，单击“下一步”按钮。

（2）选中“选定全部部门”复选框，单击“完成”按钮，系统弹出“是否以 2022-01-01 为当前工资类别的启用日期？”信息提示对话框。单击“是”按钮，返回薪资管理系统，自动进入该工资类别。

2. 设置人员档案

（1）薪资管理系统各工资类别中的人员档案一定是来自企业应用平台基础档案设置中的人员档案。U8+ 企业应用平台中设置的人员档案是企业全部的职工信息，薪资管理系统中的人员档案是需要进行工资发放和管理的人员，它们之间是包含关系。

（2）执行“业务导航”—“基础设置”—“基础档案”—“机构人员”—“人员”—“人员档案”命令，根据资料信息增加人员档案。

（3）在薪资管理系统中，执行“设置”—“人员档案”命令，进入“人员档案”窗口。单击工具栏上的“批增”按钮，打开“人员批量增加”对话框，在左侧的“正式人员”列表框中，选中所有部门。单击右上方“查询”按钮，所选部门下的人员档案出现在右下侧列表框中。单击“确定”按钮，返回“人员档案”窗口。

（4）单击“修改”按钮，打开“人员档案明细”对话框，补充输入银行名称及账号信息，去掉核算计件工资选项。

（5）单击“确定”按钮，系统弹出“写入该人员档案信息吗？”信息提示框，单击“确定”按钮。全部完成后，最后单击工具栏上的“退出”按钮。

3. 选择工资项目

（1）执行“设置”—“工资项目设置”命令，打开“工资项目设置”对话框。

（2）打开“工资项目设置”选项卡，单击“增加”按钮，工资项目列表中增加一空行。单击“名称参照”下拉列表框，从下拉列表中选择“基本工资”选项，工资项目名称、类型、长度、小数、增减项都自动带出，不能修改。

（3）单击“增加”按钮，增加其他工资项目。

（4）所有项目增加完成后，单击“工资项目设置”对话框上的“上移”和“下移”等按钮，按照实验资料所给顺序调整工资项目的排列位置，如图 2 所示。

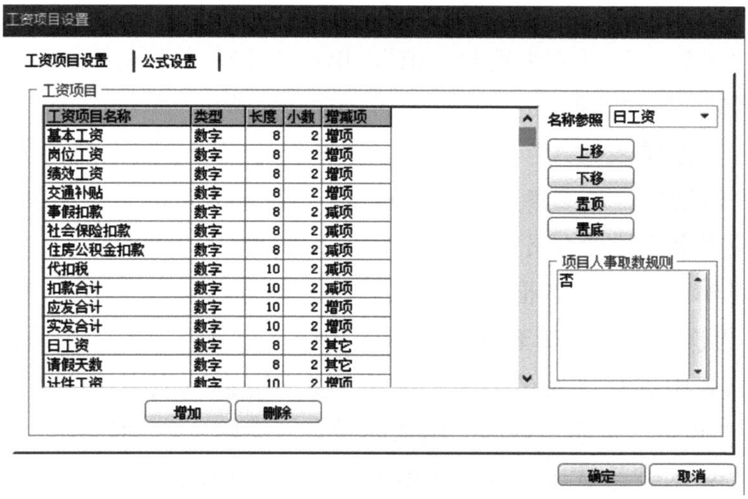

图 2　正式人员工资类别工资项目

温馨提示：1. 工资项目不能重复选择；2. 没有选择的工资项目不允许在计算公式中出现；3. 不能删除已输入数据的工资项目和已设置计算公式的工资项目。

4. 设置计算公式

（1）设置公式：日工资 = 基本工资 /22

①在“工资项目设置”对话框中，打开“公式设置”选项卡，单击“增加”按钮，在工资项目列表中增加一空行。单击该行，在下拉列表中选择“日工资”选项。

②单击“公式定义”文本框，单击工资项目列表中的“基本工资”。单击运算符“/”，在“/”后单击，输入数字“22”，单击“公式确认”按钮。

（2）设置公式：事假扣款 = 请假天数 ×80

①单击“增加”按钮，在工资项目列表中增加一空行。单击该行，在下拉列表中选择“事假扣款”选项。

②单击“公式定义”文本框，单击工资项目列表中的“请假天数”，单击运算符“*”，在“*”后单击，输入数字“80”，单击“公式确认”按钮。

（3）设置公式：交通补贴 =iff(人员类别 = " 企业管理人员 " OR 人员类别 = " 车间管理人员 " , 1000, 600)

①单击“增加”按钮，在工资项目列表中增加一空行。单击该行，在下拉列表框中选择“交通补贴”选项。

②单击“公式定义”文本框，再单击“函数公式向导输入”按钮，打开

“函数向导——步骤之 1”对话框。

③从“函数名”列表中选择“iff”，单击“下一步”按钮，打开“函数向导——步骤之 2”对话框。

④单击“逻辑表达式”参照按钮（逻辑表达式一栏后面的白色方框），打开“参照”对话框。从“参照”下拉列表中选择“人员类别”选项，从下面的列表中选择“企业管理人员”，单击“确定”按钮。

⑤在逻辑表达式文本框中的公式后单击鼠标，输入“OR”后（OR 前后有空格），再次单击“逻辑表达式”参照按钮，出现“参照”对话框。从“参照”下拉列表中选择“人员类别”选项，从下面的列表中选择“车间管理人员”，单击“确定”按钮，返回“函数向导——步骤之 2”对话框。

⑥在“算术表达式 1”后的文本框中输入“1 000”，在“算术表达式 2”后的文本框中输入“600”，如图 3 所示。单击“完成”按钮，返回“公式设置”窗口，再单击“公式确认”按钮。

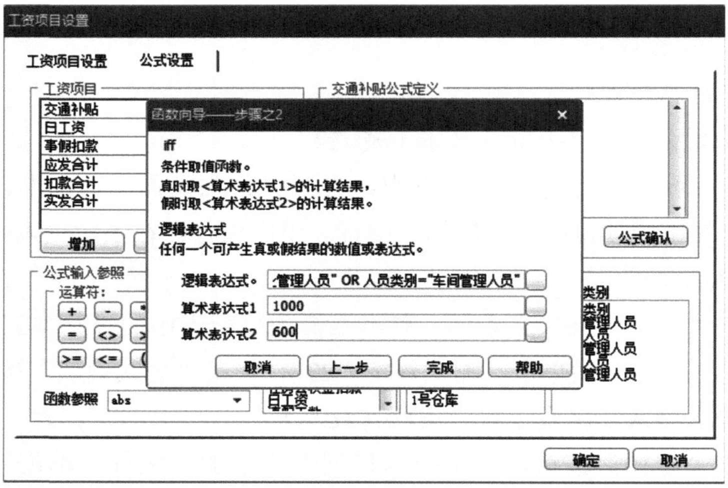

图 3　公式设置

⑦自行设置社会保险扣款和绩效工资的计算公式，单击“确定”按钮，退出公式设置。

5. 设置所得税纳税基数

（1）执行“设置”—“选项”命令，打开“选项”对话框。单击“编辑”按钮，打开“扣税设置”选项卡，选择税款所属期后面的选项为“当月”。单击“税率设置”按钮，打开“个人所得税申报表——税率表”对话框。

（2）设置所得税纳税基数为“5 000”，附加费用为“0”，然后按照实验资料所给的税率表与系统中应纳税所得额上限、税率和速算扣除数进行比较，如图4所示。单击“确定”按钮返回。

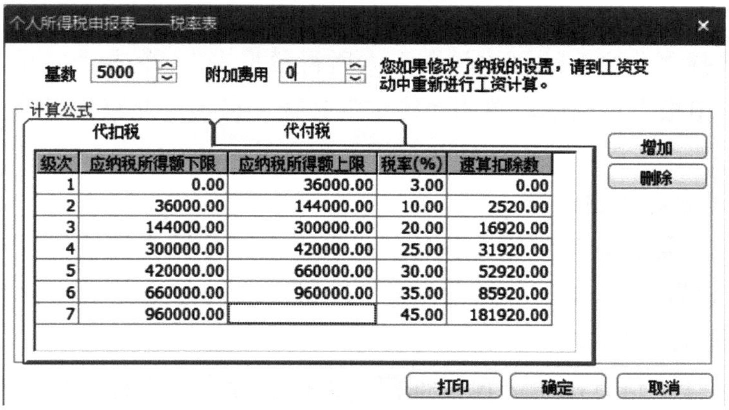

图4　个人所得税税率表设置

6. 输入正式人员基本工资数据

（1）执行“业务处理”—“工资变动”命令，进入“工资变动”窗口。单击“过滤器”下拉列表框，从中选择“过滤设置”选项，打开“项目过滤”对话框。

（2）选择“工资项目”列表框中的“人员编号”“姓名”“基本工资”和“奖励工资”选项，单击“>”按钮，将这四项选入“已选项目”列表框中。

（3）单击“确认”按钮，返回“工资变动”窗口，此时，每个人的工资项目只显示两项。输入“正式人员”工资类别的工资数据。

温馨提示：这里只需输入没有进行公式设定的项目，如基本工资、奖励工资和请假天数，其余各项由系统根据计算公式自动计算生成。

（4）单击“过滤器”下拉列表框，从中选择“所有项目”选项，屏幕上显示所有工资项目。

7. 输入正式人员工资变动数据

在薪资管理系统“工资变动”窗口，在“请假天数”栏输入考勤情况：白虹请事假2天，李萍请事假1天。在“岗位工资”栏输入变动情况：孙静变为700元，陈方变为600元。

8. 数据计算与汇总

（1）在“工资变动”窗口中，单击工具栏上的“计算”按钮，计算工资数据。

（2）单击工具栏上的“汇总”按钮，汇总工资数据。单击工具栏上的

“退出”按钮，退出“工资变动”窗口。

9. 查看个人所得税

执行“业务处理”—“扣缴所得税”命令，打开“个人所得税申报模板”对话框。选择“北京”地区“扣缴个人所得税报表”，单击“打开”按钮，打开“所得税申报”对话框。单击“确定”按钮，进入“北京扣缴个人所得税报表”窗口。

10. 工资分摊类型设置

（1）在薪资管理系统中，执行“设置”—“分摊类型设置”命令，打开“分摊类型设置”窗口。单击“增加”按钮，输入分摊类型名称为“应付工资”、分摊比例为“100%”、凭证类别为“转账凭证”。

（2）选择需进行工资分摊的部门，根据实验资料进行设置。返回“分摊类型设置”对话框，如图 5 所示。

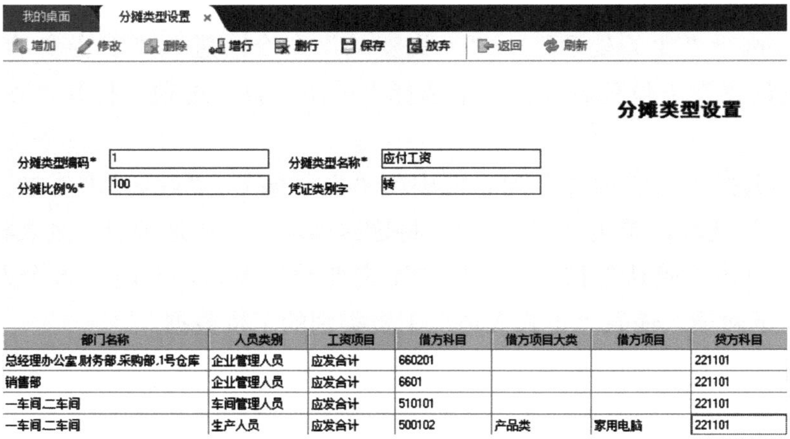

图 5　工资分摊类型设置

（3）继续设置工会经费、职工教育经费、社会保险金等分摊计提项目。

11. 工资费用分摊

（1）执行“业务处理”—“工资分摊”命令，打开“工资分摊”对话框。选择需要分摊的计提费用类型，确定分摊计提的月份为“2022-01”。

（2）选择核算部门：管理中心、供销中心、制造中心、仓储部，选中“明细到工资项目”复选框，单击“确定”按钮，打开“应付工资一览表”对话框。

（3）选中“合并科目相同、辅助项相同的分录”复选框，如图 6 所示。

部门名称	人员类别	应发合计						
		分配金额	借方科目	借方项目大类	借方项目	贷方科目	贷方项目大类	贷方项目
总经理办公室	企业管理人员	18500.00	660201			221101		
财务部		28550.00	660201			221101		
销售部		7000.00	6601			221101		
采购部		6900.00	660201			221101		
一车间	车间管理人员	8950.00	510101			221101		
	生产人员	5400.00	500102	产品类	家用电脑	221101		
1号仓库	企业管理人员	12200.00	660201			221101		

图 6　应付工资一览表

（4）单击工具栏上的“制单”按钮，即生成记账凭证，如图 7 所示。

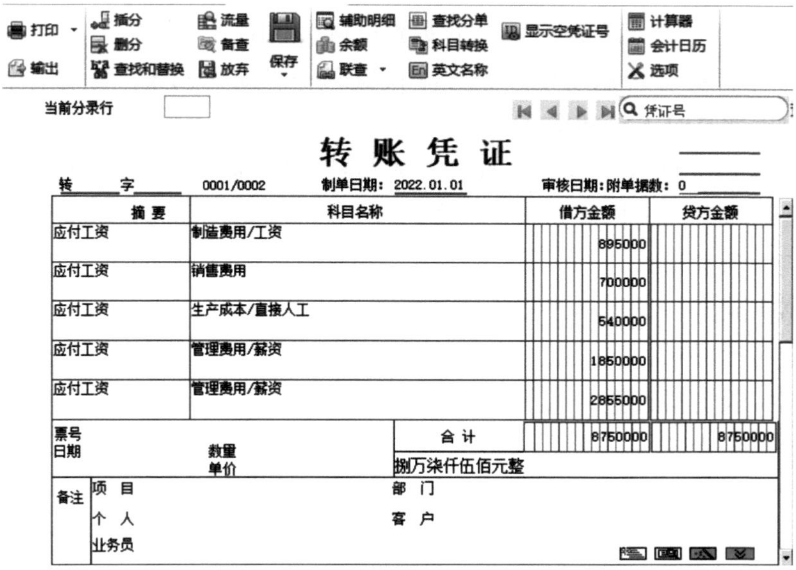

图 7　应付工资转账凭证

（5）检查无误后，单击“保存”按钮，凭证左上角出现“已生成”字样，代表该凭证已传递到总账管理系统，单击“退出”按钮，返回“工资分摊明细”窗口。

（6）从左上角“类型”下拉列表中选择“工会经费”，选中“合并科目相同、辅助项相同的分录”复选框，单击“制单”按钮，生成转账凭证。同理，生成职工教育经费、社会保险金转账凭证。

12. 关闭工资类别

执行“工资类别”—“关闭工资类别”命令，系统弹出“已关闭工资类别”信息提示框，单击“确定”按钮返回。

（六）临时人员工资类别工资处理

1. 建立临时人员工资类别

（1）执行“工资类别”—“新建工资类别”命令，打开“新建工资类别”对话框。在文本框中输入第二个工资类别“临时人员”，单击“下一步”按钮。

（2）单击鼠标，选择制造中心下级部门一车间、二车间，单击“完成”按钮，系统弹出“是否以 2022-01-01 为当前工资类别的启用日期？”信息提示对话框，单击“是”按钮，进入临时人员工资类别。

2. 人员档案设置

（1）执行“业务导航”—“基础设置”—“基础档案”—“机构档案”—“人员”—“人员档案”命令，根据实验资料增加临时人员档案。

（2）在薪资管理系统中，执行“设置”—“人员档案”命令，在“人员档案”中批增临时人员档案。

（3）单击“修改”按钮，打开“人员档案明细”对话框，补充输入银行名称及账号信息，选择核算计件工资选项。

3. 工资项目设置

根据实验资料设置本工资类别工资项目，并排列次序。

4. 个人所得税税率设置

根据实验资料设置个人所得税率表。

5. 计件要素设置

执行“业务导航”—“人力资源”—“计件工资”—“设置”—“计件要素设置”命令，打开“计件要素设置”对话框，查看是否包括“工序”计件要素且为“启用”状态。

6. 工序设置

（1）在“U8+ 企业应用平台”，执行“基础设置”—“基础档案”命令，选择“生产制造”—“标准工序资料维护”，进入“标准工序资料维护”窗口。

（2）单击“增加”按钮，增加“组装”和“检验”两种工序，如图 8 所示。

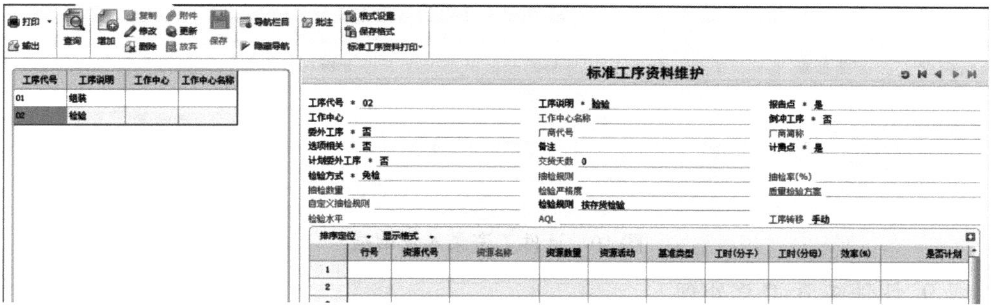

图 8　工序设置

7. 计件工价设置

在计件工资设置中，执行“设置”—“计件工价设置”命令，进入“计件工价设置”窗口。单击“增加”按钮，根据实验资料输入计件工价，如图 9 所示。选择全部计价工价，再单击“审核”完成。

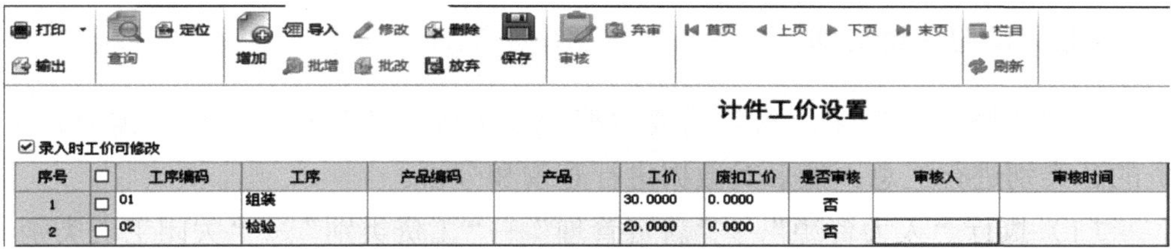

图 9　计件工价设置

8. 计件工资统计

（1）在计件工资设置中，执行“个人计件”—“计件工资录入”命令，进入“计件工资录入”窗口。选择工资类别为“临时人员”、部门为“制造中心”，单击“批增”—“人员录入”按钮，进入“计件数据录入”窗口。

（2）选择人员“余江”，选择计件日期“2022-01-31”。单击“增行”按钮，输入组装工时“200”，单击“确定”按钮。

（3）同理，输入其他计件工资统计数据。

（4）全部输入完成后，先单击“计算”按钮，再执行“审核”—“全部审核”命令，对录入的计件工资数据进行审核，如图 10 所示。

图 10　计件工资录入及审核

9. 计件工资汇总处理

执行“人力资源”—“计件工资”—“汇总”—“计件工资汇总”命令，选择工资类别为“临时人员”、部门为“全部”，单击“汇总”按钮，进行计件工资汇总处理。

温馨提示：录入的计件工资，只有审核后才能进行汇总。只有进行了汇总，计件工资数据才能传送到工资变动数据录入中。

（七）汇总工资类别

在日常财务处理中，常常需要掌握职工工资的总体情况，这就需要将工资的各类别进行汇总，然后对数据进行查询和分析。

（1）执行“人力资源”—“薪资管理”—“工资类别”—“关闭工资类别”命令，执行“维护”—“工资类别汇总”命令，打开“选择工资类别”对话框。

（2）选择要汇总的工资类别，单击“确定”按钮，完成工资类别汇总。系统会显示生成新的工资类别“998 汇总工资类别”。

（3）执行“工资类别”—“打开工资类别”命令，打开“选择工资类别”对话框。选择“998 汇总工资类别”，单击“确认”按钮，查看工资类别汇总后的各项数据。

温馨提示：1. 该功能必须在关闭所有工资类别时才可以使用。2. 所选工资类别中必须有汇总月份的工资数据。3. 如果是第一次进行工资类别汇总，需在汇总工资类别中设置工资项目计算公式。如果每次汇总的工资类别一致，则公式无须重新设置。如果与上一次所选择的工资类别不一致，则需重新设置计算公式。4. 汇总工资类别不能进行月末结算和年末结算。

（八）账表查询

查看工资分钱清单、个人所得税扣缴申报表、各种工资表。

（九）月末处理

（1）打开正式人员工资类别，执行“业务处理”—“月末处理”命令，打开“月末处理”对话框。单击“确定”按钮，系统弹出“月末处理之后，本月工资将不许变动，继续月末处理吗？”信息提示对话框。单击“是”按钮，系统继续弹出“是否选择清零项？”信息提示对话框。单击“是”按钮，打开“选择清零项目”对话框。

（2）在“请选择清零项目”列表框中，选择“请假天数”“事假扣款”项目，单击“>”按钮，将所选项目移动到右侧的列表框中。

（3）单击“确定”按钮，系统弹出“月末处理完毕！”信息提示对话框，单击“确定”按钮返回。

（4）依此类推，完成“临时人员”工资类别的月末处理。

温馨提示：1. 月末结转只有在会计年度的 1 月至 11 月进行；2. 如果是处理多个工资类别，则应打开工资类别，分别进行月末结算；3. 进行期末处理后，当月数据不再允许变动；4. 月末处理功能只有主管人员才能使用。

第6章 固定资产管理系统

6.1 固定资产管理系统概述

固定资产，是指为生产商品、提供劳务、出租或经营管理而持有的，使用寿命超过一个会计年度的有形资产。加强固定资产的核算与管理是一项重要的工作。利用固定资产管理系统：一方面，能够进行固定资产增减变动的处理，进行相关业务的核算，生成转账凭证，自动传递到总账管理系统和成本核算系统；另一方面，系统提供大量的固定资产账表信息，为单位加强固定资产管理提供依据。

6.1.1 固定资产管理系统的主要功能

固定资产管理系统的主要功能包括初始设置、日常业务处理、期末处理等方面。

1. 初始设置

完成对固定资产日常核算和管理所必需的各种系统参数和基本信息的设置，并录入固定资产原始卡片数据。系统参数设置主要有设置启用月份、折旧方法、折旧汇总分配周期、资产类别编码方式、固定资产编码方式、与账务系统对账科目等内容。基本信息设置主要有设置部门对应折旧科目、资产类别、增减方式、使用状况、卡片项目、卡片样式、折旧方法等内容。

2. 日常业务处理

日常业务处理即对固定资产的增减变动进行管理，包括更新卡片、资产评估、资产盘点、生成转账凭证、各种账表信息查询等。

3. 期末处理

期末处理包括对固定资产计提折旧、与总账管理系统对账和期末结账等内容。

6.1.2 固定资产管理系统与其他系统的关系

固定资产管理系统和基础设置、总账管理系统、成本管理系统、报表系统都有数据传递关系。

固定资产管理系统与基础设置模块共享数据，可以直接调用在基础设置中设置的会计科目等基础资料；固定资产管理系统将固定资产增减变动业务生成的转账凭证传递到总账管理系统中，并且两个系统可以互相查询凭证；报表系统也可以从固定资产管理系统中提取数据，生成财务报表；固定资产管理系统生成的计提折旧的凭证能够传递到成本管理系统，为成本核算提供数据。

6.1.3 固定资产管理系统的业务处理流程

固定资产管理系统业务处理流程如图 6-1 所示。

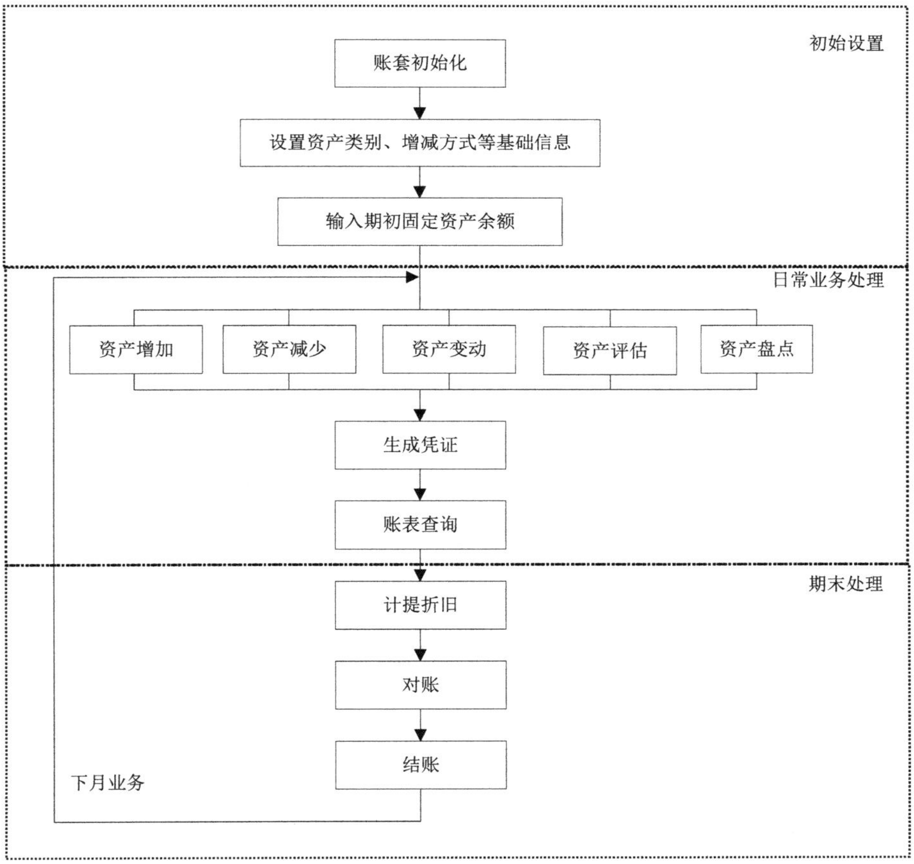

图 6-1 固定资产管理系统业务处理流程图

6.2 固定资产管理系统初始设置

初始设置的作用在于建立固定资产管理系统需要的基础环境，并录入固定资产原始卡片。通过初始设置，能够对固定资产账套进行参数设置，完成资产类别、部门对应折旧科目等基础信息的设置，以及录入固定资产原始卡片等工作。

6.2.1 固定资产账套初始化

固定资产账套初始化，是指在遵循企业会计准则关于固定资产核算规定的前提下，设置企业处理固定资产业务时所需要的参数，以及设置一些基本的对账科目等内容。

用户第一次启用固定资产管理系统时，系统会自动弹出初始化账套向导对话框，提示应该遵守的约定及说明、启用月份、折旧信息、编码方式、账务接口等内容。

1. 约定及说明

该部分内容给出了进行固定资产核算与管理时应遵守的基本规则，用户必须遵守这些规则才能进一步启用固定资产管理系统进行后续设置，以及进行相应业务的处理。

2. 启用月份

此处的启用月份就是用户在启用固定资产系统时设置的月份，不能修改。

3. 折旧信息

折旧信息即选择本账套是否计提折旧。计提折旧时，选择对应的折旧方法和折旧汇总分配周期。

4. 编码方式

设置资产类别编码方式、固定资产编码方式以及自动编号时的序号长度。

5. 账务接口

设置固定资产管理系统与总账管理系统对账时，固定资产和累计折旧的对账科目。

6.2.2 基础信息设置

1. 部门对应折旧科目

企业会计准则规定，不同用途的固定资产计提折旧时，其折旧费要计入不同的会计科目中。如：行政管理部门使用的固定资产，其折旧费要计入“管理费用”科目；生产部门使用的固定资产，其折旧费要计入“制造费用”科目；销售部门使用的固定资产，其折旧费要计入“销售费用”科目；等等。设置部门对应折旧科目的目的在于将不同的部门和不同的费用科目相对应，在后续计提折旧以及生成记账凭证时，系统自动将该部门使用的固定资产折旧费计入相关科目中，从而减少后续业务工作量。

2. 资产类别

设置资产类别的目的在于将固定资产划分为若干类别，从而提高管理效率。企业可根据实际情况，将固定资产划分为若干类别。

3. 资产组

资产组是企业可以认定的最小资产组合，区分的依据是可以产生独立的现金流入。比如，我们可以把同一个生产线中的资产划分为一个资产组。资产组与固定资产类别不同，同一资产组中的资产可以分属不同的固定资产类别。在计提减值准备时，企业有时需要以资产组为单位进行计提。企业可根据自身管理要求确定合理的资产组分类方法。

4. 增减方式

设置增减方式的作用在于设置不同的固定资产增加方式、减少方式，以及不同的增、减方式对应的入账科目。当企业发生固定资产增加、减少业务时，系统根据设置的增减方式自动生成记账凭证，从而减少后续业务的工作量。常用的固定资产增加方式有直接购入、投资者投入、融资租入、盘盈、接受捐赠、在建工程转入等。常用的固定资产减少方式有出售、投资转出、融资转出、捐赠转出、盘亏、报废、毁损等。

5. 使用状况

从固定资产核算和管理的角度，需要明确资产的使用状况：一方面，可以正确地计算和计提折旧；另一方面，便于统计固定资产的使用情况，提高资产的利用效率。系统预置的使用状况有使用中（在用、季节性停用、经营性出租、大修理停用）、未使用、不需用三种类型。

6. 折旧方法

在 U8$^+$ 系统中，计提固定资产折旧是系统根据折旧方法自动进行的，企业可以根据实际情况，设置本单位计提固定资产折旧的方法。折旧方法包括直线法、工作量法、双倍余额递减法、年限总和法。系统预设了一些折旧方法，用户既可以使用系统提供的折旧方法，也可以自定义折旧方法。

7. 卡片项目

卡片项目是构成固定资产卡片的基本内容。系统预设了一些卡片项目，这些项目称为系统项目。系统项目不能删除、修改。用户可根据单位实际情况，自定义卡片项目。

8. 卡片样式

卡片样式指卡片的显示格式，包括格式（表格线、对齐形式、字体、字号、字形等）、所包含的项目和项目的位置等。系统预设了卡片样式，但由于不同单位使用的卡片样式可能不同，即使是同一单位内部，对不同的资产也会由于管理内容和侧重点的不同而使用不同样式的卡片，因此系统提供了卡片样式自定义功能。用户可以增加新的卡片样式，还可以对已有的卡片样式进行修改、删除等。

修改一个使用过的卡片样式，会影响到已使用该样式录入的卡片，已使用（类别设置中已选用或已使用该样式录入卡片）的样式不允许删除。

9. 凭证摘要设置

为了快速地、成批地、有效地生成凭证的摘要内容，系统可设置每一种制单类型的凭证摘要。在制单时，自动带出凭证摘要，减少用户手工输入。

6.2.3 期初余额录入

期初余额，是指固定资产管理系统投入使用前，企业已有的固定资产。这些固定资产的信息保存在固定资产卡片账上，对于本系统而言，就叫原始卡片。录入固定资产的期初余额，就是将原始卡片所记载的信息录入固定资产管理系统中，从而实现手工业务处理向信息系统处理的转变。

录入期初余额后，可以对固定资产卡片进行浏览、修改、删除等操作。

期初余额录入完成后，可以通过“对账”功能和总账管理系统进行对账，以保证固定资产管理系统录入的期初余额和总账管理系统录入的期初余额相等。

6.3 固定资产管理系统日常业务处理

固定资产的日常业务处理，主要是对本月固定资产的增加、减少、变动、评估、盘点等业务进行的处理，生成记账凭证，进行账表查询。

6.3.1 固定资产增加

固定资产增加操作也称为“录入新卡片”，与“录入原始卡片”相对应。

本月通过购进或通过其他方式增加企业资产时，该部分资产通过“资产增加”操作录入系统。资产通过哪种方式录入，在于资产的开始使用日期，只有当开始使用日期的期间与录入的期间相同时，才能通过“资产增加”录入。

6.3.2 采购资产

同时使用采购系统和本系统时，采购系统中业务类型为“固定资产”采购的入库单，结算后可以传到本系统结转生成卡片，该部分操作称作“采购资产”，也称作“采购资产卡片录入”。

通过采购资产的方式增加固定资产时，应注意以下几点。

（1）通过存货档案设置功能将该固定资产设置为存货，存货属性包括“外购”“资产”。

（2）设置固定资产对应的仓库档案，仓库档案设置为“资产仓”。

（3）在采购管理系统进行采购结算后，该固定资产的采购入库单传递到本系统结转生成卡片。

（4）在应付款系统生成该固定资产的增加凭证，借记“固定资产”“应交税费——应交增值税（进项税额）”等科目，贷记“应付账款”或“银行存款”等科目。

（5）具有“资产”属性的存货在固定资产管理系统进行核算与管理，不在库存管理系统和存货核算系统进行核算与管理。

6.3.3 固定资产减少

固定资产减少，是指资产在使用过程中，由于毁损、出售、盘亏等退出企业使用时进行的操作。系统提供资产减少的批量操作，为同时清理一批资产提供方便。

根据企业会计准则的规定，本月减少的资产仍要计提折旧。因此在进行资产减少操作之前，要计提折旧，否则系统不支持资产减少操作。

对于误减少的资产可以进行撤销操作，即恢复已减少的资产。在卡片管理界面中，从卡片列表上的下拉框中选择“已减少资产”，则列示的是已减少的资产集合，双击任一行，可查看该资产的卡片。资产减少的恢复功能是一个纠错的功能，当月减少的资产可以恢复，不能恢复上月减少的资产。

6.3.4 固定资产变动

1. 原值变动

资产在使用过程中，发生下列情况时，可进行固定资产的原值变动处理：（1）根据国家规定对固定资产重新估价；（2）增加补充设备或改良设备；（3）将固定资产的一部分拆除；（4）根据实际价值调整原来的暂估价值；（5）发现原记固定资产价值有误的。发生上述情况时，用户可以通过原值变动功能调整固定资产原值。原值变动包括原值增加和原值减少两部分。

原值变动是通过输入变动单来完成的。系统根据变动单的信息自动改变固定资产卡片上的相应项目。根据变动单可以生成相应的记账凭证。

必须保证变动后的净值大于等于变动后的净残值。

选项“变动单生效原则”中“原值增减变动当期生效”被选中，则该变动单在本月计提折旧时生效；反之，则该变动单在下月计提折旧时生效。

2. 部门转移

部门转移，是指固定资产在使用过程中因内部调配而发生的部门变动。例如，行政管理部门使用的固定资产转移到生产车间使用。当固定资产的使用部门发生变动时，要及时进行部门转移处理，否则影响折旧费的分配。

当月录入的新增卡片不能进行部门转移。

3. 使用状况调整

固定资产在使用过程中，使用状况发生的变化可通过使用状况调整功能实现。

4. 折旧方法调整

固定资产折旧方法一经确定，通常一年内不再变动。但遇到特殊情况时，也可以改变固定资产的折旧方法。折旧方法改变了的固定资产，当月按变动后的折旧方法计提折旧。

固定资产的所属类别是要计提折旧的资产时，调整后的折旧方法不能为“不提折旧”。

固定资产的所属类别是不计提折旧的资产时，其折旧方法不能调整。

5. 使用年限调整

固定资产使用过程中，由于科技进步、大修理等可能出现资产使用年限发生变动的情况，这时可通过本功能调整固定资产的使用年限。固定资产调整的当月就按调整后的年限计提折旧。

6. 累计折旧调整

资产在使用过程中，由于补提折旧或多提折旧需要调整已经计提的累计折旧时，可通过累计折旧调整功能实现。

6.3.5 减值准备

1. 减值准备期初

在系统启用之前，对于原始卡片，通常都已经计提固定资产减值准备，而且这些减值准备都已经记账，因此需要在系统中录入固定资产减值准备的期初金额，以便进行正确的统计查询。由于这些减值准备已经登记账簿，所以不需要再记账。

只有原始卡片才能录入减值准备期初，且只能录入一次。

2. 计提减值准备

企业应当在期末或至少在每年年度终了，对固定资产逐项进行检查。如果由于市价持续下跌或技术陈旧等导致其可回收金额低于账面价值，应当将可回收金额低于账面价值的差额作为固定资产减值准备。固定资产减值准备按单项资产计提。

3. 转回减值准备

如已计提的固定资产价值又得以恢复，应在原已计提的减值准备范围内转回。《企业会计准则第 8 号——资产减值》第十七条规定："资产减值损失一经确认，在以后会计期间不得转回。"

6.3.6 资产评估

根据业务需要或国家要求，需要对部分资产或全部资产进行评估和重估。资产评估的功能包括以下三项。

（1）将评估机构的评估数据手工录入或以公式定义方式录入系统中。

（2）根据国家要求，手工录入评估结果或根据定义的评估公式生成评估结果。

（3）资产评估功能提供可评估的资产内容，包括原值、累计折旧、净值、使用年限、工作总量、净残值率。

6.3.7 资产盘点

企业要定期对固定资产进行清查，至少每年清查一次。清查通过盘点实现。系统将固定资产盘点简称为资产盘点，是在对固定资产进行实地清查后，将清查的实物数据录入固定资产系统，通过实存数与账面数据比对，由系统自动生成盘点结果清单的过程。盘点单的录入项可以按业务需要选择卡片项目。资产盘点的基本步骤如下。

（1）生成盘点单。通过资产盘点命令录入实有数，生成一张盘点单。

（2）生成盘点结果清单。单击“核对”按钮，系统根据当前盘点单中的数据，自动与系统内盘点日期的卡片数据相比较，生成盘点结果清单。可以查看固定资产是与实际相符还是出现了盘盈、盘亏，也可以单独查看盘盈及盘亏的资产清单。盘点结果清单仅供查看，不能保存，不能编辑。

（3）盘盈、盈亏确认。执行盘盈、盈亏确认命令，对盘盈、盘亏结果进行审核，录入处理意见。

（4）盘盈、盘亏处理。企业对资产的盘点结果进行审核之后，要对盘盈、盘亏的资产进行处理。如果是资产盘亏，则在盘亏处理之前先进行资产计提折旧操作，然后再进行盘亏处理。

6.3.8 凭证处理

进行固定资产的增减变动处理后，要根据变动的业务生成记账凭证。记账凭证会自动传递到总账管理系统。本系统需要制作记账凭证的情况包括资产增加（录入新卡片）、资产减少、卡片修改（涉及原值或累计折旧时）、资产评估（涉及原值或累计折旧变化时）、原值变动、累计折旧调整、计提减值准备调整、折旧分配等业务。

1. 生成记账凭证

生成记账凭证有两种方法：一种是立即制单，另一种是批量制单。

如果在选项设置中选择了“业务发生后立即制单”，则发生上述业务后，系统自动弹出记账凭证窗口，由用户将记账凭证缺省内容补充完整即可生成一张记账凭证。

如果在选项设置中未选择“业务发生后立即制单”，则业务发生后，由用户选择“批量制单”命令，选择对应的业务生成记账凭证。

2. 修改和删除记账凭证

固定资产系统生成的凭证传递到总账管理系统后，发现该凭证有误时，错误凭证的修改和删除只能在固定资产系统中进行，总账管理系统无权修改和删除本系统制作的凭证。

当修改已制单原始单据的有关金额时（如修改卡片的原值或累计折旧，修改评估单使原值或累计折旧的评估前后差额发生变化），必须对凭证作相应的处理，如删除或作红字对冲后，才允许修改。

如果要删除已制作凭证的卡片、变动单、评估单，或重新计提、分配折旧，进行资产减少的恢复等操作，必须先删除相应的凭证，否则系统将禁止这些操作。

修改本系统的凭证时，能修改的内容仅限于摘要、用户增加的分录、系统缺省分录的折旧科目等项目。系统缺省分录的金额与原始单据相关，不能修改。

3. 查询记账凭证

本系统可在两种情况下查看凭证：（1）当查看已制作凭证的原始单据（卡片、变动单、分配表、评估单）时，通过执行“处理”—“凭证”命令查看该单据的记账凭证；（2）选择“凭证查询”菜单，显示系统制作并传输到总账管理系统中的所有凭证的列表，双击任一行，可查看该凭证。

6.3.9 账表查询

固定资产管理系统提供了账表查询功能，可以查询固定资产账簿、固定资产分析表、固定资产统计表和固定资产折旧表。

1. 固定资产账簿

（1）固定资产总账，是同时按部门和类别设立的反映在一个年度内 12 个期间固定资产价值变化的账页。当部门和类别为空时，表示要查看的是全部资产。

（2）单个固定资产明细账，是为单个资产设立的序时反映该资产变化情况的账页，可联查相关的原始单据。

（3）固定资产登记簿，是按部门和类别设立的序时反映所有资产在一定期间范围内价值变化情况的账页。

（4）部门类别固定资产明细账，是按部门和类别设立的反映属于该部门和类别的所有资产序时变化情况的账页。

2. 固定资产分析表

（1）部门构成分析表，是企业内资产在各使用部门之间分布情况的分析统计。

（2）使用状况分析表，是对企业内所有资产的使用状况所作的分析汇总，以使管理者了解资产的总体使用情况，尽快将未使用的资产投入使用，及时处理不使用的资产，提高资产的利用率和发挥其应有的效能。

（3）价值结构分析表，是对企业内各类资产的期末原值和净值、累计折旧净值率数据进行分析汇总的报表，以使管理者了解资产计提折旧的程度和剩余价值。

（4）类别构成分析表，是对企业资产的类别分布进行分析的报表。

3. 固定资产统计表

（1）评估汇总表，是按类别汇总显示资产评估变化情况的报表。本表中要汇总的类别是由用户自己选择的类别级次确定的。

（2）固定资产变动情况表，是显示资产当年增加、减少、价值变动的报表。

（3）评估变动表，是列示所有资产评估变动数据的统计表。

（4）固定资产统计表，是按部门或类别统计该部门或类别的资产价值、数量、折旧、新旧程度等指标的统计表。

（5）逾龄资产统计表。逾龄资产，是指资产还在使用但已超过固定资产折旧年限的资产。逾龄资产统计表就是统计指定会计期间内已经超过折旧年限的逾龄资产的状况。

（6）盘盈、盘亏报告表，反映企业以盘盈方式增加的资产和以盘亏、毁损方式减少的资产情况。因盘盈、盘亏、毁损属于非正常方式，通过该统计表，可以看出企业对资产的管理情况。

（7）役龄资产统计表，是统计指定会计期间内在折旧年限内正常使用的资产的状况。

（8）固定资产原值一览表，是按使用部门和类别交叉汇总显示资产的原值、累计折旧、净值的统计表，便于管理者掌握资产的分布情况。本表中要汇总的部门是由用户自己选择的部门级次确定的，类别按照类别定义中定义的第一级类别。

（9）固定资产到期提示表，主要用于显示使用年限恰好到期以及即将到期的固定资产信息，以丰富查询分析功能，提高产品的管理性能。选项中有“登录系统时显示资产到期提示表”的选项，则登录当期有到期资产时，系统根据该参数判断用户登录时是否自动显示该表。在该表中显示一些资产的基本信息，如原值、累计折旧等。

4. 固定资产折旧表

（1）部门折旧计提汇总表，反映该账套内各使用部门计提折旧的情况，包括计提原值和计算折旧额，可按折旧汇总部门和期间查询。

（2）固定资产折旧清单表，用于查询按资产明细列示的折旧数据及累计折旧数据信息，以完善系统报表查询功能。该报表可以按部门、资产类别查询固定资产的明细折旧数据信息。

（3）固定资产折旧计算明细表，是按部门设立的，反映资产按类别计算折旧的情况，包括上月计提情况、上月原值变动和本月计提情况。

（4）固定资产及累计折旧表一，是按期编制的能够反映各类固定资产的原值、累计折旧（包括年初数和期末数）和本年折旧明细情况的报表。

（5）固定资产及累计折旧表二，是固定资产及累计折旧表一的续表，反映本年截至查询期间固定资产的增减情况。本表与表一的数值之间是有联系的，它们之间的关系可用下面的公式描述：

固定资产原值期末数合计＝原值年初数合计＋本年增加的原值合计－本年减少的原值合计

固定资产累计折旧期末数合计＝累计折旧年初数合计＋本年折旧额合计＋本年增加累计折旧合计－本年减少累计折旧合计

上述公式不是绝对成立的，如在资产发生原值变动的情况下，表一反映该变动，而表二不反映。

6.4 固定资产管理系统期末处理

6.4.1 计提折旧

计提折旧由系统自动完成。系统每期计提折旧一次，根据录入系统的资料自动计算每项资产的折旧，并自动生成折旧分配表，然后生成记账凭证，将本期的折旧费用自动登账。

计提折旧时，系统自动计提所有资产的当期折旧额，并将当期的折旧额自动累加到累计折旧项目中。计提折旧工作完成后，可直接查看折旧清单。系统除了自动生成折旧清单外，还同时根据部门对应折旧科目生成折旧费分配表，从而完成本期折旧费用的登账工作。折旧分配表是将本期累计折旧分配到成本与费用中以及编制转账凭证的重要依据。

计提折旧遵循以下原则。

（1）在一个会计期间内可以多次计提折旧，每次计提折旧后，只是将计提的折旧累加到月初的累计折旧中，不会重复累计。

（2）若上次计提的折旧已生成记账凭证并传递到总账管理系统，但尚未在总账管理系统中记账，则必须删除该凭证才能重新计提折旧；若该记账凭证已在总账管理系统中记账，则必须在固定资产系统中冲销该凭证，然后才能重新计提折旧。

（3）当计提折旧后又对账套进行了影响折旧计算或分配的操作时，必须重新计提折旧，以保证折旧计算的正确性。

（4）若按自定义的折旧方法计提折旧时，月折旧率或月折旧额出现了负数，则系统自动终止计提折旧。

（5）资产的使用部门和资产折旧要汇总的部门可能不同，为了加强资产管理，使用部门必须是明细部门，而折旧分配部门不一定是明细部门。因此，要在计提折旧后分配折旧费用时作出选择。

6.4.2 对账

对账的作用在于检验固定资产管理系统核算的固定资产的价值和总账管理系统中固定资产科目的数值是否相等。固定资产管理系统对固定资产进行详细核算与管理。总账管理系统接收固定资产管理系统传递的记账凭证，通过科目账的形式对固定资产进行总括管理。正常情况下，两个系统中有关固定资产的数据应该一致，但由于各种情况，可能会出现不一致的情况。

对账操作不限制执行的时间，任何时候均可进行对账。系统在执行月末结账时自动对账一次，给出对账结果及不平的原因，并根据初始化或选项中的判断确定不平情况下是否允许结账。

只有固定资产管理系统初始化或在选项中选择了与账务对账，本功能才可操作。

6.4.3 月末结账

1. 结账

月末结账每月进行一次，结账后当期的数据不能修改。12 月份结账时，系统要求完成本年应制单业务，也就是说，必须保证批量制单表是空的才能结账。结账由系统自动完成。结账完成后，系统会提示用户系统的可操作日期已转成下一期间的日期，以下一期间的日期登录，才可对账套进行操作。

2. 恢复月末结账

恢复月末结账前状态，又称“反结账”，是系统提供的一个纠错功能。如果由于某种原因，在结账后发现结账前的操作有误，而结账后不能修改结账前的数据，因此可使用此功能恢复到结账前的状态去修改错误。

恢复月末结账时，以要恢复的月份登录，如要恢复到1月底，则以1月份登录。

复习思考题

1. 固定资产管理系统包括哪些主要功能？
2. 固定资产管理系统与其他系统之间的关系是怎样的？
3. 固定资产管理系统的业务处理流程是怎样的？
4. 为什么要进行固定资产选项的设置？
5. 录入固定资产期初余额和录入本月增加的固定资产在方法上有何区别？
6. 固定资产日常业务处理包括哪些内容？
7. 固定资产的盘点包括哪些步骤？
8. 固定资产如何计提折旧？
9. 在固定资产管理系统生成的错误凭证如何进行修改？
10. 如何查询固定资产账表？

实验八　固定资产管理

一、实验目的

（1）掌握用友 ERP-U8$^+$ 管理软件中固定资产管理系统的基本内容。

（2）掌握固定资产管理系统的基本操作。

二、实验内容

（1）固定资产管理系统的初始设置、原始卡片的录入。

（2）固定资产管理系统的日常业务处理：资产增减、资产变动、资产评估、盘盈、盘亏、生成凭证、账表查询。

（3）固定资产管理系统的月末处理：计提减值准备、计提折旧、对账和结账 。

三、实验准备

引入“实验三”的账套数据。

四、实验资料

（一）初始设置

1. 控制参数设置

控制参数设置如表 1 所示。

表 1　控制参数表

控制参数	参数设置
约定及说明	我同意
启用月份	2022.01
折旧信息	本账套计提折旧 折旧方法：平均年限法（一） 折旧汇总分配周期：1 个月 当月初已计提月份 = 可使用月份 -1 时，将剩余折旧全部提足

（续表）

控制参数	参数设置
编码方式	资产类别编码方式：2112 固定资产编码方式：按“类别编码＋部门编码＋序号”自动编码 卡片序号长度为3
财务接口	与账务系统进行对账 对账科目： 固定资产对账科目：固定资产（1601） 累计折旧对账科目：累计折旧（1602） 在对账不平的情况下允许固定资产月末结账
补充参数	业务发生后立即制单 月末结账前一定要完成制单登账业务 固定资产缺省入账科目：1601 累计折旧缺省入账科目：1602 减值准备缺省入账科目：1603 增值税进项税额缺省入账科目：22210101 固定资产清理缺省入账科目：1606

2. 资产类别

固定资产类别如表2所示。

表2 固定资产类别表

编码	类别名称	净残值率/%	计提属性	卡片样式
01	机器设备	4	正常计提	含税卡片样式
011	生产设备	4	正常计提	含税卡片样式
012	交通运输设备	4	正常计提	含税卡片样式
02	电子通信设备	4	正常计提	通用样式
03	其他设备	4	正常计提	通用样式

3. 部门及对应折旧科目

部门及对应折旧科目如表3所示。

表3 部门及对应折旧科目表

部门	对应折旧科目
管理中心、采购部、仓储部	660206 管理费用/折旧费
销售部	6601 销售费用
制造中心	510102 制造费用/折旧费

4. 增减方式对应入账科目

增减方式对应入账科目如表4所示。

表 4　对应入账科目表

增减方式	对应入账科目
增加方式：直接购入	工行存款（100201）
减少方式：毁损	固定资产清理（1606）

5. 原始卡片

固定资产原始卡片统计表如表 5 所示。

表 5　固定资产原始卡片统计表

固定资产名称	类别编号	所在部门	增加方式	可使用年限 / 月	开始使用日期	原值 / 元	累计折旧 / 元	对应折旧科目名称
轿车	012	总经理办公室	直接购入	120	2019-06-30	300 000	72 000	管理费用 / 折旧费
运输卡车	012	销售部	直接购入	120	2020-12-31	240 000	23 040	销售费用 / 折旧
笔记本电脑	02	财务部	直接购入	72	2021-01-31	9 000	1 440	管理费用 / 折旧费
打印机	02	财务部	直接购入	60	2021-01-31	6 000	1 152	管理费用 / 折旧
组装设备	011	一车间	直接购入	120	2018-12-31	500 000	144 000	制造费用 / 折旧费
空调	03	总经理办公室	直接购入	60	2020-09-30	8 200	1 968	管理费用 / 折旧

注：净残值率均为 4%，使用状况均为“在用”，折旧方法均为平均年限法（一）。

（二）2022 年 1 月及 2 月发生的业务

2022 年 1 月发生的业务如下。

（1）20 日，财务部购买扫描仪一台，价值 2 000 元，净残值率 4%，预计使用年限 5 年。

（2）22 日，总经理办公室轿车进行大修理，修改固定资产卡片，将使用状态由“在用”改为“大修理停用”。

（3）31 日，计提本月折旧费用。

（4）31 日，销售部运输卡车毁损。

（5）31 日，固定资产系统与总账对账。

（6）31 日，固定资产月末结账。

2022 年 2 月发生的业务如下。

（1）12 日，总经理办公室轿车添置行车记录仪一套，价值 8 000 元，工行转账支票支付，票号为 Z523。

（2）22 日，财务部打印机转移到销售部。

（3）28 日，经核查对财务部笔记本电脑计提 1 000 元减值准备。

五、实验要求

以账套主管“102 赵科”的身份进行固定资产业务处理。

六、操作指导

（一）启用并注册固定资产系统

（1）以账套主管“赵科”的身份登录“$U8^+$ 企业应用平台”。

（2）执行“业务导航”—“基础设置”—“基础信息”—“系统启用”命令，打开系统启用对话框。选中“FA 固定资产”复选框，弹出“日历”对话框，选择固定资产系统启用日期“2022-01-01”。单击“确定”按钮，系统弹出“确实要启用当前系统吗？”信息提示对话框，单击“是”按钮返回。

（3）在“业务工作”选项卡中，单击“财务会计”—“固定资产”选项，系统弹出“期初余额录入”窗口。单击工具栏上的“退出”按钮，之后系统弹出“这是第一次打开此账套，还未进行过初始化，是否进行初始化？”信息提示对话框，单击“是”按钮，打开固定资产“初始化账套向导”对话框。

（二）初始设置

1. 设置控制参数

（1）初次启用固定资产管理系统的参数设置

①在“固定资产初始化向导——约定与说明”对话框中，选择“我同意”。

②单击“下一步”按钮，打开“固定资产初始化向导——启用月份”对话框，选择启用月份“2022-01”。

③单击“下一步”按钮，打开“固定资产初始化向导——折旧信息”对话框。选中“本账套计提折旧”复选框，选择折旧方法“平均年限法（一）”，折

旧分配周期“1 个月”；选中“当月初已计提月份 = 可使用月份 -1 时，将剩余折旧全部提足”复选框。

④单击“下一步”按钮，打开“固定资产初始化向导——编码方式”对话框。确定资产类别编码长度为“2112”，选择“自动编号”单选按钮，选择固定资产编码方式为“类别编码 + 部门编码 + 序号”，选择序号长度为“3”。

⑤单击“下一步”按钮，打开“固定资产初始化向导——财务接口”对话框。选中“与账务系统进行对账”复选框，选择固定资产的对账科目“固定资产（1601）”、累计折旧的对账科目“累计折旧（1602）”，选中“在对账不平情况下允许固定资产月末结账”复选框。

⑥单击“下一步”按钮，打开“固定资产初始化向导——完成”对话框。单击“完成”按钮，完成本账套的初始化，系统弹出“已经完成了新账套的所有设置工作。是否确定所设置的信息完全正确并保存对新账套的所有设置？”信息提示对话框，单击“是”按钮，系统弹出“已成功初始化本固定资产账套”信息提示对话框，单击“确定”按钮。

温馨提示：1. 初始化设置完成后，有些参数不能修改，所以要慎重。2. 如果发现参数有错，必须改正，只能通过在固定资产管理系统中执行“工具”—“重新初始化账套功能”命令实现。该操作将清空对该子账套所做的一切工作。

（2）补充参数设置

①执行“设置”—“选项”命令，进入“选项”窗口。单击“编辑”按钮，打开“与账务系统接口”选项卡。

②选中“业务发生后立即制单”“月末结账前一定要完成制单登账业务”复选框，选择默认入账科目“固定资产（1601）”“累计折旧（1602）”“固定资产减值准备（1603）”“增值税进项税额（22210101）”“固定资产清理（1606）”，如图 1 所示，单击“确定”按钮。

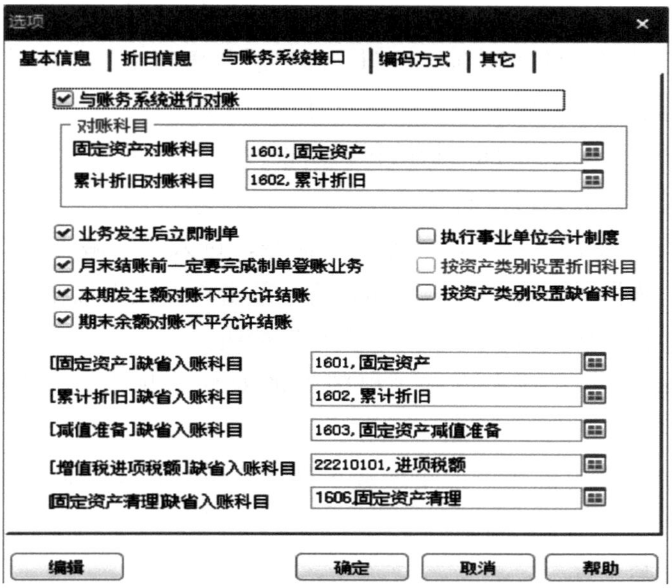

图1　补充参数设置

2. 设置资产类别

（1）执行“设置”—“资产类别”命令，进入“资产类别”窗口。单击“增加”按钮，输入类别名称“机器设备”、净残值率“4”，选择计提属性“正常计提”、折旧方法“平均年限法（一）”、卡片样式“含税卡片样式”，单击“保存”按钮。

（2）在左侧固定资产分类编码表下选择“01 机器设备”，单击“增加”按钮，此时类别编码应该是“011”，输入类别名称“生产设备”、净残值率“4”，选择计提属性“正常计提”、折旧方法“平均年限法（一）”、卡片样式“含税卡片样式”，单击“保存”按钮。

（3）同理，完成其他资产类别的设置。

温馨提示：1. 资产类别编码不能重复，同一级的类别名称不能相同；2. 类别编码、名称、计提属性、卡片样式不能为空；3. 已使用过的类别不能设置新下级。

3. 设置部门对应折旧科目

（1）执行“设置”—“部门对应折旧科目”命令，进入“部门对应折旧科目”窗口。选择部门“管理中心”，单击“修改”按钮。

（2）选择折旧科目“管理费用 / 折旧费（660206）”，单击“保存”按钮，系统弹出“是否将管理中心部门的所有下级部门的折旧科目替换 [折旧费]?

如果选择是，请在成功保存后点 [刷新] 查看”信息提示对话框，单击“是”按钮。单击工具栏上的“刷新”按钮，即可看到管理中心下的总经理办公室、财务部对应折旧科目均修改为“管理费用 / 折旧费”。

（3）同理，完成其他部门折旧科目的设置。

4. 设置增减方式的对应科目

（1）执行“设置”—“增减方式”命令，进入“增减方式”窗口。在左侧列表框中，选择“直接购入”增加方式，单击“修改”按钮，输入对应入账科目“工行存款（100201）”，单击“保存”按钮。

（2）同理，输入减少方式“损毁”的对应入账科目“固定资产清理（1606）”。

温馨提示：当固定资产发生增减变动、系统生成凭证时，会默认采用这些科目。

5. 录入原始卡片

（1）执行“卡片”—“录入原始卡片”命令，进入“固定资产类别档案”窗口。选择固定资产类别“交通运输设备（012）”，单击“确定”按钮，进入“固定资产卡片录入”窗口。

（2）输入固定资产名称“轿车”；双击“使用部门”，选择参照“使用部门”，选择“单部门使用”，选择“总经理办公室”；双击“增加方式”，选择“直接购入”；双击“使用状况”，选择“在用”；输入开始使用日期“2019-6-30”；输入原值“300 000”、累计折旧“72 000”；输入可使用年限“120 月”；其他信息自动算出。如图 2 所示。

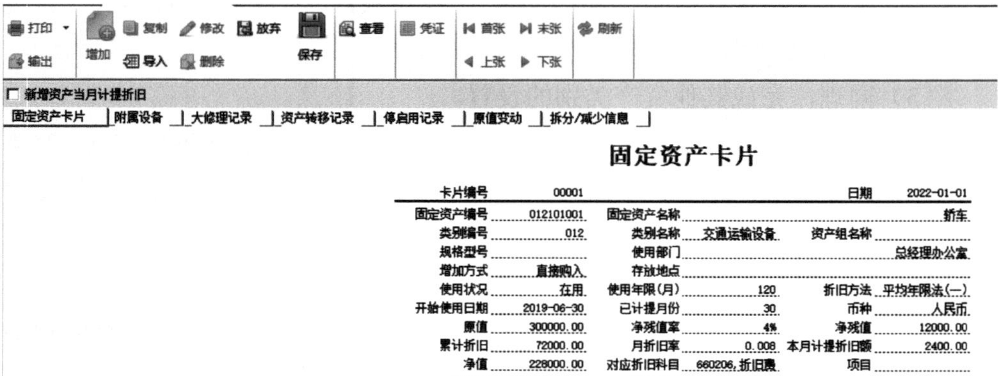

图 2　固定资产原始卡片录入

（3）单击“保存”按钮，系统弹出“数据成功保存！”信息提示对话框，单击“确定”按钮。

（4）同理，完成其他固定资产卡片的录入，使用部门均是“单部门使用”。

（5）执行“财务会计”—“固定资产”—“资产对账”—“对账”命令，系统将固定资产系统录入的明细资料数据汇总并与总账管理系统期初数据的对应科目（固定资产原值和累计折旧）数据进行对照检查。如果平衡，则表示数据一致，否则需要检查数据出错的原因并予以改正。

温馨提示：1. 卡片编号为系统根据初始化时定义的编码方案自动设定，不能修改。如果删除一张卡片，当其不是最后一张时，系统将保留空号。2. 已计提月份为系统根据开始使用日期自动算出，可以修改，但需将使用期间停用等不计提折旧的月份扣除。3. 与计算折旧有关的项目输入后，系统会根据输入的内容自动算出月折旧率及月折旧额并显示在相应项目内，可与手工计算的值比较，核对是否有错误。

（三）日常及期末处理

1. 业务 1：资产增加

（1）执行“卡片”—“资产增加”命令，进入“固定资产类别档案”窗口。选择资产类别：“电子及通信设备（02）”，单击“确定”按钮，进入“固定资产卡片”窗口。

（2）输入固定资产名称“扫描仪”，使用部门“财务”，增加方式“直接购入”，使用状况“在用”，开始使用日期“2022-01-20”，输入原值“2 000”，可使用年限“60”。

（3）单击“保存”按钮，进入“填制凭证”窗口，并显示“数据保存成功”，单击“确定”按钮。选择凭证类别“付款凭证”，修改制单日期，单击“保存”按钮，如图 3 所示。本业务现金流量选择“07 支付的与其他经营活动有关的现金”。

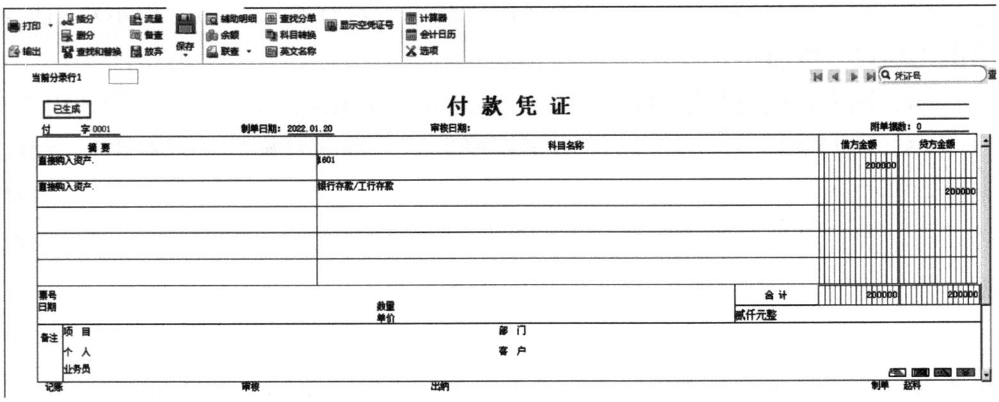

图 3　资产增加生成凭证

温馨提示：1. 固定资产原值一定要输入卡片录入月月初的价值，否则会出现计算错误；2. 新卡片第一个月不提折旧，累计折旧为空或 0；3. 卡片输入完成后，也可以不立即制单，月末可以批量制单。

2. 业务 2：固定资产使用状况变动

（1）执行“变动单”—“使用状况调整”命令，进入“固定资产变动单”窗口。

（2）选择“卡片编号”为“00001”的卡片，系统自动显示资产编号、开始使用日期、资产名称及变动前使用状况。

（3）选择变动后使用状态为“大修理停用”，变动原因为“大修理”，单击“保存”按钮，系统弹出“数据保存成功！”信息提示对话框，单击“确定”按钮。

3. 业务 3：折旧处理

（1）执行“折旧计提”—“计提本月折旧”命令，系统弹出“是否要查看折旧清单？”信息提示对话框，单击“否”按钮。

（2）系统继续弹出“本操作将计提本月折旧，并花费一定时间，是否要继续？”信息提示对话框，单击“是”按钮。

（3）系统计提折旧完成后，进入“折旧分配表”窗口，如图 4 所示。

部门编号	部门名称	项目编号	项目名称	科目编号	科目名称	折旧额
101	总经理办公			660206	折旧费	2,531.20
102	财务部			660206	折旧费	215.70
201	销售部			6601	销售费用	1,920.00
301	一车间			510102	折旧费	4,000.00
合计						8,666.90

图 4　折旧分配表

（4）关闭此窗口，进入“填制凭证”窗口。选择“转账凭证”类别，修改其他项目，单击“保存”按钮。如图 5 所示。

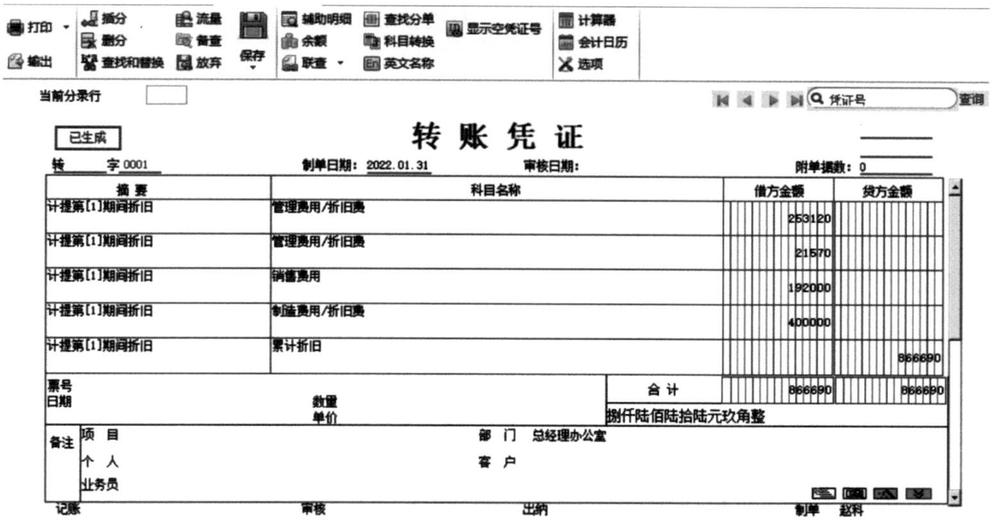

图 5　计提折旧生成凭证

温馨提示：1. 如果上次计提折旧已通过记账凭证把数据传递到账务系统，则必须删除该凭证才能重新计提折旧；2. 计提折旧后又对账套进行了影响折旧计算或分配的操作，必须重新计提折旧，否则系统不允许结账。

4. 业务 4：资产减少

（1）执行“资产处置”—“资产减少”命令，进入“资产减少”窗口。输入资产编号“0002”，单击“增加”按钮，选择减少方式为“毁损”，如图 6 所示。

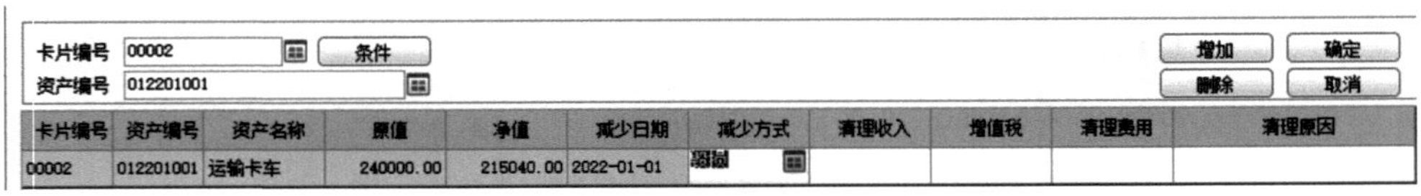

图 6　资产减少设置

（2）单击“确定”按钮，进入“填制凭证”窗口，并提示“所选卡片已经减少成功”，单击“确定”按钮。选择“转账凭证”类别，修改其他项目，单击“保存”按钮，如图 7 所示。

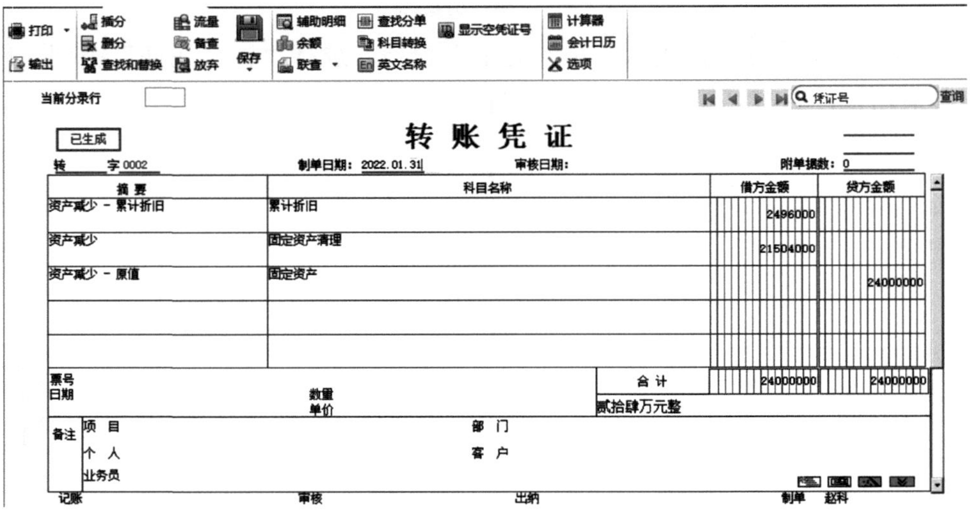

图 7　资产减少生成凭证

温馨提示：1. 本账套进行计提折旧后，才能减少资产；2. 如果要减少的资产较少或没有共同点，则通过输入资产编号或卡片号，单击“增加”按钮，将资产添加到资产减少表中；3. 如果要减少的资产较多并且有共同点，则通过单击“条件”按钮，输入一些查询条件，将符合该条件的资产挑选出来进行批量减少操作。

5. 业务 5：固定资产与总账对账

（1）总账管理系统处理

①固定资产管理系统生成的凭证自动传递到总账管理系统，在总账管理系统中，对传递过来的凭证进行审核和记账。

②以出纳“李兰”的身份，输入日期“2022-01-31”，登录总账管理系统，进行出纳签字。

③以会计“王涵”的身份，输入日期“2022-01-31”，登录总账管理系统，

进行审核记账。

温馨提示：只有总账管理系统记账完毕，固定资产管理系统期末才能和总账进行对账。

（2）与总账对账

在固定资产管理系统，执行“资产对账”—“对账”命令，进行固定资产与账务系统数据的核对检查。

温馨提示：1. 当总账记账完毕，固定资产系统才可以进行对账，这时对账结果才能反映真实的情况。对账平衡后，开始月末结账。2. 如果在初始设置时选择了“与账务系统对账”功能，对账的操作将不限制执行时间，任何时候都可以对账。3. 如果在“财务接口”中选中“在对账不平情况下允许固定资产月末结账”复选框，则可以直接进行月末结账。

6. 业务 6：固定资产月末结账

（1）执行“期末处理”—“月末结账”命令，打开“月末结账”对话框。

（2）单击“开始结账”按钮，系统弹出“月末结账成功完成！”信息提示对话框，单击“确定”按钮。

温馨提示：1. 本会计期间做完月末结账工作后，所有数据资料将不能再进行修改；2. 本会计期间不做完月末结账工作，系统将不允许处理下一个会计期间的数据；3. 月末结账前一定要进行数据备份，否则数据一旦丢失，将造成无法挽回的后果。

（四）下月业务

1. 业务 1：资产原值变动

（1）以账套主管“赵科”的身份，输入日期“2022 年 2 月”，登录固定资产管理系统。

（2）执行“变动单”—“原值增加”命令，进入“固定资产变动单”窗口。输入卡片编号“00001”，输入增加金额“8 000”，输入变动原因“增加配件”。

（3）单击“保存”按钮，进入“填制凭证”窗口。选择凭证类型为“付款凭证”、日期为“2022-02-12”、贷方科目为“工行存款（100201）”，单击“保存”按钮。本业务现金流量选择“07 支付的与其他经营活动有关的现金”。

温馨提示：1. 资产变动主要包括原值变动、部门转移、使用状况变动、使用年限调整、折旧方法调整、净残值（率）调整、工作总量调整、累计折旧调整、资产类别调整等。系统对已作出变动的资产，要求输入相应的变动单来记录资产调整结果。2. 变动单不能修改，只有当月可删除重做，保存前请仔细检查。3. 必须保证变动后的净值大于变动后的净残值。

2. 业务 2：资产部门转移

执行“变动单”—“部门转移”命令，进入“固定资产变动单”窗口。输入卡片编号“00004”、变动后部门“销售部”、变动原因“调拨”，单击“保存”按钮。系统弹出“数据保存成功！部门已改变，请检查资产对应折旧科目是否正确！”信息提示框，单击“确定”按钮返回。

3. 业务 3：计提减值准备

（1）执行“减值准备”—“计提减值准备”命令，进入“固定资产变动单”窗口。输入卡片编号“00003”、减值准备金额“1 000”、减值原因“技术进步”。

（2）单击“保存”按钮，进入“填制凭证”窗口。选择凭证类别“转账凭证”，补充借方科目“资产减值损失”，生成的凭证分录如下。

借：资产减值损失　　　　　　　　　1 000

　　贷：固定资产减值准备　　　　　　　　1 000

（3）单击“保存”按钮，生成凭证并传送到总账管理系统。

第7章 应收款管理系统

7.1 应收款管理系统概述

用友 U8⁺ 应收款管理系统，主要用于核算和管理企业与客户之间的往来款项。通过发票、其他应收单、收款单等单据的录入，对企业的往来账款进行综合管理，及时、准确地提供客户的往来账款余额资料，提供各种统计分析数据，如应收账龄分析、收款账龄分析、欠款分析、收款预测等，通过各种分析数据，帮助用户合理地进行资金的调配，提高资金的利用效率。

根据对客户往来款项核算和管理的程度不同，系统提供了“详细核算”和“简单核算”两种应用方案可供选择。

如果单位的销售业务以及应收款核算与管理业务比较复杂，或者需要追踪每一笔业务的应收款等情况，抑或需要将应收款核算到产品一级，则可以选择“详细核算”方案。该方案能够帮助用户了解每一位客户每笔业务详细的应收情况、收款情况及余额情况，并进行账龄分析，加强对客户及往来款项的管理，使用户能够依据每一位客户的具体情况，实施不同的收款策略。

如果单位的销售业务以及应收账款业务比较简单，或者现销业务很多，则可以选择“简单核算”方案。该方案着重于对客户的往来款项进行查询和分析。

具体选择哪一种方案，可在应收款系统中通过设置系统选项“应收账款核算模型”进行设置。

7.1.1 应收款管理系统的主要功能

应收款管理系统的主要功能包括初始设置、日常业务处理、期末处理等方面。

1. 初始设置

初始设置包括系统参数设置、基础信息初始设置、摘要设置、科目设置和录入期初余额等。

2. 日常业务处理

日常业务处理包括应收单据处理、收款单据处理、票据管理、转账处理、坏账处理、凭证处理、单据和账表信息查询等。

3. 期末处理

期末处理包括结转汇兑损益、与总账管理系统对账、月末结账等。

7.1.2 应收款管理系统和其他系统的关系

应收款管理系统和基础设置、总账管理系统、销售管理系统、应付款管理系统、报表系统都有数据传递关系。

应收款管理系统与基础设置模块共享数据，可以直接调用在基础设置中设置的会计科目等基础资料；应收款管理系统接收销售管理系统传递的发票，对发票进行审核制单处理，将生成的记账凭证传递到总账管理系统中，并且两个系统可以互相查询凭证；应收款管理系统与应付款管理系统之间互相传递数据，进行结转处理；报表系统也可以从应收款管理系统中提取数据，生成财务报表。

应收款管理系统既可独立运行，又可与销售管理系统、总账管理系统等其他系统结合运用，提供完整的业务处理和财务管理信息。

7.1.3 应收款管理系统的业务处理流程

应收款管理系统业务处理流程如图 7-1 所示。

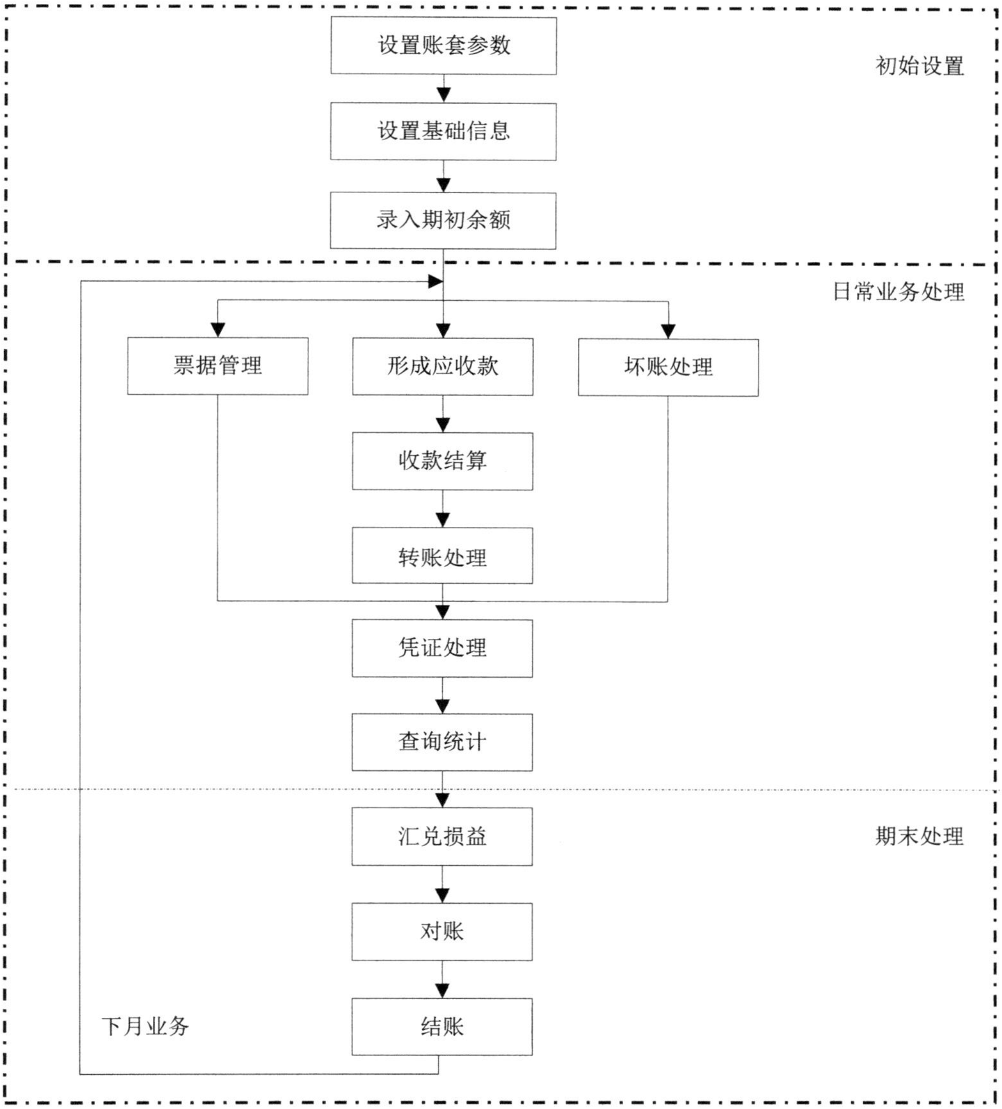

图 7-1 应收款管理系统业务处理流程图

7.2 应收款管理系统初始设置

初始设置的作用在于建立应收款管理系统需要的基础环境，并录入应收账款的期初余额。通过初始设置，能够对应收款管理系统进行参数设置，完成应收款管理系统的科目设置、坏账准备设置、账龄区间设置等基础信息设置，以及录入应收账款的期初余额等。

7.2.1 选项设置

系统参数设置包括常规选项、凭证选项、权限与预警、核销设置四项内容。

1. 常规选项

（1）应收单据审核日期

系统提供了两种确认单据审核日期的依据，即单据日期和业务日期。如果选择单据日期，则在单据处理功能中进行单据审核时，自动将单据的审核日期（即入账日期）登记为该单据的单据日期。如果选择业务日期，则在单据处理功能中进行单据审核时，自动将单据的审核日期（即入账日期）登记为当前业务日期（即登录日期）。因为单据经审核后记账，故单据审核日期依据是单据日期还是业务日期，决定业务总账、业务明细账、余额表、账龄分析等的入账日期及查询期间取值。如果使用单据日期为审核日期，则月末结账时，单据必须全部审核。因为下月无法以单据日期为审核日期。业务日期无此要求。

在账套使用过程中，可以随时将选项从按单据日期改成按业务日期。若需要将选项从按业务日期改成按单据日期，则需要判断当前未审核单据中有无单据日期在已结账月份的单据。若有，则不允许修改，否则才允许修改。

（2）汇兑损益方式

系统提供了外币结清和月末处理两种结转汇兑损益的方式。在账套使用过程中可以修改该参数。

外币结清时，即仅当某种外币余额结清时才计算汇兑损益。在计算汇兑损益时，界面中仅显示外币余额为“0”且本币余额不为“0”的外币单据。

月末处理，即每个月末计算汇兑损益。在计算汇兑损益时，界面中显示所有外币余额不为“0”或者本币余额不为“0”的外币单据。

（3）坏账处理方式

系统提供了两种坏账处理的方式，即备抵法和直接转销法。在账套使用过程中，如果当年已经计提过坏账准备，则此参数不可以修改，只能在下一年度修改。

如果选择备抵法，则还应该选择具体的方法。系统提供了三种备抵的方法：销售收入百分比法、应收账款余额百分比法、账龄分析法。这三种方法需要在初始设置中录入坏账准备期初余额和计提比例或输入账龄区间等，并在坏账处理中进行后续处理。

如果选择了直接转销法，则直接在下拉框中选择该方法即可。当坏账发生时，直接在坏账发生处将应收账款转为费用即可。

（4）代垫费用类型

代垫费用类型是解决从销售系统传递的代垫费用单在应收款系统用何种单据类型进行接收的功能。系统默认为其他应收单，用户也可在初始设置的单据类型设置中自行定义单据类型。如定义代垫费用应收单，然后在系统选项代垫费用类型中进行选择。该选项随时可以更改。

（5）应收账款核算模式

系统提供两种应收账款的核算模式：简单核算模式、详细核算模式。用户必须选择其中一种，系统缺省选择详细核算模式。该选项在系统启用时或者还没有进行任何业务（包括期初数据录入）处理时才允许进行选择设置、修改。

简单核算模式，是指完成将销售、出口生成的凭证传递给总账管理系统的模式。（在总账中以凭证为依据进行往来业务的查询）如果销售业务以及应收账款业务比较简单，或者现销业务很多，则可以选择此模式。

详细核算模式，可以对往来业务进行详细的核算、控制、查询、分析。如果销售业务以及应收款核算与管理业务比较复杂，或者需要追踪每一笔业务的应收款和收款等情况，或者需要将应收款核算到产品一级，则需要选择详细核算模式。

建议选择详细核算模式，这样可对客户、供应商以及往来款项进行更详细的管理以及核算。

（6）是否自动计算现金折扣

用户可以选择自动计算现金折扣和不自动计算现金折扣两种方式。如果为了鼓励客户在信用期间内提前付款而采用现金折扣政策，则可以选择自动计算现金折扣。需要在发票或应收单中输入付款条件，则在核销处理界面中系统依据付款条件自动计算该发票或应收单可享受的折扣，然后输入本次折扣进行结算，则原币余额＝原币金额－本次结算金额－本次折扣。如果选择不自动计算现金折扣，则系统既不计算也不显示现金折扣。在账套使用过程中可以随时修改该参数。

若选择自动计算现金折扣，则通过单据核销界面中的“栏目”设置单据栏目，将可享受的折扣和本次折扣栏目设为显示状态。

（7）是否登记支票

是否登记支票是系统提供给用户付款时自动登记支票登记簿的功能。该选项可以随时修改。用户需要在结算方式定义中将需要登记支票簿的结算方式，如转账支票等在“是否票据管理”中打钩，以表示进行票据管理。

选择登记支票，则系统自动将具有票据管理结算方式的付款单登记支票登记簿；若不选择登记支票登记簿，则用户可以通过付款单上的“登记”按钮进行手工登记支票登记簿。

该选项首先需要在总部总账管理系统选项中选择“支票控制”。

（8）应收票据直接生成收款单

此选项默认选择为“是”。如果选择为“是”，则表示应收票据保存时，则同时生成收款单；如果选择为“否”，则表示应收票据保存后，不生成收款单，需在票据界面手工单击“收款”按钮才可生成收款单。

2. 凭证选项

（1）受控科目制单方式

本系统所指受控科目，是指所有带有客户往来辅助核算的科目。

明细到客户：当用户将一个客户的多张单据合并生成一张凭证时，如果核算这多张单据的控制科目相同，系统将自动将其合并成一条分录。这种方式的目的是在总账管理系统中能够根据客户来查询其详细信息。

明细到单据：当用户将一个客户的多张单据合并生成一张凭证时，系统会将每一笔业务形成一条分录。这种方式的目的是在总账管理系统中能查看到每个客户的每笔业务的详细情况。

在账套使用过程中，可以随时修改该参数的设置。

受控科目在合并分录时，若自动取出的科目相同，辅助项为空，则不予合并成一条分录。

（2）非受控科目制单方式

明细到客户：当用户将一个客户的多张单据合并生成一张凭证时，如果核算这多笔业务的非控制科目相同，且其所带辅助核算项目也相同，则系统将自动将其合并成一条分录。这种方式的目的是在总账管理系统中能够根据客户来查询其详细信息。

明细到单据：当用户将一个客户的多张单据合并生成一张凭证时，系统会将每一笔业务形成一条分录。这种方式的目的是在总账管理系统中能查看到每个客户的每笔业务的详细情况。

汇总方式：当用户将多个客户的多张单据合并生成一张凭证时，如果核算这多张单据的非控制科目相同，且其所带辅助核算项目也相同，则系统将自动将其合并成一条分录。这种方式的目的是精简总账中的数据，在总账管理系统中只能查看到该科目的一个总的发生额。

在账套使用过程中，可以随时修改该参数的设置。

非受控科目在合并分录时若自动取出的科目相同，辅助项为空，则不予合并成一条分录。

（3）月结前全部生成凭证

月结前全部生成凭证，是指月末结账前是否要将本月的全部单据和处理生成记账凭证。

如果选择了月结前全部生成凭证，则在进行月末结账时，系统将检查截止到结账月是否有未制单的单据和业务处理。若有，系统将提示不能进行本次月结处理，但可以详细查看这些记录；若没有，才可以继续进行本次月结处理。

如果未选择月结前全部生成凭证，则在月结时只允许查询截止到结账月的未制单单据和业务处理，不进行强制限制。

（4）核销生成凭证

核销就是确定收款单或付款单与原始的发票、应收单之间的对应关系的操作。通过核销，可以把应收款和已收款建立联系，明确收到的款项对应的是哪一笔应收款。

选择否时，不管核销双方单据的入账科目是否相同，均不需要对这些记录进行制单。选择是，则需要判断核销双方的单据当时的入账科目是否相同，不相同时，需要生成一张调整凭证。例如，发票的入账科目为“112201”，收款单冲销的入账科目为“112202”，则当这张收款单核销这张发票后，系统生成如下凭证：借记“112202”，贷记“112201”。

系统缺省选择需要生成凭证，该选项可以随时修改。

（5）预收冲应收生成凭证

预收冲应收生成凭证，是指用预收款冲销应收款时，当预收、应收科目不一致时，是否生成转账凭证。选择是，则对于预收冲应收业务，当预收、应收科目不相同时，系统生成一张转账凭证。月末结账时需要对预收冲应收分别进行是否生成凭证记录的检查。 选择否，则对于预收冲应收业务，不管预收、应收科目是否相同，均不生成凭证。月末结账时不需要检查预收冲应收记录是否生成凭证。

系统缺省选择需要生成凭证，该选项可以随时修改。

（6）红票对冲生成凭证

红票对冲，是指用某客户的红字发票与其蓝字发票进行冲抵。实际工作中，对同一个客户，既有蓝字发票，同时又有红字发票，财务人员需要将红蓝发票进行冲销，调整应收账款。

若选择红票对冲生成凭证，则对于红票对冲处理，当对冲单据所对应的受控科目不相同时，系统生成一张转账凭证。月末结账时，系统将对红票对冲处理分别进行有无需要生成凭证记录的检查。

选择不生成凭证，则对于红票对冲处理，不管对冲单据所对应的受控科目是否相同均不生成凭证。月末结账时，不需要检查红票对冲处理生成凭证情况。

系统缺省选择需要进行制单，该选项可以随时修改。

（7）方向相反的分录合并

方向相反的分录合并，是指对本月的单据和处理生成记账凭证时，对于科目相同、辅助项相同、方向相反的凭证分录是否合并。

选择合并，则在制单时若遇到满足合并分录的要求，且分录属于如上所描述的情况，则系统自动将这些分录合并成一条，根据在哪边显示为正数的原则来显示当前合并后分录的显示方向。选择不合并，则在制单时若遇到满足合并分录的要求，且分录属于如上所描述的情况，则不能合并这些分录，还是根据原样显示在凭证中。

系统缺省选择不合并分录，该选项可以随时修改。

即使选择合并分录，在坏账收回制单时也不合并应收账款科目，即该选项对坏账收回制单无效。

（8）凭证是否可编辑

系统默认的选项是凭证生成后仍可以进行编辑，选项为空；如果对该选项进行标记，则意味着生成的凭证不可编辑，选项不为空。

不可修改意味着凭证上的各个项目均不可编辑。

3. 权限与预警

（1）控制客户权限

只有在“企业门户控制台”—“数据权限控制设置”中对客户进行记录级数据权限控制时，该选项才可设置。在账套参数中，对客户的记录级数据权限不进行控制时，应收款管理系统不对客户进行数据权限控制。

选择控制，则在所有的单据录入、处理、查询中均需要对该用户的相关客户数据权限进行限制。操作员只能录入、处理、查询有权限的客户的数据，没有权限的数据操作员无权处理与查询。通过该功能，企业可加大客户管理的力度，提高数据的安全性。

选择不控制，则在所有的单据录入、处理、查询中均不需要对该用户的相关客户数据权限进行限制。

（2）控制部门权限

只有在“企业门户控制台”—“数据权限控制设置”中对部门进行记录级数据权限控制时，该选项才可设置。在账套参数中，对部门的记录级数据权限不进行控制时，应收款管理系统中不对部门进行数据权限控制。

选择控制，则在所有的单据录入、处理、查询中均需要对该用户的相关部门数据权限进行限制。操作员只能录入、处理、查询有权限的部门的数据，没有权限的数据操作员无权处理与查询。通过该功能，企业可加大部门管理的力度，提高数据的保密性。

选择不控制，则在所有的单据录入、处理、查询中均不需要对该用户的相关部门数据权限进行限制。

（3）控制操作员权限

只有在企业门户“控制台”—“数据权限控制设置”中对操作员进行记录级数据权限控制时，该选项才可设置。在账套参数中，对操作员的记录级数据权限不进行控制时，应收款管理系统中不对操作员进行数据权限控制。

选择控制，则在所有的处理、查询中均需要对该用户的操作员数据权限进行限制。通过该功能，企业可加大操作员管理的力度，提高数据的安全性。

选择不控制，则在所有的处理、查询中均不需要对该用户的操作员数据权限进行限制。

（4）单据预警

如果选择根据信用方式预警，则还需要设置预警的提前天数。用户在使用预警平台时，系统会依据这个设置将单据到期日－提前天数≤当前注册日期的已经审核的单据显示出来，提醒您及时通知客户哪些业务应该回款了。

如果选择根据折扣方式自动预警，则还需要设置预警的提前天数。用户在使用预警平台时，系统会依据这个设置将单据最大折扣日期－提前天数≤当前注册日期的已经审核的单据显示出来，提醒您及时通知客户哪些业务将不能享受现金折扣待遇。

如果选择超过信用额度预警，则在满足上述设置的单据预警条件的同时，还需满足该客户已超过其设置的信用额度这个条件才预警。

在账套使用过程中，可以修改该参数。

（5）信用额度控制

如果选择进行信用额度控制，则在应收款管理系统保存录入的发票和应收单时，当票面金额＋应收借方余额－应收贷方余额＞信用额度时，系统会提示本张单据不予保存处理。该信用额度取自客户档案中的信用额度，若用户需要进行信用额度控制，则首先需要在客户档案中设置每个客户的信用额度。

如果选择不进行信用额度控制，则在保存发票和应收单时不会出现控制信息。

在账套使用过程中，可以修改该参数。该参数仅限于在本系统中增加发票和应收单时起作用。

（6）信用额度预警

用户可以选择是否需要根据客户的信用额度进行预警。预警时，系统计算发票或应收单的信用比例是否达到预警条件，符合条件则显示信用期预警单。若登录的用户没有信用额度预警单查看权限，即使设置了预警也不显示该预警单信息。

信用比率＝信用余额/信用额度，信用余额＝信用额度－应收账款余额

选择根据信用额度进行自动预警时，需要输入预警的提前比率，且可以选择是否包含信用额度为0的客户。

当选择信用额度预警时，系统根据设置的预警标准显示满足条件的客户记录，即只要该客户的信用比率小于等于设置的提前比率，就对该客户进行预警处理。若选择信用额度为0的客户也预警，则当该客户的应收账款＞0时即进行预警。

该选项可以随时修改。该参数仅限于在本系统中增加发票和应收单时起作用。信用额度控制值选自客户档案的信用额度

4. 核销设置

核销就是确定收款单或付款单与原始发票、应收单之间的对应关系。

（1）应收款核销方式

按单据：系统将满足条件的未结算单据全部列出，由用户选择要结算的单据，根据用户所选择的单据进行核销。

按产品：系统将满足条件的未结算单据按产品（即存货）列出，由用户选择要结算的存货，根据所选择的存货进行核销。

如果企业收款时没有指定具体收取的是某个存货的款项，则可以采用按单据核销。对于单位价值较高的存货，企业可以采用按产品核销，即收款指定

到具体存货上。一般企业按单据核销即可。在账套使用过程中，可以随时修改该参数的设置。

（2）规则控制方式

系统提供了严格和提示两种核销规则控制方式。

严格：默认为严格，如果选择严格的控制方式，则核销时严格按照选择的核销规则进行核销。如不符合核销规则，则不能完成核销操作。

提示：选择为提示，则核销时如果不符合核销规则，系统会给出提示，提示后由用户选择是否完成核销操作。

（3）核销规则

系统提供了按客户、部门、业务员、订单、合同、项目、发（销）货单等多种对象进行核销。系统默认为按客户核销，用户可按客户加其他项进行组合选择。如选择“客户＋部门”，则表示核销时，需客户相同且部门相同。其他依此类推。

（4）收付款单审核后核销

系统默认为不选择，则表示收付款单审核后不进行立即核销操作。修改为选择，并默认为自动核销，表示收付款单审核后立即进行自动的核销操作。选择手工核销，则表示收付款单审核后，立即自动进入手工核销界面，由用户手工完成核销。

7.2.2 初始设置

1. 坏账准备设置

坏账初始设置，是指用户定义本系统内计提坏账准备比率和设置坏账准备期初余额的功能。其作用是系统根据用户的应收账款进行计提坏账准备。

企业应于期末针对不包含应收票据的应收款项计提坏账准备。用户可以在此设置计提坏账准备的方法和计提的有关参数。

当用户做过任意一种坏账处理（坏账计提、坏账发生、坏账收回）后，就不能修改坏账准备数据，只允许查询。

如果在系统中选择坏账处理方式为直接转销法，则在初始设置中看不到坏账初始设置功能。

2. 账期内账龄区间设置

账龄区间设置，是指用户定义账期内应收账款或收款时间间隔的功能。其作用是便于用户根据自己定义的账款时间间隔，进行账期内应收账款或收款的账龄查询和账龄分析，清楚了解在一定期间内的应收款和收款情况。

序号：序号由系统生成，从 01 开始，用户不能修改。序号为 01 的区间由系统自动生成，用户不能修改、删除。

总天数：直接输入该区间的截止天数。

起止天数：系统会根据用户输入的天数自动生成相应的区间。

3. 逾期账龄区间设置

逾期账龄区间设置，是指用户定义逾期应收账款或收款时间间隔的功能。其作用是便于用户根据自己定义的账款时间间隔，进行逾期应收账款或收款的账龄查询和账龄分析，清楚了解在一定期间内的应收款和收款情况。

序号：序号由系统生成，从 01 开始，用户不能修改。序号为 01 的区间由系统自动生成，用户不能修改、删除。

4. 报警级别设置

报警级别设置，是指将客户按照客户欠款余额与其授信额度的比例分为不同的类型，以便于掌握各个客户的信用情况。

序号：序号由系统生成，从 01 开始。序号为 01 的区间由系统自动生成，用户不能修改。

级别名称：直接输入级别名称。名称最好能够上下对应。

比率：直接输入该区间的比率。

起止比率：系统会根据用户输入的比率自动生成相应的区间。

5. 单据类型设置

单据类型设置，是指用户将自己的往来业务与单据类型建立对应关系，达到快速处理业务以及进行分类汇总、查询、分析的目的。

用户可以在此设置单据的类型，系统提供了发票和应收单两大类型的单据。

如果同时使用销售管理系统，则发票的类型包括增值税专用发票、普通发票、销售调拨单和销售日报。如果单独使用应收款管理系统，则发票的类型不包括销售调拨单和销售日报。

应收单记录除销售业务之外的应收款情况。由用户设置应收单的不同类型。可以将应收单划分为不同的类型，以区分除应收货款之外的其他应收款。例如，用户可以将应收单分为应收代垫费用款、应收利息款、应收罚款、其他应收款等。应收单的对应科目由用户自己定义。

用户只能增加应收单的类型，应收单中的其他应收单为系统默认类型，不能删除、修改。发票的类型是固定的，不能修改、删除。不能删除已经使用过的单据类型。

7.2.3 科目设置

科目设置，是指设置在应收款管理系统中处理各项应收款业务时对应的入账科目，便于用户进行会计核算，包括基本科目设置、控制科目设置、产品科目设置、结算方式科目设置四项内容。

1. 基本科目设置

用户可以在此定义应收款管理系统凭证制单所需要的基本科目，如应收科目、预收科目、销售收入科目、税金科目等。若用户未在单据中指定科目，且控制科目设置与产品科目设置中没有明细科目的设置，则在系统制单时，依据制单规则取基本科目设置中的科目设置。

2. 控制科目设置

控制科目设置，是指进行应收科目、预收科目的详细设置，依据用户在系统选项中的控制科目选项而显示设置依据。可按客户分类、客户、地区分类、销售类型、存货分类、存货进行控制科目的设置。若单据上有科目，则在制单时取单据上的科目；若无，则系统依据单据上的客户信息在制单时自动带出控制科目。若控制科目没有输入，则系统取基本科目设置中的应收、预收科目。

3. 产品科目设置

产品科目设置，是指进行销售收入科目、应交增值税科目、销售退回科目的设置，依据用户在系统初始中的销售科目选项而显示设置依据。可按存货分类、存货进行产品科目的设置。若单据上有科目，则在制单时取单据上的科目；若无，则系统依据单据上的存货信息在制单时自动带出产品销售收入科目、税金科目等。若产品科目没有输入，则系统取基本科目设置中的销售收入、税金科目。如果按存货分类进行科目设置，则可按存货分类＋税率进行科目的设置。

4. 结算方式科目设置

结算方式科目设置，是指进行结算方式、币种、科目的设置。对于现结的发票及收付款单，若单据上有科目，则在制单时取单据上的科目；若无，则系统依据单据上的结算方式查找对应的结算科目，系统制单时自动带出。若未输入，则用户需手工输入凭证科目。

7.2.4 期初余额录入

通过期初余额录入功能，用户可将正式启用账套前的所有应收业务数据录入系统中，作为期初建账的数据，即可对其进行管理。这样既保证了数据的连续性，又保证了数据的完整性。

在应收款管理系统中，期初余额都是以单据的形式录入的。当企业初次使用本系统时，要将上期未处理完的单据都录入本系统，以便于以后的处理。当进入第二年度处理时，系统自动将上年度未处理完的单据转为下一年度的期初余额。在下一年度的第一个会计期间里，用户可以进行期初余额的调整。期初余额的单据类型包括销售发票、应收单、预收款、应收票据四种类型。

期初销售发票，是指还未核销的应收账款以单据的形式列示，已核销部分的金额不显示。

期初应收单，是指还未结算的其他应收单以应收单的形式列示，已核销部分的金额不显示。

期初预收款，是指提前收取的客户款项在系统中以收款单的形式列示。

期初应收票据，是指还未结算的票据。

录入销售发票和应收单的期初余额时，方向有正向和负向之分。正向表示应收款增加的方向，即应收款项的借方；负向表示应收款减少的方向，即应收款项的贷方。

录入预收款和应收票据的余额时，方向只能选择正向，不能选择负向。正向表示预收款和应收票据增加的方向。对于预收款而言，即贷方；对于应收票据而言，即借方。

关于期初余额录入功能，应注意以下两点。

①录入期初余额时，注意要在相应的单据上填写入账科目，否则应收款管理系统和总账管理系统对账时可能出现试算不平衡。

②已进行后续处理，如转账、核销等的期初余额不允许修改。

7.3 应收款管理系统日常业务处理

应收款管理系统的日常业务主要围绕形成应收款、收回应收款、收到预收款、应收票据管理、转账处理、坏账处理、制单等业务展开，为了便于对应收款进行管理，系统还具备单据查询、账表管理等功能。

7.3.1 应收处理

应收处理，是指应收单据的录入、审核和查询工作。应收单据包括销售业务中的各类发票和除销售业务之外的各种应收单据。应收单据处理是应收款管理系统业务处理的起点。

1. 应收单据录入

（1）销售发票录入

区分两种情况：如果用户启用了销售管理系统，则销售发票及代垫费用产生的其他应收单不在应收款管理系统中录入，需要在销售管理系统填制销售发票，复核后，传递给应收款管理系统；如果用户没有启用销售管理系统，则销售发票及代垫费用产生的其他应收单在应收管理系统中进行录入。

（2）应收单录入

无论是否启用销售管理系统，非销售业务形成的应收单都在应收系统中录入（除代垫费用单外，在启用销售系统的情况下，代垫费用单在销售管理系统录入；在未启用销售管理系统的情况下，代垫费用单在应收款管理系统录入）。

2. 应收单据审核

应收单据审核，是指对应收单据进行记账，并在单据上填上审核日期、审核人的过程。应收单据只有经过审核，才能进行制证处理。已审核的应收单据不允许修改、删除，弃审后可以修改、删除。

在销售系统中增加的发票也在应收款管理系统中审核。在应收款管理系统审核前，应首先在销售系统中对该发票进行复核，未复核则不能在应收款管理系统中审核。

关于应收单据审核功能，应注意以下几点。

①已审核的应收单据不能进行修改和删除处理。

②不能在已结账月份进行审核和弃审。

③已经审核过的单据不能进行重复审核。

④已经作过后续处理（如核销、转账、坏账、汇兑损益等）的单据不能进行弃审处理。

7.3.2 收款处理

收款处理，是指对已收到的款项进行单据录入、审核、核销处理等。

1. 收款单据录入

企业收到客户款项时要填制收款单。企业收到款项时，需要指定其款项用途。系统提供几种类型：应收款、预收款、其他费用。不同的用途，后续的业务处理及约束也会有所不同。因此，对于同一张收款单，如果包含不同用途的款项，应指明该笔款项中哪些属于冲销应收款、哪些属于形成预收款、哪些属于收回的其他费用。系统默认的款项类型为应收款。如果收取的款项中同时包含上述几种类型，则应在表体记录中分行显示。

对于不同用途的款项，系统提供的后续处理不同。选择应收款，其款项用途为冲销应收账款，表体对应的科目为控制科目；选择预收款，其款项性质是形成预收账款，表体对应的科目为控制科目；选择其他费用，则该款项用途为其他费用，且其表体的科目不能是应收款管理系统的控制科目。

对于冲销应收账款以及形成预收款的款项，需要进行核销，即将收款单与其对应的销售发票或应收单进行核销，进行冲销客户债务的处理；对于其他费用的款项，则不需要进行核销处理。

在一张收款单中，若表头客户与表体客户不同，则表示表体记录所在的款项为代付款。代付款，是指原本为客户甲公司的款项，现由客户乙公司代为支付。在核销时，代付款的客户记录只能与其本身的应收款核销。

企业发生销售退货业务需要退还客户款项时，在应收款管理系统填制付款单。同样，需要指明付款单是应收款项退回、预收款退回还是其他费用退回。应收、预收性质的付款单，可与应收、预收性质的收款单，红字应收单，红字发票进行核销。

2. 收款单据审核

收款单据审核，是指审核收款业务是否正确，并对收款单据进行记账，在单据上填上审核日期、审核人的过程。

系统通过收款单据审核来确认收款业务的成立。本系统提供的审核有三个含义：一是确认收款，二是对单据输入的正确与否进行审查，三是记入应收明细账。

审核收款单据时，既可以在填制收款单时进行审核，也可以通过收款单据审核命令成批审核。

关于收款单据审核功能，应注意以下几点。

①已审核的收款单据不允许修改及删除。

②不能在已结账月份进行审核和弃审。

③已经审核过的单据不能进行重复审核。

④已经作过后续处理（如核销等）的单据不能进行弃审处理。

3. 收款单据核销处理

核销，是指用户用已收款核销应收款的工作，即将收款单与对应的发票、应收单据相关联，冲减本期应收款。单据核销的作用是：用收回的客户款项核销该客户的应收款，建立收款与应收款的核销记录，监督应收款及时核销，加强往来款项的管理。

核销方式有三种，分别是单张核销、手工核销、自动核销。

（1）单张核销。当用户填制并保存一张收款单后，在收款单据录入界面，通过“核销”按钮进行单张收款单和应收款之间的冲销。

（2）手工核销，是指用户手工输入要核销的客户，然后进行收款单和与之对应的应收单据的核销工作。通过本功能可以根据查询条件选择需要核销的单据，然后手工核销，加强了往来款项核销的灵活性。

（3）自动核销，是指用户确定核销范围，由系统自动用收款（付款）单核销与之对应的应收（应付）单的工作。

7.3.3 票据管理

当客户不以现金、支票或汇票等形式支付货款，而用商业汇票进行支付时，用户可以通过票据管理功能记录票据详细信息，以及记录票据处理情况。此时，需要将应收票据科目设置成带有“客户往来”辅助核算的科目。

1. 增加票据

当用户收到银行承兑汇票或商业承兑汇票时，通过该功能将汇票录入应收款管理系统的票据管理中。如果在系统选项中选中“应收票据直接生成收款单”，则系统保存当前票据后，同时自动生成一张收款单。如果未选中“应收票据直接生成收款单”，则需要单击“收款”按钮才能生成收款单。根据该收款单生成的会计分录：借记“应收票据”科目，贷记“应收账款”科目。用户可以在“收款单据录入”中查询该收款单，并可以与应收单据进行核销，冲减客户应收账款。

（1）关于修改票据。录入的票据出现错误时，可以进行票据的修改。修改方法是打开票据管理窗口，在票据列表中找到该票据，双击打开直接修改即可。

票据修改应注意以下问题。

①票据所形成的收款单已经核销的不能修改。

②已经进行过计息、结算、转出等处理的票据不能修改。

（2）关于删除票据。要删除票据时，在票据列表界面选中要删除的票据，单击工具栏中的“删除”按钮即可。

票据删除应注意以下问题。

①收到日期在已经结账月的票据不能被删除。

②票据所形成的收款单已经核销的不能被删除。

③已经作过计息、结算、转出等处理的票据不能被删除。

2. 票据贴现

票据贴现，是指持票人因急需资金，将未到期的承兑汇票背书后转让给银行，贴给银行一定利息后收取剩余票款的业务活动。

票据贴现后，将不能再对其作转出、结算、背书等其他处理。

3. 票据背书

票据背书，是指持票人以转让汇票权利或授予他人一定的汇票权利为目的，在汇票背面或粘单上记载有关事项并签章的票据行为。

票据背书时，用户可选择背书方式是冲销应付账款还是其他。

对应每一张票据可以输入背书金额，如果背书金额大于被背书金额，系统自动将其差额作为利息，不能修改；如果背书金额小于被背书金额，系统自动将其差额作为费用，不能修改。

（1）背书金额，是指背书票据所得到的金额，可在此直接输入背书后得到的金额。

（2）被背书单位。被背书单位的输入有两种有方法：如果选择的是“冲销应付账款”项，则被背书单位是对应的供应商，系统会提供供应商名称以供参考；如果选择“其他”项目，应直接在此输入被背书单位的名称，此栏必须输入。

若供应商有应付款，则显示该供应商单据，对应每一张单据可以输入本次对冲金额。输入的对冲金额不能大于该单据的余额，且各张单据中输入的对冲总金额不能超过票据的背书金额，超过时单击“确认”按钮，系统会提示“冲销金额应小于等于背书金额”。

票据背书应注意以下问题。

①票据背书后，将不能再对其作其他处理。

②当背书方式为“冲销应付账款”时，如果背书金额大于应付账款，则将剩余金额记为供应商的预付款，并结清该张票据。

③票据背书时，承兑单位与背书单位可以相同。

4. 票据计息

票据分为带息票据和不带息票据。带息票据，是指汇票到期时，承兑人按票据面额及应计利息之和向收款人付款的商业汇票。选中一张票据，然后单击工具栏上的“计息”按钮，就可以对当前的票据进行计息处理。分别选择所需的计息金额、开始计息日期和截止计息日期，进行票据计息。输入完毕后，按“确定”按钮，可保存前述的操作，系统会自动把结果保存在票据登记簿中。

5. 票据转出

由于某种原因导致票据迟迟没有结算，需要重新恢复应收账款。票据转出后，将不能再对其作其他处理。

6. 票据结算

票据结算指票据兑现。票据到期，兑现票据的票面款项。

7. 票据锁定

在实际业务中，票据结算处理是在票据交给银行后，银行若干个工作日返回信息，财务才能根据银行返回的信息进行利息与费用的输入。为了更准确地反映这一过程，增加了票据结算锁定操作。票据一旦处于锁定状态，只能进行下一步与之相关的操作，而不能进行其他无关操作。比如，票据结算锁定后，票据可以进行结算处理，而不能进行其他操作。

7.3.4 转账处理

通过转账处理可以满足用户调整应收账款的需要。转账处理包括应收冲应收、预收冲应收、应收冲应付、红票对冲等业务。

1. 应收冲应收

应收冲应收，是指将客户、部门、业务员、项目和合同的应收款转到另一个中去。通过应收冲应收功能，将应收账款在客户、部门、业务员、项目和合同之间进行转入、转出，实现应收业务的调整，解决应收款业务在不同客户、部门、业务员、项目和合同间入错户或合并户的问题。

实际业务中，发现客户之间进行合并，或发现已审核的销售发票、其他应收单据中的客户错了，或者某个部门撤销了，要将该部门名下的应收款全部转到另一个部门名下。或者某个业务员离职了，要将该业务员名下所有的应收款转到另一个业务员名下。这时，财务人员需要将这些业务进行调整，进行转账处理。

应收冲应收输入完成后，单击“查询”按钮，系统会将该转出户所有满足条件的单据全部列出。可手工输入并账金额，金额大于 0，小于等于余额，双击本行，系统将余额自动填充为并账金额。

输入完有关信息后，按“确认”按钮，系统会自动进行转出、转入处理。按“取消”按钮，系统将会取消上述操作。

2. 预收冲应收

预收冲应收，是指用该客户的预收款冲销该客户应收款的业务。

3. 应收冲应付

应收冲应付，是指用某客户的应收账款，冲抵某供应商的应付款项。如果需要红字应收单冲销红字应付单，则将“负单据”复选框选中。

提示：

· 应收款的转账金额合计应该等于应付款的转账金额合计。

· 应收冲应付功能可以进行不等额对冲。如果应收金额大于应付金额，即将多余金额生成一条该供应商的预付款分录。如果应付款金额大于应收款金额，即将多余金额生成一条该客户的预收款分录。

选中“预收冲预付”，则指进行预收款冲销预付款的操作。

4. 红票对冲

红票对冲可实现某客户的红字应收单与其蓝字应收单、收款单与付款单之间的冲抵。例如，发生退货时，用红字发票冲蓝字发票。

7.3.5 坏账处理

所谓“坏账”，是指购货方因某种原因不能付款，导致企业不能收回应收账款。坏账处理包括计提坏账准备、坏账发生、坏账收回、坏账查询等内容。

1. 计提坏账准备

计提坏账准备，是指企业根据一定的标准，预先计算提取不能按期收回的应收款项。系统提供计提坏账准备的方法主要有销售收入百分比法、应收账款余额百分比法和账龄分析法。

在进行坏账处理之前，应做好如下准备工作：首先在系统选项中选择坏账处理的方法，然后在初始设置中设置有关参数。

（1）销售收入百分比法，是指按照本年度销售收入总额的一定比例，提取坏账准备。系统自动算出本年度销售收入总额，并根据计提比率计算出本次计提金额。销售总额默认值为本会计年度发票总额，用户可以根据实际情况进行修改。如果确认此次计提成功，则单击工具栏上的“OK 确认”按钮，确认此次操作。本次计提确认后，本年度将不能再次计提坏账准备，并且不能修改坏账参数。

（2）应收账款余额百分比法，是指按照本年度应收账款余额的一定比例，提取坏账准备。系统自动算出本年度应收账款余额，并根据计提比率计算出本次计提金额。应收账款的余额默认值为本会计年度最后一天所有未结算完的发票和应收单余额之和减去预收款数额。外币账户用其本位币余额，用户可以根据实际情况进行修改。如果确认此次计提成功，则单击工具栏上的“OK 确认”按钮，确认此次操作。确认后，本年度将不能再次计提坏账准备，并且不能修改坏账参数。

（3）账龄分析法，是指根据应收账款入账时间长短来估计坏账损失的方法。系统自动算出各区间应收余额，并根据计提比率计算出本次计提金额。各区间余额由系统生成（本会计年度最后一天所有未结算完的发票和应收单余额之和减去预收款数额），可以根据实际情况进行修改。

提示：

· 初次计提时，用户首先应进行初始设置，内容包括提取比率、坏账准备期初余额。

· 不论按哪种方法计提坏账准备，计提比率都不能在计提坏账准备时修改，只能在初始设置中修改。

2. 坏账发生

坏账发生，是指系统提供给用户确定某些应收款为坏账的功能。通过该功能，用户可选定发生坏账的应收业务单据，确定一定期间内应收款发生的坏账，便于及时用坏账准备进行冲销，避免出现应收款长期呆滞的现象。

3. 坏账收回

坏账收回，是指某笔应收款项已确定为坏账后，又被收回的款项。通过本功能可以对一定期间内发生的应收坏账收回业务进行处理，反映应收账款的真实情况，便于对应收款的管理。

进行坏账收回处理时，首先要填制收款单（填制的收款单不能进行审核，否则系统会将其作为普通的收款单处理，而不认为其是收回的坏账款项），然后进行坏账收回处理即可。

4. 坏账查询

坏账查询，是指系统提供的对系统内坏账处理过程和处理结果进行查询的功能。通过坏账查询功能，可以查询一定期间内发生的应收坏账业务处理情况及处理结果，加强对坏账的监督。

7.3.6 制单处理

制单处理可以生成记账凭证，并将凭证传递至总账管理系统。系统提供了实时制单和批量制单功能。通过批量制单，可以在此快速、成批生成凭证，还可依据规则进行合并制单等处理。制单处理前，建议在初始设置中进行相关入账科目的设置，以简化后续业务操作，提高处理速度。

7.3.7 账表查询

1. 单据查询

单据查询包括发票、应收单、收付款单、凭证、单据报警、信用报警、应收核销明细表等内容的查询。每项查询都可以按查询条件进行组合查询。

通过凭证查询可以实现查看、修改、删除、冲销凭证的操作。在应收款管理系统中生成的记账凭证，在总账管理系统记账前可以修改、删除，记账后只能进行冲销操作。

2. 业务账表

通过账表管理功能，可以查询业务总账、业务明细账、业务余额表等业务账表，可以进行应收账龄、收款账龄、欠款分析、收款预测等统计分析，可以进行科目明细账、科目余额表等科目账的查询，等等，此处不一一赘述。

3. 统计分析

可以按照客户进行欠款分析和收款预测。

4. 科目账查询

科目账包括科目明细账和科目余额表。可以查询不同控制科目下，各客户的明细账和余额表。

7.3.8 汇兑损益

如果单位本期发生外币业务，则需要对外币业务进行汇兑损益核算。系统选项中提供了两种处理汇兑损益的方式：一是月末计算，二是单据结清时计算汇兑损益。用户可以在此计算外币单据的汇兑损益并对其进行相应的处理。

7.3.9 与总账对账

通过与总账对账功能，可以检查应收款管理系统和总账管理系统中的往来账是否相等。若不相等，可以查看造成不等的原因。可以选定对账条件，系统根据选择条件显示与总账的对账结果。在与总账对账的结果中，可以选择金额式、数量金额式、数量外币式和外币金额式四种报表格式。

对账方式有以下两种。

（1）按客户＋币种。选择此项，显示各客户应收款与总账分币种的对账结果。系统默认为此选项。

（2）按科目＋客户。选择此项，显示各客户应收款与总账在对应科目下的对账结果。

7.3.10 取消操作

如果对原始单据进行了核销、转账等操作后，发现操作失误，系统提供了恢复到操作前状态的功能，以便用户进行修改。

7.4 应收款管理系统期末处理

7.4.1 结账

如果确认本月的各项业务处理已经结算，则可以选择执行月末结账功能。当执行了月末结账功能后，该月将不能再进行任何处理。结账必须逐月进行，如果这个月的前一个月没有结账，则本月不能结账。用户一次只能选择一个月进行结账。

结账的业务规则如下。

（1）应收款管理系统与销售管理系统集成使用，只有在销售管理系统结账后，才能对应收款管理系统进行结账处理。

（2）当在选项中设置审核日期为单据日期时，本月的单据（发票和应收单）在结账前应该全部审核；当在选项中设置审核日期为业务日期时，截至本月末还有未审核单据（发票和应收单），仍然可以进行月结处理。

（3）如果本月的收款单还有未审核的，不能结账。

（4）如果是本年度最后一个期间结账，建议将本年度进行的所有核销、坏账、转账等处理全部制单；如果是本年度最后一个期间结账，建议将本年度外币余额为 0 的单据的本币余额结转为 0。

7.4.2 取消月结

系统提供了取消月结的功能，用户可以通过取消月结功能取消本月结账。当总账管理系统本月已结账时，则不能取消应收款管理系统的月末结账。

复习思考题

1. 应收款管理系统包括哪些主要功能？
2. 应收款管理系统与其他系统之间的关系是怎样的？
3. 应收款管理系统的业务处理流程是怎样的？
4. 为什么要进行应收款选项的设置？
5. 如何在应收款管理系统和总账管理系统中录入期初余额？
6. 应收款管理系统的日常业务处理包括哪些内容？
7. 核销的含义及核销的方法是什么？
8. 如何进行坏账处理？如何进行坏账收回的处理？
9. 在应收款管理系统生成的错误凭证如何进行修改？
10. 如何查询应收款的相关账表？
11. 如何取消在应收款管理系统进行的误操作？

实验九　应收款管理

一、实验目的

（1）掌握用友 ERP-U8⁺ 管理软件中应收款管理的相关内容。

（2）掌握应收款管理系统初始化、日常业务处理及月末处理的基本操作。

二、实验内容

（1）应收款管理系统的初始化，包括账套参数设置及初始设置。

（2）日常业务处理，包括应收的形成、收款结算、转账处理、坏账处理、制单及查询统计。

（3）期末处理，即月末结账。

三、实验准备

引入“实验三”的账套数据。

四、实验资料

（一）初始设置

（1）账套参数设置如表 1 所示。

表 1　账套参数设置

参数设置		选项
常规	单据审核日期	单据日期
	坏账处理方式	应收余额百分比
	代垫费用类型	其他应收单
	应收账款核算模型	详细核算
		选中“自动计算现金折扣”
		选中“应收票据直接生成收款单”
凭证	受控科目制单方式	明细到客户
	非控科目制单方式	汇总方式
		选中“月结前全部生成凭证”
		选中“预收冲应收生成凭证”
		选中“红票对冲生成凭证”
核销	应收款核销方式	按单据核销

（2）科目设置如表 2 所示。

表 2　科目设置

科目类别	设置方式
基本科目	应收科目（本币）：1122 预收科目（本币）：2203 销售收入科目：6001 应交增值税科目：22210102
控制科目	所有客户的控制科目 应收科目：1122 预收科目：2203
结算方式科目	现金支票；币种：人民币；科目：100201 转账支票；币种：人民币；科目：100201 商业承兑汇票；币种：人民币；科目：100201 银行承兑汇票；币种：人民币；科目：100201

（3）坏账准备设置如表 3 所示。

表 3　坏账准备设置

控制参数	参数设置
提取比例	0.5%
坏账准备期初余额	3 250
坏账准备科目	1231 坏账准备
对方科目	6701 资产减值损失

（4）账期内账龄区间设置如表 4 所示。

表 4　账龄区间设置

序号	起止天数	总天数
01	01 ～ 30	30
02	31 ～ 60	60
03	61 ～ 90	90
04	91 以上	

（5）逾期账龄区间设置，同表 4。

（6）本单位开户银行信息如下。

编码：01；银行名称：中国工商银行北京复兴路支行；账号：6282 8800 7782。

（7）存货分类如表 5 所示。

表 5　存货分类

存货分类编码	存货类别名称
1	原材料
2	产成品
3	配套用品
4	应税劳务

（8）存货档案如表6所示。

表6　存货档案

存货编码	存货名称	所属类别	主计量单位	税率	存货属性	参考成本/元	参考售价/元
001	内存条	原材料	块	13%	内销、外销、采购、生产耗用	200	300
002	CPU	原材料	块	13%	内销、外销、采购、生产耗用	1 000	1 300
003	主板	原材料	块	13%	内销、外销、采购、生产耗用	300	400
004	硬盘	原材料	块	13%	内销、外销、采购、生产耗用	400	500
005	液晶显示器	原材料	台	13%	内销、外销、采购、生产耗用	1 200	1 500
006	家用电脑	产成品	台	13%	内销、外销、自制	4 000	5 000
007	商用电脑	产成品	台	13%	内销、外销、自制	6 000	7 000
008	运输费	应税劳务	千米	13%	内销、外销、采购、应税劳务		

（二）期初余额

（1）应收账款期初余额为384 200元，具体如表7、表8所示。

表7　普通发票

日期	客户	科目	货物名称	数量	单价	金额
2021-11-20	精元公司	1122	家用电脑	50台	5 650元	282 500元

表8　增值税专用发票

日期	客户	科目	货物名称	数量	单价	税率	金额
2021-12-18	新科公司	1122	商用电脑	20台	7 000元	13%	158 200元

（2）应收票据期初余额，如表9所示。

表9　应收票据期初余额表

客户	开票日期	收到日期	到期日	科目	金额	票号
新科公司	2021-10-15	2021-10-15	2022-01-15	1121	180 000元	P21
精元公司	2021-11-28	2021-11-28	2022-03-28	1121	120 000元	A19

注：以上票据为商业承兑汇票。

（三）日常业务

（1）1月6日，销售部销售给新科公司10台家用电脑，单价5 000元，开出增值税专用发票，货已发出。

（2）1 月 10 日，销售部销售给华新公司商用电脑 10 台，单价 7 000 元，开出普通发票，货已发出。代垫运费 500 元，运费以银行转账支票支付，支票号 A026。

（3）1 月 12 日，收到精元公司转账支票一张，支票号 D0621，金额 300 000 元，用于支付前欠货款，剩余款项作为预收款。

（4）1 月 13 日，收到安澜公司转账支票一张，金额 100 000 元，支票号 C0021，作为预购商用电脑的定金。

（5）1 月 14 日，将新科公司账款 158 200 元转给华新公司。

（6）1 月 15 日，新科公司开出的商业承兑汇票到期，并按期承兑。

（7）1 月 16 日，销售部销售给安澜公司商用电脑 5 台，单价 7 000 元，开出增值税专用发票，货已发出。用 13 日的收到的定金冲抵其应收款。

（8）1 月 31 日，按要求计提坏账准备。

（四）期末处理

（1）查询相关账表。

（2）期末结账。

五、实验要求

以账套主管“赵科”的身份进行应收款管理的相关处理。

六、操作指导

（一）启用并进入应收款管理系统

（1）以账套主管“赵科”的身份登录“U8⁺ 企业应用平台”，启用应收款管理系统，启用日期为“2022-01-01”。

（2）在“业务导航”中，选择“财务会计”中的“应收款管理”选项，打开应收款管理菜单。

（二）初始设置

1. 设置选项

（1）执行“设置”中的“选项”命令，打开“账套参数设置”对话框。

（2）单击“编辑”按钮，根据实验资料进行参数设置。

2. 科目设置

执行“设置”中的“初始设置”命令，进入“科目设置”窗口，根据实验资料进行基本科目设置、控制科目设置、结算方式科目设置。

温馨提示：在进行“应收科目”设置时，应先进入“基础设置”“会计科目”中修改应收科目“受控系统”为“应收系统”。

3. 坏账准备及账龄区间设置

执行“设置”中的“初始设置”命令，进入“初始设置”窗口。根据实验资料进行坏账准备设置、账期内账龄区间设置和逾期账龄区间设置。

4. 开户银行设置

在“业务导航”中，执行“基础设置”—“基础档案”—“收付结算”—“本单位开户银行”命令，进入“本单位开户银行”窗口。根据实验资料要求输入本单位开户银行信息。

5. 存货档案设置

（1）在“业务导航”中，执行“基础设置”—“基础档案”—“存货”—“存货分类”命令，进入“存货分类”窗口。

（2）根据实验资料进行存货分类设置。执行“基础设置”—“基础档案”—“存货”—“存货档案”命令，进入“存货档案”窗口。根据实验资料要求输入存货档案信息。

（三）期初余额录入

1. 期初专用发票录入

（1）在“应收款管理”中，执行“期初余额”—“期初余额查询”命令，打开“期初余额——查询”对话框。

（2）单击“确定”按钮，进入“期初余额”窗口。

（3）单击“增加”按钮，打开“单据类别”对话框。

（4）选择单据名称“销售发票”、单据类型“销售专用发票”

（5）单击“确定”按钮，进入“期初销售发票”窗口。

（6）输入开票日期“2021-12-18”、客户名称“新科公司”、销售部门“销售部”、科目“1122”。

（7）选择货物名称“商用电脑”，输入数量“20”、单价“7 000”，金额自动算出，单击“保存”按钮，如图 1 所示。

（8）同理，输入普通发票。

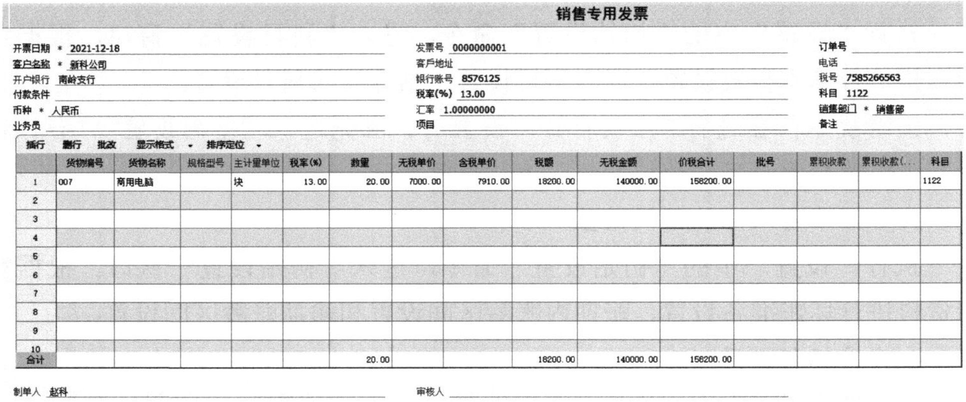

销售专用发票

开票日期 * 2021-12-18　　发票号 0000000001　　订单号
客户名称 * 新科公司　　客户地址　　电话
开户银行 南岭支行　　银行账号 8576125　　税号 7585266563
付款条件　　税率(%) 13.00　　科目 1122
币种 * 人民币　　汇率 1.00000000　　销售部门 * 销售部
业务员　　项目　　备注

插行　删行　批改　显示格式　排序定位

	货物编号	货物名称	规格型号	主计量单位	税率(%)	数量	无税单价	含税单价	税额	无税金额	价税合计	批号	累积收款	累积收款(...	科目
1	007	商用电脑		块	13.00	20.00	7000.00	7910.00	18200.00	140000.00	158200.00				1122
2															
3															
4															
5															
6															
7															
8															
9															
10															
合计						20.00			18200.00	140000.00	158200.00				

制单人 赵科　　审核人

图 1　销售专用发票

2. 应收票据期初余额录入

（1）在“应收款管理”中，执行“期初余额”—“期初余额查询”命令，打开“期初余额——查询”对话框。

（2）单击“确定”按钮，进入“期初余额”窗口。

（3）单击“增加”按钮，打开“单据类别”对话框。

（4）选择单据名称“应收票据”、单据类型“商业承兑汇票”。

（5）单击“确定”按钮，进入“商业承兑汇票”窗口。根据照实验资料要求输入票据信息，单击“保存”按钮。

3. 期初对账

（1）在“期初余额明细表”中，单击“对账”按钮，进入“期初对账”窗口。

（2）查看应收款管理系统与总账管理系统期初余额是否平衡，如图 2 所示。

科目		币种	应收期初		总账期初		差额	
编号	名称		原币	本币	原币	本币	原币	本币
1121	应收票据	人民币	300,000.00	300,000.00	300,000.00	300,000.00	0.00	0.00
1122	应收账款	人民币	440,700.00	440,700.00	440,700.00	440,700.00	0.00	0.00
	合计			740,700.00		740,700.00		0.00

图 2　应收款与总账期初对账

温馨提示：应收款管理系统与总账管理系统往来科目期初余额应完全一致。

（四）日常业务处理

1. 业务 1：输入并审核专用发票

（1）在应收款管理系统中，执行“销售发票”—“销售专用发票录入”命令，进入“销售专用发票”窗口。单击“增加”按钮，进行编辑。

（2）输入开票日期“2022-01-16”、客户名称“新科公司”，双击“销售类型参照”按钮，在“销售类型基本参照”窗口中编辑销售类型，如图 3 所示。在“收发类别档案基本参照”窗口，编辑收发类别，如图 4 所示。

序号	销售类型编码	销售类型名称	出库类别	是否默认值	参与需求计划运算
1	1	经销	销售出库	是	是

图 3　编辑销售类型

	收发类别编码	收发类别名称	编码级次	收发标志	是否末级	对方科目编码
☐	31	销售出库	2	发	☑	

图 4　编辑收发类别

（3）选择货物名称“家用电脑”，输入数量“10”、无税单价“5 000”，金额自动计算出，单击“保存”按钮。

（4）单击“审核”按钮，系统弹出“是否立即制单？”信息提示对话框。

（5）单击“否”按钮，暂不生成凭证，单击“退出”按钮。

温馨提示：当应收款管理系统与销售管理系统集成使用时，销售发票需在销售管理系统中录入并审核，应收款管理系统可对这些销售发票进行查询、核销、制单等操作。当应收款管理系统单独使用时，需在应收软管理系统中录入并审核销售发票，以形成应收款，并对这些发票进行查询、核销、制单等操作。

2. 业务 2：输入并审核普通发票及其他应收单

（1）在应收款管理系统中，执行“销售发票”—“销售普通发票录入”命令，进入“销售普通发票”窗口。单击“增加”按钮，进行编辑。

（2）输入开票日期“2022-01-20”、客户名称“华新公司”、销售类型“经销”。

（3）选择货物名称“商用电脑”，输入数量“10”、无税单价“7 000”，金额自动计算出，单击“保存”按钮。

（4）单击“审核”按钮，系统弹出“是否立即制单？”信息提示对话框。

（5）单击“否”按钮，暂不生成凭证，单击“退出”按钮。

（6）在应收款管理系统中，执行“应收单”—“应收单据录入”命令，进入“应收单”窗口。单击“增加”按钮，选择“其他应收单”进行编辑。

（7）输入开票日期“2022-01-20”、客户名称“华新公司”、金额“500”、摘要“代垫运费”。

（8）表体对应科目“100201”，单击“保存”按钮。

（9）单击“审核”按钮，系统弹出“是否立即制单？”信息提示对话框。

（10）单击“否”按钮，暂不生成凭证，单击“退出”按钮。

温馨提示：已审核和生成凭证的应收单不能修改和删除，若要修改和删除，必须取消相应的操作。

3. 业务 3：收款结算

（1）执行“收款处理”—“收款单据录入”命令，进入“收款单据录入”窗口。单击“增加”按钮，进入编辑状态。

（2）输入日期“2022-01-21”，选择客户“精元公司”，结算方式为“转账支票”，金额“300 000”，支票号“D0621”。

（3）表体中，分别选择款项类型为应收款、金额 282 500 元和预收款、金额 17 500 元，单击“保存”按钮。如图 5 所示。

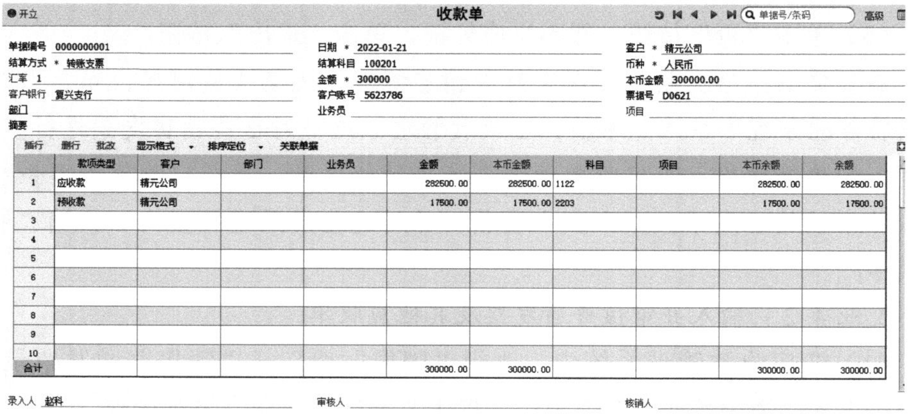
开立　收款单　单据号/条码　高级

单据编号 0000000001　日期 * 2022-01-21　客户 * 精元公司
结算方式 * 转账支票　结算科目 100201　币种 * 人民币
汇率 1　金额 * 300000　本币金额 300000.00
客户银行 复兴支行　客户账号 5623786　票据号 D0621
部门　业务员　项目
摘要

插行　删行　批改　显示格式　排序定位　关联单据

	款项类型	客户	部门	业务员	金额	本币金额	科目	项目	本币余额	余额
1	应收款	精元公司			282500.00	282500.00	1122		282500.00	282500.00
2	预收款	精元公司			17500.00	17500.00	2203		17500.00	17500.00
3										
4										
5										
6										
7										
8										
9										
10										
合计					300000.00	300000.00			300000.00	300000.00

录入人 赵科　审核人　核销人

图 5　收款单

（4）单击“审核”按钮，系统弹出“是否立即制单？”信息提示对话框，单击“否”按钮，暂不生成凭证。

（5）执行“核销”—“同币种”命令，打开“核销条件”窗口，选择单据名称为“销售发票”，单据类型为“销售普通发票”，单击“确定”按钮。在销售普通发票“本次结算”栏填入“282 500”，单击“确认”按钮。如图 6 所示。

单据日期	单据类型	单据编号	客户	款项类型	结算方式	币种	汇率	原币金额	原币余额	本次结算金额	订单号
2022-01-21	收款单	0000000001	精元公司	应收款	转账支票	人民币	1.00000000	282,500.00	282,500.00	282,500.00	
2022-01-21	收款单	0000000001	精元公司	预收款	转账支票	人民币	1.00000000	17,500.00	17,500.00		
合计								300,000.00	300,000.00	282,500.00	

单据日期	单据类型	单据编号	到期日	客户	币种	原币金额	原币余额	可享受折扣	本次折扣	本次结算
2021-11-20	销售普...	0000000001	2021-11-20	精元公司	人民币	282,500.00	282,500.00	0.00	0.00	282,500.00
合计						282,500.00	282,500.00	0.00		282,500.00

图 6　手工核销

4. 业务 4：输入收款单形成预收款

（1）在“收款单录入”窗口中，单击“增加”按钮。

（2）输入表头项目：选择客户“安澜公司”，日期“2022-01-13”，结算方式为“转账支票”，金额为“100 000”，支票号为“C0021”。输入表体项目：款项类型为“预收款”。

（3）单击“保存”按钮，再单击“审核”按钮，系统弹出“是否立即制单？”信息提示对话框。

（4）单击“否”按钮，暂不生成凭证，再单击“退出”按钮。

5. 业务 5：应收冲应收

（1）执行“转账”—“应收冲应收”命令，进入“应收冲应收”窗口。

（2）选择转出客户“新科公司”，转入客户“华新公司”。

（3）单击“查询”按钮，系统列出转出客户“新科公司”未核销的应收款。

（4）在日期为“2021-12-18”的销售专用发票单据行最后一栏“并账金额”中输入“158 200”。

（5）单击“确认”按钮，系统弹出“是否立即制单？”信息提示对话框。单击“否”按钮，暂不生成凭证。

6. 业务 6：商业承兑汇票承兑

（1）执行“票据管理”—“票据列表”命令，进入“应收票据列表”窗口。

（2）执行“查询”命令，选中日期为“2021-10-15”的商业承兑汇票。

（3）单击“结算”按钮，进入“票据结算”窗口。

（4）输入结算日期“2022-01-15”，输入结算科目“100201”。

（5）点击“确定”按钮，系统弹出“是否立即制单？”信息提示对话框。单击“否”按钮，暂不生成凭证。

7. 业务 7：预收冲应收

（1）在应收款管理系统中填制并审核销售专用发票，具体操作步骤参照业务 1。

（2）执行“转账”—“预收冲应收”命令，进入“预收冲应收”对话框。

（3）输入日期“2022-01-16”，单击“预收款”按钮，选择客户“安澜公司”，单击“过滤”按钮，系统列出安澜公司的预收款，输入转账金额“39 550”。

（4）单击“应收款”按钮，选择客户“安澜公司”，单击“过滤”按钮，系统列出安澜公司的应收款，输入转账金额“39 550”。如图 7 所示。

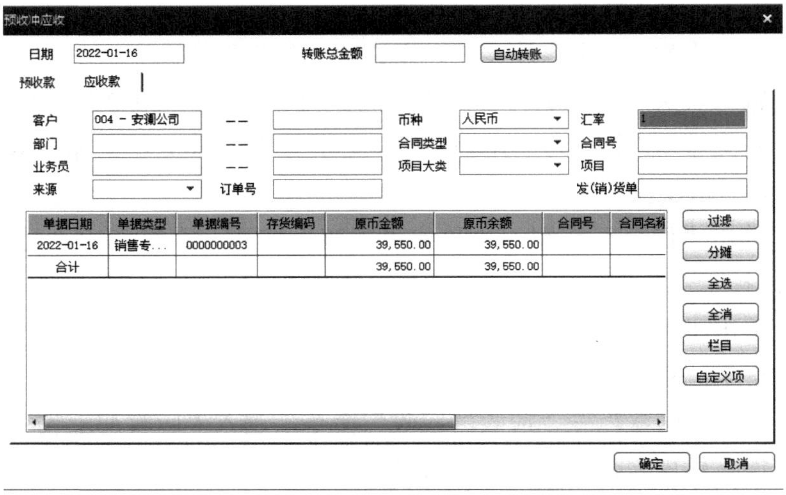

图 7　预收冲应收

（5）单击“确定”按钮，系统自动弹出“是否立即制单？”信息提示对话框。

（6）单击“否”按钮，暂不生成凭证。

8. 业务 8：计提坏账准备

（1）执行“坏账处理”—“计提坏账准备”命令，进入“计提坏账准备”窗口。

（2）系统根据应收账款余额、坏账准备余额、坏账准备初始设置情况自动计算出本次计提金额。

（3）单击“确认”按钮，系统弹出“是否立即制单？”信息提示对话框。

单击“否”按钮，暂不生成凭证。如图8所示。

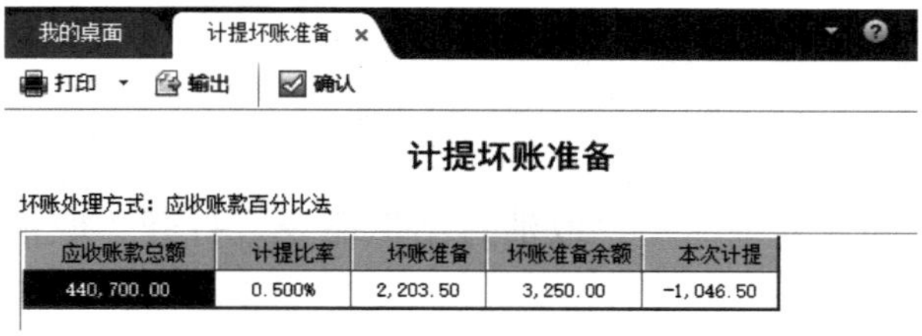

图8　计提坏账准备

温馨提示：坏账准备已计提成功，则本年度将不能再次计提坏账准备。

9. 批量制单

（1）执行“凭证处理”—“生成凭证”命令，打开“制单查询”对话框。

（2）选中“发票制单”，单击“确定”按钮，进入“销售发票制单”窗口。

（3）选择凭证类别为“转账凭证”，单击“全选”按钮。

（4）单击“制单”按钮，进入“填制凭证”窗口。

（5）单击“制单”按钮，凭证左上方出现“已生成”字样，表明此凭证已传递至总账。

（6）单击“上张”“下张”按钮，保存其他需保存的凭证。

（7）依次完成发票制单、应收单制单、收付款单制单、转账制单、并账制单、坏账制单。

10. 查询统计

进行单据查询、业务账表查询、科目账表查询、账龄分析。操作步骤在此不再赘述。

（五）期末处理

1. 结账

（1）执行“期末处理”—“月末结账”命令。

（2）双击1月份的“结账标志”命令，打开“月末处理”对话框。

（3）单击“下一步”按钮，显示各处理类型的处理情况。

（4）在处理情况都是“是”的情况下，单击“完成”按钮。结账后，系统弹出“月末结账成功！”信息提示对话框。

（5）单击“确定”按钮，系统自动在对应的结账月份的“结账标志”栏中显示“已结账”字样。

温馨提示：1. 本月的单据在结账前应该全部审核，本月的结算单据在结账前应全部核销；2. 应收款管理系统结账后，总账管理系统才能结账；3. 应收款管理系统与销售管理系统集成使用时，应在销售管理系统结账后，才能对应收款管理系统进行结账处理。

2. 取消结账

（1）执行“期末处理”—“取消月结”命令，打开“取消结账”对话框。

（2）选择“1 月已结账”月份。

（3）单击“确定”按钮，系统弹出“取消结账成功！”信息提示对话框。

（4）单击“确定”按钮，当月结账标志即被取消。

温馨提示：如果当月总账管理系统已经结账，则应收款管理系统不能取消结账。

第8章 供应链管理系统

8.1 供应链管理系统概述

供应链管理系统是用友 $U8^{+}$ 软件系统的重要组成部分，它以企业采购管理、销售管理、库存管理业务环节的各项活动为对象，记录各项业务的发生，有效地跟踪其发展过程，为财务核算、业务分析、管理决策提供依据，从而实现企业财务业务一体化全面管理，为企业全面提供物流、资金流、信息流资料。

8.1.1 供应链管理系统的主要功能模块

供应链管理系统主要包括合同管理、采购管理、销售管理、库存管理、存货核算、售前分析、出口管理、进口管理、委外管理、GSP 质量管理等模块。在实际应用中，企业可以根据实际情况，有选择地启用某些模块。为了便于学习，结合企业实际应用情况，本书重点介绍采购管理、销售管理、库存管理、存货核算四个模块。

1. 采购管理

采购管理的主要功能在于帮助企业对采购业务的全部流程进行管理，提供请购、采购订货、采购到货、采购入库、采购发票、采购结算的完整采购流程的处理。企业既可以按规范的标准流程进行业务处理，也可根据自身实际情况进行采购流程的定制。

2. 销售管理

销售管理的主要功能在于帮助企业对销售业务的全部流程进行管理，提供了报价、订货、发货、开票完整销售流程的处理，支持普通销售、委托代销、分期收款、直运、零售、销售调拨等多种类型的销售业务，并可对销售价格和信用进行实时监控。适合各类工业企业和商业批发、零售企业、医药、物资供销、对外贸易、图书发行等商品流通企业的销售部门使用。

3. 库存管理

库存管理的主要功能在于帮助企业对采购入库、销售出库、产成品入库、材料出库、其他出入库、盘点管理等业务引起的存货入库、出库进行处理，提供仓库货位管理、批次管理、保质期管理、出库跟踪入库管理、可用量管理、序列号管理等全面的业务处理。

4. 存货核算

存货核算的主要功能在于帮助企业核算存货入库成本、出库成本、结余成本，反映和监督存货的收发、领退和保管情况，反映和监督存货资金占用情况，动态反映存货资金的增减变动，提供存货资金的周转和利用情况，以降低库存，减少资金占用。

8.1.2 供应链管理系统的应用方案

采购管理、销售管理、库存管理、存货核算等模块既可以单独使用，也可以和相关子系统集成使用。集成使用更有利于从整个企业的角度发挥信息化处理的优势，发挥供应链管理系统的强大功能。

8.1.3 供应链管理系统数据流程

当企业集成启用采购管理、销售管理、库存管理、存货核算、应收款管理、应付款管理、总账管理各系统时，这些系统之间的数据传递关系如图 8-1 所示。

8.2 供应链管理系统初始设置

企业集成启用供应链管理系统时，因为每一笔业务的处理会同时涉及财务、业务多个模块，因此对供应链管理系统进行初始设置时，要同时进行相关模块的设置，以满足业务处理的需要。

供应链管理系统初始设置包括建立账套、参数设置、设置基础档案、录入期初余额等内容。

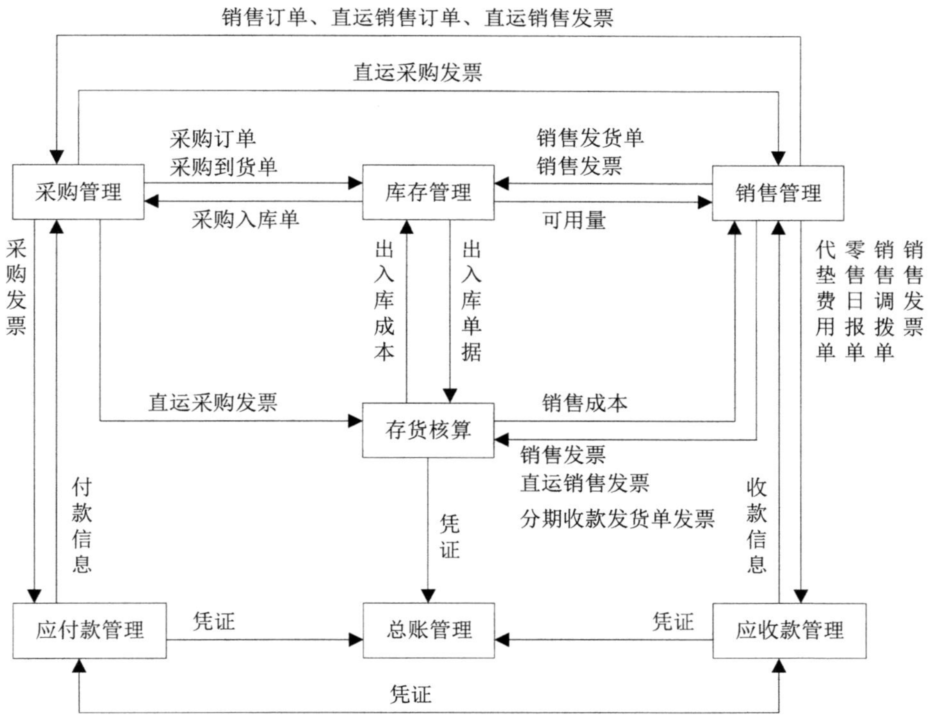

图 8-1　供应链管理系统数据流程图

8.2.1　建立账套

1. 建立账套

由系统管理员 admin 登录系统管理模块，通过执行“账套”—“建立账套”命令实现。

2. 启用账套

建立账套后要启用采购管理、销售管理、库存管理、存货核算、应收款管理、应付款管理、总账管理等子系统。建议企业同时启用上述各子系统。如果不能同时启用上述各子系统，为避免启用后续系统时的麻烦，建议用户在启用系统时注意以下几点。

①库存与存货在同一月份启用。

②采购与存货、库存在同一月份启用。

③应付与采购在同一月份启用。

④应收与销售在同一月份启用。

具体操作见第 2 章系统管理和基础设置，此处不再赘述。

8.2.2 参数设置

1. 采购管理系统参数

（1）业务及权限控制

①普通业务必有订单

选择该选项，则发生普通采购业务时，必须填制采购订单；如不选择该选项，则采购订单不是必填项。

②允许超订单到货及入库

对于该选项，如不允许，则参照订单生成到货单、入库单时，不可超订单数量。如允许，则参照订单生成到货单、入库单时，可超订单数量，但不能超过订单数量入库上限，即订单数量 ×（1+ 入库超额上限）。入库上限在存货档案中设置。

③退货必有订单

该选项仅在必有订单模式下使用。如果选择，则在退货时，采购退货单只能参照来源单据生成；如果不选择，则退货单可以手工增加。

④供应商供货控制

对于供应商供货控制，有三种选择，默认为“不检查”，可随时修改。

选择“不检查”，在录入单据和保存单据时，不检查供应商与存货是否在供应商存货对照表中。

选择“检查提示”，在录入单据和保存单据时，要检查供应商与存货的对应关系，给出提示，让用户来决定“是否继续”，系统不严格控制。

选择“严格控制”，在录入单据和保存单据时，要检查供应商与存货的对应关系，如果不符合供应商与存货对应关系，则单据严格控制不允许保存。

⑤订单 / 到货单 / 发票单价录入方式

订单 / 到货单 / 发票单价录入方式为单选，可随时修改。

手工录入：用户直接录入。

取自供应商存货价格表价格：带入供应类型为“采购”的无税单价、含税单价、税率，可修改；若无，则手工录入，参见供应商存货价格表。

最新价格：系统自动取最新的订单、到货单、发票上的价格，包括无税单价、含税单价、税率，可修改。取价规则参见“历史交易价参照设置”。

⑥历史交易价参照设置

历史交易价，即填制单据时可参照的存货价格，最新价格的取价规则也在此设置，可随时更改。

来源：用户可选择在业务中作为价格基准的单据，在参照历史交易价和取最新价格时取该单据的价格。选择内容为订单、到货单、发票。

是否按供应商取价：若选中，则按照当前单据的客户带入历史交易价。按照供应商取价能够更加精确地反映交易价，因为同一种存货，从不同供应商取得的进价可能有所差异。

显示最近（）次历史交易价记录：录入，默认为10次。

⑦最高进价控制口令

最高进价控制口令系统默认为“system”，可修改，可为空。设置口令，则在填制采购单据时，如超过最高进价，系统提示并要求输入控制口令，口令不正确则不能保存采购单据。不设置口令，则在填制采购单据时，如超过最高进价，系统提示不需输入口令，确定后即可保存。

（2）公共及参照控制

①启用的会计月、启用日期

启用的会计月、启用日期根据采购管理系统的启用月和会计月的第一日带入，不可修改。

②单据进入方式

进入采购单据时，可进行单据进入方式的设置。默认值为空白单据，可随时修改。

空白单据：进入单据卡片时，不显示任何信息，即进入一张空白单据。

最后一张单据：进入单据卡片时，显示最后一次操作的单据。

2. 销售管理系统参数

（1）业务控制

①有零售日报业务

若选中有零售日报业务，则系统增加“零售日报”菜单项，相关报表中包含零售日报的数据；若未选中有零售日报业务，则系统不能处理“零售日报”业务。有销售调拨业务、有委托代销业务、有分期收款业务、有直运销售业务选项含义与此类似，选中时系统增加相应业务菜单项，相关报表中包含相应业务报表的数据，未选中时系统不能处理相应业务。

②允许超订量发货

当设置参照订单生成发货单、生成销售发票时，是否可超过订单的数量。通过该参数可根据销售订单控制销售发货数量，限制业务人员的权限，降低出货回款的风险。

在未选中的情况下，当参照销售订单生成发货单、销售发票时，对订单累计发货数、累计开票数（开票直接发货模式下）与订单数量进行比较。累计发货（开票）数＞订单数量，不允许保存；累计发货（开票）数≤订单数量，允许保存。

在选中的情况下，在发货时可以超出销售订单量进行发货，即允许累计发货（开票）数＞订单数量，但需要根据存货档案中的发货超额上限进行控制，即累计发货（开票）数≤订单数量（1+存货档案中的发货超额上限）。

③允许超发货量开票

未选中的情况下，当参照销售发货单生成销售发票时，对发货单的累计开票数与发货数量进行比较。累计开票数＞发货数量，不允许保存；累计开票数≤发货数量，允许保存。在选中的情况下，进行开票操作时不检查，允许保存单据。

④销售生成出库单

若选中销售生成出库单，则在销售管理系统审核（或复核）销售发货单、销售发票、零售日报、销售调拨单时，系统自动生成销售出库单，传递到库存管理系统和存货核算系统。销售出库单的数量不能修改，即一次发货一次全部出库。

若未选中销售生成出库单，则销售出库单参照销售发货单生成。当参照时，可以修改本次出库数量，即一次发货可以多次出库。

（2）其他控制

①新增发货单默认

设置新增发货单时是否参照销售订单。如选择不参照单据，则新增发货单时不弹出销售订单的参照界面；如选择参照订单，则新增发货单时弹出销售订单的参照界面，即参照订单生成发货单。

②新增发票默认

设置新增发票时是否参照单据，参照时是参照订单还是参照发货单。如选择不参照单据，则新增发票时不弹出参照界面；如选择参照订单，则新增发票时弹出销售订单的参照界面；如选择参照发货单，则新增发票时弹出销售发货单的参照界面。

3. 库存管理系统参数

（1）通用设置

①业务设置

业务设置即进行一些业务选择设置，如是否有组装拆卸业务、委托代销业务等。选择相关选项时，库存系统能够进行相关业务处理，提供相关的报表信息；否则不能进行相关业务处理，也无法提供相关报表信息。

②修改现存量时点

该设置为发生存货出库、入库业务后，何时改变该存货的现存量。未选中时，在保存该业务单据时修改现存量；选中时，在审核该业务单据时修改现存量。

（2）专用设置

①业务开关

该设置为当参照订单、到货单等生成入库单，以及参照发货单生成出库单等单据时，是否可以超过参照单据的数量。在未选中的情况下，保存出入库单据时，系统对出库、入库数量和参照的单据数量进行比较，累计入库、出库的数量大于参照的单据数量时，则不允许保存；选中时则可以保存。

②自动带出单价的单据

设置自动带出单价的单据，并设置入库单成本、出库单成本的来源。复选，默认为否，可随时修改。选择内容为采购入库单、销售出库单、产成品入库单、材料出库单、其他入库单、其他出库单、调拨单、调拨申请单、盘点单、组装单、拆卸单、形态转换单、不合格品记录单、不合格品处理单。

4. 存货核算系统参数

（1）核算方式

①按仓库核算

按在仓库档案中设置的计价方式核算存货成本，每个仓库单独核算出库成本。

②按部门核算

按在仓库档案中设置的所属部门设置的计划方式核算存货成本，相同所属部门的各仓库统一核算出库成本。

③按存货核算

按用户在存货档案中设置的计价方式进行核算。

只有在期初记账前，才能将按存货设置计价方式改为按仓库或部门设置计价方式，或者由按仓库或部门设置计价方式改为按存货设置计价方式，期初记账后便不能修改计价方式了。系统默认按仓库核算。

（2）暂估方式

①月初回冲

月初时，系统自动生成红字回冲单。报销处理时，系统自动根据报销金额生成蓝字采购报销入库单，即蓝字回冲单。

②单到回冲

报销处理时，系统自动生成红字回冲单，并生成采购报销入库单。

③单到补差

报销处理时，系统自动生成一张调整单，调整金额为实际金额与暂估金额的差额。

（3）销售成本核算方式

①销售出库单，是指按销售出库单所列数量核算销售成本。

②销售发票，是指按销售发票所列数量核算销售成本。普通销售情况下，按销售出库单核算销售成本和按销售发票核算销售成本的结果是一样的；在核算分期收款、委托代销等业务的销售成本时，销售出库单所列数量和发票所列数量不一致，应该选择按销售发票核算销售成本。

8.2.3 设置基础档案

购销存业务的处理涉及大量的基础档案信息，在前面介绍其他子系统的时候，已经设置了较多的基础档案，如会计科目、凭证类别、部门档案、职员档案等，这些基础档案和供应链管理系统所需要的基础档案可以共享，不用重新进行设置。此处仅介绍一些前面没有涉及的基础档案，以及对供应链系统本身进行的一些基础设置。

1. 存货分类

企业可以根据对存货的管理要求对存货进行分类管理，以便于对业务数据进行统计和分析。存货分类最多可分 8 级，编码总长不能超过 30 位，每级级长用户可自由定义。

2. 计量单位

实际工作中，有的存货只有一个计量单位，如计算机的计量单位是“台”，椅子的计量单位是“把”。有的存货有两个计量单位，如：啤酒既可以按“瓶”计量，也可以按“箱”计量；布既可以按“米”“尺”计量，也可以按“匹”计量，等等。因此，设置计量单位分两步进行，首先设置计量单位组，然后再设置具体的计量单位。

计量单位组分无换算、浮动换算、固定换算三种类别。每个计量单位组中有一个主计量单位、多个辅助计量单位。可以设置主、辅计量单位之间的换算率，还可以设置采购、销售、库存和成本系统默认的计量单位。

（1）无换算计量单位组

在该组下的所有计量单位都以单独形式存在，各计量单位之间不需要输入换算率，系统默认为主计量单位。

（2）浮动换算计量单位组

设置为浮动换算率时，可以选择的计量单位组中只能包含两个计量单位。此时，需要将该计量单位组中的主计量单位、辅计量单位显示在存货卡片界面上。

（3）固定换算计量单位组

只有设置为固定换算率时，可以选择的计量单位组中才可以包含两个（不包括两个）以上的计量单位，且每一个辅计量单位对主计量单位的换算率不为空。此时，需要将该计量单位组中的主计量单位显示在存货卡片界面上。

计量单位组设置完成后，再针对相应的计量单位组，设置具体的计量单位。

3. 存货档案

存货也叫物料，包括企业在生产经营过程中用到的各种原材料、库存商品、周转材料等，随同发货单或发票一起开具的应税劳务等也应设置在存货档案中。因为这些应税劳务扣除抵扣的增值税后，剩余成本要计入存货成本中。通过设置存货档案，便于对这些存货进行资料管理、实物管理和业务数据的统计分析。

（1）基本选项卡

该选项卡下包含了存货档案的基本信息。存货属性非常重要，只有设置了存货的相关属性，才能对该项存货进行相应的业务处理。例如：某存货设置了外购属性，才能填制采购发票；某存货设置了生产耗用属性，才能填制生产领料单，被生产车间领用。同一存货可以设置多个属性。

内销：具有该属性的存货可用于销售给国内客户。发货单、发票、销售出库单等与销售有关的单据参照存货时，参照的都是具有销售属性的存货。开具在发货单或发票上的应税劳务，也应设置为销售属性，否则开具发货单或发票时无法参照。

外销：具有该属性的存货可用于销售给国外客户。相关规则同内销。

采购：具有该属性的存货可用于采购。到货单、采购发票、采购入库单等与采购有关的单据参照存货时，参照的都是具有外购属性的存货。开具在采购专用发票、普通发票、运费发票等票据上的采购费用，也应设置为外购属性，否则开具采购发票时无法参照。

生产耗用：具有该属性的存货可用于生产耗用，如生产产品耗用的原材料、辅助材料等。具有该属性的存货可用于材料的领用。材料出库单参照存货时，参照的都是具有生产耗用属性的存货。

委外：具有该属性的存货主要用于委外管理。委外订单、委外到货单、委外发票、委外入库单等与委外有关的单据参照存货时，参照的都是具有委外属性的存货。

自制：具有该属性的存货可由企业生产自制，如工业企业生产的产成品、半成品等存货。具有该属性的存货可用于产成品或半成品的入库。产成品入库单参照存货时，参照的都是具有自制属性的存货。

应税劳务：开具在采购发票上的运输费、包装费等采购费用或开具在销售发票或发货单上的应税劳务。应税劳务属性与“自制”“生产耗用”等属性互斥。

（2）控制选项卡

控制选项卡主要用于对存货的出库、入库数量及存货盘存进行管理。

最高库存：存货在仓库中所能储存的最大数量，超过此数量就有可能形成存货的积压。最高库存不能小于最低库存。用户在填制入库单时，如果某存货的目前结存量高于最高库存，系统将予以报警。注意：需要在库存管理系统选项“专用设置”选中“最高最低库存限制”选项，才能报警。

最低库存：存货在仓库中应保存的最小数量，低于此数量就有可能形成短缺，影响正常生产。如果某存货当前可用量小于此值，用户在填制出、入库单及登录产品时，系统将予以报警。需要在库存管理系统选项“专用设置”中选中“最高最低库存限制”选项，才能报警。

请购超额上限：设置根据请购单生成采购订单时，可以超过来源请购单订货的上限。在采购管理系统选项中选中“允许超请购订货”时，订货可超过请购量的上限值。以小数的形式输入，如可以超过上限 20%，则输入 0.2。

例如，某请购单请购存货的数量为 200 件，在采购管理选项中选中了“允许超请购订货”，请购超额上限 0.1。根据该请购单生成采购订单时，采购订单的数量最多可以为220件。其中，20件即为请购超额的上限数量。

入库、出库超额上限：设置根据来源单据生成出、入库单时，可以超过来源单据出库或入库的上限。手工输入的数据，在出、入库时根据录入的数据计算控制。百分比数据以小数类型录入。

发货允超上限：发货允许超出订单的上限。

上次盘点日期：新增记录可以手工输入上次盘点日期，以后就由系统自动维护，每次在该存货盘点时自动回填盘点日期，不允许修改。当设置盘点周期为天时，必须输入该项内容，如果不填，系统默认为当前注册日期。如果该存货盘点方式为周期盘点，则需要录入上次盘点日期。当前日期≥上次盘点日期＋盘点周期时，表示该存货为到期盘点存货。

盘点周期：根据选择的盘点周期单位来确定实际输入的内容。当设置周期盘点时，必须输入该项内容，可以输入大于0的整数，缺省为1。

盘点周期单位：可选择的内容有天、周、月，必须选择其中一种。

盘点日设置：当没有设置周期盘点或设置盘点周期为天时，无须输入该项内容。当设置盘点周期为周时，该项内容可以设置星期一到星期日7项内容，必须选择其中一项。注意：1表示周日，2表示周一，3表示周二，依次类推，7表示周六。当设置盘点周期为月时，该项内容可以设置1～31日作为选择项，每次只能且必须选择其中一项。

是否批次管理：存货是否需要批次管理。只有在库存选项中设置为“有批次管理”时，此项才可选择。如果存货是批次管理，录入出、入库单据时，系统将要求用户输入出、入库批号。

是否出库跟踪入库：可以修改，但是若将该选项从不选择状态改成选择状态，则需要检查该存货有无期初数据或者出入库数据，有数据的情况下，不允许修改。在录入出库单时，需要指定对应的入库单，只有设置此项才可以跟踪到供应商对应存货的收发存情况。

是否序列号管理：默认为“否”，随时可改。在库存管理系统选项中设置为“启用序列号管理”时，对于有序列号管理的存货，在出、入库时可以维护其对应的序列号信息。

（3）价格成本选项卡

价格成本选项卡主要用于在存货的成本核算过程中提供价格计算的基础依据。

计价方式：存货成本核算方式有三种，分别是按仓库核算、按部门核算、按存货核算。具体设置方法在存货核算系统选项“核算方式”中设置。当将存货成本核算方式设置为“按存货核算”时，必须在此处设置存货的计价方式，核算过程中系统将严格按照用户设置的计价方式进行成本确认。当将存货成本核算方式设置为按仓库核算或按部门核算时，则不用在存货档案成本选项卡中设置计价方式。

最高进价：进货时用户参考的最高进价，为采购进行进价控制。如果用户在采购管理系统中选择要进行最高进价控制，则在填制采购单据时，如果最高进价高于此价，系统会要求用户输入口令，如果口令输入正确，方可高于最高进价采购，否则采购单据不能被保存。

最低售价：存货销售时的最低销售单价，为销售进行售价控制。当用户在录入最低售价时，根据报价是否含税录入无税售价或含税售价。如果用户在销售管理系统中选择有最低售价控制，则在填制销售单据时，如果最低售价低于此价，系统会要求用户输入口令，如果口令输入正确，方可低于最低售价销售，否则销售单据不能被保存。

参考成本：非计划价或售价核算的存货填制出、入库成本时的参考成本。采购商品或材料暂估时，参考成本可作为暂估成本。存货负出库时，参考成本可作为出库成本。

4. 仓库档案

第一次使用本系统时，应先将本单位使用的仓库预先输入系统之中，即进行“仓库档案”设置。核算存货成本时，有三种方式可选：按仓库核算、按部门核算、按存货核算。前述介绍存货档案时，介绍了如何按存货核算成本。

当用户选择按仓库核算存货成本时，一方面要在存货核算系统选项“核算方式”中选择“按仓库核算”方式，另一方面在设置仓库档案时，设置该仓库的计价方式。设置完成后，所有从该仓库发出的存货，都按照此处设置的计价方式计价。

当用户选择按部门核算存货成本时，一方面要在存货核算系统选项中选择“按部门核算”方式，另一方面在设置仓库档案时，设置该仓库的计价方式，同时设置该仓库的所属部门。设置完成后，所有从该部门所属仓库发出的存货，都按照此处设置的计价方式计价。

5. 收发类别

收发类别设置，是为了用户对存货的出入库情况进行分类汇总统计而设置的功能，表示存货的出入库类型，用户可根据本单位的实际需要自由灵活地进行设置。

6. 采购类型

采购类型是用户根据企业需要自行设定的项目。用户在使用采购管理系统，填制采购入库单等单据时，会涉及采购类型栏目。如果企业需要按采购类型进行统计，那就应该建立采购类型项目。

采购类型不分级次，企业可以根据实际需要进行设置。例如：从国外购进，从国内购进，从省外购进，从本地购进；从生产厂家购进，从批发企业购进；为生产采购，为委托加工采购，为在建工程采购；等等。

7. 销售类型

用户在处理销售业务时，可以根据自身的实际情况自定义销售类型，以便于按销售类型对销售业务数据进行统计和分析。用户可以根据业务的需要方便地增加销售类型。

8. 产品结构

产品结构，是指产品的组成成分及数量，又称为物料清单（bill of material，BOM），即企业生产的产品由哪些材料组成。

母件：可以是最终完成的产成品、生产装配过程中形成的半成品，或由不同材料构成的部件；也可以是经过加工的半成品、外购部件等。

子件：构成母件的组成部分。

有多级结构的产品需要一级一级地输入。例如：计算机由显示器、主机、键盘、鼠标等组成；主机由机箱、软驱、硬盘、主板、CPU 等组成。首先，在存货档案中定义好这些物料的编号、名称、规格、型号等；其次，在输入产品结构时需要先输入计算机的下一层结构，然后再输入主机的下一层结构。

9. 费用项目

企业在销售过程中会发生一些代垫费用、支出费用，系统将其设置为费用项目，以方便记录和统计费用的发生情况。

10. 设置存货科目

企业发生购销存业务时，对于存货的入库、出库业务，都要在存货核算系统生成记账凭证。

例如，企业发生材料入库业务时，要在存货核算系统生成入库凭证。借记“原材料”科目，贷记“材料采购”科目。如果在存货核算系统基础设置中预先设置了该存货对应的入账科目是“原材料”，则生成记账凭证时，系统会将该“原材料”科目自动填入记账凭证的借方，从而减少会计人员制证的工作量。如果没有预先设置该存货对应的入账科目，则生成记账凭证时，“原材料”科目便不会自动填入记账凭证的借方。

因此，本功能的作用在于设置存货核算系统中生成凭证所需要的各种存货科目、差异科目、分期收款发出商品科目、委托代销科目，以便在系统生成凭证时自动带出相关科目，否则无法生成科目完整的凭证。

设置存货科目时，既可以按仓库设置，也可以按存货分类设置。

11. 设置存货对方科目

此功能用于设置存货核算系统中生成凭证时所需要的存货对方科目所对应的会计科目，以便在系统生成凭证时自动带出相关科目，否则无法生成科目完整的凭证。

如前例，凭证中的“原材料”科目是存货科目，“材料采购”科目则是存货对方科目。存货的出库、入库业务类型不同，存货对方科目也不同。

8.2.4 录入期初余额

供应链管理系统的期初余额，是指启用 U8$^+$ 供应链系统之前，尚未处理完毕的采购业务、销售业务，以及各种存货的结存余额。在启用 U8$^+$ 供应链系统处理购销存业务时，应先将这些期初余额录入相关的系统中，以实现手工业务处理向信息化处理的转变。

有关期初余额录入的操作、内容及说明见表 8-1。

表 8-1 供应链管理系统期初数据的内容及录入方法

系统名称	操作	内容	说明
采购管理	录入	期初暂估入库 期初在途物资	暂估入库是指货到票未到 在途物资是指票到货未到
	期初记账	采购期初记账	不论有无期初数据，都要进行采购期初记账，否则不能进行日常业务处理
销售管理	录入并审核	期初发货单 期初委托代销发货单 期初分期收款发货单	已发货、出库，但未开票 已发货未结算的数量 已发货未结算的数量
库存管理	录入（取数）并审核	期初库存的存货余额 不合格期初存货余额	库存管理和存货核算系统共用期初数据 未处理的不合格品结存数
存货核算	录入（取数）并审核	期初库存的存货余额 期初分期收款发出商品余额	可以通过取数功能从库存系统取数，也可以直接录入余额

实验十　供应链管理系统初始设置

一、实验目的

（1）掌握用友 ERP-U8+ 管理软件中供应链管理系统的相关内容。
（2）理解供应链管理系统业务处理流程。
（3）掌握供应链管理系统初始设置的基本操作。

二、实验内容

（1）供应链管理系统各子系统的初始设置。
（2）供应链管理系统各子系统的期初数据录入。

三、实验准备

引入“实验三”的账套数据，启用采购管理、销售管理、库存管理、存货核算、应收款、应付款管理子系统，启用日期为“2022-01-01”。

四、实验资料

（一）基础信息设置

（1）存货分类参照实验九表 5。
（2）存货档案参照实验九表 6。
（3）仓库档案如表 1 所示。

表 1　仓库档案

仓库编码	仓库名称	计价方式
1	原料库	移动平均法
2	成品库	移动平均法
3	配套用品库	全月平均法

（4）收发类别如表 2 所示。

表 2　收发类别

收发类别编码	收发类别名称	收发标志	收发类别编码	收发类别名称	收发标志
1	正常入库	收	3	正常出库	发
11	采购入库	收	31	销售出库	发
12	产成品入库	收	32	领料出库	发
13	调拨入库	收	33	调拨出库	发
2	非正常入库	收	4	非正常出库	发
21	盘盈入库	收	41	盘亏出库	发
22	其他入库	收	42	其他出库	发

（5）采购类型如表 3 所示。

表 3　采购类型

编码	名称	入库类别	是否默认值
1	普通采购	采购入库	是

（6）销售类型如表 4 所示。

表 4　销售类型

编码	名称	出库类别	是否默认值
1	经销	销售出库	是
2	代销	销售出库	否

（7）开户银行如表 5 所示。

表 5　开户银行

编码	名称	账号
01	工商银行北京分行复兴路支行	6282 8800 7782

（二）初始设置

1. 应收款管理系统

（1）账套参数设置参照实验九表 1。

（2）科目设置参照实验九表 2。

（3）坏账准备设置参照实验九表 3。

（4）账龄区间设置参照实验九表 4。

（5）应收款管理系统期初数据如表 6、表 7 所示。

表 6 应收账款期初余额表

日期	客户	方向	金额	票号	业务员
2021-11-20	精元公司	借	282 500	S120	白虹
2021-12-18	新科公司	借	158 200	T91	白虹

表 7 应收票据期初余额表

客户	开票日期	收到日期	到期日	科目	金额	票号
新科公司	2021-10-15	2021-10-15	2022-01-15	1121	180 000	P21
精元公司	2021-11-28	2021-11-28	2022-03-28	1121	120 000	A19

注：以上票据均为商业承兑汇票。

2. 应付款管理系统

（1）账套参数设置采用系统默认。

（2）科目设置如表 8 所示。

表 8 科目设置

科目类别	设置方式
基本科目	应付科目（本币）：2202 预付科目（本币）：1123 采购科目：1401 采购税金科目：22210101
控制科目	所有供应商的控制科目 应付科目：2202 预收科目：1123
结算方式科目	现金；币种：人民币；科目：1001 现金支票；币种：人民币；科目：100201 转账支票；币种：人民币；科目：100201

（3）应付款管理系统期初数据如表 9 所示。

表 9 应付账款期初余额

日期	供应商	方向	商品名称	金额	票号	业务员
2021-11-10	晨星公司	贷	主板	39 000	S120	冯元
2021-12-18	科隆公司	贷	CPU	100 000	T91	冯元

3. 采购管理系统

采购管理系统期初数据：2021 年 12 月 20 日，收到科隆公司提供的电脑主板 200 块，单价 300 元，商品已验收入原料库，至今尚未收到发票。

4. 销售管理系统

销售管理系统期初数据：2021 年 12 月 25 日，向新科公司销售商用电脑 10 台，无税单价 7 000 元，货物已发，但尚未开票。

5. 存货核算系统

（1）存货核算系统科目设置：按照仓库和存货设置存货科目，如表 10 所示。

表 10　存货科目

仓库	存货	存货科目
原料库	内存条	内存条（140301）
原料库	CPU	CPU（140302）
原料库	主板	主板（140303）
原料库	硬盘	硬盘（140304）
原料库	液晶显示器	液晶显示器（140305）
成品库		库存商品（1405）

（2）存货核算系统对方科目设置：根据收发类别设置对方科目，如表 11 所示。

表 11　对方科目

收发类别	对方科目
11 采购入库	材料采购（1401）
12 产成品入库	生产成本 / 直接材料（500101）
21 盘盈入库	待处理财产损益 / 待处理流动资产损益（190101）
31 销售出库	主营业务成本（6401）
32 领料出库	生产成本 / 直接材料（500101）

（3）存货核算系统期初数据如表 12 所示。

表 12　库存和存货核算系统期初余额

仓库名称	存货名称	数量	单价 / 元	金额 / 元	小计 / 元
原料库	内存条	350 块	200	70 000	684 000
	CPU	200 块	1000	200 000	
	主板	260 块	300	78 000	
	硬盘	300 块	400	120 000	
	液晶显示器	180 台	1200	216 000	
成品库	家用电脑	120 台	4000	480 000	1 020 000
	商用电脑	90 台	6000	540 000	

6. 库存管理系统

库存管理系统期初数据参照表 12。

五、实验要求

以账套主管“赵科”的身份进行供应链管理系统各子系统的初始设置。

六、操作指导

（一）启用相关子系统

以账套主管“赵科”的身份登录“U8+ 企业应用平台”，启用采购管理、销售管理、库存管理、存货核算、应收款管理、应付款管理子系统，启用日期为“2022-01-01”。

（二）基础信息设置

在“基础档案”中，根据实验资料设置存货分类、存货档案、仓库档案、收发类别、采购类型、销售类型、开户银行等。

（三）初始设置

1. 应收款管理系统

（1）初始设置

初始设置操作步骤参见实验九操作指导（二）初始设置（第 249 页）。

（2）期初余额录入

① 单击业务导航“应收款管理”中的“期初余额”按钮，打开“期初余额”对话框。

② 单击“增加”按钮，打开“单据类别”对话框。单据名称选择“应收单”，单据类型选择“其他应收单”，单击“确认”按钮，进入“期初单据录入”窗口。根据实验资料要求分别输入应收账款期初数据并保存。

③ 单击“增加”按钮，打开“单据类别”对话框。单据名称选择“应收票据”，单据类型选择“商业承兑汇票”，单击“确认”按钮，进入“期初单据录入”窗口。根据实验资料要求分别输入应收票据期初数据。如图 1 所示。

④ 单击“对账”按钮，与总账管理系统进行对账。

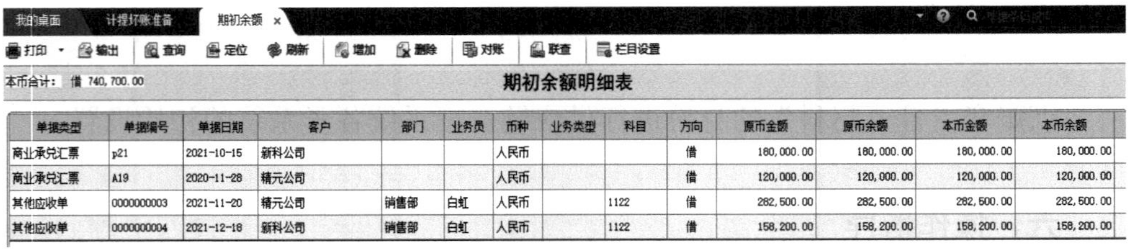

我的桌面 计提坏账准备 期初余额

打印 输出 查询 定位 刷新 增加 删除 对账 联查 栏目设置

本币合计： 借 740,700.00

期初余额明细表

单据类型	单据编号	单据日期	客户	部门	业务员	币种	业务类型	科目	方向	原币金额	原币余额	本币金额	本币余额
商业承兑汇票	p21	2021-10-15	新科公司			人民币			借	180,000.00	180,000.00	180,000.00	180,000.00
商业承兑汇票	A19	2020-11-28	精元公司			人民币			借	120,000.00	120,000.00	120,000.00	120,000.00
其他应收单	0000000003	2021-11-20	精元公司	销售部	白虹	人民币		1122	借	282,500.00	282,500.00	282,500.00	282,500.00
其他应收单	0000000004	2021-12-18	新科公司	销售部	白虹	人民币		1122	借	158,200.00	158,200.00	158,200.00	158,200.00

图 1　应收票据期初余额明细表

2. 应付款管理系统

（1）账套参数设置

账套参数设置采用系统默认的方式。

（2）科目设置

在“业务导航”中，选择“财务会计”中的“应付款管理”选项，打开应付款管理菜单。执行“设置”—“初始设置”命令，进入“科目设置”窗口。根据实验资料进行基本科目、控制科目和结算方式科目的设置。

温馨提示：在进行“应付科目”设置时，应先进入“基础设置”—“会计科目”中修改应收科目“受控系统”为“应付系统”。

（3）期初余额录入

① 进入应付款管理系统，执行“应付款管理”—“期初余额”命令，打开“期初余额——查询”对话框。

② 单击“确定”按钮，进入“期初余额明细表”窗口。

③ 单击“增加”按钮，打开“单据类别”对话框，选择单据名称“应收单”，选择单据类型“其他应收单”

④ 单击“确定”按钮，进入“期初单据录入”窗口。

⑤ 单击“增加”按钮，根据实验资料要求分别输入应付账款期初数据并保存。

3. 采购管理系统

（1）采购管理系统期初数据录入

① 启用采购管理系统，执行“采购入库”—“采购入库单”命令，进入“期初采购入库单”窗口。

② 单击“增加”按钮，输入入库日期“2021-12-20”，选择仓库“原料库”、供货单位“科隆公司”、部门“采购部”、入库类别“采购入库”、采购类型“普通采购”。

③ 选择存货编码“003”，输入数量“200”，暂估单价“300”，单击“保

存”按钮。

④ 录入完成后，单击“保存”按钮。

温馨提示：采购管理系统有可能存在两类期初数据：一类是货到票未到即暂估入库业务，对于这类业务，应调用期初采购入库单录入；另一类是票到货未到即在途业务，对于这类业务，应调用期初采购发票单录入。本例为暂估入库业务。

（2）采购管理系统期初记账

①执行“设置”—“采购期初记账”命令，系统弹出“期初记账”信息提示对话框。

②单击“记账”按钮，稍候片刻，系统弹出“期初记账完毕！”信息提示对话框。

③单击“确定”按钮，返回采购管理系统。

温馨提示：采购管理系统如果不执行期初记账，则无法开始日常业务处理。因此，即使没有期初数据，也要执行期初记账。采购管理系统如果不执行期初记账，库存管理系统和存货核算系统则不能记账。

4. 销售管理系统期初数据录入

销售管理系统期初数据，是指销售管理系统启用日期之前已经发货、出库但尚未开具销售发票的存货。如果企业存在委托代销业务，已经发生但尚未完全结算的存货也需要在期初数据中录入。

①进入销售管理系统，执行“设置”—“期初录入”—“期初发货单”命令，进入“期初发货单”窗口。

②单击“增加”按钮，输入发货日期“2021-12-25”，选择销售类型“经销”，选择客户名称“新科公司”，选择销售部门“销售部”。

③选择仓库“成品库”，选择存货“商用电脑”，输入数量“10”、无税单价“7 000”，单击“保存”按钮。

④单击“审核”按钮，审核该发货单。

5. 存货核算系统期初数据录入并记账

①启用存货核算系统，执行“设置”—“期初余额”命令，进入“期切余额”窗口。

②选择仓库“原料库”，单击“增加”按钮，输入存货编码“001”、数量“10”、单价“50”。同理，输入其他原材料的期初数据。

③选择仓库“成品库”，输入成品库各成品的期初数据。

④单击“记账”按钮，系统对所有仓库进行记账。稍候片刻，系统提示

“期初记账成功！”信息提示对话框。单击“确定”按钮退出，如图 2 所示。

存货编码	存货名称	规格型号	计量单位	数量	单价	金额	计划单价	计划金额	存货科目编码	存货科目名称
001	内存条		块	350.00	200.00	70,000.00			140301	内存条
002	CPU		块	200.00	1,000.00	200,000.00			140302	CPU
003	主板		块	260.00	300.00	78,000.00			140303	主板
004	硬盘		块	300.00	400.00	120,000.00			140304	硬盘
005	液晶显示器		台	180.00	1,200.00	216,000.00			140305	液晶显示器
合计				1,290.00		684,000.00				

图 2　存货期初余额

温馨提示：各个仓库存货的期初余额既可以在库存管理系统中录入，也可以在存货核算系统中录入。因涉及与总账对账，建议在存货核算系统中录入存货期初数据。

6. 库存管理系统期初数据录入

①启用库存管理系统，执行“设置”—“期初结存”命令，进入“期初结存”窗口。

②选择“原料库”，单击“修改”按钮，再单击“取数”按钮，然后单击“保存”按钮。录入完成后，单击“批审”按钮，系统弹出“批量审核完成”信息提示对话框，单击“确定”按钮返回。

③同理，通过取数方式输入成品库存货期初数据。

④录入完成后，单击“对账”按钮，核对库存管理系统和存货核算系统的期初数据是否一致。若一致，系统弹出“对账成功！”信息提示对话框。

⑤单击“确定”按钮返回。

复习思考题

1. 供应链管理系统包括哪些功能模块？各模块的功能是怎样的？
2. 供应链管理系统各模块的数据处理流程是怎样的？
3. 供应链管理系统的应用方案有哪些？
4. 供应链管理系统的参数含义是怎样的？
5. 如何录入供应链管理系统的期初余额？

第9章 采购管理系统

9.1 采购管理系统概述

采购管理系统是用友 $U8^+$ 供应链管理系统的一个重要的子系统，主要用于帮助用户对采购业务进行全流程管理，提供请购、采购订货、采购到货、采购入库、采购发票、采购结算的完整采购流程处理，用户可根据自身实际情况进行采购流程的定制。适用于各类工业企业和商业批发、零售企业、医药、物资供销、对外贸易、图书发行等商品流通企业进行采购业务的核算与管理。采购管理系统既可以单独使用，又可以与用友 $U8^+$ 其他系统集成使用，提供完整全面的业务财务一体化处理。

9.1.1 采购管理系统的主要功能

采购管理系统的主要功能包括初始设置、日常业务处理、期末处理等方面。

1. 初始设置

初始设置包括对采购管理系统进行参数设置、录入期初余额、期初记账，以及对供应商进行资格审批、供货审批、供货信息录入等，并基于供应商进行相关业务的查询和分析。

2. 日常业务处理

采购业务的日常处理主要包括请购、采购订货、采购到货、采购入库、采购发票、采购结算等业务，用户可以根据业务需要选用不同的业务单据、定义不同的业务流程。通过账表查询功能可以查询存货的现存量，查看采购统计表、采购账簿、采购分析表等统计分析的报表。

3. 期末处理

期末处理包括月末进行的采购管理系统结账以及取消结账操作。

9.1.2 采购管理系统与其他系统的关系

采购管理系统和基础设置、库存管理、存货核算、应付款管理、销售管理等系统都有数据传递关系。

采购管理系统与基础设置模块共享数据，在基础设置中设置的部门档案、人员档案、仓库档案、存货档案等信息可以传递到采购管理系统；采购管理系统向库存管理系统传递采购订单、采购到货单等数据，可以接收在库存管理系统填制的入库单数据；采购管理系统可以向存货核算系统传递直运采购发票，在存货核算系统生成直运采购业务的记账凭证；采购管理系统可以接收销售管理系统传递的直运销售订单、直运销售发票等数据；采购管理系统向应付款管理系统传递采购发票，并可接收应付款管理系统传递的发票付款信息等。采购管理系统与其他系统的数据传递关系详见第 8 章图 8-1 供应链管理系统数据流程图。

9.2 采购管理系统日常业务处理

按货物和发票到达的先后，采购业务划分为单货同行、货到票未到（暂估入库）、票到货未到（在途物资）三种业务类型。不同业务类型的处理方式不同。

采购过程中可能会发生退货业务，退货的时点各有不同：可能是付款前退货，也可能是付款后退货；可能是入库单记账前退货，也可能是入库单记账后退货；等等。退货时点不同，业务处理方式也不同。

9.2.1 单货同行的采购业务

单货同行的采购业务，是指采购业务发生后，采购发票和货物本月同时到达企业的采购业务。从业务财务一体化处理的角度出发，单货同行采购业务的处理流程如图 9-1 所示。

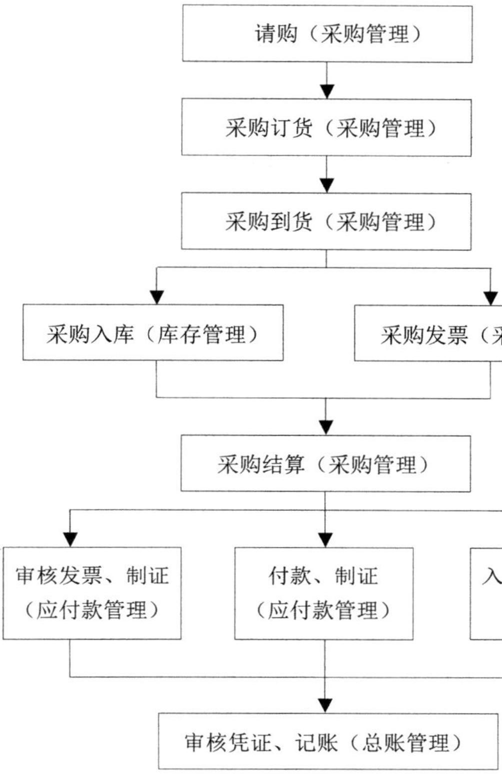

图 9-1　单货同行采购业务处理流程图

1. 请购

请购也叫采购请购，是指企业内部向采购部门提出采购申请，或采购部门汇总企业内部采购需求列出采购清单。

请购是采购业务处理的起点，也是 MPS/MRP（主生产计划 / 物料需求计划）与采购订单的中间过渡环节，用于描述和生成采购的需求，如采购什么货物、采购多少、何时使用、向谁采购等内容。请购的结果是在采购管理系统填制请购单。

采购请购是可选环节，用户可以根据业务需要决定是否选用。

2. 采购订货

采购订货，是指企业根据采购需求，与供货单位之间签订采购合同、购销协议。在本系统中，采购订货的结果是在采购管理系统填制采购订单。采购订单可以手工录入，也可以参照请购单、销售订单、采购计划、采购合同生成。

采购订货是可选环节，用户可以根据业务需要决定是否选用。

提示：参照请购单生成采购订单时，表示订货业务是同一笔请购业务的后续步骤；手工直接录入采购订单时，表示订货业务和请购业务没有关系，订货业务不是同一笔请购业务的后续步骤。建议采用参照生单的方式生成业务单据，以反映业务处理的连续性。其他环节道理同此。

3. 采购到货

采购到货是采购订货和采购入库的中间环节，一般由采购业务员根据供应商提供的送货单填写，确认对方所送货物、数量、价格等信息，以到货单的形式传递到仓库作为保管员收货的依据。

采购到货的结果是在采购管理系统填制到货单。采购到货单可以手工录入，也可以参照订单生成。

采购到货是可选环节，用户可以根据业务需要决定是否选用。

4. 采购入库

采购入库，是指供应商提供的货物确定合格后放入指定仓库的过程。

采购入库的结果是填制采购入库单。企业未启用库存管理系统时，在采购管理系统填制采购入库单；企业启用库存管理系统后，在库存管理系统填制采购入库单，在采购管理系统能够查询入库单据。

采购入库单可以直接录入，也可以参照采购订单或采购到货单生成采购入库单。根据采购入库单可生成采购发票。

提示：

· 只有采购系统和库存系统集成使用时，库存系统才可以使用“生单”命令生成采购入库单。

· 如果采用生单形式生成采购入库单，当入库数量超过订单数量时，要进行如下修改：①采购管理选项选择“允许超订单到货及入库”，库存管理选项选择“允许超采购订单入库”；②在存货档案中设置“入库超额上限”的限度。

· 采购系统如设置“必有订单业务模式”时，不可手工录入采购入库单，必须参照生成。

此环节及后续环节为必选项。

5. 采购发票

采购发票是供应商开出销售货物的发票，用户根据采购发票确认采购成本，进行记账和付款核销。采购发票在采购管理系统填制。采购发票既可以直接填制，也可以参照采购订单、采购入库单生成。

6. 采购结算

采购结算也叫采购报账。在手工环境下，采购结算是采购人员拿着经主管领导审批过的采购发票和仓库确认的采购入库单到财务部门，由财务人员确定采购成本的过程。在本系统中，采购结算是指针对采购入库单，根据采购发票确定其采购成本的过程。采购结算的结果是在采购系统生成采购结算单，采购结算单是记载采购入库单与采购发票对应关系的结算对照表。

（1）结算的业务规则

①入库单的金额可以与发票金额不等，入库单金额可以为空。采购结算后，入库单上的单价都被自动修改为发票上的存货单价，即发票金额作为入库单的实际成本。

②采购结算按照单据记录进行结算，结算后生成结算单，分别记下入库单和发票的相应信息，修改入库单的结算数量，在当前发票的左上角增加“已结算”红色标记。

③如果需要修改或删除入库单、采购发票，必须先取消采购结算，即删除采购结算单。取消了结算的入库单、发票，其左上角的“已结算”红色标记消失。

④以下情况不能取消入库单的结算：一是已结算的采购入库单已在存货核算系统记账；二是先暂估再结算的入库单，已在存货核算系统作暂估处理。

（2）采购结算的方式

采购结算分为自动结算和手工结算两种方式。

①自动结算，是指计算机自动将供应商相同、存货相同、数量相等的采购入库单和采购发票进行结算。系统按照三种结算模式进行自动结算：入库单与发票、红蓝入库单、红蓝采购发票。

入库单与发票：系统将供应商、存货、数量完全相同的入库单记录和发票记录进行结算，生成结算单。

红蓝入库单：系统将供应商相同、存货相同、数量绝对值相等但符号相异的红蓝入库单记录进行对应结算，生成结算单。入库单记录可以没有金额只有数量。

红蓝采购发票：系统将供应商相同、存货相同、金额绝对值相等但符号相异的采购发票记录进行对应结算，生成结算单。结算的成本即为各发票记录的金额。

②手工结算，是指用户自行选择入库单和发票进行结算，结算条件比自动结算更加灵活。例如：可以结算入库单中的部分货物，未结算的货物可以在以后取得发票时再行结算；可以同时对多张发票和多张入库单进行结算；可以

对采购发票和运费发票与入库单进行结算；等等。结算内容包括入库单与发票结算、蓝字入库单与红字入库单结算、蓝字发票与红字发票结算。

运费发票是记录在采购货物过程中发生的运杂费、装卸费、入库整理费等费用的单据。运费发票记录可以在手工结算时进行费用分摊，也可以单独进行费用结算。运费发票如果与采购入库单或直接与存货进行结算，会产生一张结算单。

7. 应付款管理系统审核发票、生成凭证

采购结算后，采购活动即结束，但是从业务财务一体化处理的角度出发，该项采购业务还未最终完成，还要由财会部门进行账务处理。账务处理内容包括：在应付款管理系统审核采购发票，根据采购发票制证；在存货核算系统根据采购入库单登记存货明细账，根据采购入库单制证；在应付款管理系统填制付款单，根据付款单制证；在总账管理系统审核记账凭证、记账；等等。

采购管理系统填制的采购发票会自动传递到应付款管理系统。

（1）审核发票

财会人员对采购发票进行审核时，要区分采购发票的基本情况：是否进行了现结处理，是否进行了采购结算等。要针对不同情况选择审核范围。既可以成批审核，也可以审核单张发票。审核发票的同时可联查单据。

（2）生成凭证

应付款管理系统对不同单据类型或不同业务处理既提供实时制单的功能，也提供了一个统一制单的平台，用户可以在此快速、成批生成凭证，并可依据规则进行合并制单等处理。

采用实际成本计价法时，根据采购发票生成的记账凭证：借记“在途物资”“应交税费——应交增值税（进项税额）”等科目，贷记“应付账款”“银行存款”等科目。

采用计划价法时，根据采购发票生成的记账凭证：借记“材料采购”“应交税费——应交增值税（进项税额）”等科目，贷记“应付账款”“银行存款”等科目。

8. 存货核算系统单据记账、生成凭证

（1）单据记账

单据记账，是指负责材料核算的会计人员根据采购入库单登记存货明细账等账簿，而非登记会计科目账。

在库存管理系统填制并审核采购入库单后，系统自动将该采购入库单传递到存货核算系统。负责材料核算的会计根据该采购入库单进行单据记账，从而将该存货的入库信息登记在存货明细账、材料差异明细账、差价明细账、受托代销商品明细账、受托代销商品差价账等相关账簿上。

无单价的采购入库单不能记账。记账时系统按时间顺序自动记账，已记账的单据不能修改和删除。如果发现已记账单据有误，则在本月未结账情况下可以取消记账。如果已记账的单据已经生成凭证，则必须先删除相关凭证，然后才能取消记账。

（2）生成凭证

单据记账后，可以根据该采购入库单生成记账凭证。制证时，既可对已结算的入库单进行制证，也可以对未结算的入库单进行制证。

采用实际成本计价法时，根据采购入库单生成的记账凭证：借记“原材料”“库存商品”等科目，贷记“在途物资”科目。

采用计划价法时，根据采购发票生成的记账凭证：借记“原材料”“库存商品”等科目，贷记“材料采购”科目。

提示：

· 7. 应付款管理系统审核发票、生成凭证和 8. 存货核算系统单据记账、生成凭证是并行的关系，二者顺序可以互换。

· 在存货核算系统生成凭证时，在“查询条件——生成凭证查询条件”窗口，可以选择单据类型、业务类型，有针对性地生成记账凭证。

9. 应付款管理系统付款、生成凭证

企业向供应商支付款项时，应该在应付款管理系统填制付款单。付款单中款项类型有三种，分别是应付款、预付款、其他费用。如果款项是偿付前欠的供应商款项，则款项类型选择“应付款”；如果是预付给供应商的款项，则款项类型选“预付款”；其他情况选“其他费用”。

填制付款单后，可以将该付款单和与之对应的采购发票进行核销。核销的作用在于将付款单和采购发票建立对应关系，加强对应付款的管理。

付款单保存后可以进行立即制单，也可以进行批量制单。生成的凭证：借记“应付账款”科目，贷记“银行存款”“库存现金”等科目。

10. 总账管理系统审核凭证、记账

应付款管理系统和存货核算系统生成的记账凭证自动传递到总账管理系统。

总账管理系统需要对接收自其他系统的凭证进行审核，审核通过后进行记账处理。

审核时如果发现凭证错误，在总账管理系统不能对接收自其他系统的凭证进行修改、删除操作，需要到生成凭证的系统进行修改、删除。

总账管理系统记账后发现记账凭证错误，可在生成记账凭证的系统冲销该记账凭证，然后重新生成正确的凭证。

在总账管理系统查询凭证或进行出纳签字、审核凭证时，单击记账凭证类别名称，系统会提示记账凭证来源。

9.2.2 货到票未到的采购业务

货到票未到，是指采购业务发生后，本月收到了货物，但月末结账前没有收到发票。对于这样的业务，月末要进行暂估记账，生成暂估凭证，下月初进行回冲处理，等收到发票后再进行采购结算等后续处理。

用友 U8$^+$ 供应链系统对暂估记账的业务提供了三种回冲处理方法：月初回冲、单到回冲、单到补差。

1. 月初回冲

月初回冲，即进入下月后，存货核算系统自动对“暂估入库单”进行回冲，生成“红字回冲单”。同时，自动登录相应的存货明细账，冲回存货明细账上月的暂估入库记录；依据“红字回冲单”制证，冲回上月暂估入库的记账凭证。

收到采购发票后，录入采购发票，对采购入库单和采购发票进行结算。结算后，进入存货核算系统，执行“暂估处理”命令，系统根据发票自动生成一张“蓝字回冲单”。其上金额为发票上的金额（“蓝字回冲单”的作用相当于采购入库单）。同时，登记存货明细账，使库存增加；依据“蓝字回冲单”制单，生成采购入库的记账凭证。

如果下月仍未收到发票，存货系统月末结账后，系统又自动生成“蓝字回冲单”和“红字回冲单”。其中：“蓝字回冲单”的作用相当于暂估入库的采购入库单，据其进行暂估记账；“红字回冲单”的作用是冲回存货明细账中上月暂估入库的记录。

2. 单到回冲

单到回冲即下月初不作处理，等到收到采购发票后，在采购管理系统录入采购发票并进行采购结算，然后在存货核算系统进行“暂估处理”。系统自动生成“红字回冲单”和“蓝字回冲单”，同时据此登记存货明细账。“红字回冲单”的入库金额为上月暂估金额，“蓝字回冲单”的入库金额为发票上的报销金额。在存货核算系统根据“红字回冲单”“蓝字回冲单”制单，生成记账凭证传递到总账管理系统。

3. 单到补差

单到补差，是指下月不作处理，等到收到采购发票后，在采购系统录入采购发票并进行采购结算，然后在存货核算系统进行“暂估处理”。如果报销金额与暂估金额的差额不为零，则产生调整单。一张采购入库单产生一张调整单，用户确认后自动记入存货明细账。根据“调整单”制单，生成记账凭证传递到总账管理系统。如果差额为零，则不生成调整单。

以月初回冲为例，暂估处理的业务流程如图 9-2 所示。

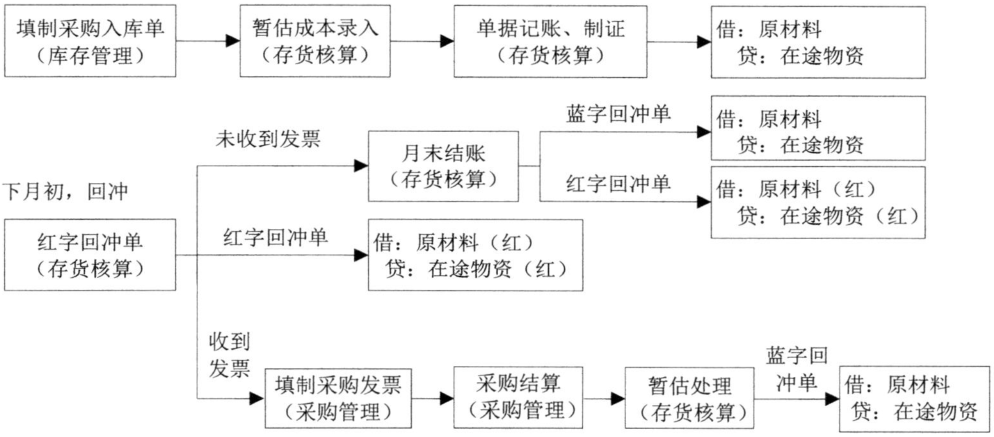

图 9-2 月初回冲暂估处理业务流程图

说明：月初回冲暂估处理流程图中只反映了月初回冲方式下暂估处理业务的相关内容，没有反映采购结算后在应付款管理系统进行审核发票、制证，以及在存货核算系统进行单据记账、制证，在总账管理系统审核凭证、记账等处理。

举例：

资料：2014 年 8 月 15 日，单位采购入库 100 块内存条，月末没有收到发票。暂估入库单价 100 元，金额共 10 000 元。9 月 5 日，收到 80 块内存条的采购发票，单价 101.25 元，共计 8 100 元，未收到其余内存条的采购发票。其他内容略。

要求：月初回冲方式下进行暂估处理。

处理方法及步骤：

① 8 月 15 日，在库存管理系统填制并审核 100 块内存条的采购入库单。

②8月31日，在存货核算系统进行暂估成本录入，暂估金额为10 000元，进行正常单据记账，生成记账凭证。

借：原材料　　　　　　　10 000

　　贷：在途物资　　　　　　10 000

③8月31日，存货核算系统结账后，系统自动生成100块内存条的红字回冲单，回冲暂估金额。根据红字回冲单，9月初生成红字记账凭证。

借：原材料　　　　　　　10 000

　　贷：在途物资　　　　　　10 000

④9月5日，在采购管理系统填制采购发票，金额8 100元，进行采购结算。在存货核算系统进行结算成本处理，单击“暂估”按钮，系统会自动生成80块内存条的蓝字回冲单，金额8 100元。根据蓝字回冲单生成凭证。

借：原材料　　　　　　　8 100

　　贷：在途物资　　　　　　8 100

⑤9月30日，还有20块内存条没有收到发票。存货系统月末结账，系统会自动生成20块内存条的蓝字回冲单（等于又进行了暂估记账）和20块内存条的红字回冲单（等于又进行了红字回冲），金额是1 900元。10月初，可以根据蓝字回冲单和红字回冲单分别生成记账凭证。

根据蓝字回冲单生成的记账凭证：

借：原材料　　　　　　　1 900

　　贷：在途物资　　　　　　1 900

根据红字回冲单生成的记账凭证：

借：原材料　　　　　　　1 900

　　贷：在途物资　　　　　　1 900

9.2.3　票到货未到的采购业务

票到货未到，是指企业收到了供应商开具的采购发票，而没有收到供应商提供的货物。在这种情况下，可以采用两种处理方法：一是对发票进行压单处理，等收到货物后，再一并进行处理；二是在采购管理系统中填制采购发票，等收到货物后再填制采购入库单，进行采购结算等处理。

第一种方法的优点是业务处理简单，但不能提供在途物资信息；第二种处理方法能够提供在途物资的详细信息。企业可视企业管理要求不同采用适合的方法。

9.2.4 采购退货业务

采购活动发生后，由于购买的材料有质量问题等可能发生退货。对于退货业务，要针对不同情况采用不同的退货处理方法。

1. 货虽收到，但未做入库手续

这种情况下，直接将货物退回给供应商即可，不用在软件系统中作任何处理。

2. 入库单处理情况

（1）入库单未记账

用户填制了采购入库单，但未在存货核算系统进行单据记账。此时，又分为以下三种情况。

①未填制采购发票。如果部分退货，可以直接修改采购入库单；如果全部退货，可以删除采购入库单。

②已填制采购发票但未结算。如果是部分退货，可以修改采购发票和采购入库单；如果是全部退货，可以删除采购发票和采购入库单。

③已填制采购发票且进行了采购结算。如果结算后的发票没有付款，则可以取消结算，修改（或删除）采购发票和采购入库单；如果结算后的发票已经付款，则必须录入退货单和红字发票。

（2）入库单已记账

在这种情况下，不论是否填制了采购发票、是否进行了采购结算、是否进行了发票付款，均需填制退货单。

3. 采购发票处理情况

（1）采购发票未付款

如果采购入库单未记账，则可以修改（或删除）采购发票和采购入库单。已结算时，先取消结算，再修改（或删除）采购发票和采购入库单。如果采购入库单已经记账，则必须录入退货单和红字发票。

（2）采购发票已付款

在这种情况下，无论采购入库单是否记账，都必须填制退货单和红字发票。

提示：在采购入库单未记账、未填制采购发票的情况下发生退货业务时，也可以填制退货单。

入库单已记账、发票已付款情况下全部退货业务处理流程如图 9-3 所示。

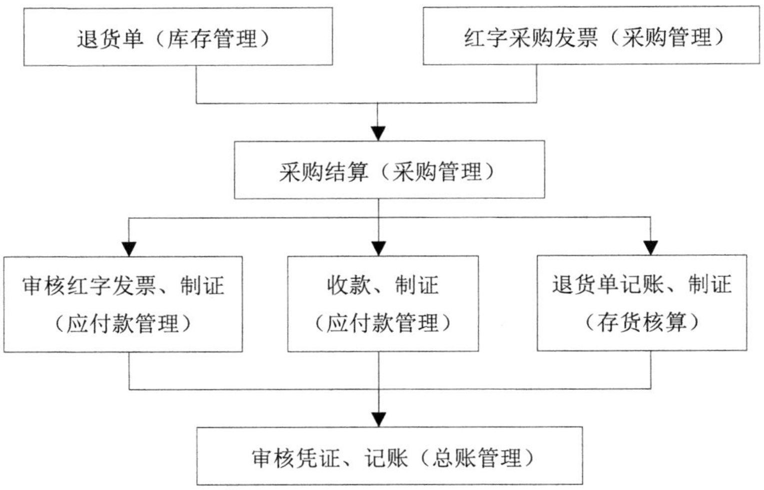

图 9-3　入库单已记账、发票已付款情况下全部退货业务处理流程图

9.2.5　受托代销业务

1. 受托代销的含义

受托代销是一种先销售后结算的采购模式，是指其他企业委托本企业代销其商品，代销商品的所有权仍归委托方。代销商品销售后，本企业与委托方进行结算，开具正式的销售发票，商品所有权转移。

受托代销是与委托代销相对应的一种业务模式，可以节省商家的库存资金，降低经营风险，适用于有受托代销业务的商业企业。只有在建立账套时将“企业类型”设置为“商业”或“医药流通”，系统才能处理受托代销业务。

2. 受托代销业务流程

（1）双方签订供销合同，其中用户为受托方，供货商为委托方，用户录入采购订单。

（2）委托方发货、受托方收货，用户填制受托代销到货单。

（3）用户仓库办理入库手续，填制受托代销入库单。

（4）受托方售出代销商品后，手工开具代销商品清单交委托方，委托方开具手工发票。

（5）受托方通过受托代销结算，系统自动生成受托代销发票和受托代销结算单。

9.2.6 综合查询

1. 单据查询

系统提供了单据列表查询功能，如请购单列表、采购订单列表、到货单列表、入库单列表、采购发票列表、结算单列表等各种列表，便于用户从整体上把握单据的填制情况。

2. 单据执行情况分析表

系统自动统计单据的执行情况，包括请购单执行统计表、采购订单执行统计表、采购订单预警和报警表，便于用户查询单据的执行情况。

3. 现存量查询

系统提供了现存量查询功能，便于用户及时掌握存货库存情况。

4. 采购报表

（1）统计表

①到货明细表，可以按照到货单查询存货的到货、入库明细。

②采购明细表，可以查询采购发票的明细情况，包括数量、价税、费用、损耗等信息。

③入库明细表，可以查询采购入库单的明细情况。

④结算明细表，可以查询采购结算的明细情况。

⑤未完成业务明细表，可以查询未完成业务的单据明细情况，包括入库单、发票。货到票未到为暂估入库，票到货未到为在途存货。

⑥增值税发票处理状态明细表，可以统计符合条件的增值税发票的处理情况。

⑦采购综合统计表，可以按照报表汇总条件查询采购业务的入库、开票、付款的统计情况。

⑧采购计划综合统计表，可以按照存货或存货分类对入库、出库、结存、采购订货、销售发货、结存情况进行汇总统计，从而综合地反映企业的购销存情况。

（2）采购账簿

①在途货物余额表，是普通采购业务采购发票结算情况的滚动汇总表，反映采购发票上货物采购发生、采购结算以及未结算的在途货物的情况。

②采购结算余额表，是普通采购业务采购入库单结算情况的滚动汇总表，反映供货商采购发生、采购结算以及未结算的暂估货物的情况。

（3）采购分析

①采购成本分析。根据发票，对某段时期内的存货结算成本与参考成本、计划价进行对比分析。

②采购类型结构分析。根据发票，对某段时期内各种采购类型的业务比重进行分析。

③采购资金比重分析。根据采购发票，对各种货物占用采购资金的比重进行分析。

④采购费用分析。根据采购发票，对应税劳务存货占采购货物的比重进行分析。

⑤采购货龄综合分析，是对采购入库未结算的存货，分析到目前某日期为止它们各自的货龄。

9.3 采购管理系统期末处理

9.3.1 月末结账

月末结账是逐月将每月的单据数据封存，并将当月的采购数据记入有关报表中。结账的月份必须连续，不允许跨月结账。

在采购管理、销售管理、库存管理、存货核算、应收款管理、应付款管理、总账管理等系统集成使用的情况下，结账顺序如图 9-4 所示。只有采购管理系统月末结账后，才能进行库存管理、存货核算、应付款管理的月末结账。

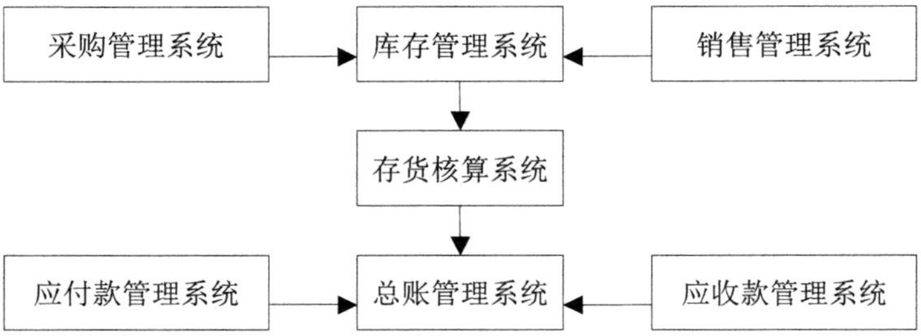

图 9-4　结账顺序图

9.3.2 取消结账

如果采购管理系统要取消月末结账，必须先取消存货核算、库存管理、应付款管理等系统的月末结账；如果存货核算、库存管理、应付款管理等系统的任何一个系统不取消月末结账，则不能取消采购管理系统的月末结账。

复习思考题

1. 采购管理系统包括哪些主要功能？
2. 采购管理系统与其他系统之间的关系是怎样的？
3. 普通采购业务的财务业务一体化的处理流程是怎样的？
4. 简述不同情况下企业退货业务的处理方法和处理流程。
5. 简述月初回冲方式下暂估入库业务的处理流程。
6. 简述财务系统集成使用情况下各系统的结账顺序。

实验十一　采购管理

一、实验目的

（1）掌握用友 ERP-U8^{+} 管理软件中采购管理系统的相关内容。

（2）理解采购管理系统业务处理流程，理解采购管理系统与其他系统的数据传递关系。

（3）掌握采购管理系统的基本操作。

二、实验内容

（1）普通采购业务。

（2）现结业务。

（3）采购运费处理。

（4）暂估业务。

（5）采购退货业务。

（6）月末结账。

三、实验准备

引入“实验十”的账套数据。

四、实验资料

（一）普通采购业务

（1）1 月 1 日，采购部冯丽向晨星公司询问 CPU 价格（1 000 元 / 块），评估后确认价格合理，向上级主管提出请购请求，请购数量 200 块。

（2）1 月 1 日，上级主管同意请购请求，要求到货日期为 1 月 4 日。

（3）1 月 4 日，公司收到订购的 CPU，数量 200 块。填制到货单。

（4）1 月 4 日，将所收到的 CPU 入原料库。填制采购入库单。

（5）1 月 4 日，收到采购 CPU 的专用发票一张，票号 5201。

（6）1月4日，业务部门将采购发票交给财务部，财务部门工作人员确定此业务涉及的应付账款及采购成本，相关会计人员登记材料明细账。

（7）1月5日，财务人员开出转账支票一张，金额226 000元，票号C001，付清采购货款并核销应付款。

（二）现结业务

1月6日，向科隆公司采购电脑硬盘100块，单价300元，验收入原料库。同时，收到专用发票一张，票号62531，当日以转账支票（票号D112）支付货款。记材料明细账，确定采购成本，进行付款处理。

（三）采购运费处理

1月7日，向利通公司采购液晶显示器100台，单价1 200元，验收入原料库。收到增值税专用发票一张，票号15687。同时，收到运费发票一张，运输费800元，税率为9%，票号为5235。确定采购成本及应付账款，登记原材料明细账。

（四）暂估入库报销处理

1月10日，收到星宇公司提供的上月采购主板的增值税专用发票一张，票号为48210，发票数量为50块，单价300元。但上月实际验收入库数量为60块，进行暂估报销处理，确定采购成本及应付账款。

（五）暂估入库处理

1月11日，收到科隆公司提供的内存条200块，入原材料库。至月底仍未收到发票，故确定该批货物的暂估成本为200元，并进行暂估记账处理。

（六）采购结算前退货

（1）1月10日，收到星宇公司采购的液晶显示器，数量102台，单价1 200元。已验收入原料库。

（2）1月11日，仓库反馈有2台显示器有质量问题，要求退货。

（3）1月11日，收到星宇公司开具的专用发票一张，发票号为A12003，数量100台，单价1 200元，进行采购结算。

（七）采购结算后退货

1 月 13 日，仓库反馈从晨星公司购入的 CPU 质量有问题，退回 5 块，单价 1 000 元。同时，收到红字专用发票一张，票号为 35623。对采购入库单和红字专用采购发票进行结算处理。

五、实验要求

按照各业务操作流程对以上业务进行处理，基本顺序如下。

（1）以“冯丽”的身份、业务日期进入采购管理系统，对各采购业务进行业务处理。

（2）以“冯丽”的身份、业务日期进入库存管理系统，对各采购业务的入库单进行录入并审核。

（3）以“冯丽”的身份、业务日期进入存货核算系统，对各采购业务生成的入库单进行记账，对上月收到货物当月进行采购结算的入库单进行暂估处理，生成入库凭证。

（4）以“赵科”的身份、业务日期进入应付款管理系统，进行发票审核、制单，录入付款单并核销制单。

六、操作指导

（一）普通采购业务

1. 在采购管理系统填制并审核请购单

（1）进入采购管理系统，执行“请购”—“请购单”命令，进入“采购请购单”窗口。

（2）单击“增加”按钮，输入日期“2022-01-01”，选择部门“采购部”、业务员“冯丽”。

（3）选择存货编号“002 CPU”，输入数量“200”、无税单价“1 000”、需求日期“2022-01-04”、供应商“晨星公司”。

（4）单击“保存”按钮，然后单击“审核”按钮。

（5）单击“退出”按钮，退出“采购请购单”窗口。

2. 在采购管理系统填制并审核采购订单

（1）执行“采购订货”—“采购订单”命令，进入“采购订单”窗口。

（2）单击“增加”按钮，选择“请购单”选项，打开“查询条件——单据列表过滤”对话框。单击“确定”按钮，进入“拷贝并执行”窗口。

（3）选择需要参照的采购请购单，单击“确定”按钮，将请购单信息带入采购订单。

（4）单击“保存”按钮，再单击“审核”按钮，订单底部显示审核人姓名。

（5）单击“退出”按钮，退出“采购订单”窗口。

3. 在采购管理系统填制到货单

（1）执行“采购到货”—“到货单”命令，进入“到货单”窗口。

（2）单击“增加”按钮，选择“采购订单”选项，打开“查询条件——单据列表过滤”对话框。单击“确定”按钮，进入“拷贝并执行”窗口。

（3）选择需要参照的采购订单，单击“确定”按钮，将采购订单信息带入采购到货单。

（4）单击“保存”按钮。

（5）单击“审核”按钮，退出“采购到货单”窗口。

4. 在库存管理系统填制并审核采购入库单

（1）启用库存管理系统，执行“入库业务”—“采购入库单”命令，进入“采购入库单”窗口。

（2）单击“增加”按钮，执行“采购”—“采购到货单”命令，打开“查询条件——采购到货单列表”对话框。

（3）单击“确定”按钮，进入“到货单生单列表”窗口。选择需要参照的采购到货单，单击“确定”按钮，将采购到货单信息带入采购入库单。

（4）选择入库仓库“原料库”，单击“保存”按钮。

（5）单击“审核”按钮，系统弹出“该单据审核成功！”信息提示对话框，单击“确定”按钮返回。

5. 在采购管理系统填制并审核采购专用发票

（1）在采购管理系统中，执行“采购发票”—“采购专用发票”命令，进入“采购专用发票”窗口。

（2）单击“增加”按钮，在下拉菜单中选择“入库单”选项，打开“过滤条件选择”对话框。单击“确定”按钮，进入“拷贝并执行”窗口。

（3）选择需要参照的采购入库单，单击“确定”按钮，将采购入库单信息带入采购专用发票，输入发票号“5201”，单击“保存”按钮。如图 1 所示。

（4）单击“复核”按钮，并单击“退出”按钮。

图 1　采购专用发票

温馨提示：采购结算可以采用“自动结算”，也可以采用“手工结算”。结算完成后，结算窗口将看不到已结算的入库单和发票。

6. 在采购管理系统执行采购结算

（1）在采购管理系统中，执行“采购结算”—“自动结算”命令，打开“查询条件——采购自动结算”对话框。结算模式选择“入库单和发票”，单击“确定”按钮，系统弹出“全部成功，共处理了（1）条记录！”信息提示对话框。

（2）单击“确定”按钮返回。

温馨提示：自动结算是由系统自动将符合结算条件的采购入库单记录和采购发票记录进行结算。系统按照三种结算模式进行自动结算：入库单和发票、红蓝入库单、红蓝发票。本系统自动将供应商、存货、数量完全相同的入库单记录和发票记录进行结算，生成结算单。

7. 在存货核算系统记账并生成入库凭证

（1）在存货核算系统中，执行“记账”—“正常单据记账”命令，打开“正常单据列表”对话框。

（2）单击“查询”按钮，选择要记账的单据，单击“记账”按钮，系统弹出“记账成功！”信息提示对话框。单击“确定”按钮返回，退出“正常单据记账列表”窗口。

（3）执行“凭证处理”—“生成凭证”命令，进入“生成凭证”窗口。

（4）单击工具栏上的“选单”按钮，打开“查询条件——生成凭证查询条件”对话框。单据类型选择“采购入库单（报销记账）”，单击“确定”按钮，进入“未生成凭证单据一览表”。选择需要生成凭证的单据，单击“确定”按钮，进入“生成凭证”窗口。

（5）选择凭证类别为“转账凭证”，单击“制单”按钮，进入“填制凭证”窗口。

（6）单击“保存”按钮，凭证左上角显示“已生成”标志，凭证生成并传递到总账管理系统。如图2所示。

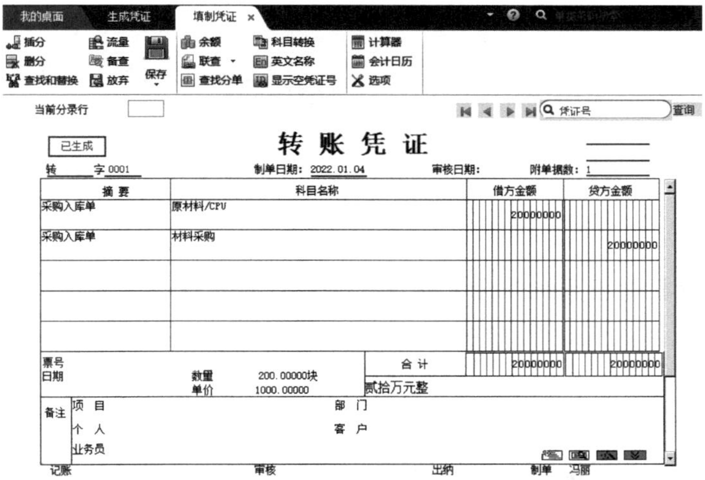

图2　生成入库凭证

8. 在应付款管理系统审核采购发票并生成应付凭证

（1）在应付款管理系统中，执行“应付处理”—“采购发票”—“采购发票审核”命令，打开“采购发票列表”对话框。

（2）选择供应商“晨星公司”，单击“查询”按钮，进入“单据处理”窗口。

（3）选择需要审核的单据，单击“审核”按钮，系统弹出“审核成功”信息提示对话框，单击“确定”按钮，返回后退出。

（4）执行“凭证处理”命令，打开“制单查询”对话框，选择“发票制单”。选择供应商“晨星公司”，单击“确定”按钮，进入“采购发票制单”窗口。

（5）选择需要制单的单据，选择凭证类别“转账凭证”，单击“制单”按钮，进入“填制凭证”窗口。

（6）单击“保存”按钮，凭证左上角出现“已生成”标志，表示凭证已传递到总账管理系统。如图 3 所示。

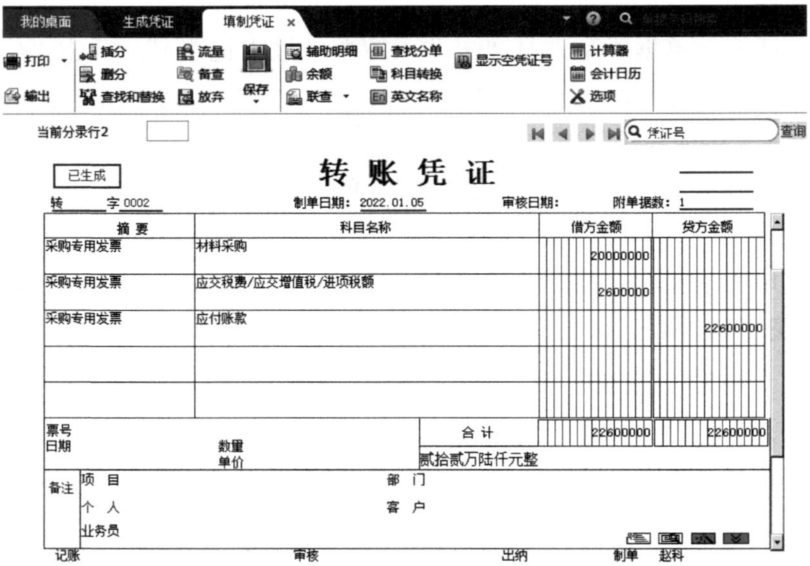

图 3　生成应付凭证

9. 在应付款管理系统作付款处理并生成付款凭证

（1）在应付款管理系统中，执行“付款处理”—“付款单据录入”命令，进入“付款单据录入”窗口。

（2）单击“增加”按钮，选择供应商“晨星公司”，选择结算方式“转账支票”，输入票号“C001”、金额“226 000”，单击“保存”按钮。

（3）单击“审核”按钮，系统弹出“是否立即制单？”信息提示对话框，单击“是”按钮，进入“填制凭证”窗口。

（4）凭证类别选择“付款凭证”，单击“保存”按钮，凭证左上角显示“已生成”标志，表示凭证传递到总账管理系统。如图 4 所示。退出填制凭证窗口。

温馨提示：在保存凭证时，如果在总账管理系统选项中设置了“现金流量科目必录现金流量项目”，则需确定现金流量科目涉及的现金流量项目名称。

（5）执行“付款单录入”—“核销”命令，选择“同币种”，打开“核销条件”对话框。单据名称选择“采购发票”，单击“确定”按钮。在对应的发票的“本次结算”栏输入“226 000”，单击“确认”按钮。

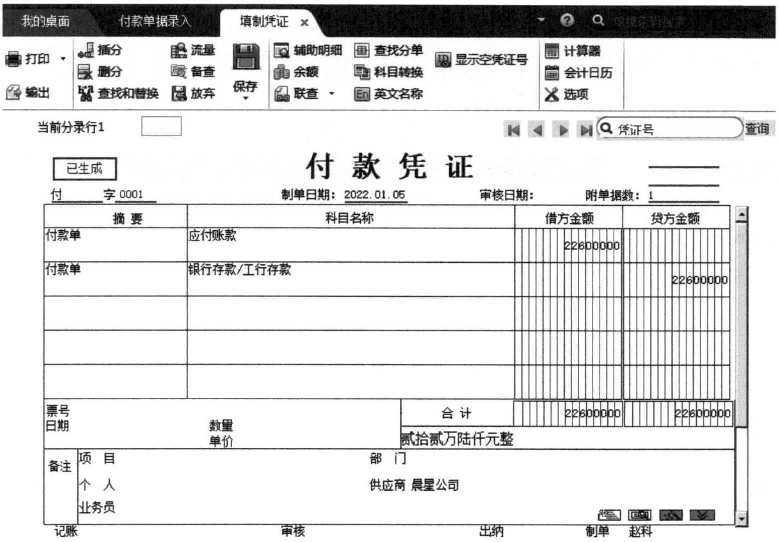

图 4　生成付款凭证

（二）现结业务

1. 在库存管理系统填制采购入库单并审核

（1）执行“入库业务”—“采购入库单”命令，进入“采购入库单”窗口。

（2）单击“增加”按钮，选择仓库“原料库”，选择供应商“科隆公司”、入库类别“采购入库”、存货编码“004 硬盘”，输入数量“100”、单价“300”，单击“保存”按钮。

（3）单击“审核”按钮，系统弹出“该单据审核成功！”信息提示对话框，单击“确定”按钮返回。

2. 在采购管理系统录入采购专用发票，进行现结处理和采购结算

（1）在采购管理系统中，执行“采购发票”—“专用采购发票”命令，进入“采购专用发票”窗口。

（2）单击“增加”按钮，在下拉菜单中选择“入库单”选项，打开“过滤条件选择”对话框。单击“过滤”按钮，进入“拷贝并执行”窗口。

（3）选择需要参照的采购入库单，单击“确定”按钮，将采购入库单信息带入采购专用发票。输入发票号“62531”，单击“保存”按钮，再单击“复核”按钮。

（4）单击“现付”按钮，打开“采购现付”对话框。

（5）选择结算方式“202 转账支票”，输入结算金额“33 900”、支票号

“D112”，单击“确定”按钮，发票左上角显示“现付”字样。

（6）单击“结算”按钮，自动完成采购结算，发票左上角显示“已结算”字样。如图5所示。

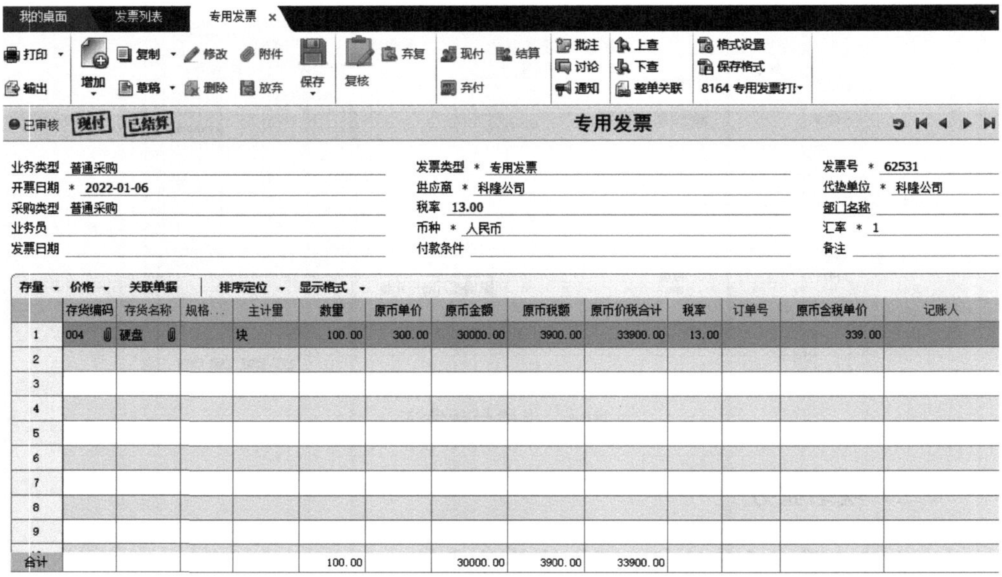

图5　采购结算

3. 在存货核算系统记账并生成入库凭证

操作步骤参见（一）普通采购业务。

4. 在应付款管理系统审核发票并进行现结制单

（1）在应付款管理系统中，执行“应付处理”—“采购发票”—“采购发票审核”命令，打开“采购发票列表”对话框。

（2）选择供应商“科隆公司”，单击“查询”按钮，进入“单据处理”窗口。

（3）选择需要审核的单据，单击“审核”按钮，系统弹出“审核成功”信息提示对话框。单击“确定”按钮，返回后退出。

（4）执行“凭证处理”命令，打开“制单查询”对话框，选择“现结制单”，选择供应商“科隆公司”，单击“确定”按钮，进入“现结制单”窗口。

（5）选择要制单的记录行，选择凭证类别为“付款凭证”，单击“制单”按钮，进入“填制凭证”窗口。

（6）单击“保存”按钮，凭证左上角出现“已生成”标志，表示凭证已传递到总账管理系统。

（三）采购运费处理

1. 在库存管理系统填制采购入库单并审核

操作步骤参见（二）现结业务步骤 1。

2. 在采购管理系统填制并审核专用采购发票

操作步骤参见（一）普通采购业务步骤 5。

3. 在采购管理系统填制运费发票

（1）在采购管理系统中，执行“采购发票”—“运费发票”命令，打开“运费发票”窗口。

（2）单击“增加”按钮，选择供应商“利通公司”、发票号“5235”、税率“9%”。表体存货编码选择“008 运输费”，输入原币无税金额“800”，单击“保存”按钮。

（3）单击“复核”按钮，退出。

4. 在采购管理系统进行采购结算

（1）执行“采购结算”—“手工结算”命令，打开“手工结算”窗口。

（2）单击“选单”按钮，进入“结算选单”窗口。

（3）单击“查询”按钮，打开“查询条件——采购手工结算”对话框，单击“确定”按钮。

（4）选择要结算的发票和入库单，单击“确定”按钮，如图 6 所示。

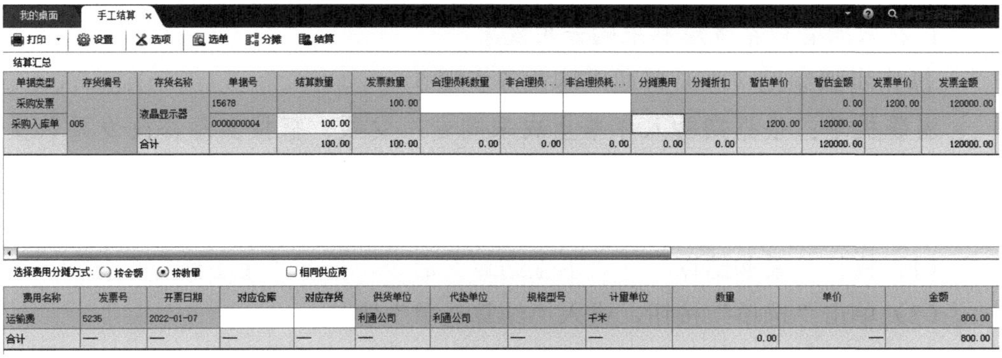

图 6　采购手工结算

（5）选择费用分摊方式“按数量”，单击“分摊”按钮，系统弹出“按数量分摊”信息提示对话框。单击“是”按钮，弹出“分摊完毕”信息提示对话框。

（6）单击“结算”按钮，系统进行结算处理。完成后，系统弹出“完成结算”信息提示对话框，单击“确定”按钮，退出。

温馨提示：采购结算后，采购入库单上的单价会被自动修改为结算单价。

5. 在存货核算系统记账并生成入库凭证

操作步骤参见（一）普通采购业务步骤 7。

6. 在应付款管理系统审核采购专用发票和运费发票并生成应付凭证

（1）在应付款管理系统中，执行“应付处理”—“采购发票”—“采购发票审核”命令，打开“采购发票列表”对话框。

（2）选择供应商“利通公司”，单击“查询”按钮，进入“单据处理”窗口。

（3）选择采购专用发票和运费发票，单击“审核”按钮，系统弹出“审核成功”信息提示对话框，单击“确定”按钮，返回后退出。

（4）执行“凭证处理”命令，打开“制单查询”对话框，选择“发票制单”，选择供应商“利通公司”，单击“确定”按钮，进入“采购发票制单”窗口。

（5）选择需要制单的单据，选择凭证类别“转账凭证”，单击“合并”按钮，再单击“制单”按钮，进入“填制凭证”窗口。

（6）单击“保存”按钮，凭证左上角出现“已生成”标志，表示凭证已传递到总账管理系统。

（四）暂估入库报销处理

本业务类型为上月暂估入库业务，本月发票已进行报销处理，但发票数量和单价与入库单数量和单价均不同。

1. 在采购管理系统填制采购专用发票

操作步骤参见（一）普通采购业务步骤 5。

温馨提示：根据期初入库单生成采购专用发票，需按实际修改发票数量为“180”，修改单价为“320”。

2. 在采购管理系统进行采购结算

（1）执行“采购结算”—“手工结算”命令，打开“手工结算”窗口。

（2）单击“选单”按钮，进入“结算选单”窗口。

（3）单击“查询”按钮，打开“查询条件——采购手工结算”对话框，单击“确定”按钮。

（4）选择要结算的发票和入库单，单击“确定”按钮。

（5）修改入库单结算数量为“180”，单击“结算”按钮，系统进行结算处理。完成后，系统弹出“完成结算”信息提示对话框，单击“确定”按钮退出。

3. 在存货核算系统进行结算成本处理并生成凭证

（1）在存货核算系统中，执行“记账”—“结算成本处理”命令，打开“结算成本处理”对话框。选择“原料库”，选中“未全部结算完的单据是否显示”复选框，单击“确定”按钮，进入“结算成本处理”窗口。

（2）选择对应的结算单，单击“结算处理”按钮，系统弹出“结算成本处理完成”信息提示框。单击“确定”按钮，退出当前窗口。

（3）执行“凭证处理”—“生成凭证”命令，进入“生成凭证”窗口。

（4）单击工具栏上的“选单”按钮，打开“查询条件——生成凭证查询条件”对话框。单据类型选择“红字回冲单”“蓝字回冲单（报销）”。单击“确定”按钮，进入“未生成凭证单据一览表”，选择需要生成凭证的红字回冲单和蓝字回冲单，单击“确定”按钮，进入“生成凭证”窗口。如图7所示。

选择	单据类型	业务类型	单据号	摘要	科目类型	科目编码	科目名称	借方金额	贷方金额	借方数量	贷方数量	科目方向	存货编码	存货名称
1	红字回冲单	普通采购	0000000001	红字回...	存货	140303	主板	-60,00...		-200.00		1	003	主板
					应付暂估	1401	材料采购		-60,00...		-200.00	2	003	主板
	蓝字回冲单			蓝字回...	存货	140303	主板	57,600.00		180.00		1	003	主板
					对方	1401	材料采购		57,600.00		180.00	2	003	主板
合计								-2,400.00	-2,400.00					

图7　生成凭证

（5）选择凭证类别为“转账凭证”，输入红字回冲单对方科目为“材料采购（1401）”，单击“制单”按钮，进入“填制凭证”窗口。

（6）单击“保存”按钮，分别保存根据红字回冲单和蓝字回冲单生成的凭证。

温馨提示：1. 结算后，在采购结算余额表中，上期结余数量为200，本期结算数量为180，本期结余数量为20。2. 系统采用的是月初回冲方式，所以在本月初，系统会自动生成红字回冲单，自动登记存货明细账，冲回上月的暂估业务。

4. 在应付款管理系统审核采购专用发票并生成凭证

操作步骤参见（一）普通采购业务步骤8。

（五）暂估入库处理

1. 在库存管理系统填制采购入库单并审核

操作步骤参见（二）现结业务步骤1。

温馨提示：采购入库单不必填写单价。

2. 月末在存货核算系统录入暂估入库成本并记账、生成凭证

（1）在存货核算系统中，执行“记账”—“暂估成本录入”命令，打开暂估成本录入窗口。

（2）选择供应商“003 星宇公司”，单击“查询”按钮。

（3）在单据日期“2002-01-11”行输入单价“400”。

（4）单击“保存”按钮，系统自动弹出“保存成功”信息提示对话框。单击“确定”按钮返回。

（5）执行“记账”—“正常单据记账”命令，打开“正常单据记账列表”窗口。

（6）单击“查询”按钮，显示尚未记账的单据。

（7）选择需要记账的单据，单击“记账”按钮，系统完成记账后退出该窗口。

（8）执行“凭证处理”—“生成凭证”命令，单击“选单”按钮，打开“查询条件——生成凭证查询条件”对话框，单据类型选择“采购入库单（暂估记账)”。单击“确定”按钮，打开“未生成凭证单据一览表”窗口。选择需要生成凭证的单据，单击“制单”按钮，进入“生成凭证”窗口。

（9）选择凭证类别为“转账凭证”，输入对方科目“材料采购（1401)”，单击“生成”按钮，保存生成的凭证。

（六）采购结算前退货

1. 在库存管理系统填制采购入库单并审核

操作步骤参见（二）现结业务步骤 1。

2. 在库存管理系统填制红字采购入库单

（1）在库存管理系统中，执行“采购入库”—“采购入库单”命令，进入“采购入库单”窗口，

（2）单击“增加”按钮，选择窗口左上角“红字”选项，输入相关信息，退货数量为“-2”，单价为“1 200”，单击“保行”按钮，再单击“审核”按钮退出。

3. 在采购管理系统填制采购专用发票

（1）在采购管理系统中，执行“采购发票”—“专用采购发票”命令，进入“专用采购发票”窗口。

（2）单击“增加”按钮，在下拉菜单中选择“入库单”选项，打开“查

询条件——单据列表过滤”对话框。选择该笔业务的蓝字入库单和红字入库单，单击“确定”按钮，进入“发票拷贝入库单表头列表”窗口，将采购入库单信息带入采购专用发票。

（3）修改发票号为“A12003”，单击“保存”按钮，再单击“复核”按钮退出。

4. 在采购管理系统进行采购结算

操作步骤参见（三）采购运费处理步骤4。

温馨提示：进行结算时，需对蓝字采购入库单、红字采购入库单、采购专用发票进行手工采购结算处理。

（七）采购结算后退货

1. 在库存管理系统填制红字采购入库单并审核

操作步骤参见（六）采购结算前退货步骤2。

2. 在采购管理系统填制红字采购专用发票并执行采购结算

（1）在采购管理系统中，执行“采购发票”—“红字专用采购发票”命令，进入“采购专用发票（红字）”窗口。

（2）单击“增加”按钮，在下拉菜单中选择“入库单”选项，打开“查询条件——单据列表过滤”对话框。选择红字采购入库单，单击“确定”按钮，进入“发票拷贝入库单表头列表”窗口，将红字采购入库单信息带入采购专用发票。输入发票号“35623”，单击“保存”按钮，再单击“复核”按钮。

（3）单击“结算”按钮，完成红字专用采购发票和红字采购入库单的结算。

（八）数据备份

在采购管理月结账之前，进行账套数据备份。

（九）月末结账

执行“月末结账”命令，打开“月末结账”对话框，选中要结账的月份，进行结账。

如需取消结账，则在“月末结账”对话框中单击“取消结账”即可。

温馨提示：如果应付款管理系统或库存管理系统抑或存货管理系统已经结账，则采购管理系统不能取消结账。

第10章 销售管理系统

10.1 销售管理系统概述

销售管理系统是用友 U8⁺ 供应链管理系统的一个重要的子系统，主要功能在于帮助用户对销售业务流程进行全面管理，提供报价、订货、发货、开票的完整销售流程处理，支持普通销售、委托代销、分期收款、直运、零售、销售调拨等多种类型的销售业务，并可对销售价格和信用进行实时监控。适用于各类工业企业和商业批发、零售企业、医药、物资供销、对外贸易、图书发行等商品流通企业进行销售业务的核算与管理。采购管理系统既可以单独使用，也可以与用友 U8⁺ 其他系统集成使用，提供完整全面的业务财务一体化处理。

10.1.1 销售管理系统的主要功能

销售管理系统的主要功能包括初始设置、日常业务处理、期末处理等方面。

1. 初始设置

初始设置包括对销售管理系统进行参数设置、价格管理设置、允销限销设置、信用审批人设置、录入期初余额等。

2. 日常业务处理

销售业务的日常操作包括报价、订货、发货、开票等业务。系统支持普通销售、委托代销、分期收款、直运、零售、销售调拨等多种类型的销售业务；可以进行现结业务、代垫费用、销售支出的业务处理；可以制订销售计划，对价格和信用进行实时监控。用户可以根据业务需要选用不同的业务单据，定义不同的业务流程。通过账表查询功能，可以查询存货的现存量，查看各种销售统计表、各种销售明细表、各种销售分析报表。

3. 期末处理

期末处理包括月末进行的销售管理系统结账操作以及取消结账操作。

10.1.2 销售管理系统与其他系统的关系

销售管理系统和基础设置、库存管理系统、存货核算系统、应收款管理系统、采购系统都有数据传递关系。

销售管理系统与基础设置模块共享数据，在基础设置中设置的部门档案、人员档案、仓库档案、存货档案等信息可以传递到销售管理系统；销售管理系统向库存管理系统传递销售订单、销售发货单等数据，可以接收库存系统反馈的可销量数据；销售管理系统向存货核算系统传递销售出库单、销售发票、直运销售发票，在存货核算系统生成相关业务的记账凭证；销售管理系统向采购管理系统传递直运销售订单、直运销售发票等数据；销售管理系统向应收款管理系统传递销售发票等应收单据，接收应收款管理系统传递的发票等应收单据的收款信息等。销售管理系统与其他系统的数据传递关系详见第 8 章图 8-1 供应链管理系统数据流程图。

10.2 销售管理系统日常业务处理

企业销售业务类型比较多，包括普通销售、分期收款、委托代销、销售调拨、零售、直运销售、退货等业务内容。从发货方式上分为先发货后开票和开票直接发货两种情况方式；按业务处理是否必有订单，又分为必有订单模式和非必有订单模式。

10.2.1 普通销售业务

普通销售业务模式适用于大多数企业的日常销售业务，与其他系统一起，提供对销售报价、销售订货、销售发货、销售出库、销售开票、销售收款、结转销售成本全过程的处理。用户可根据企业的实际情况，结合本系统对销售流程进行灵活配置。

普通销售业务根据“发货—开票”的顺序不同，分为两种业务模式：一种是先发货后开票模式，另一种是开票直接发货模式。系统判断两种模式的依据是先录入发货单还是先录入发票。在进行销售业务处理时，系统允许两种流程并存。

先发货后开票模式，是指先录入销售发货单，然后根据销售发货单录入销售发票。发货单上的数量和发票上的数量可以相同，也可以不相同。

开票直接发货模式，是指先录入销售发票，销售发货单根据销售发票自动生成。因为发货单是根据销售发票自动生成的，所以销售发货单上的数量和销售发票的数量必须相同。另外，销售发货单只能浏览，不能修改和删除。

先发货后开票模式下普通销售业务处理流程如图 10-1 所示。

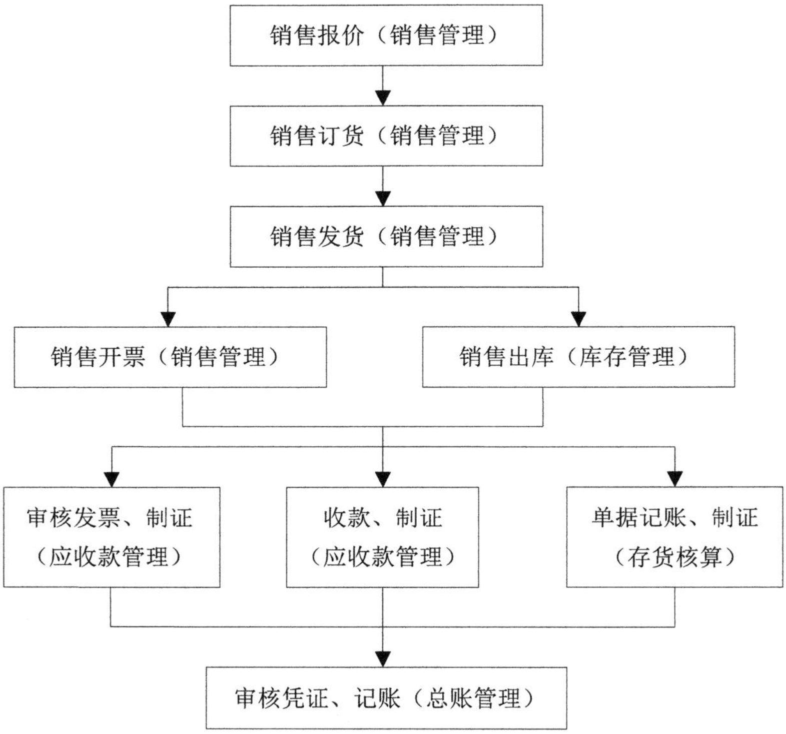

图 10-1　先发货后开票模式下普通销售业务处理流程图

1. 销售报价

销售报价是企业向客户提供货品、规格、价格、结算方式等信息，双方达成协议后，销售报价单可以转为有效力的销售订单。销售报价的结果是在销售管理系统中填制报价单。

销售报价是可选环节，用户可根据实际情况决定是否选用。

2. 销售订货

销售订货，是指企业与客户签订销售合同的过程。销售订货的结果是在销售管理系统中填制销售订单。销售订单既可以手工录入，也可以参照前述销售报价单生成。

提示：参照报价单生成销售订单时，表示订货业务是同一笔报价业务的后续步骤；手工直接录入销售订单时，表示订货业务和前面的报价业务没有关系，订货业务不是同一笔报价业务的后续步骤。建议采用参照生单的方式生成业务单据，以反映业务处理的连续性。其他环节道理同此。

当用户在销售管理系统选项中选择“普通销售必有订单”时，销售订货是必选环节，用户必须填制销售订单；当用户在销售管理系统选项中未选择“普通销售必有订单”时，销售订货是可选环节。用户可根据实际情况决定是否选用。

3. 销售发货

销售发货是企业执行与客户签订的销售订单，将货物发往客户的行为，是销售业务的执行阶段。销售发货的结果是在销售管理系统填制销售发货单。销售发货单可以手工增加，也可以参照销售订单生成；必有订单业务模式下，销售发货单不可手工新增，只能参照生成。

开票直接发货模式下，发货单由销售发票自动生成，发货单只作浏览，不能进行修改、删除、弃审等操作。

参照销售订单发货时，一张订单可多次发货，多张订单也可以一次发货。

此环节及后续环节为必选项。

4. 销售开票

销售开票是在销售过程中企业给客户开具销售发票及所附清单的过程，它是确认销售收入、计算销售成本、确认应交销售税金和应收账款的依据，是销售业务的必选环节。

销售开票的结果是在销售管理系统填制销售发票。销售发票包括销售专用发票、销售普通发票。

销售发票可以手工增加，也可以参照销售订单生成；必有订单业务模式下，销售发票不可手工新增，只能参照生成。

提示：当在销售开票的同时向客户收取货款时，用户可进行现结处理。现结时，既可以全额收款，也可以部分收款。

5. 销售出库

销售出库，是指将货物从仓库发出的过程，是销售业务的必选环节。销售出库的结果是在库存管理系统填制销售出库单。

如果在销售管理系统选项中选择了“销售生成出库单”，则销售出库单根据销售发货单自动生成，且只能一次销售全部出库；如果在销售管理系统选项中未选择“销售生成出库单”，则销售出库单在库存管理系统由用户手工填制，可实现一次销售分次出库。

6. 应收款管理系统审核发票、生成凭证

销售出库后，销售活动即结束，但是从业务财务一体化的角度出发，该项销售业务还未最终处理完成，还要由财会部门进行财务处理。财务处理内容包括：在应收款管理系统审核销售发票，根据销售发票生成记账凭证；在存货核算系统根据销售出库单登记存货明细账，根据销售出库单（或发票）生成凭证；在应收款管理系统填制收款单，根据收款单生成记账凭证；在总账管理系统审核记账凭证、记账等。

销售管理系统填制的销售发票会自动传递到应收款管理系统。

（1）审核发票

财会人员对销售发票进行审核时，要区分销售发票是否进行了现结处理。既可以成批审核，也可以审核单张发票。审核发票的同时可联查单据。

（2）生成凭证

应收款管理系统对不同的单据类型或不同的业务处理既提供实时制单的功能，也提供了一个统一制单的平台，用户可以在此快速、成批生成记账凭证，并可依据规则进行合并制单等处理。

在根据销售发票生成的记账凭证中，借记“应收账款”“银行存款”等科目，贷记“主营业务收入”“应交税费——应交增值税（销项税额）”等科目。

7. 存货核算系统单据记账、生成凭证

（1）单据记账

单据记账，是指负责材料核算的会计人员根据销售发票（或销售出库单）登记存货明细账等账簿，而非登记会计科目账。

提示：

· 当在存货核算系统选项中设置销售成本核算方式为“销售发票”时，记账依据是销售发票；当在存货核算系统选项中设置销售成本核算方式为“销售出库单”时，记账依据是销售出库单。

· 记账时，系统按时间顺序自动记账。

· 已记账的单据不能修改和删除。如果发现已记账单据有误，则在本月未结账情况下可以取消记账。如果已记账的单据已经生成记账凭证，则必须先删除相关记账凭证，然后才能取消记账。

（2）生成凭证

单据记账后，可以根据该销售发票（或销售出库单）生成记账凭证。生成的记账凭证中，借记“主营业务成本”等科目，贷记“库存商品”等科目。

提示：应收款管理系统审核发票、生成凭证和存货核算系统单据记账、生成凭证是并行的关系，二者顺序可以互换。

8. 应收款管理系统收款、生成凭证

企业收到客户款项时，在应收款管理系统填制收款单。

收款单据中，款项类型有三种，分别是应收款、预收款、其他费用。如果款项是收回客户前欠的款项，则款项类型选择“应收款”；如果是预收客户的款项，则款项类型选“预收款”；其他情况选“其他费用”。

填制收款单后，可以将该收款单和与之对应的销售发票进行核销。

收款单保存后可以立即制单，也可以进行批量制单。生成的记账凭证：借记“银行存款”，贷记“应收账款”等科目。

9. 总账管理系统审核凭证、记账

应收款管理系统和存货核算系统生成的记账凭证自动传递到总账管理系统。

总账管理系统需要对接收自其他系统的凭证进行审核，审核通过后进行记账处理。审核时，如果发现凭证错误，在总账管理系统不能对接收自其他系统的凭证进行修改、删除操作，需要到生成凭证的系统进行修改、删除。

总账管理系统记账后发现记账凭证错误，可在生成记账凭证的系统冲销该记账凭证，然后重新生成正确的凭证。

在总账管理系统查询凭证或进行出纳签字、审核凭证时，单击记账凭证类别名称，系统会提示记账凭证来源。

10.2.2 分期收款业务

1. 业务类型说明

分期收款业务，是指货物提前发给客户，分期收回款项，收入与成本按照收款情况分期确认。分期收款业务的特点是一次发货，当时不确认收入，分次确认收入，在确认收入的同时配比性地结转销售成本。

2. 基础设置

在销售管理系统选项中选择“有分期收款业务”，在存货核算系统初始设置中设置存货科目，设置分期收款发出商品科目名称是“发出商品”。

3. 业务流程

分期收款业务处理流程如图10-2所示。

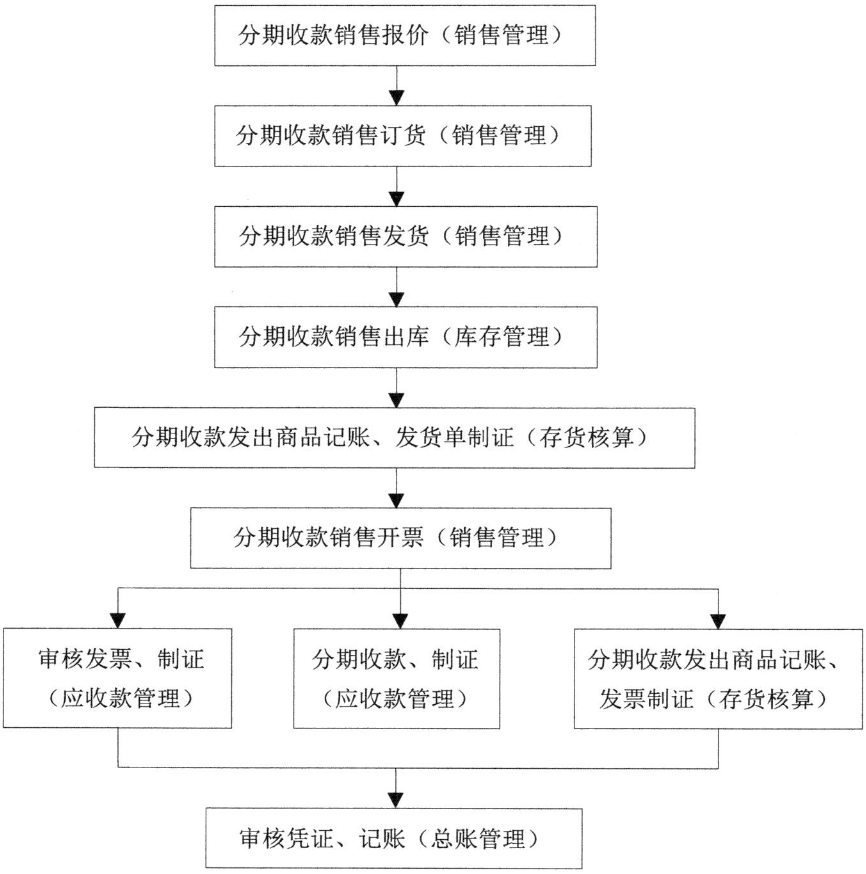

图 10-2　分期收款业务处理流程图

（1）销售报价。在销售管理系统填制销售报价单，业务类型选择“分期收款”。此环节为可选项。

（2）销售订货。在销售管理系统填制销售订单，可以手工填制，也可以通过参照报价单的方式生成销售订单。建议采用参照报价单的方式生成销售订单，以加强对分期收款业务的管理。参照报价单的业务类型选择“分期收款”。

当用户在销售管理系统选项中选择“分期收款必有订单”时，销售订货是必选环节，用户必须填制销售订单；当用户在销售管理系统选项中未选择“分期收款必有订单”时，销售订货是可选环节。用户可根据实际情况决定是否选用。

（3）销售发货。在销售管理系统填制销售发货单。参照销售订单的业务类型选择“分期收款”。此环节及后续环节为必选项。

分期收款业务必选采用先发货后开票模式。

（4）销售出库。在库存管理系统生成销售出库单。如果在销售管理系统选项中选择了“销售生成出库单”，则销售出库单自动生成，此时只需要审核即可，否则需要在库存管理系统参照发货单填制并审核销售出库单。

（5）存货核算系统发出商品记账、发货单制证。记账时，选择“发出商品记账”。生成的记账凭证中，借记“发出商品”科目，贷记“库存商品”等科目。

（6）销售开票。确认销售收入时，在销售管理系统填制销售发票。销售发票可参照销售发货单生成，参照发货单的业务类型选择“分期收款”，复核该销售发票。

（7）应收款管理系统审核发票、生成凭证。在应收款管理系统审核销售发票，根据销售发票生成凭证：借记“应收账款”科目，贷记“主营业务收入”“应交税费——应交增值税（销项税额）”等科目。

（8）存货核算系统发出商品记账、发票制证。记账时，选择“发出商品记账”。根据发票制证时，记账凭证中，借记“主营业务成本”科目，贷记“发出商品”科目。

（9）应收款管理系统收款、生成凭证。企业收到客户款项时，在应收款管理系统填制收款单。根据收款单制证时，借记“银行存款”科目，贷记“应收账款”等科目。

（10）总账管理系统审核凭证、记账。在总账管理系统审核应收款管理系统、存货核算系统传递的记账凭证，并进行记账处理。

10.2.3 委托代销业务

1. 业务类型说明

委托代销业务，是指企业将商品委托他人进行销售，但商品所有权仍归本企业所有的销售方式。委托代销商品销售后，受托方与企业进行结算，企业开具正式的销售发票，形成销售收入，商品所有权转移。

2. 基础设置

在销售管理系统选项中选择“有委托代销业务”，在库存管理系统选项中选择“有委托代销业务”。在存货核算系统选项中将委托代销成本核算方式设置为“按发出商品核算”。在存货核算系统初始设置中设置存货科目，设置委托代销发出商品科目名称是“发出商品”。

3. 业务流程图

委托代销业务处理流程如图 10-3 所示。

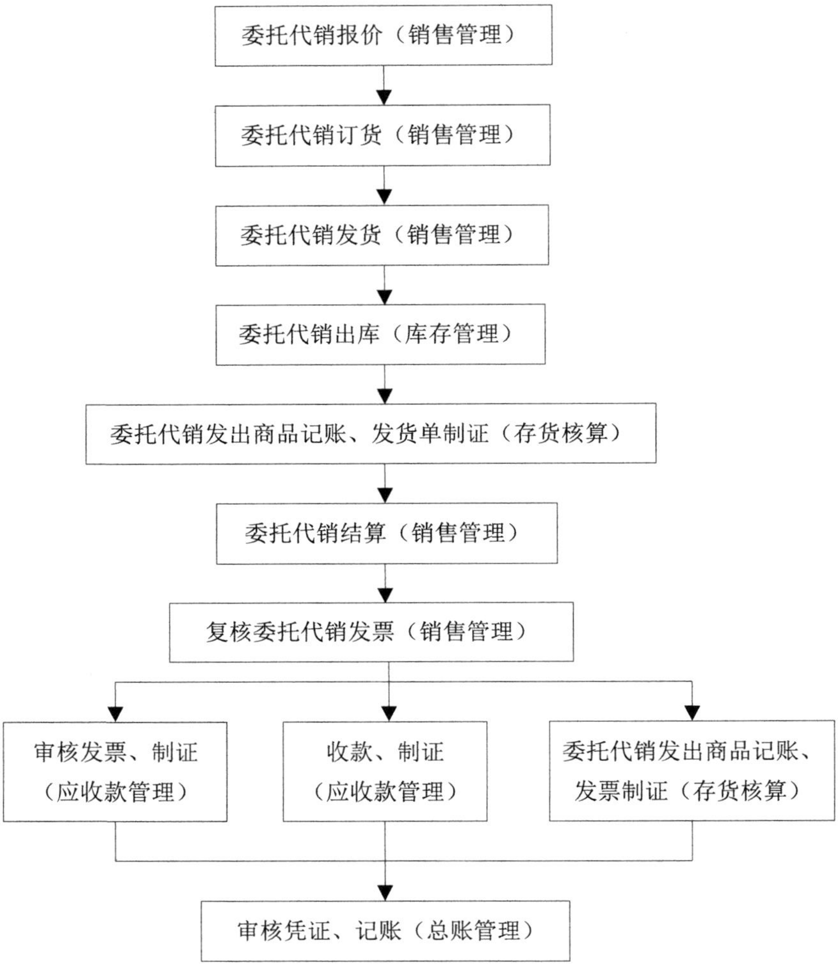

图 10-3　委托代销业务处理流程图

（1）委托代销报价。在销售管理系统填制销售报价单，业务类型选择“委托代销”。此环节为可选项。

（2）委托代销订货。在销售管理系统填制销售订单，可以手工填制，也可以通过生单方式参照销售报价单生成。建议采用参照生单的方式生成销售订单，后续步骤同此。

参照报价单的业务类型选择“委托代销”。当用户在销售管理系统选项中选择“委托代销必有订单”时，销售订货是必选环节，用户必须填制销售订单；当用户在销售管理系统选项中未选择“委托代销必有订单”时，销售订货是可选环节。用户可根据实际情况决定是否选用。

（3）委托代销发货。在销售管理系统填制委托代销发货单。此环节及后续环节为必选项。

（4）委托代销出库。在库存管理系统生成销售出库单。如果在销售管理系统选项中选择了“销售生成出库单”，则销售出库单自动生成，此时只需要审核即可，否则需要在库存管理系统手工填制并审核销售出库单。

（5）存货核算系统发出商品记账、发货单制证。记账时，选择“发出商品记账”。生成的记账凭证中，借记“发出商品”科目，贷记“库存商品”科目。

（6）销售管理系统委托代销结算、复核委托代销发票。受托方将货物销售完毕，与委托方进行委托代销结算。委托方在销售管理系统填制并审核委托代销结算单，委托代销结算单保存审核后自动生成销售发票，在销售管理系统复核该销售发票。

（7）应收款管理系统审核发票、生成凭证。在应收款管理系统审核销售发票，根据销售发票生成记账凭证。记账凭证中，借记“应收账款”科目，贷记“主营业务收入”“应交税费——应交增值税（销项税额）”等科目。

（8）存货核算系统发出商品记账、发票制证。记账时，选择“发出商品记账”。生成的记账凭证中，借记“主营业务成本”科目，贷记“发出商品”等科目。

（9）应收款管理系统收款、生成凭证。当企业收到受托方结算款项时，在应收款管理系统填制收款单。根据收款单制证时，借记“银行存款”科目，贷记“应收账款”等科目。

（10）总账管理系统审核凭证、记账。在总账管理系统审核应收款管理系统、存货核算系统传递的记账凭证，并进行记账处理。

10.2.4 销售调拨业务

1. 业务类型说明

销售调拨一般是处理集团企业内部有销售结算关系的销售部门或分公司之间的销售业务。与销售开票相比，销售调拨业务不涉及销售税金。销售调拨业务必须在当地税务机关许可的前提下方可使用，否则，处理内部销售调拨业务必须开具发票。

2. 基础设置

在销售管理系统选项中选择“有销售调拨业务”。

3. 销售调拨业务流程图

销售调拨业务处理流程如图 10-4 所示。

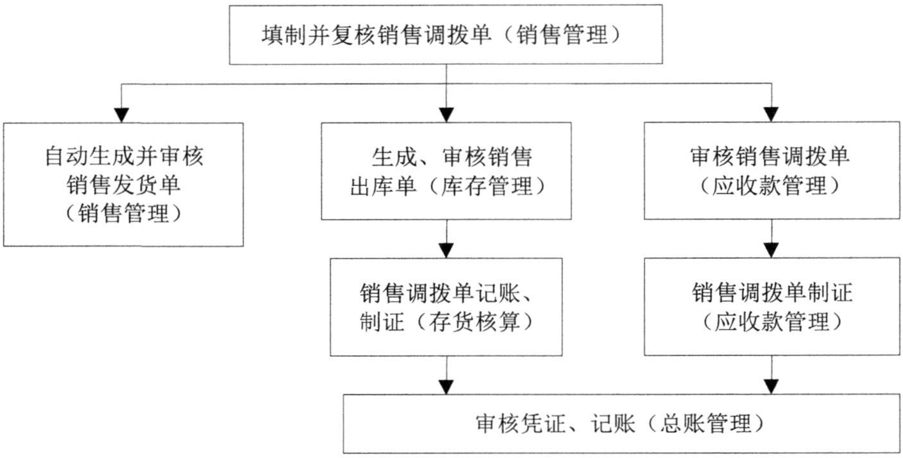

图 10-4 销售调拨业务处理流程图

（1）填制并复核销售调拨单。在销售系统填制并复核销售调拨单，系统根据销售调拨单自动生成并审核销售发货单。

（2）生成并审核销售出库单。如果在销售管理系统选项中选择了“销售生成出库单”，则库存管理系统自动生成销售出库单，此时只需要审核即可，否则需要在库存管理系统手工填制并审核销售出库单。

（3）应收款管理系统审核销售调拨单、生成凭证。销售管理系统复核后的销售调拨单自动传递至应收款管理系统，视为对销售发票进行管理。在应收款管理系统选项中选择“销售发票审核”，审核该销售调拨单。生成凭证时，选择“发票制单”。记账凭证中，借记“应收账款”“银行存款”等科目，贷记“主营业务收入”等科目。

（4）存货核算系统单据记账、生成凭证。记账时，选择正常单据记账。制证时，单据类型选择“销售调拨单”。生成的记账凭证中，借记“主营业务成本”科目，贷记“库存商品”等科目。

（5）总账管理系统审核凭证、记账。在总账管理系统审核从应收款管理系统、存货核算系统传递来的记账凭证，并进行记账处理。

提示：

· 收到款项时，在应收款管理系统填制收款单，根据收款单填制记账凭证。

· 销售调拨单不能参照生成，只能手工输入。

· 销售调拨退货时，填制红字销售调拨单。

·销售调拨单弃复时，自动删除生成的销售发货单。

10.2.5 零售业务

1. 业务类型说明

零售业务，是指商业企业将商品销售给零售客户的销售方式。本系统通过零售日报的方式接收用户的零售业务原始数据。零售日报不是原始的销售单据，是零售业务数据的日汇总。

零售业务针对批零兼营的业务，例如采用专卖店、专业店面向最终消费者完成销售的业务，利用零售日报实现零售数据的收集。

用友 U8+ 系统与零售管理集成使用时，可以将直营门店的零售数据、收款数据上传到销售管理系统，生成零售日报，并自动现结、自动生成销售出库单。

2. 基础设置

在销售管理系统选项中选择“有零售日报业务”。

3. 零售业务流程

零售业务处理流程如图 10-5 所示。

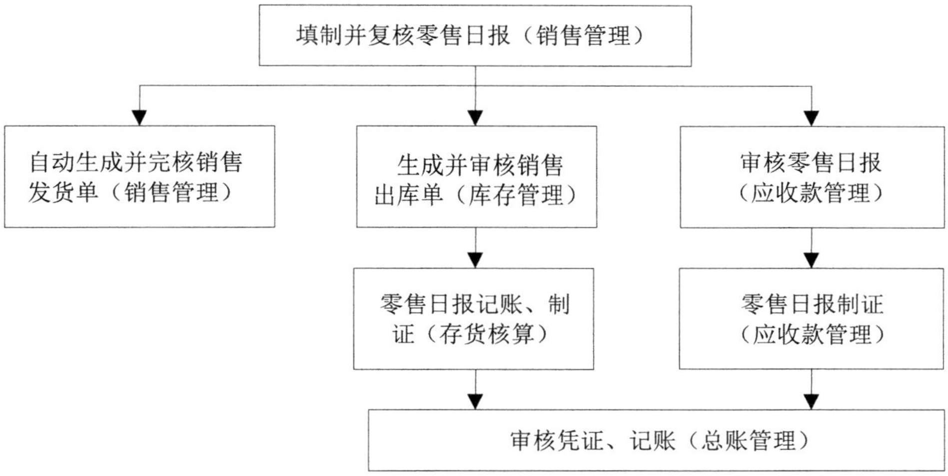

图 10-5　零售业务处理流程图

（1）填制并复核零售日报。在销售管理系统填制并复核零售日报。零售业务一般收取现款，所以零售日报要进行现结收款。复核后，系统自动生成并审核销售发货单。

（2）生成并审核销售出库单。如果在销售管理系统选项中选择了“销售生成出库单”，则库存管理系统自动生成销售出库单，此时只需要审核即可，否则需要在库存管理系统手工填制并审核销售出库单。

（3）应收款管理系统审核零售日报、生成凭证。销售管理系统复核后的零售日报自动传递至应收款管理系统，视为对销售发票进行管理。在应收款管理系统选项中选择“销售发票审核”，审核该零售日报。生成凭证时，选择发票制单（如已现结，则选择“现结”）。借记“银行存款”等科目，贷记“主营业务收入”“应交税费——应交增值税（销项税额）”等科目。

（4）存货核算系统单据记账、生成凭证。记账时，选择正常单据记账。生成的记账凭证中，借记“主营业务成本”科目，贷记“库存商品”等科目。

（5）总账管理系统审核凭证、记账。在总账管理系统审核从应收款管理系统、存货核算系统传递来的记账凭证，并进行记账处理。

10.2.6 直运业务

1. 业务类型说明

直运业务，是指产品无须入库即可完成的购销业务，由供应商直接将商品发给企业的客户。结算时，由购销双方直接与企业结算，企业赚取购销间差价。直运业务示意图如图 10-6 所示。

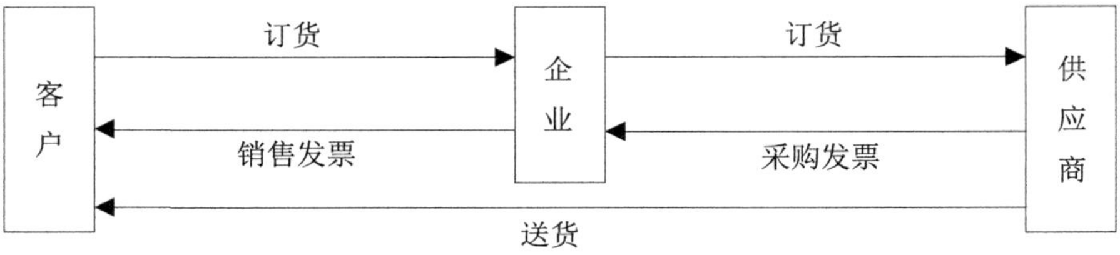

图 10-6 直运业务示意图

直运业务包括直运销售业务和直运采购业务。直运业务没有实物的出入库，财务结算通过直运销售发票、直运采购发票结算，适用于大型电器、汽车、设备等的销售。

2. 基础设置

在销售管理系统选项中选择“有直运销售业务”。

3. 直运业务流程

（1）直运销售订货。在销售管理系统填制并审核销售订单，业务类型选择“直运销售”。

（2）直运采购订货。在采购管理系统参照直运销售订单生成并审核直运采购订单。采购订单的业务类型为“直运采购”。

（3）直运采购开票。在采购管理系统参照直运采购订单生成并复核直运采购发票。直运采购发票的业务类型为“直运采购”。

（4）直运销售开票。在销售管理系统参照直运销售订单生成并复核直运销售发票。参照销售订单的业务类型选择“直运销售”。生成直运销售发票时，销售发票的业务类型为“直运销售”。

（5）应付款管理系统审核直运采购发票。该业务属于直运业务，没有填制采购入库单，无法进行采购结算。因此，在应付款管理系统进行采购发票审核时，结算状态应选中“未结算完”或者“全部”，否则不显示该直运采购发票。

提示：不在应付款管理系统进行发票制单处理，应该在存货核算系统生成记账凭证。

（6）应收款管理系统审核直运销售发票、生成凭证。在应收款管理系统进行销售发票的审核。生成凭证时，选择发票制单。记账凭证中，借记“应收账款”或“银行存款”等科目，贷记“主营业务收入”“应交税费——应交增值税（销项税额）”等科目。

（7）存货核算系统直运销售记账、生成凭证。在存货核算系统进行直运销售记账。根据直运采购发票生成的记账凭证中，借记“库存商品”“应交税费——应交增值税（进项税额）”等科目，贷记“应付账款”等科目；根据直运销售发票生成的记账凭证中，借记“主营业务成本”科目，贷记“库存商品”等科目。

（8）总账管理系统审核凭证、记账。在总账管理系统审核从应收款管理系统、存货核算系统传递来的记账凭证，并进行记账处理。

提示：

· 上述步骤为“必有订单直运销售”模式处理流程，当用户选择“非必有订单直运销售”时，销售订单和采购订单环节可以省略。

· 直运业务不涉及存货的入库和出库环节，因此不需要填制采购入库单和销售发货单。

直运业务处理流程如图10-7所示。

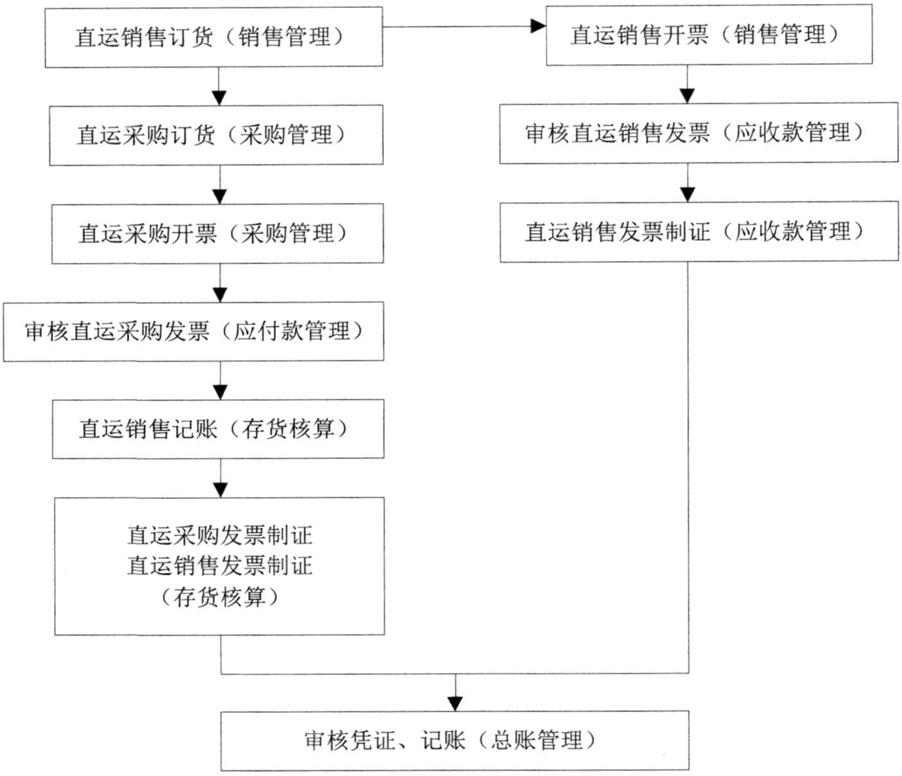

图 10-7　直运业务处理流程图

10.2.7　销售退货业务

销售退货，是指客户因为货物的质量、品种、数量等不符合要求而将已购货物退回给本单位的过程。销售业务类型比较复杂，各种类型的销售业务都可能发生退货业务，以普通销售和委托代销为例，介绍退货业务的处理。

1. 普通销售退货业务

在先发货后开票模式下，普通销售退货业务流程如图 10-8 所示。

（1）销售退货。在销售管理系统填制并审核退货单，数量写负数。退货单可以参照已有的发货单、出库单生成。

（2）开具红字销售发票。在销售管理系统参照发货单（发货单类型选择红字记录，即退货单）生成并复核红字销售发票，数量写负数。

（3）退货入库。在库存管理系统生成并审核红字销售出库单。如果在销售选管理系统选项中选择了“销售生成出库单”，则红字销售出库单根据退货单自动生成；如果在销售管理系统选项中未选择“销售生成出库单”，则红字销售出库单在库存管理系统由用户手工填制。

（4）应收款管理系统审核红字销售发票、制证。审核发票时，注意红字销售发票是否进行了现结处理。根据红字销售发票生成的红字记账凭证中，借记“应收账款”“银行存款”等科目，贷记“主营业务收入”“应交税费——应交增值税（销项税额）”等科目。

（5）存货核算系统红字单据记账、制证。根据存货核算系统销售成本核算方式的设置不同，记账对象可能是红字销售出库单，也可能是红字销售发票。单据记账后，根据该红字销售发票（或红字销售出库单）生成记账凭证。生成的红字记账凭证中，借记“主营业务成本”（红字）等科目，贷记“库存商品”（红字）等科目。

（6）应收款管理系统退款、制证。企业退回客户款项时，在应收款管理系统填制并审核付款单。可以将该付款单和与之对应的红字销售发票进行核销。付款单保存后，可以立即制单，也可以进行批量制单。生成的凭证中，借记“银行存款”科目，贷记“应收账款”等科目。

（7）总账管理系统审核凭证、记账。在总账管理系统中审核从应收款管理系统、存货核算系统传递来的记账凭证，并进行记账处理。

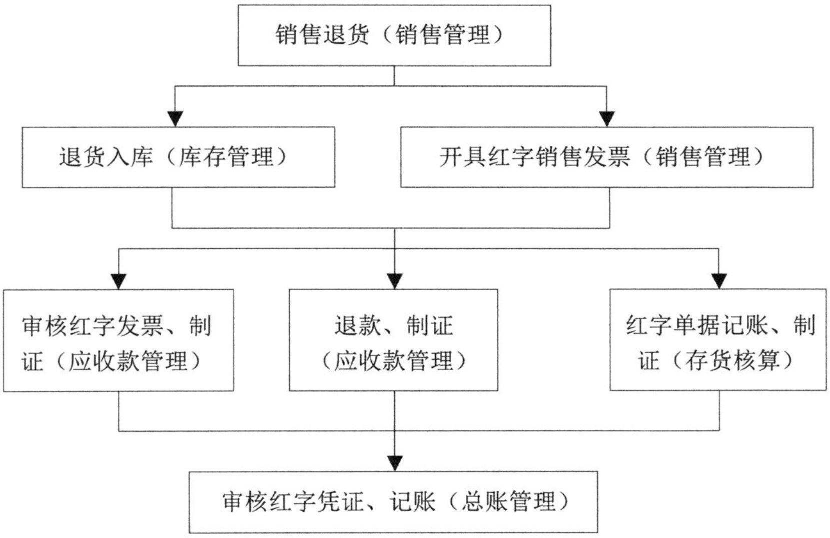

图 10-8　普通销售退货业务处理流程图

提示：

· 开票直接发货模式下，先填制并审核红字销售发票，审核后的红字销售发票自动生成相应的退货单，其他环节和先发货后开票模式下销售退货业务流程相同。

· 进行退货处理时，要区分退货业务所处的具体销售环节，所处的销售环节不同，退货处理的方法也有所不同。例如，开票之前发生退货业务，可以不用开具红字发票，根据发货单和退货单之差开具蓝字销售发票即可。

2. 委托代销退货业务

委托代销退货业务，是指客户因委托代销货物的质量、品种、数量不符合规定而将已受托代销货物退回给本单位的业务。包括两种情况：一种是委托代销结算前退货，另一种是委托代销结算后退货。

（1）委托代销结算前退货

①销售管理系统填制并审核“委托代销退货单”，数量写负数。可参照以前的发货单生成“委托代销退货单”。

②库存管理系统生成并审核红字销售出库单，数量写负数。

③存货核算系统进行发出商品记账，生成凭证。生成的凭证中，借记“发出商品”科目（红字），贷记“库存商品”科目（红字）。

④总账管理系统审核凭证，记账。在总账管理系统中审核从存货核算系统传递来的记账凭证，并进行记账处理。

（2）委托代销结算后退货

①销售管理系统填制并审核“委托代销结算退回单”。“委托代销结算退回单”的作用是取消委托代销结算。

生成“委托代销结算退回单”时，应参照以前已结算的发货单生成，“委托代销结算退回单”审核时自动生成“红字销售发票”，对“红字销售发票”进行复核。

②存货核算系统发出商品记账、生成凭证。生成的记账凭证中，借记“主营业务成本”科目（红字），贷记“发出商品”科目（红字）。

③应收款系统审核红字发票、生成凭证。生成的记账凭证中，借记“应收账款”“银行存款”等科目，贷记“主营业务收入”“应交税费——应交增值税（销项税额）”等科目。借、贷方金额均为红字。

如果货物不退回企业仓库，只是取消委托代销结算，做到此步骤即可。如果货物退回企业仓库，则需要继续执行“（1）委托代销结算前退货中①—④步骤”。

10.2.8 综合查询

1. 单据查询

系统提供了单据列表查询功能，如报价单列表、销售订单列表、发货单列表、销售发票列表、委托代销发货单列表、委托代销结算单列表、销售调拨单列表、零售日报列表等各种列表，便于用户从整体上把握单据的填制和执行情况。

2. 单据执行情况分析表

系统自动统计单据的执行情况，包括销售订单预警和报警、订单准时发货率、销售订单预留历史记录查询、销售执行进度表、订单跟踪汇总表、订单跟踪明细表、发货单发货开票勾对表、发货统计表、发货汇总表、发票日报等，便于用户查询单据的执行情况。

3. 明细表

系统提供发货明细表、销售明细表、销售明细账、销售收入明细账、销售成本明细账、发票使用明细表、发货结算勾对表、出库单开票情况表、委托代销明细账等。

4. 统计表

系统提供销售现存量查询、信用余额表、销售执行状况表、销售订发货统计表、销售时效性统计表、委托代销统计表、销售统计表、销售综合统计表、进销存统计表、质量追溯查询统计表等。

5. 销售分析

系统提供销售增长分析、销售情况分析、货物流向分析、销售结构分析、销售毛利分析、市场分析、按发票货龄分析、按收款货龄分析等销售分析资料。

6. 客户分析

系统提供客户价值金字塔、客户全貌、业务员全貌、客户分布分析、客户新增分析、客户流失分析、客户购买分析等客户分析资料。

7. 综合分析

系统提供动销分析、商品周转率分析、畅适滞分析等综合分析资料。

10.3 销售管理系统期末处理

10.3.1 月末结账

月末结账是逐月将每月的单据数据封存，并将当月的销售数据记入有关报表中。结账的月份必须连续，不允许跨月结账。

在采购管理、销售管理、库存管理、存货核算、应收款管理、应付款管理、总账管理等系统集成使用的情况下，结账顺序如图 10-9 所示。只有销售管理系统月末结账后，才能进行库存管理、存货核算、应收款管理系统的月末结账。

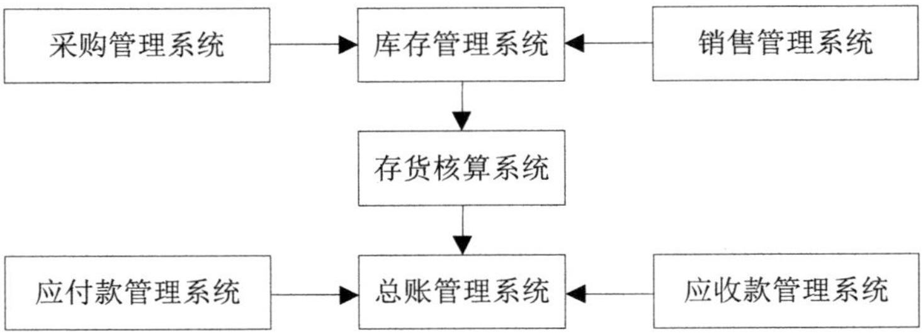

图 10-9　结账顺序图

10.3.2　取消结账

如果销售管理系统要取消月末结账，必须先取消存货核算、库存管理、应收款管理等系统的月末结账；如果库存管理、存货核算、应收款管理等系统的任何一个系统不取消月末结账，则不能取消销售管理系统的月末结账。

复习思考题

1. 销售管理系统包括哪些主要功能？
2. 销售管理系统与其他系统之间的关系是怎样的？
3. 简述普通销售业务财务业务一体化的处理流程。
4. 简述分期收款业务财务业务一体化的处理流程。
5. 简述委托代销业务财务业务一体化的处理流程。
6. 简述销售调拨业务财务业务一体的化处理流程。
7. 简述零售业务财务业务一体化的处理流程。
8. 简述不同情况下普通销售退货业务的处理方法和处理流程。
9. 简述委托代销结算前退货业务的处理流程。
10. 简述委托代销结算后退货业务的处理流程。
11. 简述各系统集成使用情况下的结账顺序。

实验十二　销售管理

一、实验目的

（1）掌握用友 ERP-U8+ 管理软件中销售管理系统的相关内容。

（2）理解销售管理系统业务处理流程。理解销售管理系统与其他系统的数据传递关系。

（3）掌握销售管理系统的基本操作。

二、实验内容

（1）普通销售业务。

（2）商业折扣处理。

（3）现收业务。

（4）分期收款销售业务。

（5）委托代销业务。

（6）直运销售业务。

（7）销售调拨业务。

（8）代垫运费处理。

（9）销售退货业务。

（10）销售账表查询。

三、实验准备

引入“实验十”的账套数据。

四、实验资料

（一）普通销售业务

（1）1 月 15 日，新科公司欲购买 10 台家用电脑，向销售部了解价格，报价为 5 000 元 / 台。填制并审核报价单。

（2）新科公司订购 10 台家用电脑，要求发货日期为 1 月 16 日。填制并审核销售订单。

（3）1 月 16 日，销售部从成品库发出其所订货物，并开具专用销售发票一张，发票号 235689。

（4）业务部门将销售发票交给财务部门，财务部门确认此笔业务的收入并结转销售成本。

（5）1 月 17 日，财务部收到新科公司转账支票一张，金额 56 500 元，支票号 2356，财务人员据此填制收款单并制单。

（二）商业折扣处理

（1)1 月 18 日，销售部向精元公司出售 CPU 100 块，报价为 1 300 元 / 块，成交价为报价的 90%，货物从原料库发出。

（2）1 月 19 日，根据上述发货单开具专用发票一张。

（三）现结业务

（1）1 月 20 日，销售部向华新公司出售商用电脑 10 台，无税报价为 7 000 元 / 台，货物从成品库发出。

（2）同日，根据上述发货单开具增值税专用发票一张，同时收到客户以转账支票所支付的全部货款，支票号 22568。

（3）进行现结制单处理。

（四）代垫费用处理

1 月 20 日，销售部在向新科公司销售电脑时，发生了一笔代垫安装费 500 元，已用现金支付。客户尚未支付该笔款项。

（五）汇总开票业务

（1）1 月 21 日，销售部向安澜公司出售家用电脑 10 台，报价为 5 000 元 / 台，货物从成品库发出。

（2）1 月 21 日，销售部向安澜公司出售商用电脑 5 台，报价为 7 000 元 / 台，货物从成品库发出。

（3）1 月 21 日，根据上述两张发货单开具专用发票一张，发票号 237582。

（六）分次开票业务

（1）1 月 21 日，销售部向精元公司出售商用电脑 10 台，报价为 7 000 元 / 台，货物从成品库发出。

（2）1 月 21 日，应客户要求，对上述所发出的商品开具两张销售专用发票，第一张发票上列示的数量为 3 台，第二张发票上列示的数量为 7 台。

（七）开票直接发货

1 月 22 日，销售部向华新公司销售内存条 50 块，报价为 300 元 / 块，货物从原料库发出，并据此开具销售专用发票一张，发票号 13569。

（八）一次销售分次出库

（1）1 月 22 日，销售部向华新公司出售显示器 50 台，由原科库发货，报价为 1 500 元 / 台，开具专用发票一张，发票号 13665。

（2）1 月 22 日，客户根据发货单从原料仓库领出显示器 30 台。

（3）1 月 23 日，客户根据发货单再从原料仓库领出显示器 20 台。

（九）超发货单出库及开票

（1）1 月 23 日，销售部向安澜公司出售 CPU 20 块，由原料库发货，报价为 1 300 元 / 块。开发票时，客户要求再多买 5 块，根据客户要求开具了 25 块 CPU 的专用发票一张。

（2）1 月 23 日，帮客户从原料库领出 CPU 25 块。

（十）分期收款

（1）1 月 23 日，销售部向新科公司出售商用电脑 20 台，由成品库发货，报价为 7 000 元 / 台。客户要求以分期付款的形式购买该商品。经协商，客户分两次付款，并据此开具相应的销售专用发票。第一次开具的专用发票数量为 10 台，单价 7 000 元。

（2）财务部门根据该业务所涉及的出库单及销售发票结转收入及成本。

（十一）委托代销业务

（1）1 月 24 日，销售部委托精元公司代为销售家用电脑 20 台，单价

5000 元，货物从成品库发出。

（2）1 月 25 日，收到精元公司的委托代销清单一张，结算 5 台，单价 5000 元。据此给精元公司开具销售专用发票。

（3）财务部门据该业务所涉及的出库单及销售发票结转收入及成本。

（十二）开票前退货业务

（1）1 月 25 日，销售部出售给新科公司家用电脑 10 台，单价 5 000 元，从成品库发出。

（2）1 月 26 日，销售部出售给新科公司的家用电脑存在质量问题，退回 1 台，单价 5 000 元，收回成品库。

（3）1 月 26 日，开具相应的专用发票一张，数量为 9 台。

（十三）委托代销退货业务

1 月 27 日，委托精元公司销售的家用电脑退回 2 台，入成品仓库。由于该货物已经结算，故开具红字专用发票一张，并登记了存货明细账，结转了销售成本。

（十四）直运业务

（1）1 月 28 日，华新公司欲购买服务器 2 台。销售部经协商以单价 80 000 元成交。销售部据此填制相应的销售订单。

（2）1 月 28 日，销售部以 60 000 元 / 台的价格向科隆公司发出采购订单，并要求对方直接将货物送到华新公司。

（3）1 月 29 日，货物送至华新公司，科隆公司凭送货签收单根据订单开具了一张专用发票给销售部。

（4）1 月 30 日，销售部根据销售订单开具专用发票一张。

（5）财务部根据此业务的采购、销售发票结转收入及成本。

五、实验要求

按照各业务操作流程对以上业务进行处理，基本顺序如下：

（1）以“白虹”的身份、业务日期进入销售管理系统，对各销售业务进行处理。

（2）以“白虹”的身份、业务日期进入库存管理系统，对各销售业务的出库单进行录入并审核。

（3）以“白虹”的身份、业务日期进入存货核算系统，对各销售业务所生成的出库单进行记账、生成凭证。

（4）以“赵科”的身份、业务日期进入应收款管理系统，进行发票审核、制单，对相应业务进行业务结算、生成凭证。

六、操作指导

（一）普通销售业务

1. 在销售管理系统填制并审核报价单

（1）在销售管理系统中，执行“销售报价”—“销售报价单”命令，进入“销售报价单”窗口。

（2）单击“增加”按钮，输入报价日期“2022-01-15”，销售类型选择“经销”，输入客户名称“新科公司”，销售部门选择“销售部”。

（3）选择货物名称“006 家用电脑”，输入数量“10”、报价“5 000”。

（4）单击“保存”按钮，再单击“审核”按钮，保存并审核报价单后退出。

2. 在销售管理系统填制并审核销售订单

（1）执行“销售订货”—“销售订单”命令，进入“销售订单”窗口。

（2）单击“增加”按钮，在下拉菜单中单击“报价单”按钮，打开“查询条件——订单参照报价单”对话框，进入“参照生单”窗口。选择需要参照的报价单，单击“确定”按钮，将报价单信息带入销售订单。

（3）修改销售订单表体中的“预发货日期”为“2022-01-16”。

（4）单击“保存”按钮，再单击“审核”按钮，保存并审核销售订单后退出。

3. 在销售管理系统填制并审核销售发货单

（1）执行“销售发货”—“发货单”命令，进入“发货单”窗口。

（2）单击“增加”按钮，在下拉菜单中选择“订单”选项，打开“查询条件——参照订单”对话框，单击“确定”按钮，进入“参照生单”窗口。

（3）选择要参照的销售订单，单击“确定”按钮，将销售订单信息带入发货单。输入发货日期“2022-01-16”，选择仓库“成品库”。

（4）单击“保存”按钮，再单击“审核”按钮，保存并审核发货单后退出。

4. 在销售管理系统根据发货单填制并复核销售发票

（1）执行“销售开票”—“销售专用发票”命令，进入“销售专用发票”窗口。

（2）单击“增加”按钮，在下拉菜单中选择“销售发货单”，打开“查询条件——发票参照发货单”对话框。

（3）单击“确定”按钮，进入“参照生单”窗口。选择要参照的发货单，单击“确定”按钮，将发货单信息带入销售专用发票，输入发票号“235689”。

（4）单击“保存”按钮，然后单击“复核”按钮，复核销售专用发票，再单击“退出”按钮。如图 1 所示。

图 1　复核销售专用发票

5. 在库存管理系统填制并审核销售出库单

（1）进入库存管理系统，执行“销售出库”—“销售出库单”命令，进入“销售出库单”窗口。

（2）单击“增加”按钮，在下拉菜单中选择“销售发货单”，打开“查询条件——销售发货单列表”对话框。单击“确定”按钮，进入“参照生单”窗口。选择要参照的发货单，单击“确定”按钮，将发货单信息带入销售出库单。单击“保存”按钮，然后单击“审核”按钮并退出。如图 2 所示。

图 2　审核销售出库单

6. 在存货核算系统对销售出库单记账并生成凭证

（1）在存货核算系统中，执行“记账”—“正常单据记账”命令，打开“正常单据记账列表”窗口。

（2）单击“查询”按钮，选择需要记账的单据，然后单击工具栏上的“记账”按钮。

（3）执行“凭证处理”—“生成凭证”命令，进入“生成凭证”窗口。

（4）单击“选单”按钮，打开“查询条件——生成凭证查询条件”对话框。

（5）选择“销售出库单”选项，单击“确定”按钮，进入“选择单据”窗口。

（6）选择需要生成凭证的出库单，单击“确定”按钮。

（7）选择凭证类别“转账凭证”，单击“合并制单”按钮，打开“转账凭证”窗口。

（8）单击“保存”按钮，凭证左上方显示“已生成”字样。

温馨提示：“库存商品”科目设置了项目核算，需要指定核算项目。

7. 在应收款管理系统审核销售专用发票并生成销售收入凭证

（1）在应收款管理系统中，执行“应收单处理”—“销售发票审核”命令，打开“销售发票列表”窗口，单击“查询”按钮。

（2）选择要审核的单据，单击“审核”按钮，系统弹出“审核成功！”信息提示对话框，单击“确定”按钮返回，然后退出。

（3）执行“凭证处理”—“生成凭证”命令，打开“制单查询”对话框。

（4）选中“发票制单”复选框，单击“确定”按钮，进入“销售发票制单”窗口。

（5）选择凭证类别“转账凭证”，选择需要制单的发票，单击“制单”按钮，屏幕上出现根据发票生成的转账凭证。

（6）修改制单日期，输入附件数，单击“保存”按钮，凭证左上角显示“已生成”红字字样，表示已将凭证传递到总账管理系统。如图 3 所示。

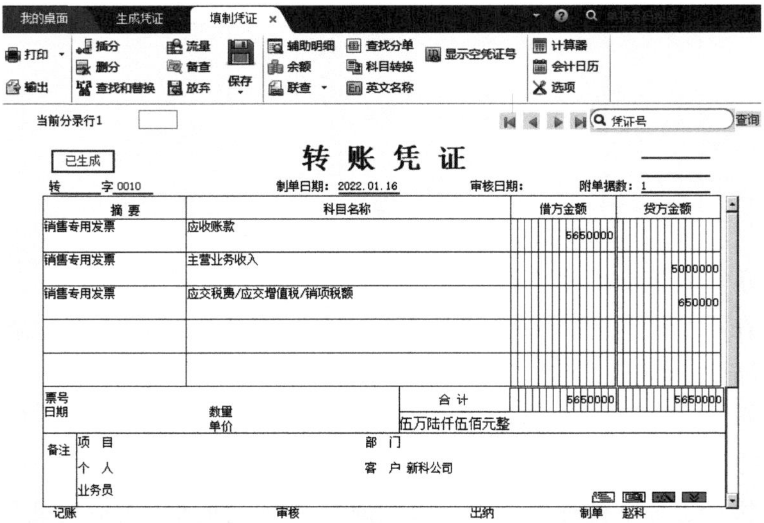

图 3　生成销售收入凭证

8. 在应收款管理系统输入收款单并制单

（1）进入应收款管理系统，执行“收款处理”—“收款单据录入”命令，进入“收款单录入”窗口。

（2）输入收款单信息，单击“保存”按钮。

（3）单击“审核”按钮，然后单击“核销”按钮，打开“核销条件”对话框。单击“确定”按钮，进入“单据核销”窗口，在该窗口中选择需要核销的发票。在“本次结算”栏中输入“56 500”，单击“确认”按钮。

（4）执行“凭证处理”—“生成凭证”命令，打开“制单查询”对话框。

（5）选中“收付款单”复选框，单击“确定”按钮，进入“收付款单制单”窗口。

（6）选择凭证类别为“转账凭证”，选择需要制单的发票，单击“制单”按钮，屏幕上出现根据收款单生成的收款凭证。

（二）商业折扣处理

1. 在销售管理系统填制并审核发货单

（1）执行“销售发货”—“发货单”命令，进入“发货单”窗口。

（2）单击“增加”按钮，系统自动打开“查询条件——参照订单”对话框，单击“取消”按钮，进入“发货单”窗口。

（3）输入发货日期“2022-01-18”、客户“精元公司”、销售部门“销售部”。

（4）选择仓库“原料库”，选择存货名称“CPU”，输入数量“100”、报价“1 300”、扣率“90%”。

（5）单击“保存”按钮，再单击“审核”按钮，保存并审核发货单后退出。

2. 在销售管理系统根据发货单填制并复核销售发票

操作步骤参见（一）普通销售业务步骤4。

温馨提示：销售发票中无税单价为扣除折扣后的单价1 170（1 300×90%）元。

（三）现结业务

1. 在销售管理系统填制并审核发货单

操作步骤参见（二）商业折扣处理步骤1。

2. 在销售管理系统根据发货单填制销售发票并现结

（1）执行“销售开票”—“销售专用发票”命令，进入“销售专用发票”窗口。

（2）单击“增加”按钮，在下拉菜单中选择“销售发货单”，打开“查询条件——发票参照发货单”对话框。

（3）单击“确定”按钮，进入“参照生单”窗口。选择要参照的发货单，单击“确定”按钮，将发货单信息带入销售专用发票，输入发票号“2539”，单击“保存”按钮。

（4）单击“现结”按钮，打开“现结”对话框。选择结算方式为“转账支票”，输入结算金额“79 100”、支票号“22568”，单击“确定”按钮返回。

（5）单击“复核”按钮，对现结的销售专用发票复核，再单击“退出”按钮。如图4所示。

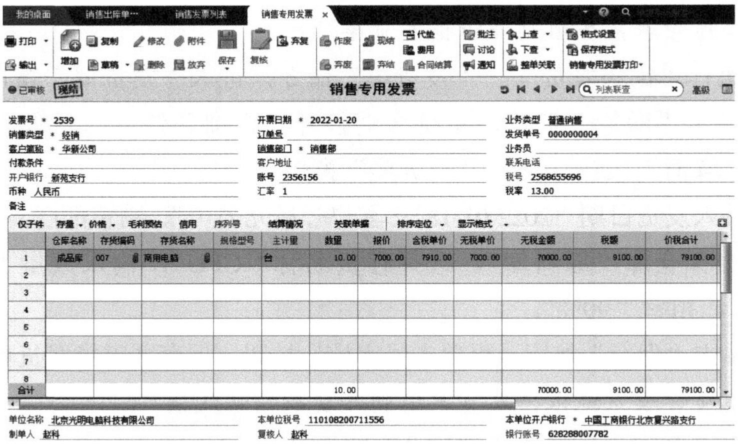

图 4　复核销售专用发票

温馨提示：对销售专用发票应先进行现结处理，再进行复核。

3. 在应收款管理系统审核销售专用发票并现结制单

（1）在应收款管理系统中，执行“应收单处理”—“销售发票审核”命令。打开“销售发票列表”窗口，单击“查询”按钮，打开“查询条件——发票查询”对话框。在“包含已现结发票”复选框中选择“是”，单击“确定”按钮退出。

（2）选择要审核的现结发票，单击“审核”按钮，系统弹出“审核成功！”信息提示对话框，单击“确定”按钮返回，然后退出。

（3）执行“凭证处理”—“生成凭证”命令，打开“制单查询”对话框。

（4）选中“现结”复选框，单击“确定”按钮，进入“现结制单”窗口。

（5）选择凭证类别为“收款凭证”，选择需要制单的发票，单击“制单”按钮，屏幕上出现根据发票生成的转账凭证。

（6）修改制单日期，输入附件数，单击“保存”按钮，凭证左上角显示“已生成”红字字样，表示已将凭证传递到总账管理系统。

（四）代垫费用处理

1. 在基础设置中设置费用项目

（1）打开“基础设置”选项卡，执行“基础档案”—“业务”—“费用项目分类”命令，进入“费用项目分类”窗口。增加项目分类“1 代垫费用”。

（2）执行“基础档案”—“业务”—“费用项目”命令，进入“费用项目”

窗口，增加“01 安装费”并保存。

2. 在销售管理系统填制并审核代垫费用单

（1）在销售管理系统中，执行“代垫费用”—“代垫费用单”命令，进入“代垫费用单”窗口。

（2）单击“增加”按钮，输入代垫日期“2022-01-20”、客户“新科公司”，选择“销售部”，费用项目选择“安装费”，输入代垫金额“500”，保存并审核。如图 5 所示。

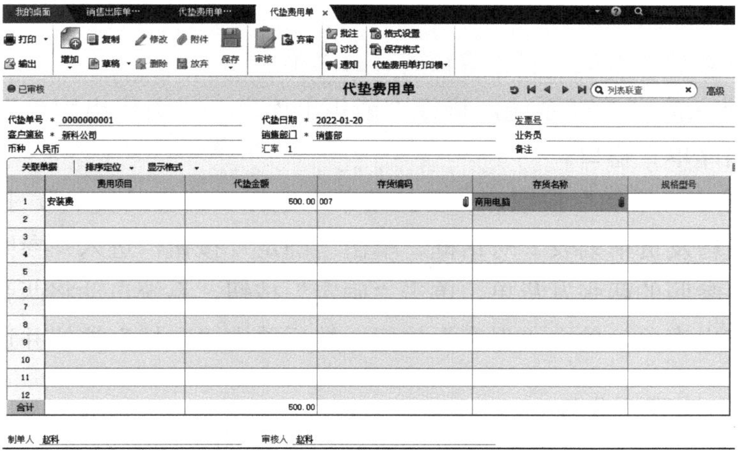

图 5　审核代垫费用单

3. 在应收款管理系统对代垫费用单审核并制单

（1）在应收款管理系统中，执行“应收单据处理”—“应收单据审核”命令。打开“应收单过滤条件”对话框。单击“批审”按钮，对代垫费用单形成的其他应收单进行审核。

（2）执行“制单处理”命令，打开“制单查询”对话框。选择“应收单制单”选项，单击“确定”按钮，进入“应收制单”窗口。

（3）选择要制单的单据，选择凭证类别为“付款凭证”，单击“制单”按钮，生成一张付款凭证，输入贷方科目“1001”，单击“保存”按钮。

（五）汇总开票业务

1. 在销售管理系统填制并审核两张发货单

操作步骤参见（二）商业折扣处理步骤 1。

2. 在销售管理系统根据发货单填制并复核销售发票

（1）在销售管理系统中，执行“销售开票”—“销售专用发票”命令，进入“销售专用发票”窗口。

（2）单击“增加”按钮，在下拉菜单中选择“销售发货单”，打开“查询条件——发票参照发货单”对话框。

（3）单击“确定”按钮，进入“参照生单”窗口。选择要参照的两张发货单，单击“确定”按钮，将发货单信息汇总带入销售专用发票，输入发票号“237582”。

（4）单击“保存”按钮，然后单击“复核”按钮，复核销售专用发票，再单击“退出”按钮。

3. 在库存管理系统填制并审核销售出库单

（1）进入库存管理系统，执行“销售出库”—“销售出库单”命令，进入“销售出库单”窗口。

（2）单击“增加”按钮，在下拉菜单中选择“销售发货单”，打开“查询条件——销售发货单列表”对话框。单击“确定”按钮，进入“参照生单”窗口。选择要参照的两张发货单，单击“确定”按钮，系统自动将两张发货单信息带入销售出库单，单击“保存”按钮，然后单击“审核”按钮并退出。

（六）分次开票业务

1. 在销售管理系统填制并审核发货单

操作步骤参见（二）商业折扣处理步骤 1。

2. 在销售管理系统根据发货单分别填制两张销售发票并复核

（1）在销售管理系统中，执行“销售开票”—“销售专用发票”命令，进入“销售专用发票”窗口。

（2）单击“增加”按钮，在下拉菜单中选择“销售发货单”，打开“查询条件——发票参照发货单”对话框。选择客户“精元公司”，单击“确定”按钮，进入“参照生单”窗口。

（3）选择要参照的发货单，单击“确定”按钮，将发货单信息带入销售专用发票，输入发票号，修改数量为 3 台，单击“保存”按钮并复核。

（4）单击“增加”按钮，在下拉菜单中选择“销售发货单”，打开“查询条件——发票参照发货单”对话框。选择客户“精元公司”，单击“确定”按钮，进入“参照生单”窗口。

（5）选择要参照的发货单，此时发货单上的“未开票数量”显示为“7”。单击“确定”按钮，将发货单信息带入销售专用发票，输入发票号，单击“保存”按钮并复核。

（七）开票直接发货

1. 在销售管理系统填制并复核销售发票

（1）在销售管理系统中，执行“销售开票”—“销售专用发票”命令，进入“销售专用发票”窗口。

（2）单击“增加”按钮，在下拉菜单中选择“销售发货单”，打开“查询条件——发票参照发货单”对话框，单击“取消”按钮。

（3）根据业务资料输入销售发票信息，保存并复核。

2. 在销售管理系统查询销售发货单

在销售系统管理中，执行“销售发货”—“销售发货单列表”命令，可以查看根据销售专用发票自动生成的发货单。

3. 在库存管理系统查询销售出库单

在库存管理系统中，执行“出库业务”—“销售出库单”命令，进入“销售出库单”窗口，查看根据销售发票自动生成的销售出库单。

温馨提示：在销售管理系统选项中，选中了“销售生成出库单”，则复核销售发票时，销售管理系统自动生成出库单，并传到库存管理系统和存货核算系统。库存管理系统不可修改出库数量。如果在选项中没有选中“销售生成出库单”，则复核销售发票时，系统不会自动生成出库单，需在库存管理系统中手动生成销售出库单。

（八）一次销售分次出库

1. 在销售管理系统填制并审核发货单

操作步骤参见（二）商业折扣处理步骤1。

2. 在销售管理系统根据发货单填制并复核销售发票

操作步骤参见（一）普通销售业务步骤4。

3. 在库存管理系统根据发货单开具销售出库单

（1）进入库存管理系统，执行“销售出库”—“销售出库单”命令，进入“销售出库单”窗口。

（2）单击“增加”按钮，在下拉菜单中选择“销售发货单”，打开“查询条件——销售发货单列表”对话框。单击“确定”按钮，进入“参照生单”窗口。选择要参照的发货单，单击“确定”按钮，将发货单信息带入销售出库单。修改销售出库单数量为“30”，单击“保存”按钮，然后单击“审核”按钮并退出。

（3）同理，填制第二张销售出库单，出库数量为20。

（九）超发货单出库及开票

1. 在库存管理系统修改相关选项设置

（1）在库存管理系统中，执行“设置”—“选项”命令，打开“库存选项设置”对话框。

（2）打开“专用设置”选项卡，选中“允许超发货单出库”选项。

（3）单击“确定”按钮返回。

2. 在销售管理系统修改相关选项设置

（1）在销售管理系统中，执行“设置”—“销售选项”命令，打开“销售选项设置”对话框。

（2）打开“业务控制”选项卡，选中“允许超发货量开票”选项。

（3）单击“确定”按钮返回。

3. 修改存货档案并设置超额出库上限

（1）在“基础设置”选项卡中，执行“基础档案”—“存货”—“存货档案”命令，进入“存货档案”窗口。

（2）选中“CPU”记录行，单击“修改”按钮，打开“修改存货档案”对话框。

（3）打开“控制”选项卡，在“出库超额上限”一栏中输入“0.25”，单击“保存”按钮。

4. 在销售管理系统填制并审核发货单

操作步骤参见（二）商业折扣处理步骤1。

5. 在销售管理系统根据发货单填制并复核销售发票

操作步骤参见（一）普通销售业务步骤4。

温馨提示：修改开票数量为25。

6. 在库存管理系统根据发货单生成销售出库单

（1）进入库存管理系统，执行“销售出库”—“销售出库单”命令，进入“销售出库单”窗口。

（2）单击“增加”按钮，在下拉菜单中选择“销售发货单”，打开“查询条件——销售发货单列表”对话框。单击“确定”按钮，进入“参照生单”窗口。选择要参照的发货单，选中“根据累计出库数更新发货单”复选框，单击“确定”按钮，将发货单信息带入销售出库单。

（3）在销售出库单表体中，修改出库数量为25，单击“保存”按钮。

（4）单击“审核”按钮并退出。

（十）分期收款

1. 在销售管理系统修改相关选项设置

（1）在销售管理系统中，执行“设置”—“销售选项”命令，打开“选项”对话框。

（2）打开“业务控制”选项卡，选中“有分期收款业务”及“销售生成出库单”复选框。

（3）单击“确定”按钮返回。

2. 在存货核算系统设置分期收款业务相关科目

（1）在存货核算系统中，执行“设置”—“科目设置”—“存货科目”命令，进入“存货科目”窗口。

（2）设置所有仓库的“分期收款发出商品科目”为“发出商品（1406）”。

3. 在销售管理系统填制并审核发货单

操作步骤参见（二）商业折扣处理步骤1。

温馨提示：填制发货单时，选择业务类型为“分期收款”。

4. 在存货核算系统执行发出商品记账并生成出库凭证

（1）在存货核算系统中，执行“记账”—“发出商品记账”命令，打开“发出商品记账”窗口。

（2）在查询条件“业务类型”中，选择“分期收款”，单击“查询”按钮，则显示未记账单据。

（3）选择要记账的单据，单击“记账”按钮，系统自动弹出“记账成功”对话框，单击“确定”按钮并退出。

（4）执行“凭证处理”—“生成凭证”命令，进入“生成凭证”窗口。单击“选单”按钮，打开“查询条件——生成凭证查询条件”对话框。业务类型选择“分期收款”，单击“确定”按钮，打开“未生成凭证一览表”。

（5）选择需要生成凭证的单据，单击“确定”按钮，进入“生成凭证”窗口。如图6所示。

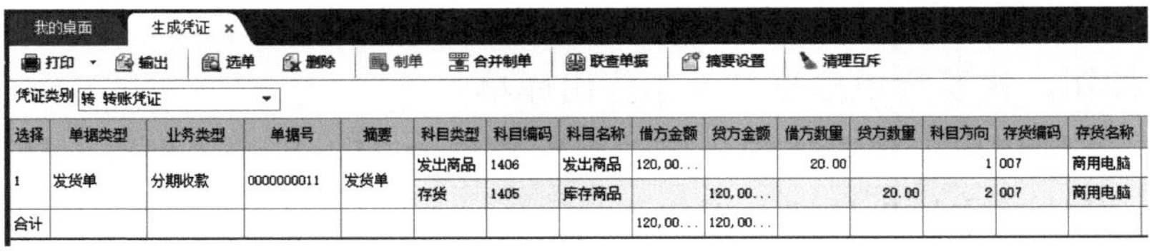

图6　生成凭证

（6）单击“合并制单”按钮，生成出库凭证。

5. 在销售管理系统根据发货单填制并复核销售发票

操作步骤参见（一）普通销售业务步骤4。

温馨提示：参照发货单时，选择业务类型为“分期收款”，修改开票数量为10。

6. 在存货核算系统对销售发票记账并生成结转销售成本凭证

（1）在存货核算系统中，执行“记账”—“发出商品记账”命令，打开“发出商品记账”窗口。

（2）在查询条件“业务类型”中，选择“分期收款”，单击“查询”按钮，则显示未记账单据。

（3）选择要记账的单据，单击“记账”按钮，系统自动弹出“记账成功”对话框，点击“确定”按钮并退出。

（4）执行“凭证处理”—“生成凭证”命令，进入“生成凭证”窗口。单击“选单”按钮，打开“查询条件——生成凭证查询条件”对话框。单据类型选择“专用发票”，业务类型选择“分期收款”，单击“确定”按钮，打开“未生成凭证一览表”。

（5）选择要记账的单据，单击“确定”按钮，进入“生成凭证”窗口。单击“制单”按钮，生成出库凭证。如图7所示。

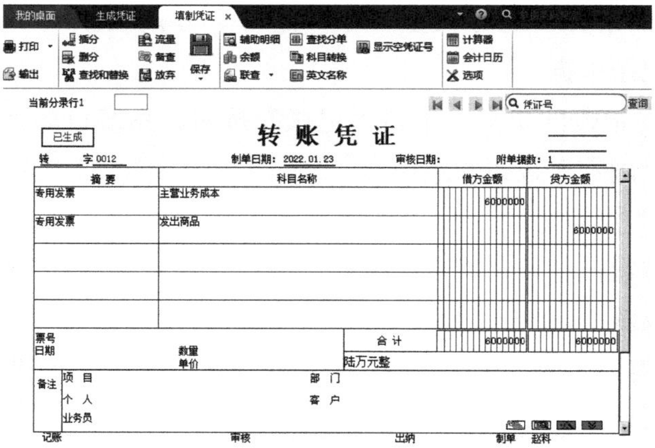

图7　生成出库凭证

7. 在应收款管理系统审核销售专用发票并生成应收凭证

操作步骤参见（一）普通销售业务步骤 7。

（十一）委托代销业务

在销售管理系统销售选项的“业务控制”选项卡中，选择“有委托代销业务”。

1. 委托代销发货处理

（1）在销售管理系统中，执行“委托代销”—“委托代销发货单”命令，进入“委托代销发货单”窗口，根据业务资料填制并审核委托代销发货单。

（2）在库存管理系统审核销售出库单，操作步骤参见（一）普通销售业务步骤 5。

温馨提示：因为在销售管理系统选项中选择了“销售生成出库单”，所以此销售出库单由销售管理系统自动生成。

（3）在存货核算系统中，选择发出商品记账，对委托代销发货单记账，并生成出库凭证。如图 8 所示。

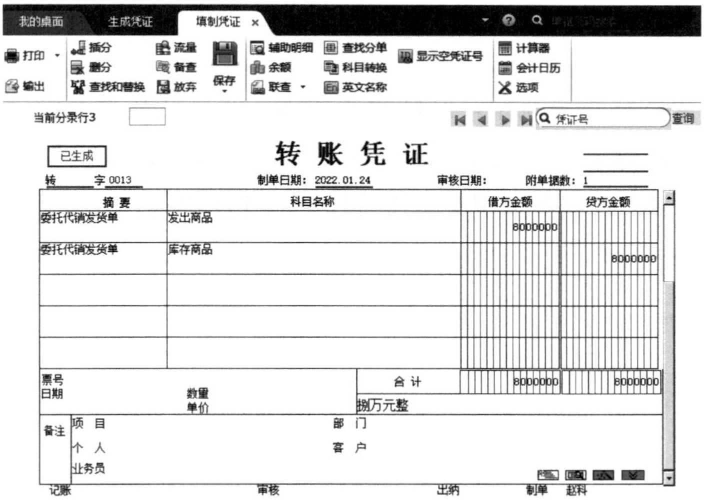

图 8　生成出库凭证

温馨提示：在存货核算系统中，“委托代销成本核算方式”需设置为“按发出商品核算”。

2. 委托代销结算处理

（1）在销售管理系统中，执行“委托代销”—“委托代销结算单”命令，进入“委托代销结算单”窗口，参照委托代销发货单生成委托代销结算单。

温馨提示：修改委托代销结算数量为 5。

（2）单击“审核”按钮，打开“请选择发票类型”对话框，如图 9 所示。选择“专用发票”选项，单击“确定”按钮后退出。

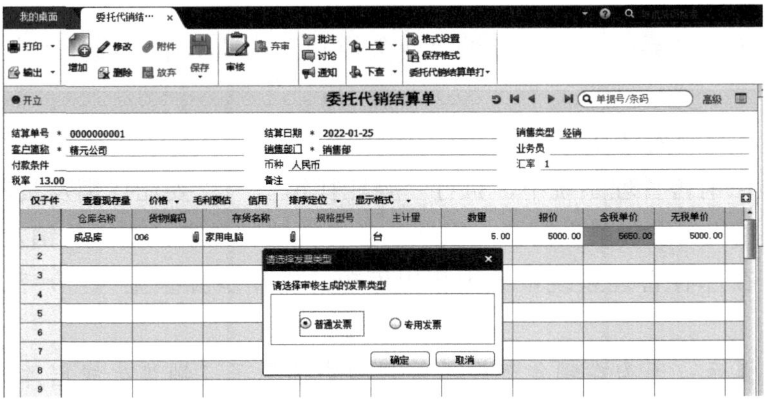

图 9　选择审核生成的发票类型

（3）在销售管理系统中，查看根据委托代销结算单生成的销售专用发票并复核。

温馨提示：委托代销结算单审核后，由系统自动生成相应的销售专用发票和销售出库单。

（4）在存货核算系统中，结转销售成本。在存货核算系统中，执行“发出商品记账”命令，对委托代销销售专用发票记账，然后在“生成凭证”中，将委托代销发出商品销售专用发票生成凭证，如图 10 所示。

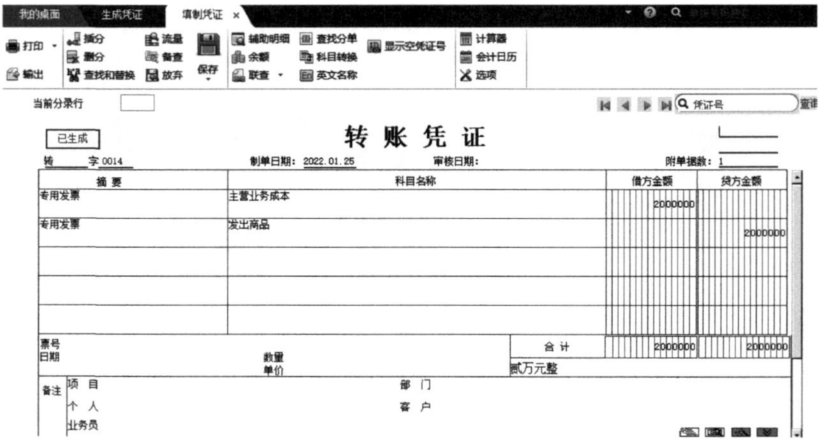

图 10　生成凭证

（5）在应收款管理系统中，审核销售专用发票并生成销售凭证，如图 11

所示。

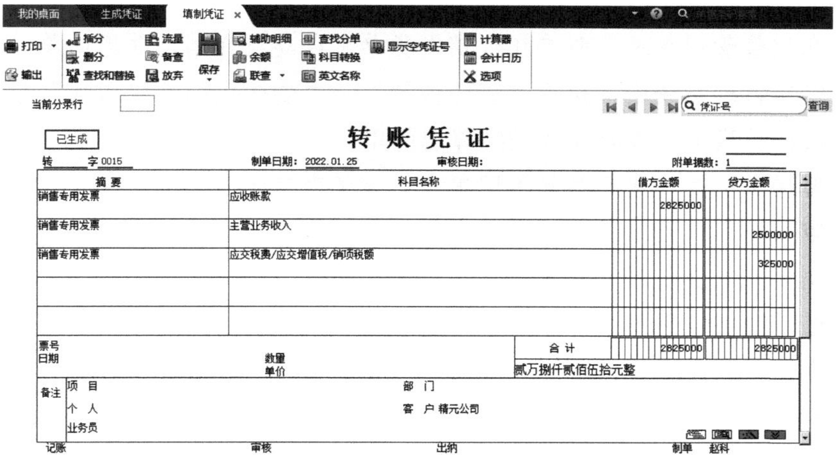

图 11　生成销售凭证

（十二）开票前退货业务

1. 在销售管理系统填制并审核发货单

操作步骤在此不再赘述。

2. 在销售管理系统填制并审核退货单

（1）在销售管理系统中，执行“销售发货”—“退货单”命令，进入“退货单”窗口。

（2）单击“增加”按钮，在下拉菜单中选择“发货单”，打开“查询条件——退货单参照发货单”对话框。单击“确定”按钮，进入“参照生单”窗口。选择需要参照的发货单，单击“确定”按钮。

（3）修改退货单表体上的数量为“-1”，单击“保存”按钮，再单击“审核”按钮后退出。

温馨提示：退货单上的数量必须为负数。

3. 在销售管理系统填制并复核销售发票

操作步骤在此不再赘述。

温馨提示：参照发货单生成销售专用发票时，需同时选中发货单和退货单。如果生成退货单时已参照发货单，则“选择发货单”窗口不再显示退货单，而参照结果是发货单与退货单的数量差。

开票后，退货业务的处理需开具销售退货单、红字出库单和红字销售专用发票，处理步骤可参照（一）普通销售业务。

（十三）委托代销退货业务

1. 在销售管理系统参照委托代销发货单生成委托代销结算退回单

在销售管理系统中，执行“委托代销”—“委托代销结算退回”命令，参照委托代销发货单生成委托代销结算退回单。

温馨提示：委托代销结算退回单上的数量需修改为 -2。

2. 审核委托代销结算退回单并生成红字销售专用发票

单击委托代销结算退回单上的“审核”按钮，选择“专用发票”，系统自动生成红字销售专用发票。

3. 在存货核算系统对发出商品记账并生成结算后退货凭证

在存货核算系统中，根据红字销售专用发票进行发出商品记账，具体操作步骤在此不再赘述。生成的退货凭证，如图 12 所示。

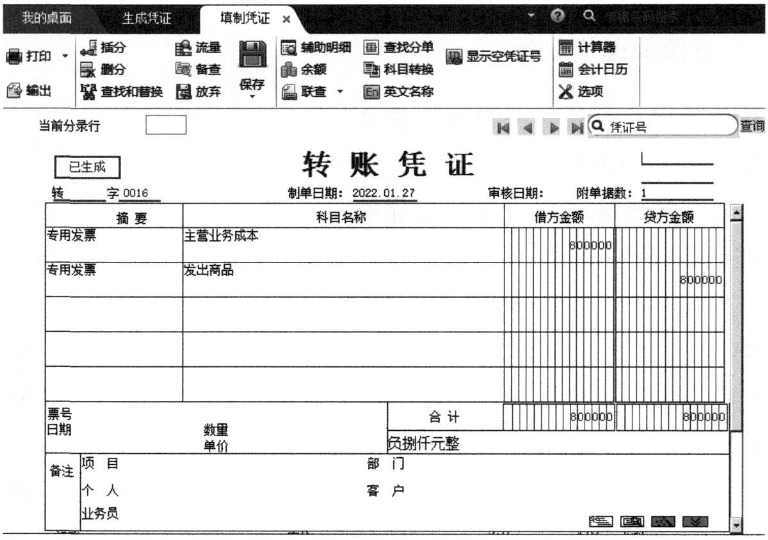

图 12　生成退货凭证

温馨提示：凭证金额为红字。

4. 在销售管理系统填制并审核委托代销退货单

具体操作步骤在此不再赘述。

温馨提示：委托代销退货单审核后，销售管理系统会自动生成红字销售出库单并传递到库存管理系统。

5. 在库存管理系统查看并审核红字销售出库单

具体操作步骤在此不再赘述。

6. 在存货核算系统进行发出商品记账并生成所退货物的入库凭证

在存货核算系统中进行发出商品记账，根据红字销售出库单生成所退货物的入库凭证。

具体操作步骤在此不再赘述。生成的入库凭证，如图 13 所示。

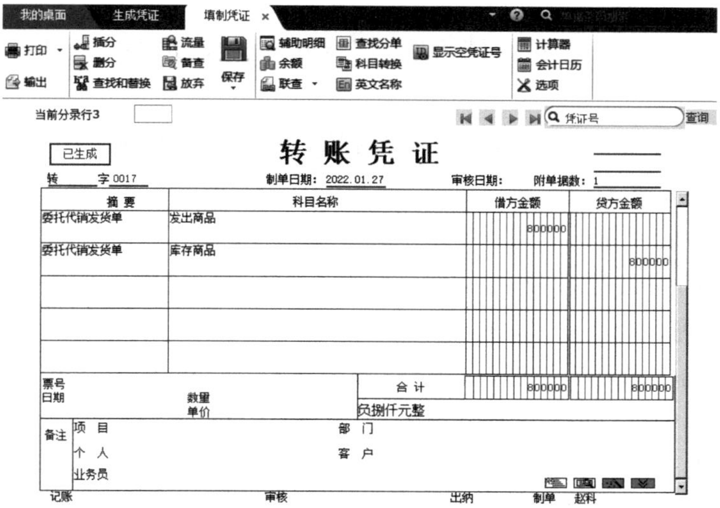

图 13　生成入库凭证

温馨提示：凭证金额为红字。

7. 在应收款管理系统审核红字销售专用发票并生成红字收入冲销凭证

具体操作步骤在此不再赘述。生成的红字收入冲销凭证，如图 14 所示。

图 14　生成红字收入冲销凭证

温馨提示：凭证金额为红字。

（十四）直运销售业务

以“201 白虹”的身份完成销售、库存、存货核算业务的操作。以“202 冯丽”的身份完成采购业务的操作。以“102 赵科”的身份完成应收、应付的操作。

1. 各系统的初始设置

（1）在销售管理系统“销售选项”对话框中，选择“有直运销售业务”复选框。

（2）在“存货档案”的“3 配套用品”分类下，增加“010 服务器”，应具有“内销”和“采购”属性。

2. 在销售管理系统填制并审核直运销售订单

（1）在销售管理系统中，执行“销售订货”—“销售订单”命令，进入“销售订单”窗口。

（2）单击“增加”按钮，选择业务类型为“直运销售”，根据业务资料填写其他内容，单击“保存”按钮并审核。

3. 在采购管理系统填制并审核直运采购订单

（1）在采购管理系统中，执行“采购订货”—“采购订单”命令，进入“采购订单”窗口。

（2）单击“增加”按钮，在下拉菜单中选择“销售订单”选项，打开“查询条件——单据列表过滤”对话框。单击“确定”按钮，打开“订单拷贝销售订单表头列表”窗口。

（3）选中需要参照的销售订单，单击“确定”按钮，将直运销售订单信息拷贝到直运采购订单。在表头选择“供应商”为“科隆公司”，在表体中输入“原币单价”为“60 000”，单击“保存”按钮。

温馨提示：直运采购订单不能手工录入，必须参照直运销售订单生成。

4. 在采购管理系统参照直运采购订单生成直运采购发票并复核

操作步骤在此不再赘述。

5. 在销售管理系统参照直运销售订单生成直运销售发票并复核

操作步骤在此不再赘述。

6. 在应收、应付款管理系统中审核直运销售发票和直运采购发票

操作步骤在此不再赘述。

温馨提示：审核直运采购发票时，只有在“查询条件——发票查询”对话框“结算状态”栏选择“未结算完”，才能找到直运采购发票。

7. 在存货核算系统执行直运销售记账

（1）存货核算系统中，执行“记账”—“直运销售记账”命令，打开“直运采购发票核算查询条件”对话框。单据类型选择“采购发票”和“销售发票”，单击“确定”按钮，打开“直运销售记账”窗口。

（2）选择需要记账的单据，单击“记账”按钮。

8. 结转直运业务的收入及成本

（1）在应收款管理系统对直运销售发票制单

操作步骤在此不再赘述。生成的收入凭证如下。

借：应收账款　　180 800
　　贷：主营业务收入　　160 000
　　　　应交税费——应交增值税（销项税额）　　20 800

（2）在存货核算系统生成应付凭证和结转销售成本

操作步骤在此不再赘述。根据直运采购发票生成的凭证如下。

借：库存商品　　120 000
　　应交税费——应交增值税（销项税额）　　15 600
　　贷：应付账款　　135 600

思考：可不可以在应付款管理系统中根据直运采购发票生成应付凭证？

根据直运销售发票生成的凭证如下。

借：主营业务成本　　120 000
　　贷：库存商品　　120 000

（十五）账簿查询

在销售管理系统中查询相关销售账表。操作步骤在此不再赘述。

（十六）数据备份

在销售日常业务处理完毕后，进行账套数据备份。

（十七）月末结账

操作步骤在此不再赘述。

第11章 库存管理系统

11.1 库存管理系统概述

库存管理系统是用友 U8$^+$ 供应链管理系统的一个重要的子系统，主要功能是对企业的存货数量进行管理，能够满足采购入库、销售出库、产成品入库、材料出库、其他出入库、盘点管理等业务需要，提供仓库货位管理、批次管理、保质期管理、出库跟踪入库管理、可用量管理、序列号管理等功能。适用于各种类型的工商业企业，如制造业、医药、食品、批发、零售、批零兼营等。工业企业不能进行受托代销业务处理，商业企业不能进行产成品入库、材料出库业务的处理。

11.1.1 库存管理系统的主要功能

库存管理系统的主要功能包括初始设置、日常业务处理、期末处理等方面。

1. 初始设置

初始设置包括对库存管理系统进行参数设置，期初合格品、期初不合格品结存录入等内容。

2. 日常业务处理

日常业务处理包括采购入库、销售出库、产成品入库、材料出库、其他出入库、组装拆卸、盘点、批号、货位、不合格品管理等业务的处理；通过账表查询功能，查询库存账、批次账、货位账、各种统计表等账表。

3. 期末处理

期末处理包括库存管理系统结账、对账以及取消结账。

11.1.2 库存管理系统与其他系统的关系

库存管理系统和基础设置、存货核算系统、采购管理系统、销售管理系统都有数据传递关系。

库存管理系统与基础设置模块共享数据，在基础设置中设置的部门档案、人员档案、仓库档案、存货档案等信息可以传递到库存管理系统。

库存管理系统接收采购管理系统传递的采购订单、采购到货单等数据，向采购管理系统传递采购入库单、存货现存量等数据；库存管理系统接收销售管理系统传递的销售发货单，自动生成销售出库单，向销售管理系统反馈可销量数据；库存管理系统生成的各种单据传递到存货核算系统，在存货核算系统中记账，生成各种记账凭证等。库存管理系统与其他系统的数据传递关系详见第 8 章图 8-1 供应链管理系统数据流程图。

11.2 库存管理系统日常业务处理

11.2.1 入库业务处理

1. 采购入库

采购人员将采购回来的货物交到仓库，仓库保管员对所购货物进行验收确认，填制采购入库单。采购入库单的生成有四种方式：参照采购订单、参照采购到货单、检验入库（与质量管理集成使用时）、直接填制。

2. 产成品入库

只有工业企业才有产成品入库业务，商业企业没有。产成品成本一般月末计算。产成品在平时入库时无法确定产品的总成本和单位成本，因此在填制产成品入库单时，一般只有数量，没有单价和金额。月末进行产成品成本分配，计算完工产品成本。产成品退货业务填制红字入库单。

产成品入库业务处理流程如图 11-1 所示。

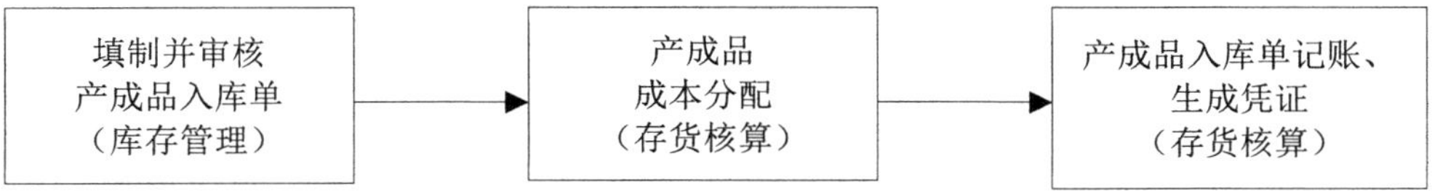

图 11-1　产成品入库业务处理流程图

3. 其他入库

其他入库，是指除了采购入库、产成品入库之外的其他入库业务，如盘盈入库、调拨入库、组装拆卸入库、形态转换入库等。

11.2.2 出库业务处理

1. 销售出库

销售出库，是指将销售的货物从仓库发出的过程，是销售业务的必选环节。销售出库的结果是在库存管理系统填制并审核销售出库单。如果在销售管理系统选项中选择了“销售生成出库单”，则销售出库单根据销售发货单自动生成，且只能一次销售全部出库；如果在销售管理系统选项中未选择“销售生成出库单”，则销售出库单在库存管理系统由用户手工填制，可实现一次销售分次出库。

在库存管理系统核算出库数量，在存货核算系统核算出库成本。

2. 材料出库

工业企业有材料出库业务，商业企业没有。材料出库单是领用材料时填制的出库单据，也是企业进行业务处理和记账的主要原始单据。

用户可以进行普通材料出库，也可以配比出库、出库跟踪入库、限额领料出库。

普通材料出库，是指在库存管理系统直接填制并审核材料出库单，进行材料出库。

配比出库，是指按照事先定义的产品结构，根据母件产量配比发出子件存货的数量。配比出库可以提高领料出库的速度和准确性。配比出库前，需要事先定义产品结构。

出库跟踪入库，是指发出存货时，发出的存货和入库存货的批次或序列号对应起来，以实现对存货的精细化管理。

限额领料出库，是指按照事先定义的产品结构，根据母件产量生成子件的限额领料数量，然后按子件限额领料数量进行领料，以加强领料管理。

（1）配比出库业务处理流程

①在库存管理系统中，执行“出库业务”—“材料出库单”命令，打开“材料出库单”窗口。

②在材料出库单窗口单击“配比”按钮，打开“配比出库单”窗口。

③在“配比出库单”窗口，录入配比出库单的表头项目。单击“展开”按钮，系统根据产品结构将子项信息自动填入表体中。

④在“配比出库单”窗口，单击“确定”按钮，系统自动按照“分单设

置”生成材料出库单。

⑤库存管理系统审核材料出库单。

（2）限额领料出库业务处理流程

①在库存管理系统中，执行“限额领料”命令，打开“限额领料单”窗口，单击“增加”按钮。

②在“限额领料单”窗口，录入限额领料单表头项目。单击“展开”按钮，系统根据产品结构将子项信息自动填入表体中，单击“保存”按钮。

③单击“领料”按钮，在限额领料单表体“本次出库数量”处录入本次出库的数量，单击“保存”按钮。

④依次单击“分单”“打单”“签收”“保存”“审核”等按钮，进行发出材料的分单、打单、签收、保存、审核等处理。

提示：如果不需要打印限额领料单，则可以不执行“打单”。

⑤下次领料时，再单击“领料”“分单”“打单”“签收”“保存”“审核”等按钮，进行相关操作。

3. 其他出库

其他出库，是指除销售出库、材料出库之外的其他出库业务，如维修、办公耗用、调拨出库、盘亏出库、组装拆卸出库、形态转换出库等。

11.2.3 其他业务

1. 调拨业务

调拨业务，是指同一企业内仓库之间存货的转库业务或部门之间的存货调拨业务。如果调拨单上的转出部门和转入部门不同，则表示是部门之间的调拨业务；如果转出部门和转入部门相同，但转出仓库和转入仓库不同，则表示是仓库之间的转库业务。

调拨业务处理流程如下。

（1）在库存管理系统填制并审核调拨单。调拨单自动生成其他入库单（调拨入库）和其他出库单（调拨出库），其他入库单和其他出库单不能修改、删除。

（2）在库存管理系统审核其他入库单和其他出库单。

（3）在存货核算系统对调拨单进行特殊单据记账，根据调拨单生成凭证。

（4）在总账管理系统审核从存货核算系统传递来的记账凭证，并进行记账处理。

2. 盘点业务

为了保证企业库存资产的安全和完整，做到账实相符，企业应对存货进行定期或不定期的清查，查明存货盘盈、盘亏、损毁的数量以及造成的原因，并据以编制存货盘点报告表，按规定程序报有关部门审批。经有关部门批准后，应进行相应的账务处理，调整存货账的实存数，使存货的账面记录与库存实物核对相符。

盘点时，系统提供多种盘点方式，如按仓库盘点、按批次盘点、按存货大类盘点，还可以对仓库或批次中的全部或部分存货进行盘点。

盘点单是记录盘点结果的单据。用户将盘点结果录入盘点单中，系统自动进行账实核对。如为盘盈，则自动生成其他入库单；如为盘亏，则自动生成其他出库单。

盘点业务处理流程如下。

（1）在库存管理系统填制并审核盘点单，盘点单审核后自动生成其他入库单（盘盈时）、其他出库单（盘亏时）。

（2）在库存管理系统审核其他入库单、其他出库单。

（3）在存货核算系统对其他入库单、其他出库单进行正常单据记账，根据其他入库单、其他出库单制证。

（4）在总账管理系统审核从存货核算系统传递来的记账凭证，并进行记账处理。

处理盘点业务应注意以下几点。

①如为盘盈，则必须在盘点单上录入单价，否则其他入库单没有金额不能记账。

②经批准对盘盈、盘亏的结果进行账务处理时，在总账管理系统填制记账凭证即可。

③上次盘点的存货盘点单未记账前，不应再对此仓库此存货进行盘点，否则账面数据不准确，即同一时刻不能用两张相同仓库相同存货的盘点表来记账。

④盘点前，应将所有已办理实物出入库但未录入计算机的出库单、入库单、发货单、销售发票录入计算机。

⑤盘点开始后至盘点结束前，不应再办理出入库业务。

3. 组装拆卸

组装，是指将多个散件组装成一个配套件的过程。拆卸，是指将一个配套件拆卸成多个散件的过程。

配套件和散件之间是一对多的关系，在产品结构中设置配套件和散件之间的关系。用户在组装之前应先定义产品结构，否则无法进行组装拆卸处理。

组装时，在库存管理系统填制并审核组装单。组装单相当于两张单据，一个是散件出库单，另一个是配套件入库单。

拆卸时，在库存管理系统填制并审核拆卸单。拆卸单也相当于两个单据，一个是配套件出库单，另一个是散件入库单。

组装（拆卸）业务处理流程如下。

（1）在库存管理系统填制并审核组装单（拆卸单）。组装单（拆卸单）审核后自动生成其他入库单和其他出库单。

（2）在库存管理系统审核其他入库单、其他出库单。

（3）在存货核算系统对组装单进行特殊单据记账，根据组装单制证。

（4）在总账管理系统审核从存货核算系统传递来的记账凭证，并进行记账处理。

4.ROP（再订货点）

当可用库存降至再订货点时，按照批量规则进行订购，也称为再订货点法。再订货点法是一种传统的库存规划方法，在本系统中主要用于物料清单中未体现的物料，如低值易耗品、劳保用品等采购计划的编制。

11.2.4 账表查询

库存管理系统提供了丰富的账表查询功能，用户根据需要可以灵活查询存货出入库的账表信息。

1. 库存账

（1）出入库流水账，用于查询任意时间段或任意情况下的存货出入库情况。

（2）库存台账，用于查询各仓库各存货各月份的收发存明细情况。库存台账按存货（或存货＋自由项）设置账页，即一个存货一个自由项为一个账页。

2. 统计表

（1）库存展望，可查询展望期内存货的预计库存、可用量情况。

（2）收发存汇总表，反映各仓库各存货各种收发类别的收入、发出及结存情况。

（3）限额领料汇总表，可以查询限额领料业务的出库、签收情况。

3. 分析表

（1）安全库存预警，用户可以查询当前可用量大于或小于安全库存量的存货。

（2）库龄分析，反映存货在仓库或企业中停留的时间，用户可以通过库龄分析调整存货结构。

11.3 库存管理系统期末处理

11.3.1 库存与存货对账

库存与存货对账的内容为某月份各仓库各存货的收发存数量。库存管理系统由仓库保管员使用，对存货入库、出库、结存的数量进行核算和管理。存货核算系统由会计人员使用，对存货入库、出库、结存的数量和成本进行核算与管理。期末两个系统要进行对账，以检查存货入库、出库、结存的数量核算是否一致。

11.3.2 月末结账

月末结账是将每月的出、入库单据逐月封存，并将当月的出、入库数据记入有关账表中。结账的月份必须连续，不允许跨月结账。

在采购管理、销售管理、库存管理、存货核算、应收款管理、应付款管理、总账管理等系统集成使用的情况下，结账顺序如图 11-2 所示。只有采购管理系统和销售管理系统月末结账后，才能进行库存管理、存货核算、应付款管理、应收款管理等系统的月末结账。

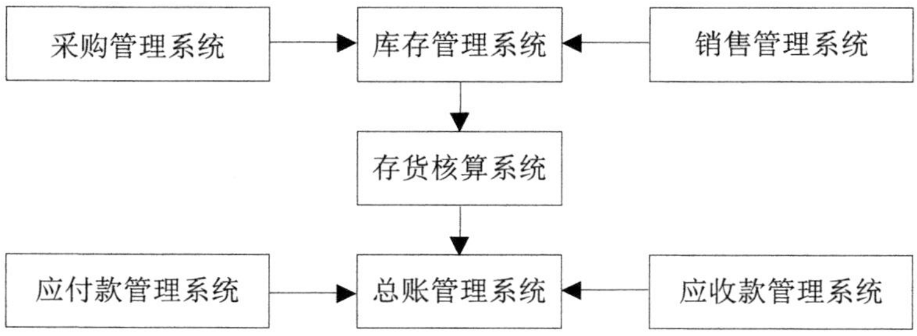

图 11-2　结账顺序图

11.3.3 取消结账

库存管理系统要取消月末结账，必须先取消存货核算系统的月末结账，否则不能取消库存管理系统的月末结账。

复习思考题

1. 库存管理系统包括哪些主要功能？
2. 库存管理系统与其他系统之间的关系是怎样的？
3. 产成品入库财务业务一体化的处理流程是怎样的？
4. 简述配比出库的业务处理流程。
5. 简述限额领料出库的业务处理流程。
6. 简述盘点的业务处理流程。

实验十三　库存管理

一、实验目的

（1）掌握用友 ERP-U8+ 管理软件中库存管理系统的相关内容。

（2）理解库存管理系统业务处理流程，理解库存管理系统与其他系统的数据传递关系。

（3）掌握库存管理系统的基本操作。

二、实验内容

（1）入库业务处理。

（2）出库业务处理。

（3）其他业务处理。

（4）库存账簿查询。

（5）月末结账。

三、实验准备

引入“实验十”的账套数据。

四、实验资料

（一）产成品入库业务

（1）1 月 10 日，成品库收到当月一车间加工制造的 15 台家用电脑入库。

（2）1 月 15 日，成品库收到当月一车间加工制造的 10 台家用电脑入库。

（3）1 月 16 日，财务部归集完工产品成本，家用电脑总成本为 105 000 元，进行成本分配，登记账簿并生成凭证。

（二）材料领用

1 月 17 日，二车间领用硬盘 15 块、CPU15 块、内存条 15 块，生产商用电脑，登记材料明细账并生成领料凭证。

（三）调拨业务

1 月 18 日，将成品库中 5 台商用电脑调拨到配套用品库。

（四）盘点业务

1月22日，对原料库“CPU”进行盘点，盘点数量183块，成本为1 000元/块。

（五）假退料业务

1 月 25 日，根据生产部门统计，有 12 块硬盘当月未耗用完，作假退料处理，下月继续使用。

（六）其他入库业务

1 月 27 日，销售部收到捐赠液晶显示器 3 台，单价 1 500 元。

（七）其他出库业务

1 月 28 日，销售部向某希望小学捐赠 8 台家用电脑。

五、实验要求

以“赵科”的身份、业务日期进入库存管理系统，填制并审核各种出入库单据。以“赵科”的身份进入存货核算系统，对各种出入库单记账并生成出入库凭证。

六、操作指导

（一）产成品入库业务

1. 在库存管理系统录入产成品入库单并审核

（1）在库存管理系统中，执行“生产入库”—“产成品入库单”命令，进入“产成品入库单”窗口。

（2）单击“增加”按钮，输入日期“2022-01-10”，选择仓库“成品库”，入库类别选择“产成品入库”，部门选择“一车间”。

（3）选择存货编码“006 家用电脑”，输入数量“15”，单击“保存”按钮。

（4）单击“审核”按钮，完成对该单据的审核。

（5）同理，输入第二张产成品入库单。

2. 在存货核算系统录入生产总成本并进行产成品成本分配

（1）在存货核算系统中，执行“记账”—“产成品成本分配”命令，打开“产成品成本分配表”窗口。

（2）单击“查询”按钮，系统会自动查询出符合条件的记录。在“006 家用电脑”记录行“金额”栏输入金额“105 000”。

（3）单击“分配”按钮，系统会自动弹出“分配操作顺利完成！”信息提示对话框，单击“确定”按钮返回。

3. 在存货核算系统对产成品入库单记账并生成凭证

（1）在存货核算系统中，执行“记账”—“正常单据记账”命令，对产成品入库单记账。

（2）执行“凭证处理”—“生成凭证”命令，根据产成品入库单生成凭证。

（二）材料领用

1. 在库存管理系统录入材料出库单并审核

（1）在库存管理系统中，执行“材料出库”—“材料出库单”命令，进入“材料出库单”窗口。

（2）单击“增加”按钮，输入日期“2022-01-17”，选择仓库“原料库”，出库类别选择“领料出库”，部门选择“二车间”。

（3）选择存货编码“007 商用电脑”，输入数量“15”，单击“保存”按钮。

（4）单击“审核”按钮，完成对该单据的审核。

2. 在存货核算系统对材料出库单记账并生成凭证

（1）在存货核算系统中，执行“记账”—“正常单据记账”命令，对材料出库单记账。

（2）执行“凭证处理”—“生成凭证”命令，根据材料出库单生成凭证。

（三）调拨业务

1. 在库存管理系统录入调拨单

（1）在库存管理系统中，执行“调拨业务”—“调拨单”命令，打开“调拨单”窗口。

（2）单击“增加”按钮，输入日期“2022-01-18”，选择转出仓库“成品库”，选择转入仓库“配套用品库”，选择出库类别“调拨出库”，选择入库类别“调拨入库”。

（3）选择存货编码“007 商用电脑”，输入数量“5”，单击“保存”按钮。

（4）单击“审核”按钮，完成对该单据的审核。

温馨提示：调拨单保存后，系统会自动生成其他入库单和其他出库单。调拨单单价可以为空，系统会根据选定的计价方式自动计算填入。

2. 在库存管理系统对根据调拨单生成的其他出入库单进行审核

（1）在库存管理系统中，执行“其他入库”—“其他入库单”命令，打开“其他入库单”窗口。

（2）找到需要审核的其他入库单，单击“审核”按钮。

（3）同理，完成对其他出库单的审核。

3. 在存货核算系统对其他出入库单记账

（1）在存货核算系统中，执行“记账”—“特殊单据记账”命令，对其他出入库单记账。

（2）在“特殊单据记账条件”窗口“单据类型”中，选择“调拨单”，单击“确定”按钮，进入“特殊单据记账”窗口。

（3）选择要记账的调拨单，单击“记账”按钮

温馨提示：“库存商品”科目不分明细的情况下，库存调拨业务不涉及账务处理，因此，对根据库存调拨单生成的其他出入库单暂不制单。

（四）盘点业务

1. 在库存管理系统录入盘点单

（1）在库存管理系统中，执行“盘点业务”—“盘点单”命令，进入“盘点单”窗口。

（2）单击“增加”按钮，输入盘点日期“2022-01-22”，输入账面日期“2022-01-22”，选择盘点仓库“原料库”，出库类别选择“盘亏出库”，入库类别选择“盘盈入库”。

（3）选择存货“CPU”，系统会自动带入 CPU 账面数量，修改盘点数量为“183”，单击“保存”按钮。

（4）单击“审核”按钮，完成对该单据的审核。

2. 在库存管理系统对根据盘点单生成的其他出库单进行审核

操作步骤在此不再赘述。

3. 在存货核算系统输入其他出库单单价

在存货核算系统中，执行“出库单”—“其他出库单”命令，进入“其他出库单”窗口。找到根据盘点单生成的其他出库单，单击“修改”按钮，录入单价“1 000”，单击“保存”按钮。

4. 在存货核算系统对其他出库单记账并生成凭证

（1）在存货核算系统中，执行“记账”—“正常单据记账”命令，对其他出库单记账。

（2）在“正常单据记账条件”窗口，单击“查询”按钮，查询出需要记账的其他出库单。

（3）选择要记账的其他出库单，单击“记账”按钮。

（4）执行“凭证处理”—“生成凭证”命令，根据其他出库单生成凭证。生成的凭证如图 1 所示。

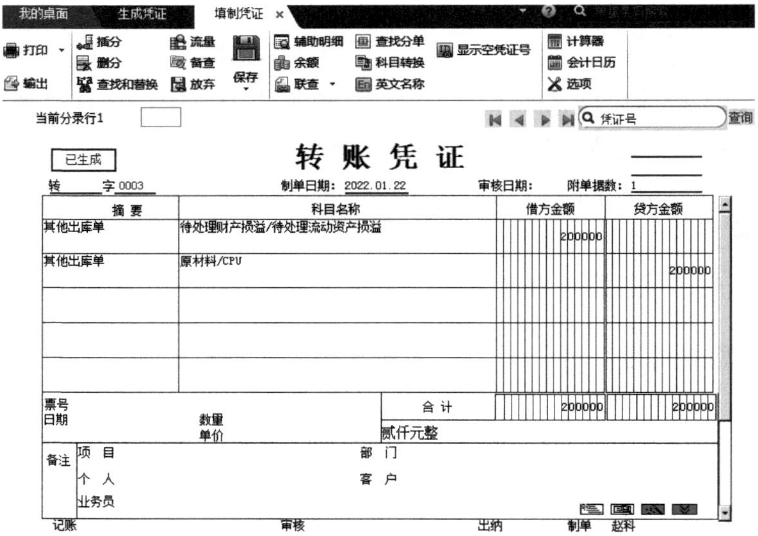

图 1　凭证生成

（五）假退料业务

1. 在存货核算系统输入假退料单

（1）在存货核算系统中，执行“出库单”—“假退料单”命令，打开“假退料单”窗口。

（2）单击“增加”按钮，输入日期“2022-01-25”，选择仓库“原料库”。

（3）选择存货编码“004 硬盘”，输入数量“-12”，单击“保存”按钮。

2. 在存货核算系统对假退料单记账

操作步骤在此不再赘述。

3. 在存货核算系统查询硬盘明细账

（1）在存货核算系统中，执行“存货核算”—“我的账表”命令，单击“存货账簿——明细账”对话框。

（2）选择查询条件，单击“确定”按钮，查询硬盘明细账，查看假退料对材料明细账的影响。

温馨提示：月末结账后，再次查询该材料明细账，看有什么结果。

（六）其他入库业务

1. 在库存管理系统录入其他入库单并审核

（1）在库存管理系统中，执行“其他入库”—“其他入库单”命令，进入“其他入库单”窗口。

（2）单击“增加”按钮，输入日期“2022-01-27”，选择仓库“原料库”，入库类别选择“其他入库”，部门选择“销售部”。

（3）选择存货编码“005”，输入数量“3”、单价“1 500”，单击“保存”按钮。

（4）单击“审核”按钮，完成对该单据的审核。

2. 在存货核算系统对其他入库单记账并生成凭证

操作步骤在此不再赘述。生成的凭证如下。

借：原材料 / 液晶显示器　　7 500

　　贷：营业外收入　　7 500

（七）其他出库业务

1. 在库存管理系统录入其他出库单并审核

（1）在库存管理系统中，执行“其他出库”—“其他出库单”命令，进入“其他出库单”窗口。

（2）单击“增加”按钮，输入日期“2022-01-28”，选择仓库“成品库”，出库类别选择“其他出库”，部门选择“销售部”。

（3）选择存货编码“006”，输入数量“8”，单击“保存”按钮。

（4）单击“审核”按钮，完成对该单据的审核。

2. 在存货核算系统对其他出库单记账并生成凭证

操作步骤在此不再赘述。生成的凭证如下。

借：营业外支出　　32 275.84

　　贷：库存商品　　32 275.84

（八）数据备份

在库存日常业务处理完毕后，进行账套数据备份。

（九）月末结账

操作步骤在此不再赘述。

温馨提示：如果采购管理系统和销售管理系统尚未结账，则库存管理系统不能结账。

第12章 存货核算系统

12.1 存货核算系统概述

存货核算系统是用友 U8+ 供应链管理系统的一个重要的子系统，是从资金的角度管理存货的出库、入库业务，核算企业的入库成本、出库成本、结余成本，反映和监督存货的收发、领退和保管情况，提供存货资金的占用信息。适用于各种类型的工商业企业，如制造业、医药、食品、批发、零售、批零兼营等，可进行存货成本的核算和管理。

12.1.1 存货核算系统的主要功能

存货核算系统的功能主要包括初始设置、日常业务处理、期末处理等方面。

1. 初始设置

初始设置包括参数设置、存货科目设置、存货对方科目设置，以及录入存货的期初余额、期初分期收款发出商品的余额等。

2. 日常业务处理

日常业务处理包括存货出入库成本的核算、暂估成本录入、结算成本处理、产成品成本分配、出入库成本的调整、存货跌价准备的处理、生成记账凭证，以及各种账簿、出入库汇总表、存货周转率分析表等账表信息的查询。

3. 期末处理

期末处理包括计算按全月平均法计价方式核算的存货的全月平均单价及本会计月出库成本，按计划价 / 售价方式核算的存货的差异率 / 差价率及本会计月的分摊差异 / 差价，与总账管理系统对账、结账、取消结账等。

12.1.2 存货核算系统与其他系统的关系

存货核算系统和基础设置、库存管理、采购管理、销售管理、总账管理等系统都有数据传递关系。

存货核算系统与基础设置模块共享数据，在基础设置中设置的部门档案、人员档案、仓库档案、存货档案等信息可以传递到存货核算系统；存货核算系统接收库存管理系统、采购管理系统、销售管理系统的各种出入库单据、各种发票，进行记账、制证处理；生成的凭证传递到总账管理系统。

存货核算系统与其他系统的数据传递关系详见第 8 章图 8-1 供应链管理系统数据流程图。

12.2 存货核算系统日常业务处理

12.2.1 入库业务处理

入库业务包括采购入库、产成品入库、其他入库。

采购入库单在库存系统中录入，在存货核算系统中可以修改入库单的金额，“数量”只能在填制该单据的系统中修改。

产成品入库单在库存管理系统中填制时一般只填写数量，等月末产品成本计算出来后，通过存货核算系统的产成品成本分配功能录入金额，单价由系统自动计算填入。

大部分其他入库单都是由相关业务直接生成的。在库存管理系统和存货核算系统集成使用的情况下，可以通过“修改其他入库单”对盘盈入库生成的其他入库单的单价进行输入和修改。

12.2.2 出库业务处理

出库业务包括销售出库、材料出库、其他出库。

上述出库业务生成的销售出库单、材料出库单、其他出库单传递到存货核算系统，存货核算系统根据选项中设置的存货成本核算方式自动计算销售出库的单价和金额，该单价和金额不能修改。

12.2.3 单据记账

单据记账，是指根据各种出入库单据登记存货明细账、差异明细账、受托代销商品明细账、受托代销商品差价账等账簿。针对不同的业务模式，单据记账有正常单据记账、特殊单据记账、发出商品记账、直运销售记账等多种记账方式。

1. 正常单据记账

正常单据记账，是指对除分期收款、委托代销、组装拆卸、调拨、直运业务以外的业务生成的单据进行记账。

2. 特殊单据记账

特殊单据记账，是指对组装拆卸业务和调拨业务生成的组装单和调拨单进行记账。

3. 发出商品记账

发出商品记账，是指对分期收款发出商品业务、委托代销业务生成的单据进行记账。只有启用销售系统，存货核算系统才能对分期收款发出商品业务、委托代销业务生成的单据进行发出商品记账。若在存货核算系统选项中将委托代销成本核算方式设置为“按普通销售核算”，则进行正常单据记账。

记账时，单据类型有发货单和发票之分。对分期收款 / 委托代销商品发货单记账时，会减少库存商品，增加分期收款 / 委托代销商品；对分期收款 / 委托代销商品发票记账时，则减少分期收款 / 委托代销商品，并结转销售成本。

4. 直运销售记账

直运销售记账，是指对直运业务生成的直运采购发票和直运销售发票进行记账。只有启用销售管理系统，才能对直运销售进行核算。直运业务采购发票记账时，增加直运的库存商品；直运业务销售发票记账时，减少直运商品，结转销售成本。

不论何种记账方式，都遵循以下记账规则：无单价的入库单不能记账，按单据填制的时间顺序记账，已记账的单据不能修改和删除。

如果发现已记账的单据有误，在本月未结账状态下，可以取消记账；如果已记账单据已生成凭证，就不能取消记账，除非先删除相关凭证。

12.2.4 调整业务

单据记账后，发现单据金额错误，如果是录入错误，通常采用修改单据的方式进行调整。但如果遇到由于暂估入库后发生零出库业务而造成的出库成本不准确，或者库存数量为零但仍有金额的情况，就需要通过调整单进行调整。

调整单包括入库调整单和出库调整单。

入库调整单是对存货的入库成本进行调整的单据，它只调整存货的金额，不调整存货的数量。它用来调整当月的入库金额，并相应调整存货的结存金额；可针对单据进行调整，也可针对存货进行调整。

出库调整单是对存货的出库成本进行调整的单据，它只调整存货的金额，不调整存货的数量。它用来调整当月的出库金额，并相应调整存货的结存金额；只能针对存货进行调整，不能针对单据进行调整。

入库调整单和出库调整单保存后就自动记账，因此，已保存的入库调整单和出库调整单不能修改和删除。

12.2.5 暂估处理

存货核算系统对暂估入库业务提供了月初回冲、单到回冲、单到补差三种回冲方式，回冲方式一经使用不能修改。

进行暂估处理时，应遵循以下步骤。

①待采购发票收到后，在采购管理系统中填制采购发票并进行采购结算。

②在存货核算系统中进行结算成本处理。

12.2.6 生成凭证

在存货核算系统中，各种出入库单据记账后可以生成记账凭证，系统会将生成的记账凭证自动传递到总账管理系统。

为了减轻制证环节的工作量，提高制证效率，可以在存货核算系统初始设置中事先设置好存货科目和对方科目，生成凭证时，系统会将这些科目自动填入记账凭证中。

生成的记账凭证有误时，如果错误的凭证在总账管理系统中尚未记账，则可以直接在存货核算系统中修改，或删除该错误凭证；如果错误的记账凭证在总账管理系统中已经记账，则必须在存货核算系统通过“冲销”的方式生成红字冲销凭证，然后再生成正确的凭证。不能在总账管理系统直接修改、删除外来的错误凭证。

12.2.7 账表查询

1. 账簿

（1）流水账。出入库流水账用于查询当年任意日期内存货的出入库情况，为用户提供一个简捷方便的对账、查账的出入库流水。

（2）明细账，用于查询本会计年度各月份已记账的各存货的明细账。明细账是按末级存货设置的，用来反映存货的某段时间的收发存的数量和金额的变化，只能查询末级存货的某段时间的收发存信息。

（3）发出商品明细账，用于查询分期收款和委托代销商品的明细账。按存货设置账页，一个存货显示一页。按记账日期排序显示，每一行计算结余数量和金额，同时按会计期间计算本月合计和本年累计。

（4）总账，用于输出存货的总分类账，以借贷余的形式反映各存货的各月份的收发余金额。既可按存货分类进行查询，也可按存货进行查询。

2. 汇总表

（1）入库汇总表，用于对某期间的入库存货进行统计汇总。提供已记账、未记账、全部单据的汇总数据，提供按照不同口径统计汇总的数据，如按仓库、存货、采购订单号等进行汇总。

（2）出库汇总表，用来对某期间的出库存货进行统计，可以根据各种条件进行组合查询分析。 提供已记账、未记账、全部单据的汇总数据。

（3）收发存汇总表，用于对某期间已记账存货的收发存数量金额进行统计汇总。

（4）暂估材料 / 商品余额表，用于统计明细账中暂估入库的存货的数量和入库成本明细，分析不同期间的暂估单据入库及报销情况，还可以选择是否显示结存为零的存货。

（5）发出商品汇总表，用于查询分期收款和委托代销商品的发货、结算及结存情况。

3. 分析表

（1）存货周转率分析，是衡量和评价企业管理状况的综合性指标，为用户提供某一种存货、某一类存货或全部存货的存货周转率分析。

（2）ABC 成本分析，是按成本比重高低，将各成本项目分为 ABC 三类；按用户设定的分类范围，通过统计计算确定各存货的 ABC 分类，显示全部分类表。

（3）入库成本分析，用于统计分析不同期间或不同入库类别的存货的平均入库成本。

12.3 存货核算系统期末处理

12.3.1 期末处理

月末，当日常业务全部完成后，用户可进行期末处理。

期末处理的功能如下。

（1）计算按全月平均法核算的存货的全月平均单价及本会计月出库成本，并将单价和出库成本自动登记到相关账簿。

（2）计算按计划价 / 售价方式核算的存货的差异率 / 差价率及本会计月的分摊差异 / 差价；

（3）对已完成日常业务的仓库、部门、存货做处理标志。

提示：

· 集成启用采购管理系统和销售管理系统时，应在采购管理系统和销售管理系统作结账处理后才能进行期末处理。

· 系统提供恢复期末处理的功能，但总账管理系统结账后不可恢复。

12.3.2 与总账对账

与总账对账用于存货核算系统与总账管理系统核对存货科目和差异科目在各会计月份借方、贷方发生额、数量以及期末结存的金额、数量信息。

系统可以进行数量核对、金额核对、数量金额全部核对，用户只需单击界面功能按钮最后的两个核对方式，选择后再单击“刷新”按钮，即可显示核对结果。

12.3.3 月末结账

月末结账是对本月账簿做结账标志。如果与采购管理系统集成使用，并且暂估处理方式选择“月初回冲”时，系统会同时生成下月红字回冲单等。月末结账后，将不能再进行当前会计月的工作，只能做下个会计月的日常工作。

在采购管理、销售管理、库存管理、存货核算、应收款管理、应付款管理、总账管理等系统集成使用的情况下，只有采购管理、销售管理、库存管理等系统月末结账后，才能进行存货核算系统的月末结账。

如果存货核算系统要取消月末结账，必须先取消总账管理系统结账，然后才能取消存货核算系统结账。

复习思考题

1. 存货核算系统包括哪些主要功能？
2. 存货核算系统与其他系统之间的关系是怎样的？
3. 什么情况下会发生调整业务？
4. 简述发生普通采购、普通销售业务时如何进行单据记账。
5. 简述发生普通采购、普通销售业务时如何选择制单依据。
6. 简述发出商品记账适用的业务范围。
7. 简述特殊单据记账适用的业务范围。
8. 简述存货核算系统期末处理的含义。
9. 简述月初回冲的含义及月初回冲方式下暂估入库业务的处理流程。

实验十四　存货核算

一、实验目的

（1）掌握用友 ERP-U8⁺ 管理软件中存货核算系统的相关内容。

（2）理解存货核算系统业务处理流程，理解存货核算系统与其他系统的数据传递关系。

（3）掌握存货核算系统的基本操作。

二、实验内容

（1）入库业务处理。

（2）出库业务处理。

（3）暂估业务处理。

（4）存货账簿查询。

（5）月末处理。

三、实验准备

引入“实验十”的账套数据。

四、实验资料

2022 年 1 月份业务如下。

（1）1 月 5 日，向星宇公司采购硬盘 50 块，单价 400 元，到货验收入原料库。

（2）1 月 10 日，销售部向新科公司销售商用电脑 10 台，报价为 7 000 元/台，货物从成品库发出。

（3）1 月 15 日，将 1 月 5 日向星宇公司采购的硬盘的入库成本增加 500 元。

（4）1 月 20 日，将 1 月 10 日向新科公司销售的商用电脑的出库成本增加 1 000 元。

五、实验要求

以“赵科”的身份、业务日期进入库存管理系统，填制并审核各种出入库单据。以“赵科”的身份进入存货核算系统，对各种出入库单记账并生成出入库凭证。

六、操作指导

（一）存货业务 1

在库存管理系统中录入采购入库单并审核，在存货核算系统中记账并生成凭证。操作步骤在此不再赘述。

温馨提示：对采购入库单记账时，按照暂估记账处理。

（二）存货业务 2

在存货核算系统中修改销售成本结算方式为“销售出库单”。

在销售管理系统中录入销售发货单并审核，在库存管理系统中生成销售出库单并审核，在存货核算系统中记账并生成凭证。

操作步骤在此不再赘述。

（三）存货业务 3

1. 在存货核算系统录入调整单

（1）在存货核算系统中，执行“调整单”—“入库调整单”命令，进入“入库调整单”窗口。

（2）单击“增加”按钮，选择“原料库”，输入单据日期“2022-01-15”，选择收发类别“采购入库”、部门“采购部”、供应商“晨星公司”。

（3）选择存货编码“004 硬盘”，调整金额 500 元。

（4）单击“保存”按钮，再单击“记账”按钮退出。

2. 在存货核算系统生成入库调整凭证

（1）在存货核算系统中，执行“凭证处理”—“生成凭证”命令，进入“生成凭证”列表窗口。单击“选单”按钮，打开“查询条件”对话框。

（2）选择“入库调整单”选项，单击“确定”按钮，进入“未生成凭证一览表”窗口。

（3）选择要生成凭证的入库调整单，单击“确定”按钮。

（4）根据入库调整单生成凭证。生成的凭证如下。

借：原材料 / 硬盘　　　　500

　　贷：材料采购　　　　　500

（四）存货业务 4

1. 在存货核算系统录入调整单

（1）在存货核算系统中，执行“调整单”—“出库调整单”命令，进入“出库调整单”窗口。

（2）单击“增加”按钮，选择“原料库”，输入单据日期“2022-01-20”，选择收发类别“销售出库”、部门“销售部”、供应商“新科公司”。

（3）选择存货编码“007 商用电脑”，调整金额 1 000 元。

（4）单击“保存”按钮，再单击“记账”按钮退出。

2. 在存货核算系统生成出库调整凭证

（1）在存货核算系统中，执行“凭证处理”—“生成凭证”命令，进入“生成凭证”窗口。单击“选单”按钮，打开“查询条件”对话框。

（2）选择“出库调整单”选项，单击“确定”按钮，进入“未生成凭证一览表”窗口。

（3）选择要生成凭证的出库调整单，单击“确定”按钮。

（4）根据出库调整单生成凭证。生成的凭证如下。

借：主营业务成本　　　　1 000

　　贷：库存商品　　　　　1 000

（五）账簿查询

在存货核算系统中进行存货账表的查询。操作步骤在此不再赘述。

（六）数据备份

在存货日常业务处理完毕后，进行账套数据备份。

（七）月末处理

（1）在存货核算系统中，执行“记账”—“期末处理”命令，打开“期末处理”对话框。

（2）选择需要进行期末处理的仓库，单击“处理”按钮，系统将对所选仓库进行期末处理。系统自动计算所选仓库的存货成本，并打开“仓库平均单价计算表”，单击“确定”按钮，系统自动弹出“期末处理完毕”信息提示对话框，再单击“确定”按钮返回。

温馨提示：1. 如果存货成本按全月平均法或计划价/售价方式核算，则当月业务全部完成后，需进行期末处理。2. 进行期末处理之前，用户应仔细检查是否本月业务还有未记账的单据，用户应在做完本会计月的全部日常业务后，再做期末处理工作。

（八）月末结账

操作步骤在此不再赘述。

附录　企业会计信息化工作规范

（财政部 2013 年 12 月 6 日印发）

第一章　总　　则

第一条　为推动企业会计信息化，节约社会资源，提高会计软件和相关服务质量，规范信息化环境下的会计工作，根据《中华人民共和国会计法》、《财政部关于全面推进我国会计信息化工作的指导意见》（财会〔2009〕6 号），制定本规范。

第二条　本规范所称会计信息化，是指企业利用计算机、网络通信等现代信息技术手段开展会计核算，以及利用上述技术手段将会计核算与其他经营管理活动有机结合的过程。

本规范所称会计软件，是指企业使用的，专门用于会计核算、财务管理的计算机软件、软件系统或者其功能模块。会计软件具有以下功能：

（一）为会计核算、财务管理直接采集数据；

（二）生成会计凭证、账簿、报表等会计资料；

（三）对会计资料进行转换、输出、分析、利用。

本规范所称会计信息系统，是指由会计软件及其运行所依赖的软硬件环境组成的集合体。

第三条　企业（含代理记账机构，下同）开展会计信息化工作，软件供应商（含相关咨询服务机构，下同）提供会计软件和相关服务，适用本规范。

第四条　财政部主管全国企业会计信息化工作，主要职责包括：

（一）拟订企业会计信息化发展政策；

（二）起草、制定企业会计信息化技术标准；

（三）指导和监督企业开展会计信息化工作；

（四）规范会计软件功能。

第五条　县级以上地方人民政府财政部门管理本地区企业会计信息化工作，指导和监督本地区企业开展会计信息化工作。

第二章　会计软件和服务

第六条　会计软件应当保障企业按照国家统一会计准则制度开展会计核算，不得有违背国家统一会计准则制度的功能设计。

第七条　会计软件的界面应当使用中文并且提供对中文处理的支持，可以同时提供外国或者少数民族文字界面对照和处理支持。

第八条　会计软件应当提供符合国家统一会计准则制度的会计科目分类和编码功能。

第九条　会计软件应当提供符合国家统一会计准则制度的会计凭证、账簿和报表的显示和打印功能。

第十条　会计软件应当提供不可逆的记账功能，确保对同类已记账凭证的连续编号，不得提供对已记账凭证的删除和插入功能，不得提供对已记账凭证日期、金额、科目和操作人的修改功能。

第十一条　鼓励软件供应商在会计软件中集成可扩展商业报告语言（XBRL）功能，便于企业生成符合国家统一标准的 XBRL 财务报告。

第十二条　会计软件应当具有符合国家统一标准的数据接口，满足外部会计监督需要。

第十三条　会计软件应当具有会计资料归档功能，提供导出会计档案的接口，在会计档案存储格式、元数据采集、真实性与完整性保障方面，符合国家有关电子文件归档与电子档案管理的要求。

第十四条　会计软件应当记录生成用户操作日志，确保日志的安全、完整，提供按操作人员、操作时间和操作内容查询日志的功能，并能以简单易懂的形式输出。

第十五条　以远程访问、云计算等方式提供会计软件的供应商，应当在技术上保证客户会计资料的安全、完整。对于因供应商原因造成客户会计资料泄露、毁损的，客户可以要求供应商承担赔偿责任。

第十六条　客户以远程访问、云计算等方式使用会计软件生成的电子会计资料归客户所有。

软件供应商应当提供符合国家统一标准的数据接口供客户导出电子会计资料，不得以任何理由拒绝客户导出电子会计资料的请求。

第十七条　以远程访问、云计算等方式提供会计软件的供应商，应当做好本厂商不能维持服务情况下，保障企业电子会计资料安全以及企业会计工作持续进行的预案，并在相关服务合同中与客户就该预案做出约定。

第十八条　软件供应商应当努力提高会计软件相关服务质量，按照合同约定及时解决用户使用中的故障问题。

会计软件存在影响客户按照国家统一会计准则制度进行会计核算问题的，软件供应商应当为用户免费提供更正程序。

第十九条　鼓励软件供应商采用呼叫中心、在线客服等方式为用户提供实时技术支持。

第二十条　软件供应商应当就如何通过会计软件开展会计监督工作，提供专门教程和相关资料。

第三章　企业会计信息化

第二十一条　企业应当充分重视会计信息化工作，加强组织领导和人才培养，不断推进会计信息化在本企业的应用。

除本条第三款规定外，企业应当指定专门机构或者岗位负责会计信息化工作。

未设置会计机构和配备会计人员的企业，由其委托的代理记账机构开展会计信息化工作。

第二十二条　企业开展会计信息化工作，应当根据发展目标和实际需要，合理确定建设内容，避免投资浪费。

第二十三条　企业开展会计信息化工作，应当注重信息系统与经营环境的契合，通过信息化推动管理模式、组织架构、业务流程的优化与革新，建立健全适应信息化工作环境的制度体系。

第二十四条　大型企业、企业集团开展会计信息化工作，应当注重整体规划，统一技术标准、编码规则和系统参数，实现各系统的有机整合，消除信息孤岛。

第二十五条　企业配备的会计软件应当符合本规范第二章要求。

第二十六条　企业配备会计软件，应当根据自身技术力量以及业务需求，考虑软件功能、安全性、稳定性、响应速度、可扩展性等要求，合理选择购买、定制开发、购买与开发相结合等方式。

定制开发包括企业自行开发、委托外部单位开发、企业与外部单位联合开发。

第二十七条　企业通过委托外部单位开发、购买等方式配备会计软件，应当在有关合同中约定操作培训、软件升级、故障解决等服务事项，以及软件供应商对企业信息安全的责任。

第二十八条　企业应当促进会计信息系统与业务信息系统的一体化，通过业务的处理直接驱动会计记账，减少人工操作，提高业务数据与会计数据的一致性，实现企业内部信息资源共享。

第二十九条　企业应当根据实际情况，开展本企业信息系统与银行、供应商、客户等外部单位信息系统的互联，实现外部交易信息的集中自动处理。

第三十条　企业进行会计信息系统前端系统的建设和改造，应当安排负责会计信息化工作的专门机构或者岗位参与，充分考虑会计信息系统的数据需求。

第三十一条　企业应当遵循企业内部控制规范体系要求，加强对会计信息系统规划、设计、开发、运行、维护全过程的控制，将控制过程和控制规则融入会计信息系统，实现对违反控制规则情况的自动防范和监控，提高内部控制水平。

第三十二条　对于信息系统自动生成、且具有明晰审核规则的会计凭证，可以将审核规则嵌入会计软件，由计算机自动审核。未经自动审核的会计凭证，应当先经人工审核再进行后续处理。

第三十三条　处于会计核算信息化阶段的企业，应当结合自身情况，逐步实现资金管理、资产管理、预算控制、成本管理等财务管理信息化。

处于财务管理信息化阶段的企业，应当结合自身情况，逐步实现财务分析、全面预算管理、风险控制、绩效考核等决策支持信息化。

第三十四条　分公司、子公司数量多、分布广的大型企业、企业集团应当探索利用信息技术促进会计工作的集中，逐步建立财务共享服务中心。

实行会计工作集中的企业以及企业分支机构，应当为外部会计监督机构及时查询和调阅异地储存的会计资料提供必要条件。

第三十五条　外商投资企业使用的境外投资者指定的会计软件或者跨国企业集团统一部署的会计软件，应当符合本规范第二章要求。

第三十六条　企业会计信息系统数据服务器的部署应当符合国家有关规

定。数据服务器部署在境外的，应当在境内保存会计资料备份，备份频率不得低于每月一次。境内备份的会计资料应当能够在境外服务器不能正常工作时，独立满足企业开展会计工作的需要以及外部会计监督的需要。

第三十七条　企业会计资料中对经济业务事项的描述应当使用中文，可以同时使用外国或者少数民族文字对照。

第三十八条　企业应当建立电子会计资料备份管理制度，确保会计资料的安全、完整和会计信息系统的持续、稳定运行。

第三十九条　企业不得在非涉密信息系统中存储、处理和传输涉及国家秘密，关系国家经济信息安全的电子会计资料；未经有关主管部门批准，不得将其携带、寄运或者传输至境外。

第四十条　企业内部生成的会计凭证、账簿和辅助性会计资料，同时满足下列条件的，可以不输出纸面资料：

（一）所记载的事项属于本企业重复发生的日常业务；

（二）由企业信息系统自动生成；

（三）可及时在企业信息系统中以人类可读形式查询和输出；

（四）企业信息系统具有防止相关数据被篡改的有效机制；

（五）企业对相关数据建立了电子备份制度，能有效防范自然灾害、意外事故和人为破坏的影响；

（六）企业对电子和纸面会计资料建立了完善的索引体系。

第四十一条　企业获得的需要外部单位或者个人证明的原始凭证和其他会计资料，同时满足下列条件的，可以不输出纸面资料：

（一）会计资料附有外部单位或者个人的、符合《中华人民共和国电子签名法》的可靠的电子签名；

（二）电子签名经符合《中华人民共和国电子签名法》的第三方认证；

（三）满足第四十条第（一）项、第（三）项、第（五）项和第（六）项规定的条件。

第四十二条　企业会计资料的归档管理，遵循国家有关会计档案管理的规定。

第四十三条　实施企业会计准则通用分类标准的企业，应当按照有关要求向财政部报送 XBRL 财务报告。

第四章 监 督

第四十四条 企业使用会计软件不符合本规范要求的，由财政部门责令限期改正。限期不改的，财政部门应当予以公示，并将有关情况通报同级相关部门或其派出机构。

第四十五条 财政部采取组织同行评议，向用户企业征求意见等方式对软件供应商提供的会计软件遵循本规范的情况进行检查。

省、自治区、直辖市人民政府财政部门发现会计软件不符合本规范规定的，应当将有关情况报财政部。

任何单位和个人发现会计软件不符合本规范要求的，有权向所在地省（自治区、直辖市）人民政府财政部门反映，财政部门应当根据反映开展调查，并按本条第二款规定处理。

第四十六条 软件供应商提供的会计软件不符合本规范要求的，财政部可以约谈该供应商主要负责人，责令限期改正。限期内未改正的，由财政部予以公示，并将有关情况通报相关部门。

第五章 附 则

第四十七条 省、自治区、直辖市人民政府财政部门可以根据本规范制定本地区具体实施办法。

第四十八条 自本规范施行之日起，《会计核算软件基本功能规范》（财会字〔1994〕27 号）、《会计电算化工作规范》（财会字〔1996〕17 号）不适用于企业及其会计软件。

第四十九条 本规范自 2014 年 1 月 6 日起施行，1994 年 6 月 30 日财政部发布的《商品化会计核算软件评审规则》（财会字〔1994〕27 号）、《会计电算化管理办法》（财会字〔1994〕27 号）同时废止。